本丛书为云南大学
"双一流"建设民族学一流学科建设项目成果

编委会

主　任：林文勋

副主任：何　明　　关　凯　　赵春盛　　李志农　　李晓斌

委　员（按姓氏笔画为序）：

马居里　　马翀炜　　马雪峰　　马腾岳　　王文光

王越平　　牛　阁　　龙晓燕　　朱　敏　　朱凌飞

庄孔韶　　李永祥　　李伟华　　李丽双　　何　俊

张　亮　　张　赟　　张海超　　张锦鹏　　陈庆德

陈学礼　　周建新　　郑　宇　　赵海娟　　高志英

谢夏珩

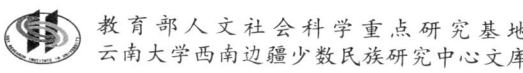
教育部人文社会科学重点研究基地
云南大学西南边疆少数民族研究中心文库

新民族志实验丛书·第二辑
主编 何明

清泉转弯的地方

元阳县新街镇箐口村哈尼族村民日志

马翀炜 张雨龙 编

张明华 记录

学苑出版社

图书在版编目（CIP）数据

清泉转弯的地方：元阳县新街镇箐口村哈尼族村民日记 / 马翀炜，张雨龙，张明华编 . —北京：学苑出版社，2019.12
　　ISBN 978-7-5077-5884-9

Ⅰ . ①清… Ⅱ . ①马… ②张… ③张… Ⅲ . ①乡村—概况—元阳县 Ⅳ . ① K927.45

中国版本图书馆 CIP 数据核字（2019）第 282220 号

责任编辑：战葆红
出版发行：学苑出版社
社　　址：北京市丰台区南方庄 2 号院 1 号楼
邮政编码：100079
网　　址：www.book001.com
电子信箱：xueyuanpress@163.com
联系电话：010-67601101（营销部）　010-67603091（总编室）
印　刷　厂：河北赛文印刷有限公司
开本尺寸：710×1000　1/16
字　　数：2000 千字
印　　张：131
版　　次：2019 年 12 月第 1 版
印　　次：2019 年 12 月第 1 次印刷
定　　价：398.00 元

总序

"他者的倾诉":还话语权予文化持有者
——"村民日志"的民族志实验意义解读

何 明

  5 年前,我们在云南大学"211 工程""十五"民族学重点学科建设方案中提出了设置"云南少数民族村寨跟踪调查与小康社会建设示范基地"项目。这是一项综合性的项目,既涉及民族学／文化人类学的理论研究,也涉及运用应用人类学"互动作业"方法及其他学科的方法以促进少数民族农村的社会主义小康社会建设和新农村建设等应用性研究,以及引进智力、项目、资金等发展实践运作问题;此外,还涉及人才培养、教学改革、民族学／文化人类学基础设施建设等内容。其中,在民族学／文化人类学理论研究中的一项具有探索性意义的工作便是:10 个调查基地在当地各聘请若干名"村民日志"记录员,对本村每天发生的事情进行观察与记录,从中国少数民族农村的社会文化实际出发,把国际文化人类学界近 20 年来争论不休、模式各异的民族志书写问题在中国少数民族农村进行实验,让研究对象即文化持有者成为民族志的作者,运用"主位"(emic)方法,从"本文化"内部视角对自己民族和村寨的社会文化进行叙述与评论,以求在当代国际文化人类学的学术平台上进行中国民族志和文化人类学的"本土化"创新，促进具有时代特征和中国特色的文化人类学建设。

一、民族志：文化人类学知识生产的结晶和学术创新的核心

民族志（ethnography）和田野工作（fieldwork），是现代文化人类学具有区别性意义的重要特征。在文化人类学领域，这两项工作一般被视为古典人类学与现代人类学的分野。前者被称为"摇椅上的人类学"或"书斋里的人类学"——学者们不从事系统的田野工作，其学术成果也不是通过民族志的方式表达，学术研究和理论建构的资料来源大都是旅行家、传教士、殖民者、船员等曾目睹过异文化的人士所撰写的文字资料和历史档案文献，人类学家们不进行系统的田野调查，不撰写系统的民族志。从19世纪末起，文化人类学开始从古典向现代转型，其标志便是英国动物学家兼人类学家哈登（Alfred Cort Haddon）在1898—1899年两次率领剑桥大学的考察队赴托雷斯海峡进行田野调查并完成了6卷本的调查报告。其后在功能主义人类学的代表性人物马林诺夫斯基（B. K. Malinowski）和拉德克利夫－布朗（Alfred Reginald Radcliffe-Brown）的倡导与实践下，田野工作和民族志成为现代人类学所必不可少的两项核心性工作，并成为现代人类学的基本学术范式。其主要创新之处在于，"它将先前主要由业余学者或其他人员在非西方社会中进行的资料搜集活动以及由从事学术理论研究的专业人类学者在摇椅上进行的理论建构和分析活动结合成一个整体化的学术与职业实践"①。在现代学科体系中，田野调查和民族志通常被视为文化人类学区别于其他学科的学术方法特质，尽管社会学、考古学等学科也进行田野调查，但终究没有像文化人类学那样把田野调查和民族志当作不可或缺

---

① ［美］乔治·E.马尔库斯、米开尔·M.J.费彻尔：《作为文化批评的人类学》，王铭铭、蓝达居译，北京：生活·读书·新知三联书店1998年版，第39页。

的学术实践，也未能像文化人类学那样建构如此系统的田野调查范式和完成如此之多的民族志经典文本。

田野工作与民族志之间具有非常紧密的信赖关系和错综复杂的内在联系。从工作程序的表层上看，田野工作在前、民族志在后，民族志是对田野工作的调查过程和内容的记述，由此便形成了田野工作和民族志之间是因果关系，没有田野工作也就没有民族志的普遍认识。但事情远不是如此简单。若从认识论层面探究民族志作者的学术行动逻辑，那么就会发现，人类学家的意识绝不是一块由调查对象的文化任意书写的"白板"，民族志与其所书写的文化之间更不是简单的反映与被反映之类的线性关系。事实上，人类学家在进入田野之前早已形成了特定的学术范式或称"理论预设"。已故著名人类学家费孝通先生在总结自己对花蓝瑶和江村的两次调查时深刻地指出："在实地调查时没有理论作导线，所得的材料是零星的，没有意义的。我虽然在这一堆材料中，片断地缀成一书，但全书并没有一贯的理论，不能把所有的事实全部组成在一个主题之下，这是件无可讳言的缺点。"①事实上，人类学家选择何处作调查点、调查什么、怎么调查、如何解释等，均受其学术目标和理论范式的限定与影响。他或她是带着业已形成的术语、概念、范式进入田野，并按这些因素所框定的思维和视角进行体验、观察研究对象，或有意识地或无意识地对研究对象进行有选择性地关注与调查。也就是说，人类学家开始田野工作之前已经有了一个民族志写作的基本性的框架，这一框架或多或少、或强或弱地影响与左右着田野工作及其重点和方法。田野工作与民族志的关系是相互渗透、互为因果的。

民族志是文化人类学学术实践的核心产品。作为学者，人类学家的社会角色是知识生产者，其基本职责是对鲜为人知的异文化体系和人们所熟知的本文化体系进行描述、阐释与反思并将其公诸于学界和社会，

---

① 费孝通、张之毅：《云南三村》，天津：天津人民出版社1990年版，第12页。

也就是说，民族志是文化人类学知识生产的产品和结晶。田野工作因具有明显的私人性而无法直接诉诸公众，也无法让社会所共享，因而，从这一意义上看，田野工作是手段，民族志才是目的。纯思性的分析作品或称为"写文化之后"的工作，尽管也是文化人类学的重要组成部分，但其所分析的对象大都离不开民族志，或进一步分析民族志所叙述的文化，或以民族志为对象评论田野工作的方法，或探讨民族志撰写问题，从而使民族志成为文化人类学的理论研究的基础文本和主要对象。

民族志的创新是文化人类学学术创新的基础和关键。学术创新的一般进程大体是：发端于理论和方法的反思，运用于学术的研究过程，体现于学术研究的成果。文化人类学的理论方法反思的结果最终要通过田野工作的试验并体现于民族志的撰写，即"文化书写"的学术实践之中，而且不断创新的理论和方法只有转化为民族志撰写的实践，文化人类学才完成了学术范式的转换与创新，也才在实质意义上实现了学科的进步与发展。

费孝通先生的《江村经济》和林耀华先生的《金翼》是中国人类学在20世纪40年代学术创新最具标志性的成果，并有力地促进了中国人类学的进步与发展。这两部民族志受到当时国际人类学界最权威的人类学家的高度重视与全力推荐，被国内外许多高校列为人类学专业的必读书，至今仍然被人类学界公认为民族志的经典著作。之所以如此，主要在于它们具有前沿性和创新性等特征，是在国际人类学界较早进行"本文化"研究时的代表性成果。当时在国际人类学界盛行以"异文化"为研究对象的条件下，费先生和林先生大胆地把"本文化"作为研究对象，并分别将自己的家乡作为田野调查点，而且在一定程度上探索并实践了近30年之后由美国人类学家哈里斯（Marvin Harris）概括出的"主位"的研究方法。可以说，这两本民族志为国际人类学界关于研究对象由"异文化"向"本文化"回归，关于民族志书写的"主位"（emic）和"客位"（etic）区分的理论方法创新做出了有益的探索和重要的贡献。

《江村经济》和《金翼》两部经典民族志的成功案例，充分说明：民族志是文化人类学学术研究最核心的成果，民族志的创新在文化人类学学科创新中具有决定性的意义。

二、"更彻底地让研究对象发出自己的声音"：以当代国际人类学界"文化书写"问题为平台的实验

不同的时代有不同的学术创新平台。我们与西方人类学家同处于21世纪，共同享有人类智慧所创造的物质和精神产品，共同分享着当代思潮和知识体系等学术资源所搭建的学术交流、对话与创新平台。作为中国当代人类学工作者，我们只有关注与融入当代学术思潮，掌握与运用当前国际学术界的话语模式解读与回答中国社会文化问题，才能够登上当代学术舞台进行中国学术的"展演"，才能建构具有时代特征、中国特色的学术体系，也才能为当代社会文化背景下的知识生产贡献中国文化的智慧。

20世纪后半叶以来，当代思潮对被现代科学和学术奉为"圭臬"的"真实""客观""实证"等原则提出质疑与挑战，"主体""意义""语言"等问题受到各学科的普遍关注并成为讨论的焦点，出现了人文和社会科学各个学科的语言学转向态势。胡塞尔（Edmend Husserl）现象学哲学将人们的注意力从独立于人的意志之外的"客体"世界引向"意义"世界，结构主义理论认为这一"意义"世界与语言体系具有同构性而不是独立于语言体系之外，福柯（Michel Foucault）和德里达（Jacques Derrida）的解构主义则提出语言体系本身是不稳定的，语言在表意状物时具有"局限性"并形成意义的"延宕"，由此便引发了"叙述危机"或"表征危机"等的认识论危机和人文社会科学学科的"语言学的转向"。①

---

① 盛宁：《人文困惑与反思——西方后现代主义思潮批判》，北京：生活·读书·新知三联书店1997年版，第39—57页。

其将语言学理论模式作为认知范式,对已有理论和认识重新进行审视,颠覆总体性和同一性,强调多元化、相对主义和差异性,"它是怀疑论的、开放的、相对主义的和多元论的,赞美分裂而不是协调,破碎而不是整体,异质而不是单一。它把自我看作是多面的、流动的、临时的和没有任何实质性整一的"①。

在当代哲学思想、社会思潮和学术背景的影响下,文化人类学开始对20世纪初以来形成的学科范式和知识体系进行反思,具有浓厚的科学主义、实证主义倾向的功能主义等学术思想和以田野工作、民族志撰写为核心的学术范式被放到了"学术反思天平"上重新估量,形成了一股强劲的反思与解构的学术思潮。反思人类学对以功能主义为理论基础的传统民族志提出批评和挑战,认为其具有明显的局限性和不可靠性。其中最核心的问题是"在实证主义社会科学的霸权支配下,民族志的核心实践曾被掩饰和伪装"②,文化书写者遮蔽了所书写的文化和文化持有者的声音。传统民族志并非如其书写者所标榜的那样,是"异文化"的"客观""真实"的叙述,而是西方人类学家从自己的意识形态和学术目的出发重新建构出来的文化,是"被某些支配性的框架所控制和表述"③的文本。自20世纪初以来,西方人类学的田野工作大都在西方的殖民地进行,人类学家的西方文化与非西方文化在殖民主义的时代背景下碰撞,殖民主义等西方意识形态不可避免地影响甚至控制着田野调查和民族志的撰写,有人直接指责马林诺夫斯基的人生和学术与西方向非西方的文化渗透有着非常密切的关联性。④同时,民族志往往为人类学家的学术目的服务,如从功能主义理论出发的田野调查和形成的民族志,"习俗只

---

① [英]伊格尔顿:《后现代主义的幻象》,华明译,北京:商务印书馆2000年版,第2页。
② [美]乔治·E.马尔库斯、米开尔·M.J.费彻尔:《作为文化批评的人类学》,王铭铭、蓝达居译,北京:生活·读书·新知三联书店1998年版,第49页。
③ [美]爱德华·W.萨义德:《东方学》,王宇根译,北京:生活·读书·新知三联书店1999年版,第50页。
④ [美]Asad, Talal. *Anthropology and the Colonial Encounter*. London: Ithaca Press,1973.

是拜物教化了的功利"①。与此相对应的是，这些民族志为了突出所谓的"客观性"和"真实性"，大都采取了似乎是"价值无涉"的第三人称的书写方式，但从更深层次上看，则是剥夺了文化持有者的话语权以及自我、情感、世界观等的表达，实际上是人类学家借其研究对象的"自白"而阐述其思想观点的"任意裁剪"。除此之外，民族志在书写上也存在着日益僵化和程式化的问题，"它们的描述形成固定的连续性程序（生态学、经济、亲属制度、政治组织和宗教信仰），对调查者角色不再重视，死板地将制度的概念切割为泛文化比较的类型学窠臼"②。

为了克服传统民族志的缺陷，摆脱人类学的困境，当代国际人类学进入了"一个人文学科的实验时代"。西方人类学家们进行了多种形式的探索与各种实验，冠以各种名称、形式各异的民族志纷纷涌现出来，诸如"心理动力学民族志"（psychodynamic ethnographies）、新现实主义民族志（realistic ethnographies）、现代主义民族志（modernist ethnographies）等等，有的倡导采用"主位"（emic）的方法，有的运用人类学家与研究对象之间对话"并置"（juxtaposition）的方式，有的干脆邀请研究对象参与民族志的写作。尽管名目繁多、意见不一，但"这一实验趋势的任务就在于：跨越现存民族志文体的局限，描绘出更全面、更丰富的异文化经验图景"③，"更注重对他们赋予研究对象以意义的过程的反思，并更彻底地让研究对象能发出自己的声音"④。

我们如何进行属于中国文化的新民族志实验？我们的民族志如何"跨越现存民族志文体的局限"？怎样才能"更彻底地让研究对象能发出

---

① M·萨林斯：《文化与实践理性》，赵丙祥译，上海：上海人民出版社2002年版，第4页。
② [美]乔治·E.马尔库斯、米开尔·M.J.费彻尔：《作为文化批评的人类学》，王铭铭、蓝达居译，北京：生活·读书·新知三联书店1998年版，第50页。
③ [美]乔治·E.马尔库斯、米开尔·M.J.费彻尔：《作为文化批评的人类学》，王铭铭、蓝达居译，北京：生活·读书·新知三联书店1998年版，第69页。
④ [美]约翰·R.霍克、玛丽·乔·尼兹：《文化：社会学的视野》，周晓虹、徐彬译，北京：商务印书馆2002年版，第402—403页。

自己的声音"？经过反复思考与学术实践，我们选择了"村民日志"这一书写路径，目的是探讨一种让文化持有者的主体性从主流文化的"话语霸权"束缚下突围出来而从其文化内部的"主位"视角自主地叙述自己的社会文化与表达"自我"的模式，以求"描绘出更全面、更丰富的异文化经验图景"。

首先，文化持有者真正成为文化书写的主人，他们所做的日志是严格意义上的"主位"观察与描述的结果。自马林诺夫斯基提出"钻进土著人的心里"的田野准则之后，人类学家们在"钻进"的问题上进行了不懈的努力。至20世纪60年代，康克林（H．C．Conklin）、弗莱特（Charles O．Frake）等人在其"新民族志"（new ethnography）中极力倡导"主位"观察与描述的方法。其后，格尔兹（Clifford Geetz）及其弟子克利福德（James Clifford）等人发起的实验民族志（experimental ethnography）则提出了把原本被排除在外的合作研究者、田野居民等与民族志相关的人物也纳入民族志作者并让其语言直接进入文本的书写方法，即所谓"多音位"（polyphonic）模式。目前，上述学术实践的真实度、有效性、干扰性等问题仍然未能得到令人信服的解决，其深层根源则是研究者的主体性与研究对象的主体性之间的矛盾无论如何都难以弥合。两千多年前中国思想家庄子提出的"濠上之辨"难题始终无法破解，才出"浅描"的泥潭又入"过度阐释"的沼泽，才让文化持有者发出了自己的"声音"，而学者所属的社会无法理解的"嘘声"即起，按照马林诺夫斯基的金科玉律"钻进土著人的心里"后便发现，原来"钻进土著人的心里"的是带着坚固的西方社会文化结构"前置"的人类学家。而"村民日志"的作者是生长于斯的"土著"，是村寨社会文化的参与者和行动者，以他们的眼睛和头脑观察本村每天的日常生活，以他们的思维和语言表达对本村发生的大大小小事件的评价与感受，这才是严格意义上的"主位"方法，才能真正"从内部提供有关异文化的解说"，因而对记录者来说，"村民日志"是对"本文化"的记录与反思。

其次,"村民日志"的记录者连续性地归属于他/她所叙述的社会,因而他/她的视域与其叙述对象所包括的视域是高度重叠与融合的。在"本文化"研究中,人类学家尽管属于"本文化",但因其境遇使他/她与"本文化"之间产生了或深或浅的"历史时间间距",从而降低了研究者视域与研究对象所包含的视阈之间的重叠度或融合度。费孝通先生对自己在家乡的田野调查体验的反思充分地证明了这一点,他说:"我是这个县里长大的人,说着当地口音,我的姐姐又多年在村子里教老家育蚕制丝,我和当地居民的关系应当说是不该有什么隔阂的了。但是实际上却并不是这样简单。当时中国社会里存在着利益矛盾的阶级,而那一段时期也正是阶段矛盾激烈的时期。我自己是这个社会结构里的一个成员,在我自己的观点上以及在和当地居民的社会关系上,也就产生事实上的局限性。这种局限性表现在我对于所要观察的事实和我所接触的人物的优先选择上。尽管事先曾注意要避免主观的偏执,事后检查这种局限性还是存在的。"[①]"村民日志"的记录者不仅在文化认同上归属于本村的社会文化,而且境遇使他/她在实践和时间上连续性地归属于本村的社会文化,不存在"历史时间间距"所形成的视阈间隔,其视阈与所叙述的社会文化包含视阈是天然契合的与高度重叠的,因而"视阈融合"度不仅要高于"外来者",而且高于属于本文化的学者。

再次,"村民日志"的叙述场域是自然而常态的,记录者的心态与通常田野工作的"报道人"大相径庭。"报道人"是人类学田野调查时不可或缺的角色,他们的"报道"场域与其日常生活具有明显的差异,属于非常态性的——面对陌生的"外来者",围绕着研究者的询问话题进行"搜肠刮肚"的作答甚至"编造故事"。为了解决这一问题,实验民族志的一种做法是将人类学家与报道人之间的谈话过程呈现出来。然而,所呈现的仍然是非常态场域下的谈话——人类学家因拥有民族志的最终书

---

① 费孝通:《迈向人民的人类学》,《费孝通选集》,北京:海峡文艺出版社1996年版,第312—313页。

写权而不可回避地产生一定程度的"话语霸权",从而对文化持有者的话语表达产生干扰或渗入。"村民日志"则规避了这一问题,记录者的叙说话题是自主性的,叙说场域是常态的——在自己家中并无"他者",做到了"想说就说""想说什么就说什么""想怎么说就怎么说"。

由此,文化持有者的关注视角、价值观念、情感模式等主体性在"村民日志"中得到了逼真而完整的表达。如果从汉语表达和学术话语的角度看,10个村寨的日志则给人以非常明显的"参差不齐"之感。但这种"参差不齐"却含有一般语用所没有的含义,不仅呈现出10个村寨文化的差异性,而且"彰显"出许多实验民族志所追求而难以企及的不同民族、不同村寨文化的"认知图式"的差异。日志所记述的内容大多是饮食、生产等琐碎而重复的生计活动,似乎是"无关宏旨""不得要领"的唠叨,但这却是记录者基于他／她的立场对村中所发生的事件按照他／她所认定的重要性进行过筛选排序而记录下来的,是记录者及其所属文化对社会活动的选择,这恰恰体现出其关注视角、价值取向的特殊性。日志的语言表达既无文学作品的生动形象,也无学术论著的严谨高深,大多"平淡无奇""枯燥乏味",且各本日志在描述的详略、反思的深浅甚至语言的顺滞等方面均有较大差异,但却体现出各民族、各村寨文化的感知能力、表达能力、反思能力的差异,即其"镜像"识别的独特性和差异性。因而,尽管"村民日志"有悖于一般正式出版的文本,甚至与已有的民族志文本也大相径庭,但其内含的"张力"和所表达的意义的"深刻性",远非一般民族志所能企及,也正是许多实验民族志所追求的目标。

当然,来自"异文化"的学者的影响并不是说排除无遗,但我们所做的仅仅是:第一,选择"他"或"她"记录,提出了举例式的记录内容引导;第二,根据"于研究对象无害"的社会研究伦理原则,对于日志中可能会危及所描述的对象和记录人的正常生活的少量内容做了删节。

三、用汉语叙述：基于中国少数民族与汉族的文化关系的本土化实验

近年来，中国文化人类学的"本土化"的呼声渐强，且有对汉人社会研究的一些探索，但对于少数民族社会的研究，大都止于"需要本土化"之类的"舆论动员"，少有"如何本土化"方面的"指点迷津"，更缺乏"以身试法"的"躬身实践"。尽管这是一个相当复杂的问题，在此不做专门的探讨，但可以从中国文化人类学20世纪30～40年代的学科发展史中获得如下初步的启示，这就是：中国文化人类学"本土化"学术实践的核心是民族志的"本土化"，而民族志实现"本土化"的基本前提是，选择适合中国社会文化实际的途径，将国际文化人类学前沿性理论方法用于中国社会文化的田野调查与民族志书写的实验，以参与到当前国际文化人类学前沿性问题的探讨，并在当前国际学术前沿的平台上进行理论和方法的创新。

前文述及的费孝通先生的《江村经济》和林耀华先生的《金翼》两本经典民族志，不仅是学术创新的典型案例，同时也是中国文化人类学"本土化"的成功典范。两位人类学家以当时被国际人类学界所公认的理论和方法为学科平台，以具有悠久历史文化传统的中国社会文化为研究对象，并从中国社会文化的实际出发，分别选择了在西方工业文化影响之下的农村生活变迁和家族制度这两个最具中国社会文化特色并在中国社会文化中占据重要地位的问题进行调查研究，从本土文化的眼光和中国文化的表达方式进行民族志书写。诚如马林诺夫斯基所说："我敢预言费孝通博士的《中国农民的生活》（即《江村经济》）一书将被认为是人类学实地调查研究和理论工作发展中的一个里程碑。此书有一些杰出的优点，每一点都标志着一个新的发展。此书让我们注意的并不是一个小小的微不足道的部落，而是世界上一个最伟大的国家。作者并不是一

个外来人，在异国的土地上猎奇而写作的；此书的内容包含着一个公民对自己的人民进行观察的结果。这是一个土生土长的人在本乡人民中间进行工作的成果。如果说人贵有自知之明的话，那么，一个民族研究自己民族的人类学当然是最艰巨的，同样，这也是一个实地调查工作者的最珍贵的成就。"①弗思对《金翼》也做出了类似的评论，他说："作者（指林耀华——引者注）似乎是身临其境，不论是在药铺、在闺中、还是在土匪山老巢，他都能真实地告诉我们每个人物的言行举止，甚至能探寻他们的心灵深处，解释他们当时的动机和昔日的感情。……他写的是他的故乡，他从童年开始直至成年相识的人们。倘若他并不是一直与他们朝夕相处，至少他也是经常处于相同的环境。"②因而，尽管这两部民族志都先以英文版在国外出版，但无论是研究的对象和主题还是文化书写的视角和表达方式都是"本土化"的。

自《江村经济》和《金翼》问世以来，国际人类学发生了巨大的变化，当年被视为最先进、最科学的理论方法受到了反复的证实与证伪、肯定与否定的挑战，并从中发展、变异、衍生、创造出流派众多且取向相异的当代文化人类学理论和方法。中国人类学自20世纪80年代恢复发展以后，一批年轻人类学家尤其是曾留学欧美的人类学家进行了当代国际人类学的大量译介工作，这对于中国人类学的理论方法创新是非常必要的和不可或缺的。但这还是远远不够的，理论译介仅仅只是手段，目的是进行"本土化"创新，是将其作为背景、视野或工具对中国社会文化的事实和经验进行调查研究，撰写出具有时代特征、中国特色的民族志，解释与回答现代化进程中和全球化背景下的中国社会文化的理论和现实问题。因此，沿着费、林二位先生开辟的道路，站在当下国际人类学的

---

① ［英］马林诺夫斯基：《江村经济·序》，费孝通：《江村经济》，北京：商务印书馆2001年版，第13页。

② ［英］弗思：《金翼·英文版导言》，林耀华：《金翼》，北京：生活·读书·新知三联书店1989年版，第1—5页。

平台上，进行现时代的中国文化人类学理论方法创新，撰写出"本土化"的当代中国新民族志，这是时代赋予我们的职责和任务，也是当代学术背景下中国人类学学术创新的关键环节之一。

在当前国际人类学界关于民族志书写问题的研讨中，研究者与研究对象的关系是一个关键性的问题。因而，研究中国少数民族社会的民族志，要解决的一个首要问题是中国的人类学工作者即以汉文化为主导文化的研究者与研究对象即少数民族之间的关系有什么特征？以汉文化为前置文化结构的学者视角下的少数民族文化和西方人类学家视角下的非洲文化、印第安文化等，都可以称为"异文化"，但其"异"的程度和本质却是截然不同的。前者之"异"，是同一种文化之内的不同文化类型的差异或同一种文化类型之中不同文化分支的差异，即中华民族"一体格局"文化中的"多元"的差异；后者之"异"，是基本上没有实质性关联的两种文化之间的差异。费孝通先生提出的"中华民族的多元一体格局"命题，是理解与把握中华民族中各民族文化之间关系的关键词。一方面，中华民族的起源是多元的，各文化区、各民族以及各民族内部各支系之间的文化也是多元的，正是这种多样性、多元化的文化构成了色彩斑斓、博大精深的中华民族文化。另一方面，从新石器时期起，中华大地上的各文化区、各族群文化之间传播、接触、交流与融合的文化互动便开始了。从春秋战国时期起，各族之间的交流与融合进入频繁而密切的阶段。在汉族形成以后的两千年漫长历史中，其他族群融入汉族的所谓"汉化"和汉族融入少数民族的所谓"夷化"的"民族流动"从未停止过。在这种民族流动过程中，逐渐形成了一个凝聚多元文化的核心——汉族及其文化通过"一个点线结合，东密西疏的网络"①传播与融入各少数民族及其文化之中，从而构建起由区域性到全国性、由弱到强的多元一体格局。由此可见，在中国，以汉文化为基础的学者和作为研

---

① 费孝通：《中华民族的多元一体格局》，《费孝通选集》，北京：海峡文艺出版社1996年版，第350页。

究对象的少数民族之间的关系，是"一体"之内的"多元"的差异，两种文化之间存在着悠久、密切、深刻的内在联系，而且研究对象即少数民族文化中吸纳了汉文化的诸多因素，从而使中国人类学者与其研究对象之间保持着远非西方学者所能具备的亲密关系和沟通条件。

作为中国文化重要组成部分和中华民族交流沟通的最重要的工具，以汉文化为基础的汉语及其书写符号系统汉字早已为多数少数民族所接纳，除了大多数回族把汉语作为母语之外，许多少数民族还把汉字作为重要的甚至是唯一的书面记录与表达符号。随着近代以来民族—国家的形成、文化教育和现代传媒的推广，汉语在少数民族中程度不同地得到普及，绝大部分少数民族农村都有人能够使用汉语交流、运用汉字进行书面叙述表达。中国少数民族语言文化的这一特征，为村民们运用汉语记录成为可能，也使运用"村民日志"的模式描述中国少数民族社会文化的民族志实验具有了中国特色；同时，为了使之能够为更为广泛的群体所阅读，运用汉语记录也是一种别无他途的选择。

不可也不必隐讳的是，10本日志之间存在着文化书写和言语表达的明显差异。从表层上看，这一差异所呈现的是不同民族、不同村民运用汉语进行言说与表达的能力的差异，从而显示出不同民族、不同村民受汉文化影响程度的差异；从深层上看，在少数民族村民运用汉语记录的过程中，作为叙述的符号和传播中介，汉语及其特有的无意识结构和术语等被法国精神分析学家拉康（Jacques Lacan）称为交流对话的"第三参与者"因素，无疑参与到日志的文化叙述的建构之中了。但无论前者还是后者，其本身就具有学术研究的价值。美国语言学家、人类学家萨丕尔认为："言语这一人类活动，从一个社会集体到另一个社会集体，它的差别是无限度可说的，因为它纯然是一个集体的历史遗产，是长期相沿的社会习惯的产物。言语之有差别正如一切有创造性的事业都有差别，也许不是那么有意识的，但是正像不同民族之间，宗教、信仰、习俗、艺术都有差别一样。走路是一种机体的、本能性的功能（当然它不是一种本能）；言语是一种非本能性的、获得的、'文化的'功能。"① 因此，"村民日志"除了其所叙述的内容可以作为研究对象之外，文本本身亦可置于当代实验民族志研讨的学术背景下作为一种"社会事实"进行解读。

四、对话：多维交复话语张力的实验

"对话"是现代主义民族志的重要文本策略，"学者们认识到，在民族志里所要表述的经验，必须是发生于民族志作者与报道人之间的对话"②。为此，我们在"充分给予被研究者表达自己意见的空间"的同时，还采用了"充分对话"的文本策略。

《新民族志实验丛书》和《少数民族村落社会文化研究丛书》两套丛书的安排，是根据"充分对话"原则设计的。其中，既有同一文本内的"局内人"（insiders）与"局外人"（outsiders）之间的对话，又有不同文本的"局内人"与"局外人"的对话，而且在有的"村民日志"中还有"局内人"中不同性别、角色之间的对话。首先是"村民日志"同一文本中的"局内人"与"局外人"之间的对话，日志的主体部分是村民即"局内人"表达自己意见的空间，而"前言"及"村寨概况"则是研究者即"局外人"对研究对象基本概貌的解读。其次是两套丛书之间构成的对话，《新民族志实验丛书》的作者主要为村寨文化"局内人"，而《少数民族村落社会文化研究丛书》的作者则是作为"局外人"的研究者，两者在同一时空内对同一对象做出的不同解读本身就是一种对话，这一对话事实上还具有留给读者进行分析的"张力"。最后是不同社会角色的"局内人"的对话，即在本课题设计时要求各个调查点选择 2—3 名性别、身份不同的记录者进行"村民日志"的记录工作，使同一本"村

---

① [美] 爱德华·萨丕尔：《语言论》，陆卓元译，北京：商务印书馆2005年版，第4页。
② [美] 乔治·E.马尔库斯、米开尔·M.J.费彻尔：《作为文化批评的人类学》，王铭铭、蓝达居译，北京：生活·读书·新知三联书店1998年版，第101页。

民日志"中出现同一村寨中不同社会角色之间的对话,但因有的记录者因患病、外出等各种复杂的原因未能坚持记录,从而使这一设计意图未能在全部"村民日志"中得到落实,出现有的日志由两位或两位以上记录者完成,有的日志则完全由一位记录者完成的情况。

正如美国人类学家马尔库斯和费彻尔所言:"在这样一个时代,我们承担着一种风险,即,我们既可能拥有巨大的潜能,也可能因走进死胡同而无能为力。"[①] 我们"新民族志实验"的命运究竟是前者还是后者,只有让时间告知。

2020年5月6日午夜
草于白沙河畔寓所

[①] [美]乔治·E.马尔库斯、米开尔·M.J.费彻尔:《作为文化批评的人类学》,王铭铭、蓝达居译,北京:生活·读书·新知三联书店1998年版,第11页。

总 目 录

第 1 册

箐口村概况 /1

2006 年村民日志 /1

2007 年村民日志 /225

第 2 册

2008 年村民日志 /469

2009 年村民日志 /625

2010 年村民日志 /783

2011 年村民日志 /919

第 3 册

2012 年村民日志 /1053

2013 年村民日志 /1197

2014 年村民日志 /1349

第 4 册

2015 年村民日志 /1489

2016 年村民日志 /1667

2017 年村民日志 /1845

目　录

箐口村概况 /1

2006 年村民日志 /1

2007 年村民日志 /225

箐口村概况

马翀炜

　　哈尼族是云南省人口较多、分布较广的少数民族之一,也是历史最为悠久的少数民族之一。2010 年第六次人口普查数据显示,哈尼族人口有 163 万人。哈尼族主要分布在云南南部的红河下游与澜沧江之间的山岳地带,即哀牢山和蒙乐山的中间地区。其中,红河、墨江、元阳、绿春、金平、元江、景洪、勐腊、勐海、江城等县是哈尼族人口最为集中的地区。

　　云南大学哈尼族文化研究基地所在的箐口村,隶属云南省红河哈尼族彝族自治州元阳县新街镇土锅寨村委会。元阳县新街镇位于元阳县西北部,处于东经 102°40′ 至 102°49′,北纬 23°05′ 至 23°13′ 之间。箐口村位于新街镇南部,海拔 1600 米左右,与新街镇相距 6.87 公里,距县城南沙镇 30 公里。村民生产生活区域与其周边黄草岭、大鱼塘、全福庄等哈尼族村寨相连,占地面积约 5 公顷(1 公顷 =10000 平方米)。

　　箐口村是一个哈尼族山村,全村 98% 以上的村民都是哈尼族。截至 2017 年 12 月,箐口村的户数为 240 户,人口 1034 人,男性 522 人,女性 512 人,劳动力 652 人,中共党员 29 名,建档立卡户 48 户。(资料

来源：元阳县新街镇土锅寨村委会）2004年，箐口村被选定为云南大学哈尼族文化研究基地时，全村的户数为178户，人口865人，男性487人，女性378人①。箐口村的人口姓氏由李、张、卢三个大姓以及高、马、杨、罗、刀等一些小姓组成。其中李姓又分为大李、二李和三李（"霍纠纠玛""霍纠纠然""杂基然"三家）。李姓是箐口村最早的居民，人口最多；张姓主要从黄草岭、大鱼塘、坝达等附近村寨迁入；卢姓主要从麻栗寨迁入。李姓、张姓和卢姓等几个大姓氏的家族一般能够和睦相处，但也不完全排除不同家族和家族内部的矛盾与冲突。

  箐口村位于世界文化景观遗产红河哈尼梯田的核心区，梯田是箐口村的主要土地使用类型，也是箐口村的主要物质依托。除了少数外出务工的人员外，箐口村绝大多数村民依然坚持以传统的生计方式——梯田水稻种植为主，辅以旱地的玉米以及少量的经济作物种植。箐口村现有耕地面积为857.76亩（1亩≈666.67平方米），其中水田453.3亩、旱地404.46亩，人均占有耕地面积为0.83亩，人均水田占有量为0.44亩，人均旱地占有量为0.39亩。箐口村的梯田主要种植水稻，以红米为主要品种，旱地则主要种植玉米、黄豆、马铃薯等农作物。

  箐口村传统的生计方式为丰富的民族文化提供了生存土壤。在民族服饰方面，无论是在日常生活中还是节庆活动中，箐口村的妇女基本都着民族服装，箐口村的哈尼族服饰在保留传统服饰文化元素的同时注入现代的流行时尚元素，逐渐成为一种传统与现代"混搭"的民族服饰。箐口村的民族饮食文化特点较为突出，箐口村村民依然保留着传统的饮食习惯和饮食文化，如今随着梯田旅游的发展，梯田红米、梯田小鱼、梯田虾等逐渐成为深受游客欢迎的哈尼族特色美食。在房屋建筑方面，箐口村目前的建筑基本改造成了较为舒适的钢筋混凝土结构楼房，但屋顶依然保留着红河哈尼族传统的蘑菇房式的屋顶，被誉为"最后的蘑菇

---

① 马翀炜：《最后的蘑菇房：元阳县新街镇箐口村哈尼族村民日记》，北京：中国社会科学出版社2009年版，第6页。

房"。随着梯田旅游的发展，箐口村的交通条件得到了很大改善，从元阳县城到箐口村的道路都已经硬化，交通较为便利。箐口村还保留着较为完备的哈尼族传统宗教信仰及其文化，箐口村哈尼族依然信奉以祖先崇拜、万物有灵为核心内涵的民间宗教，村里保留着与宗教信仰有关的传统祭祀仪式和活动，如祭祀寨神林的"昂玛突"、祈求丰收的"苦扎扎"节、"吃新米"等。同时，箐口村的民间宗教祭祀活动依然由哈尼族传统村社里的咪古、摩批、尼玛等神职人员主持和组织，他们在哈尼族村寨的宗教生活和现实生活中起着非常重要的作用。哈尼族社会的这些节日以及婚丧嫁娶等重要事件都要选择吉日举行，吉日由咪古、摩批、尼玛等神职人员根据当地哈尼族社会流行的十二生肖计算日子的习惯选定，计算日子的十二生肖即"鼠、牛、虎、兔、龙、蛇、马、羊、猴、鸡、狗、猪"，从"属鼠日"开始到下一个"属鼠日"就满十二天，每十二天为"一轮"，如此循环反复计算日子。这种计算日子的方法也普遍运用于日常的生产生活中。所以，我们在写日记的过程中，除了使用公历的日期和星期外，还加上了当地哈尼族社会使用的十二生肖日期。

箐口村是梯田旅游起步较早、发展较好的民俗旅游生态村。哈尼梯田旅游兴起于20世纪90年代末。"为加快发展全县旅游业，2000年12月设立元阳县旅游局，为政府主管旅游的职能部门。2003年县委、县政府把旅游业确定为振兴全县经济的支柱产业，确立了旅游业在国民经济和社会发展中的战略地位。"[①] 在元阳哈尼梯田景区中，箐口村占据着观赏元阳的"云海梯田"景观的绝佳位置；再加之村中的树木茂密，构成"森林——村寨——梯田——溪流"四素同构的自然景观。此外，箐口村富有哈尼族特色的蘑菇房、磨秋场、磨秋房、磨秋、秋千架、水磨房、水碾房、哈尼族服饰等文化要素。2000年，这些都促使箐口村与附近的麻栗寨、全福庄一同作为潜在的民俗村选点进入当地政府的视野，

---

① 参见元阳县地方志编纂委员会：《元阳县志（1978—2005）》，昆明：云南民族出版社2009年版，第283页。

最终箐口村获选，成为梯田旅游开发之初重点打造的一处景点，即"民俗旅游生态村"。为此，元阳县政府从 2001 年开始在箐口村投入大量的资金建设旅游基础设施。2002 年，箐口民俗旅游生态村建成哈尼民俗文化展示点，包括哈尼文化陈列馆、文化广场及水碓、水碾和水磨等民族文化、农耕用具展品设施。村内民居改造为民族传统特色建筑，展现地方风情。村口建设了图腾广场，螃蟹、青蛙、水牛、田螺等雕塑指向哈尼族的原始崇拜。箐口村后续还修建了停车场、景观台、村寨入口、大门、公共厕所、休息亭、祭祀广场等。2002 年 2 月 25 日，箐口民俗文化村管理委员会成立，管委会成为直属于元阳县旅游局的旅游开发职能部门，工作人员多为箐口村村民。管委会负责管理旅游设施，维护村内卫生并收取门票。2003 年 9 月底，村文艺队成立，负责为游客表演哈尼族传统舞蹈。2004 年，箐口村被国家旅游局命名为"全国农业旅游示范点"，2008 年被云南省旅游局列为首批旅游特色村。2008 年，云南省世博元阳旅游有限公司和元阳县旅游局共同出资组建了"云南世博元阳哈尼梯田文化旅游开发有限责任公司"（简称世博元阳旅游公司），包括箐口村在内的梯田旅游景区、景点的旅游项目经营管理权归世博元阳公司所有。经过地方政府和世博元阳公司的共同努力，箐口村已经成为哈尼梯田旅游景区的著名景点，旅游经济的发展正在影响着箐口村的生产生活及其民族文化。

  箐口村还是一个重要的哈尼族文化研究基地。箐口村是从事少数民族生态环境、水文化、稻作文化、梯田稻作文化、民族文化、民俗旅游以及哈尼族文化等领域研究的福地，许多专家学者在箐口村开展调查研究，也有许多机构在箐口村建立研究基地。其中，最具代表性的研究基地是云南大学建立的"教育部人文社会科学重点研究基地云南大学西南边疆少数民族研究中心哈尼族文化研究基地"，该基地由云南大学西南边疆少数民族研究中心教授、博士生导师马翀炜负责。自 2004 年在箐口村建立哈尼族文化研究基地以来，马翀炜教授及其研究团队在箐口村坚持了 15 年的调查研究工作。此外，自 2009 年起，云南大学哈尼族文化研究基地每年都接待云南大学民族学／人类学农村实地研究暑期学校的学员，目前已接待100余名学员，形成100余份调查报告，调查内容涵盖诸多方面，对箐口村各类现象的观察大多聚焦于日常生活与旅游发展的对话。此外，基地负责人每年都带领博士研究生和硕士研究生到箐口村哈尼族文化研究基地开展田野调查工作，在箐口村的田野调查基础上已经出版了5部著作，发表了80多篇学术期刊论文，完成了10多篇博士硕士学位论文。

2006年
村民日志

2006年3月1日，星期三，农历二月初二，属牛，阴有小雨

　　今天学校开学了。在以前，主要还是实行生产队体制的时候，村里的老人包括外村的中老年人都说，我们箐口村还是办学比较早的地方，包括胜村乡的麻栗寨村和全福庄村的人都来我们村上学。那还是大约20年前的时候，30岁左右的人都清楚。当时村里还开办着四年级和五年级，到现在反而只办到三年级了，读到四年级就要到隔壁的土锅寨村上学了。因而，到土锅寨村上学的我们村里四、五年级的学生发生了一些故事，比如与土锅寨村的学生打架的事，还有瞒着父母，偷了家里的黄豆到村民的田棚里烧吃，来去都与其他正常上课的同学一起，到自己的父母发现家里的黄豆被烧吃得所剩无几时才说出了真话。

　　这次入学与以前有一点不同，就是正常入学的学生已经免去了学费及各种费用，但是，这个有名额限定，有少部分学生的费用没有免去，没有到入学年龄的走读生也不能免去，他们还要交50元的费用，有个别的还要自己带上桌椅（这种情况主要是指一年级的学生。二年级和三年级的学生可能有80%已经免去了各种费用）。

　　也不知道是国家还是地方出台了什么政策，村委会宣传在近期住院用去500元以上的村民拿出自己的有效住院单，到新街镇民政所报销，政府会给予一定的补偿。从今天初步打听的情况来看，村里可能有李永福的父亲一个，他二儿子李永家今年新房迁居的那天跌倒了，腿骨受伤，住院做手术时可能花去了几千元；还有一个是卢文明的妻子生病也住院过，也可能花费了几千元；再一个是卢迁华的妻子，也因为生病住院而花费了几千元。这几个是近期的事情，而张文英虽然也花费了不少，多数的可能是2002年和2003年的单据，可能不符合这一次的规定。也就是说，前面几个可能会按照具体的规定补助一部分，而后一个就可能补助不了。

　　今天的游客有41人，买门票的有27人，门票收入是405元，其中有日本的游客12人。

2006 年 3 月 2 日，星期四，农历二月初三，属虎，阴有小雨

今天上午，有个自称是阿挡寨村的人来村里，说是找一个自己的亲人。这个亲人是去年才嫁到箐口的，现在已经有了自己的孩子，而他又从来没有来过箐口。村里的人问叫什么名字，他又回答不来。路过的村民根据这一情况核对后才估计说是张志光家，村里的人就带着他去了张志光家，说果然是他家的客人。

李祥家今天拆房子，他家的房子拆的原因主要是屋面漏雨了。原来的房子也做过一些建造，只是用的是木柱子，经过多年的风吹雨打，屋面出现裂缝，雨水天时会淋雨，人在里面感觉害怕，他家就决定拆除腐烂的部分，因为墙体是石头做的，他家就只是更换了门窗和腐烂的部分，其他的都不动。

今天对我们村来说，是一年中一个特殊的日子——举行叫寨魂仪式。今年的祭祀中男扮女装的是李元和李西卜（两个都八九岁）。他们两个只要跟在摩批和一个龙头、一个咪古的后面，今天就可以分享在树林里杀的猪的猪腿。当然也会有其他的孩子，手里拿着一些花，在咪古的指导下来回在村里统一的地方转，并在一定的地方吃喝。听老人们说，这个叫寨子魂也有两个不同的来回，今年要叫到寨神林里，明年要叫到咪古的家里。这样轮回着，所用的物品没有什么不同。

今天的游客量比昨天增多了一些，统计下来有 70 个，买门票的有 60 人，门票收入是 900 元，其中有法国的游客 7 个。

2006 年 3 月 3 日，星期五，农历二月初四，属兔，阴转晴

村里搞摄影、搞电视的人来得多了，经常不是这个台就是那个台的人来，今天又说是省上的和州上的，还有县里的一些搞电视的人来了，他们要管委会协助他们拍摄，到了长寿泉和田间拍了很多的照片。对于拍摄，出现过几种情况：一种是他们以单位或者其他的名义要管委会协助，给他们出人出物，有时还要请他们吃饭；有的情况是，他们虽然也是单位或者其他的理由，但是他们会给一些费用，也会给管委会协助的人一点工作餐费用。这是到现在来搞拍摄的人给管委会的感受。

今天的游客又没有昨天的多了，相对减少了一些，有38人，买门票的人有24人，门票收入是360元。

2006年3月4日，星期六，农历二月初五，属龙，晴间多云

老党员张会芬已经生病多日了，只是可能没有多少钱或者病况不是那么严重，只是打打针，或者吃一些药而没有去住院。这几天，可能是病情严重，今天早上在她的儿女的陪同下前往街上去住院了。听说，她的病是属于腹肿水的一种，村里的草药医生不会医这种病，只有送到医院去治。她的母亲就是一个村里有名的草医，在年轻的时候就是专门为村民医病和接生等等。而且，也有很多外地人知道以后来求医的。只是她现在已经年逾80了，即使有病人来也是婉言谢绝，当然，很多时候她还是直接说明的。

从这几年的情况来看，放长假，就是所谓的黄金周游客较多，比如春节、五一劳动节、十一国庆节。从一周的时间来说，游客比较多的是星期五到星期六，星期日相对减少。今天可能是星期六的缘故，游客明显比昨天又多了，统计下来有195人，买门票的就有165人，门票收入达到2475元，其中有法国的游客两人、比利时的游客9人。

2006年3月5日，星期日，农历二月初六，属蛇，晴

对于一个村来说，并不是每天都有新鲜的故事，或者说，不是每天的观察都会有所收获，正如上班的员工一样按时上班、按时下班，村民也有他一成不变的一天，家里也如此吧。谁今天该怎么做，该做些什么，只要安排了就不会有多少的变动。今天就是这种情况，村里的事情正常进行着。所不同的是，这里是作为一个景区，与众多的景区一样，每天都会或多或少地来一些游客，门票收入多少会有一些。这一个就与中国

众多的自然村不同。今天的游客从统计的情况来看有 167 人，买门票的人有 128 人，门票收入是 1920 元，其中有法国的游客 4 人。应该说今天是这个星期到目前来讲门票收入比较高的一天。

接到村委会的通知，明天本人要参加新街镇党委直选培训会议。主要是这一段时间里村的党分支书记不在家，其他几个村民小组的人也不在家，只有本人代替去参加了。

2006 年 3 月 6 日，星期一，农历二月初七，属马，晴

今天村里举行祭寨子门的仪式，这个仪式主要是由咪古们进行。在我们村里，要祭祀的主要有寨子脚的一处和寨子头停车场的一处，这两个位置都是传统留下来的地点。寨子脚的一处是用白色的公鸡，将鸡的皮剥了挂在树上，并且用一条已经做好的稻草绳子横挂在路的正中央上方，同时在绳子上拴一些用木头做成的镰刀斧子等。寨子头的停车场处用的是一只红公鸡，这里主要由大咪古和他的第二个助手两个人做，寨子脚由其他几个咪古来做。所不同的就是一边是用白公鸡，另一边是用红公鸡，其他的仪式基本相同。都选择在傍晚人们劳动基本回来以后再做。村民的说法是，又一年的春天开始了，万物开始充满生机，人与物应该隔开。

今天村里由张春华和张明华到新街镇开党委书记直接选举培训会议，张春华是代表村委会党总支书记，而张明华是代表村里的分支书记去参加的，会议的地点是新街镇的云梯大酒店五楼的大会议室。

晚上，今年村里生儿子的人家到咪古家庆贺。去年的这个时候到现在的这个时候，无论谁家生了男孩，一般（除去特殊的不说）都会在今天晚上做一桌饭菜（一般不会带饭）到八九点后到咪古家聚会，主要是要带烟酒。而咪古们就围坐在家的正屋中，让来的所有当上父亲（一般都会是自己亲自参加）的青年敬烟酒，然后向他们说一些祝贺之类的话。今年参加这个活动的有 17 家，其中新父亲和老父亲（在此之前就有一个女儿）差不多各占一半，与前两年的数字相当。

今天的游客数量相对昨天减少了一些，统计下来有 48 人，买门票的有 36 人，门票收入是 540 元，其中有法国的游客 4 人。

2006 年 3 月 7 日，星期二，农历二月初八，属羊，晴

今天，土锅寨村委会党总支部开会，这是接着昨天的新街镇党委书记直选培训会议后，要求把精神传到各个村委会的具体落实事情，是把精神落实到各个村委会各个党员身上的事情，由于这次新街镇给了各个村委会经费，会议后全体到会的党员都在村委会就餐。

今天是村里一年中最神圣的一天。这要从咪古们的活动和他们叫来的村里老人祭祀水井的活动来说起。村里咪古有六个人，而村里的水井包括现在村民吃的都是从山上引来的泉水，大的有五个水井。而村里祭祀包括现在主要用的五个，也包括以前就有的老水井，需要祭祀的水井就有八个了。加上还要祭祀村里为了防止鸡鸭病情而做的石头老虎，应该说就有九个了，而他们六个咪古就不够了。所以，需要叫几个村里的老人参与祭祀，每处分两个人到三个人，所用的物品基本上就是一对鸡，他们就在祭祀的地方吃饭，而且需要提醒的是，鸡的肋骨需要留着，要到第三天去大咪古家摆宴时由摩批打鸡卦。同时，村里的卢文华一家人要祭祀他家小林地里的一棵树，所用的鸡，包括鞭炮都要自己家里拿出来。村里所用的祭祀品是村民凑钱由两个龙头买来的，卢文华家的祭祀用的是一只大公鸡，在那里杀了后拿回来吃，只要煮熟后又拿去献一下就行了，祭祀品全家人都可以吃，包括女的，只是要在 12 点左右咪古们去寨神林之前结束筵席（事前他们都会通知的）。——为什么卢文华一家要做这个祭祀呢？而且只是他们一家，其他姓卢的家族也不参与（现在是卢新、卢文明、卢文华他们三个弟兄来主持，他们都已经成家有了自己的儿女，其父亲已经 80 岁左右了）。有文人学者专门向村里的人问过这个事情，有的说可能是他家祖先最先搬来箐口立寨，有的说可能是他们家当大咪古的时候出了什么大事情。到现在没有明确的说法，有一点值得现在的人去考察的是，村里姓卢的家族没有人当咪古，也没有人做摩批（即使懂摩批的文化也不参加公开的祭祀）。他们家族做什么祭祀或者家里出了什么大事情都要请其他家族的摩批，要是做仪式的人家中有死人的事情就去请麻栗寨的摩批，这个可以作为村里的一个文化去考察。

  上午祭祀完，咪古就要到大咪古家里集中，到了中午十一二点，咪古们就要到现在所谓的白龙泉洗澡（有的老人上了年纪，不可能用那个泉水洗冷水澡，只是用毛巾擦身——净身的意思吧）。此时，路过的妇女只要知道他们过来就会自然地回避。中间可以自己休息一会儿。到了下午 2 点左右，有一个咪古就要到他们祭祀的一个水井背水（一直是用李得贵家秧田旁边的老水井的水，这几年都是张春福负责背的，用他们特意做的背水工具）。出发时集中在大咪古的院子里，等咪古的家人（李志和）拿出来酒（六人六杯酒，端起酒杯一起说"颂，颂，颂"三声）就往寨神林出发（他们路过的时候妇女都要回避，不能在旁边的水井里洗衣服，路边的院子里不能晾着衣服、布匹，包括回来的时候，一般会派人检查，村民也会自觉地收起来）。

  到了寨神林里，龙头和咪古就分开开始杀猪和做其他的各种事情，祭祀做到一定的时候是任何人都不准讲话、搭话的，包括咪古之间，龙头要背猪肉也不能与咪古们搭话，只能用手势来进行。当然，严格意义上讲，就是不允许任何人进入和观看。他们之间的事务会在事前有所交代。回到咪古家的院子里，就分给村民一些肉（所谓的龙肉），连同早上就送来的糯米粑粑也返回给村民（早上村民每户要送两块粑粑到咪古家里，做好记号，一块用去祭祀，一块就返回给家主。在前面几天的日记里忘记提到这个节日村民也要糯米粑粑，虽然，做得没有像春节的时候多，每家还是要做一些）。就算今天的整个过程结束。

  今天的游客数量还算正常，统计下来有 88 人，买门票的有 73 人，门票收入是 1095 元，今天没有来自外国的游客。

2006 年 3 月 8 日，星期三，农历二月初九，属猴，晴

今天是三八妇女节，可是对于我们村里的妇女来说似乎没有这个节日。正如前面说到的一样，村委会的妇女主任组织也没有我们村里的人。或者说在我们的民族里没有这个节日，知道有这个节日的也不过就是一些有文化的人，在妇女当中很难找到这样的人。

然而，今天是村里祭祀寨神林的一天。今天，村里的活动主要就是到寨神林里祭祀，上午 11 点左右，咪古张春福通知村民可以准备饭菜了，下午 1 点左右，咪古们就打响锣鼓叫村民寨神林，村民就自觉拿着已经准备好的桌子跟在咪古们的后面。当然，由于携带不方便，村民们都基本不带饭，只是领着孩子的家长会带一些染黄的糯米，其他都是菜，六个菜、八个菜或者十个、十二个都不等，有一点就是要成双数的。而且，各个家族的地点也差不多定好，按照以前统一地摆放——也不知道是什么时候就这样摆，卢家和李家的在寨子里居于两侧，所以，他们摆桌子也相同于寨子的位置，而姓张的家族主要居于寨子脚，这次就让姓张的家族摆到树林的上面。

今天祭祀的主要内容是，两位龙头和咪古煮好祭祀品，主要是猪肉和鸡肉，咪古们用的和龙头煮的都要分开来煮，咪古们的一锅鸡肉主要就是祭祀树林的，而龙头们煮的是要分给每一户村民。祭祀完后，村民要按照名单敬咪古们烟酒，直到下午四五点才回来。有一个事情还要说明的是，今天村民每户要捐一包鞭炮，在去年到这个节之间生有儿子的家庭，就会主动拿很多的鞭炮去放，整个寨神林树上都会挂满鞭炮，鞭炮声要响很长时间。

今天的游客很多，包括村民们请来过节的。不过售票员的统计情况是有 36 个游客，买门票的有 35 人，门票收入是 525 元。

2006年3月9日，星期四，农历二月初十，属鸡，晴

今天是昂玛突节的最后一天，也就是哈尼族中长街宴的日子，也如同昨天一样，到了11点左右，小咪古张春福通知村民大家准备饭菜，到了下午一两点后，他又打响锣鼓通知村民拿出桌子来。这样，村民就自觉拿着自己家做好的饭菜，集中到咪古家的院子里，这是村里最一般的程序。至于长街宴的说法，可能是因为咪古家的院子比较小，像我们村里这么100多户是不可能都集中在咪古的院子里的，大家就只有沿着村里的路面来摆放桌子了。如果都沿着路面摆放，100多桌子顺着摆放就形成了所谓的长街宴。这两年，为了打造这种文化，有些人（主要是政府或者一些文人）提倡这一文化，大力宣传这种文化。说什么"吃饭不要钱""一天可以吃到百家饭"。本人对此还是有一些浅见。从村民集中后的情况说起，他们主要是向咪古每家送一个已经染色的鸭蛋，在去年这个时候到今年这个时候生有儿子的则还要送一只小鸟，生有女儿的要送鱼或者蝌蚪。而后，摩批（村里做祭祀的李正林）就要和咪古们坐在一起，依次算卦咪古和老人们祭祀水井时所杀的鸡肋骨。算完这一卦，人们才可以回到自己的桌子上吃饭菜、喝酒。同时依次按照龙头们点名的顺序向咪古们敬烟酒，没有轮到的可以自行在自己的桌子上吃，村民们也可以相互敬酒，直到下午村民都敬过咪古们烟酒后，龙头分一点前几天杀的猪肉，人们才可以回家。

有一点可能要补充说明，在摩批算卦的时候，两位龙头要向每一桌收一碗菜，拿出大家捐的酒，摆到一张桌子上随年轻人喝，主要方法是赌鸟嘴，年轻人围着桌子，鸟嘴对着谁，谁就要喝所规定的酒，谁都可以参加这个。至于其他私人的饭菜就可能要一分为二地来分析。你说，这些村民不会让游客品尝吗？当然可以。但是，村民有一个禁忌，就是不能让某一个碗空着。这一点，在有一年里出现过，当年的这一天，游客也很多，这里的一些父母官也为了体验"真正"的长街宴，就让村民沿着路面摆放，让游客也来品尝。结果很多村民的碗里好吃的都吃空了，村民大有意见。说什么他们又没有出一分钱，凭什么要来吃我们的。所以，本人认为要达到村民过节，游客也能高兴地参与目的，还是存在一定的距离，还需要采取一些措施来改进。

也可能是过节的原因，今天的游客还算多，统计的情况有游客114人，买门票的有105人，门票收入是1575元。根据统计员的说法，来村里的游客不止统计的数量，只是有些是附近的客人和来村民家做客的，也就没有全部完整地统计。

2006年3月10日，星期五，农历二月十一，属狗，晴

今天，卢小祥和李绍强几个年轻人抓回来一条蛇，同时他们又买了一只鸡一起煮吃。以前，我们还是小孩的时候，很少见大人们杀蛇吃，即使有的中年人或者青年人到田间地头遇到蛇之类的，也一般是打死丢掉。而现在的人学会了煮吃，只要大一些的蛇被年轻人发现了就会拿来煮吃，煮时一般还同时煮一只鸡。就我们这一带来说，蛇不是很多，但是，只要到了春末夏初，气候逐渐变暖，就多少会出来一些。主要是菜花蛇，其他有毒的也少，常年很少发生被蛇咬的事情。记得是去年的时候，李永得的父亲听说被蛇咬，经过检查说恐怕不能医好了，然而到现在他已经康复，恐怕那是一次误会。

看今天游客的统计情况，来了26人，买门票的有15人，门票收入就是225元。昨天还有很多的游客，今天却只有20多个。为什么会这样呢？村民有村民的说法，游客有游客的说法，政府官员有政府官员的说法，这可能要通过一定的时间来看和分析。

2006年3月11日，星期六，农历二月十二，属猪，晴

今天对村里来说又是一个吉祥的日子，有村民又带着摩批、白色的公鸡到人们出门多的路上求福保佑了。本人分别遇到了李志学家和李志得家的人，这里的俗话说是"摩批七十七种"，但是他们所用的东西和

所念的经文都大同小异，无非就是保佑某某今年平安，出门吉利，正如同汉族的祝福身体健康，万事如意。可能是人们生活水平提高了，也可能是人们都信念这一文化，今年过了春节，总会有人家选择几个在这里来说比较吉利的日子来做这个仪式，似乎形成了一种潮流。

李永福家在年初房子完工后，他就接着做饮食生意，可能是他在前些年做建筑老板的时候认识了一些朋友，现在来说，生意还算可以。为了让来宾吃到这里的鱼，他买过很多人家的鱼，虽然价钱还是20元一公斤，但是现在基本都找不到了，他就只有找类似于本地鱼的鱼来出卖。经过多次的品尝，他觉得本县黄茅岭的鱼接近这个味道，他就经常和那边的人联系，今天又去拉了一些回来。听说那里的鱼每公斤是12元，肉质和这里的鱼差不多，但这些鱼的价格比这里的鱼的价格要便宜很多。

今天村委会召开党员大会，主要是选举出参加新街党委书记直选的村委会代表，由于村里的党员有多个已经外出打工，加上有个别党员生病，没有全部到会。通过选举，产生这次村里参加新街镇党委书记直选的党员是村委会党总支书记张春华、箐口分支书记张明华，群众代表李绍祥。下午村委会全体党员在村委会会餐。大家能在一起会餐，主要是这次新街镇政府给了每个村委会工作经费，没有工作经费的情况下，参加开会的党员也要回家吃饭，或者村委会的领导要想办法解决这一餐费。

回头看一下今天村里的游客情况，统计员统计的数字是有游客80人，买门票的游客有73人，门票收入是1095元，今天的游客量和收入又多了一些。

2006年3月12日，星期日，农历二月十三，属鼠，晴

村民的秧苗基本上都撒下去了，现在就处于管理的阶段。比如，早上和晚上要清除杂草，还要检查秧田里的湿润程度，如果太干燥了就要放水，如果水太多了还要放干，秧苗才会正常地成长，这些是常事。这里要说的是，今天有几个小孩在寨子脚李杰家的秧田里打一条水蛇，正

好被几个小孩的奶奶看见。之后,有一个小孩的奶奶就骂她的孙子,说不能在人家的秧田里打水蛇,否则,人家的秧田灵魂会被打掉,他们家人看见了要骂咱们的。听她的语气不是哄小孩的。这一点和很多村民的观点一样,都认为庄稼有庄稼的魂灵,一旦播种下去就不能轻易去动它。比如,有的家庭就忌讳秧苗撒下去后家里用火烧米饭,秧苗插下去忌讳庄稼田里出现死鸟或者死蛇,或者大树之类的掉到田里(所以,这里的村民在庄稼旁边砍树都选择在庄稼收获完毕的时间里),也不许村民抓泥鳅、鳝鱼等,认为这样不吉利。

秧苗逐渐长高了,有的村民就忙于做田里的活了。比如,今天有卢树云家打田中央的石头,这也是一种种庄稼的程序吧,因为田里要是有石头,耕种起来就不方便,而且庄稼的长势也不会好,降低了产量。如果除去田里的石头,耕种也方便,庄稼产量也会自然提高。通过这么多年的耕种,很多人家的田里的石头都基本除去了,只是还有一些人家的田由于种种原因,多少会有一些。而这种活也一般会选择在收获完庄稼或者在没有种水稻下去的这些时间里做。除去的这些石头放在什么地方呢?这可以说是一桩好事,因为可以用这些打出来的石头支砌倒塌的田埂或者地脚,有些人家还找不到这样可以砌田埂的石头。包括今天卢树云家的石头也是他姐夫家为了支砌田脚而主动来打的,打出来的石头要运到他家离卢树云家田几十米的地方。

从现在村里的人口情况来看,要分家的人家还是有几户,村里的人口还是呈增长状况。一般到了弟兄都已经成家,有了自己的儿女,就因为各种家庭纠纷,或者说正常的情况吧,都会自立门户。经过一段准备材料的工作,今天开始建准备要分家的李春家,地点选择在他叔叔家的菜地里。在李志学家的旁边,面积是四五十平方米,从一般家庭的建筑面积来说有些偏小。可是从村里现在居住情况和发展的角度来说,也只能这样了。按现在村里的人口状况来看,以后的建筑民居也是一大难题,村里有很多人家都在考虑着这一事情,这里不再列举几户了。

我们村上初中的学生都要到新街中学去，路途虽然不算很远，但是要经过城镇，这么多年来可以说没有发生什么大事情，小事情还是会发生一些。比如，今天听说几个去上学的学生张小五、李议成、李新的钱被镇里的青少年抢了，等他们的父母知道去时已经晚了，听说，张小五被抢去 30 元，李议成被抢去 3 元，李新被抢去 18 元，从钱的数目来说为数不大，但是，他们的家长知道后比较生气，知道的村民也比较气愤。何况这对学生的成长应该是一个心理上沉重的打击。这是一个学校、社会、家庭都值得考虑的问题！

说说今天村里的游客量，统计下来有 10 人，买门票的 4 人，门票收入有 60 元，其中有法国的游客 1 人。

2006 年 3 月 13 日，星期一，农历二月十四，属牛，阴有雨

昨天晚上有雷雨，但是下得不多。为什么我提及这一事呢？因为现在又是一年里的干旱季节，村民都急切地盼望下一阵大雨，滋润干旱已久的大地，已经播种的庄稼和还未播种的庄稼都需要有充足的水分来养育，包括很快要干裂了的劳动人民的心——已经有多日未下雨了，田地里都比较干燥，有很多村民不分白天和黑夜地往田里赶水，可是就赶不满，都干着急，大家都非常不希望出现去年的那种现象。虽然昨天夜里的雨下得不是很大，但村民还是高兴了一阵，毕竟总比没有下要好多了。

今天上午，管委会与村民李文光达成协议，以 3600 元让李文光来立三棵姜文他们拍电影时取掉的磨秋场图腾柱。管委会曾经为了修复以前仅仅为了拍电影需要而建造的临时建筑做过一份报告，可是未能达成协议，他们只是补助了 5000 元，其他的修复费用就要这里的管理组织来想办法，或者更上一层的组织来解决。

今天的游客量比昨天增多了一些，统计下来有 51 人，买门票的有 25 人，门票收入是 375 元。

2006年3月14日，星期二，农历二月十五，属虎，阴

卢金福家的孩子做出门仪式，这是哈尼语的直译意，等同于汉族的过周岁。要区分的是，汉族是一年后的生辰那天，而我们哈尼族是出生那天的第一轮属相那天。女孩做这个仪式可能是第十二天的时候，不过村里女孩很多不做这个仪式，男孩应该是在第十三天的时候做这个仪式，这个仪式在这里叫作"喔含嘟窄"。本家的意思就是，宴请亲戚朋友来做客，欢迎所有亲戚和朋友到家里来认亲，给所有来的亲人和朋友送一些糯米和水果糖；而一般通知到的亲人和朋友也会来祝贺，拿一些孩子的衣服或者其他的食物（一般是鸡鸭蛋，或者当天吃的食品）。有的家族还要跳碗舞，根据他们村民或者一些学者的说法，这就是碗舞的起源点。

对这个村里来说，今天又是一个吉祥的日子，有的村民又在做出门的求福保佑仪式。今天又有李志学家在做，前面他家就做过了。不过，一天只能做一个人的，前次是一个人的，这次又是一个人的。可能是考虑到他家的人有几个都经常在外，所以在经济允许的条件下他们几个都要做，或者说他们家也比较信这一习俗。

晚上，卢建华做叫魂仪式，主要是因为他前几个月在南沙镇打工的时候受了伤，到现在还不能正常劳动。按照本民族的习俗，他们家就在今天晚上做叫魂仪式。

今天的游客就统计的数字有51人，买门票的有25人，门票收入是375元。

2006年3月15日，星期三，农历二月十六，属兔，晴

今天，新街镇召开党委班子直选工作党群联席会议。我们村里参加这个会议的有村委会总支书记张春华、村民小组的张明华、群众代表李绍强。

前天，管委会与村民李文光达成协议，今天，他就开始立磨秋广场的三棵石料做成的图腾柱。因为他在去年的时候在其他地方做建筑老板，他有可以用来立柱子的工具，做起来就比其他人省力。

看一下今天的游客情况，统计的情况是4人，4个游客都买了门票，门票收入是60元。然而，统计员可能是忽略了今天来19九个残疾人（失语者），他们还带着自己的导游，只是导游也是失语者。管委会对残疾人实行免费进村，统计员就没有统计在内。

2006年3月16日，星期四，农历二月十七，属龙，晴

从我们民族的节日来说，基本上每一个月都有一个祭祀活动。而从家族的祭祀来说，活动也是比较多的，基本上每天都会有一两家做祭祀。我们村可以说是一个真正意义上的民俗村。当然，各家的祭祀有所不同，叫的摩批不同，所用的物品不同，所念的经词不同，所选择的日子不同，都是各家选择符合情况的来做。统一的只能是村里的集体性活动和季节性的祭祀，私人的就必须按照自己家庭来选择了。今天上午李院明家做祭祀，他家做的这个祭祀因为不许外人进入，就把一串树叶插在进门的墙上，以此说明他家在做特殊的祭祀，外人不要进入。下午，又有李生亮家在做类似的祭祀。

听说，卢永祥的儿子（还是婴儿，只有两岁多）经常在夜里哭，这里的做法一般是叫别人来取一个新的名字。很简单，就是选择一个日子，家里凌晨就煮好一些糯米，趁天没有亮，就到一些十字路口等人，见到的第一个人就应该负责给他（她）取名。一般的中年人都知道这一情况，只要是遇到了就自觉地配合他们给取一个名字。听大家说这样一来孩子的问题就会自然好了。所以，村里多数人家的婴儿只要出现不正常哭的现象，都会按照这种传统的方式来做。今天，他们家遇到了村里的李朝生，李朝生给孩子起名以后，他们家人都说比较见效，还挺灵的。

从传统的取名法来说，大都是根据他（她）的生辰来取。我不知道其他哈尼族的取名法，这里很多人的哈尼名字都带着他（她）的属相。比如，"好仆"，"好"是鸡的意思，"仆"是生的意思，意思就是鸡日那天生;"好候","好"同样是鸡的意思,"候"是生长、长大、大的意思;"克仆","克"是狗的意思,"克仆"就是狗日生的意思。正常的情况下,一般都会在婴儿出生的几分钟后就取了(有一种观念担心鬼在人之前就给孩子取名,这样的孩子往往会夭折掉)。至于学名是家人或者有些文化的人给取的。

所谓的哈尼族"长街宴"已经名扬四海了,这个已经可以在报纸和电视新闻上看到。可能是为了打响哈尼梯田这一品牌,"长街宴"附属文化也加强宣传的原因。前几天就有单位和村里李永福家联系,安排他们明天17日准备20桌饭菜。所以,他家今天就开始准备了,生怕到了明天来不及做好。

今天的游客从统计的情况来看比较少,只有7个,买门票的有5个,门票收入是75元。不过,其中有法国的游客2人。

2006年3月17日,星期五,农历二月十八,属蛇,多云转晴

南方电网集团的领导来参观了,县里新任的张红县长也陪同参观。就在昨天,县里电力公司的很多人都来村里李永福家安排做长街宴的事情,他们所挑选的都是本地哈尼族比较有名的菜,比如烟炊腊肉、哈尼豆豉煮鱼、烧乳猪等等,桌子还是本地家里人用的竹子做成的那种,要求摆在陈列室凉亭那里,总共摆20桌。还要让管委会文艺队演出,同时也请来了本县猛品村彝族的文艺队。县电力公司还要请这两个文艺队成员吃饭,同时答应给他们一些补贴,叫他们的队长下个星期到公司里来领取。为什么要特意提及这事呢?主要是有的单位要求演出,但是不给什么补贴。而且,不只是一两次、一两个单位的事情,到现在来看,很多单位都这样做。对这一事情有的领导说过数遍,就是没有减少的现象。政府正在讨论解决这一现象。

村里杨正明(其实他的本姓是姓卢,叫卢正明,只是他小的时候认过一个干爹姓杨,村里同一辈的人都习惯叫他杨正明)的母亲生病,听说已经病得很严重了。而杨正明是村里的唱歌能手，村里谁家有事情，不管是办喜事还是丧事，都需要这种人。只要他在家，都会请他唱歌。他用这里民俗传统的唱法，唱的都是民族的经历和故事。一般都要唱歌到天亮，所以，如果说这是他的职业，也是比较辛苦的一个工作。他的辛苦村民们是知道的，所以大家对他也是比较尊重的，特别是受过他帮忙的人家。可能因为这样，来他家里看望他母亲的人特别多。听他说，拎着鸡（这里看望病人一般都会拎一只鸡）来看望的人家已经达到40家以上，夜里来的村民和朋友也多，他们多数都会拿一些烟酒，或者糖果，很多人都陪他们家人到天亮。

看一下今天的游客情况，统计中有游客44人，买门票的有36人，门票收入是540元，今天的游客数量比昨天增多了许多。

2006年3月18日，星期六，农历二月十九，属马，晴

属马的日子，对这里来说，又是一个吉祥的日子，又因为是农历的二月份，村里就少不了做祭祀的人家，今天查看了一下有罗金得家。还是同多数的村民一样，他家做的也是求福保佑的一种仪式，因为他也是为了生活经常出门在外，求的是出门吉利，保佑身体好，在今年出门能赚钱。可能看过以前日志的人会问，村里为什么也有姓罗的人家？这个可以说明一下，他原来是本县胜村乡隆铺村的人，还是年轻的时候就来到他的舅舅李平年家（已经去世近二十年）做事，即现在的李宏家。可以说李宏兄妹长大成人他付出了很大的心血。这样，李宏的家族与他产生了特殊的感情，几年前他们家就分了一些田地给了罗金得，并且帮助他建了房子，他在这里生育了子女。现在，村民都看待他家如同土生的村民一样，他们家也自觉参加村里的各种事务，包括村民集体的各种祭祀。

因为是属马的日子，村里选择今天出门打工的人也很多，今天有李得贵等年轻人。除开按时上班工作的人不说，从很多村民外出打工的情况来看，很多的人出门打工都要选择日子，大多数选择的是属马、属虎、属猪的日子，忌选择属兔、属鸡、属鼠的日子出门，以求出门打工能够赚到钱，谁也不希望回来时两手空空。

今天的游客从统计的情况来看，有66人，买门票的有52人，门票收入是780元。

2006年3月19日，星期日，农历二月二十，属羊，多云间晴

今天是昂玛突节后第一个属羊日，按照民俗规定，凡是今天做重活的人家和有人出门在外的人家都要受处罚。按照咪古们现在规定的标准是每家一元，或者可以用鸡蛋、鸭蛋或者肉来替代，包括外村来我们村里做客的人都要收取。他们安排什么人来收取呢？主要是失学的小孩，安排他们在各个路口检查。因为这样，这两年收了一些游客的钱。由于收钱的是孩子，他们不能很好地向游客说明这一情况，有的游客产生过误会，向上级机关投诉过，而有的游客知道这一情况后，也会情愿给十元或者五元的。到了下午，被安排的小孩们都要到咪古家吃饭，咪古用他们所收来的钱买烟酒，剩余的还可以分发给几个人。

你相信这个世界有龙吗？对大多数人来说，恐怕都不会相信。但是，今天有人说，在我们寨子里有一条龙，有的小孩见过，它会变很多的动物，那天是变成一只相当漂亮的鸟，由于那天有雾飞到树丛中就没有看见了；有的村民又说，它经常会在寨子的周围变成一条大蟒蛇，凌晨或者夜间觅食，叫声如同母鸡叫一样。这是村里的两种说法，具体问是谁见过，他们都无从说起。也许是有那么一句俗话："见蟒蛇者变穷，见龙者就死。"所以，大家都隐讳着不愿意具体说。这主要是听说有一个村民亲自看见过，之后，他的家庭遇到了大难（出于本人的意思，没有直接说出他的真实姓名）。本人不是说没有，或者说有。只是认为，既然有这种说法，就应该多拿出些证据给世人证实，或者没有，也应该有人出来考证这一事情。

可能是星期日的缘故，今天的游客数量有所增多，统计下来有85人，买门票的有70人，门票收入达到1050元。

2006年3月20日，星期一，农历二月二十一，属猴，多云间晴

上午，李正超家做婴儿的出门仪式。在我们村里，这种仪式可以说等同于其他民族的过生日。区别在于村里做这个仪式是选择在这个孩子出生的第十二天（女孩子的）或者第十三天（男孩子的），这个家族只要出生了孩子都必须要做这个仪式。至于其他的家族并不一定要举行这个仪式。比如，我们姓张的这个家族就没有这样做，只是在他（她）出生属相的那天，煮一个鸡蛋，把婴儿抱着出一下家门就行了，其他也没有什么仪式。村里与他们家族亲近的家属就要到他们家做客，这是今天村里的一桩事情。

另外一桩事情是根据上级的通知，全体村里党员参加新街镇党委书记和副书记的直接选举，会场设在新街镇中心小学校。由于有部分党员生病和打工外出，参加这次新街镇书记、副书记直接选举的村里党员只有18人，其中有两位群众代表是李少强和李建华。前面几次提名选举已产生候选人，从投票选举的结果来看，还是原来的党委书记王树林、副书记卢建铭当选。

今天是星期一，按照过去的情况来看，来村里旅游的游客会相对减少，今天从统计的情况来看，有游客21人，买门票的有14人，门票收入是250元整。

2006年3月21日，星期二，农历二月二十二，属鸡，晴

张春华家今天去胜村乡里解木板，根据与拍电影的姜文他们的协议，原来用来拍电影的房子要尽快拆掉，以避免其他不必要的麻烦。所以他们家尽力组织，现在已经到了第一层快要灌注的时候，他们家今天就到胜村解木板用作建筑材料。如果是新的木料，可以到新街镇去解，可是，通过几次的咨询，这些旧的木料不能在新街镇解，他们才到胜村乡解（他们家的木料全部是原来姜文他们拍电影时用的旧材料）。

李卜干是从部队退伍回来的，之后到元阳县黄金公司上班，而去年由于黄金公司改革，很多人被迫下岗，李卜干也成了其中之一，同时他们也拿到了一笔钱作为下岗费。下岗了，总还是要做事，总还是要吃饭。他就用这部分钱买回来一辆面的，听说花去了35000多元，准备营运胜村乡到新街镇这一段路上的客人。

从统计的情况来看，今天的游客和昨天一样，比较少，有游客22人，买门票的有19人，门票收入是285元。

2006年3月22日，星期三，农历二月二十三，属狗，晴

根据元阳县财政局的通知，县旅游局来了会计孙玉蓉等人统计管委会门票情况。因为管委会是旅游局的一个下属单位，也是县里卖门票的单位，从卖门票到现在已经有四年多的时间，县财政局应该有一个清楚的数据。从查看的情况来说，债务清楚，员工认真负责。

从统计的情况来看，今天的游客比较少，只有4个人，其中有日本的游客2人，买门票的有3个人，门票收入是45元。不过，这个数据肯定是不完全的，因为本人亲自在售票房前看见，有十几个台湾游客来。到了卢开亮家门前时，他们还给在门前的卢开亮岳母拍了照片。卢开亮岳母伸手向他们要钱时，他们给了一张100元的台币，卢开亮的岳母说这个不要。说起卢开亮的岳母，已经有70多岁了，不知是旅游开发后游客给过她钱，还是她自己想起，还是家人给她出的主意，她每天吃过饭后就在家门前编织，而游客看了可能觉得比较新奇，很多人都会给她拍照，而她就伸手跟他们要钱。钱的数量并不多，一元两元都接受，多的可能有些给过10元或者20元的。听有人说，经过这么几年后她可能已经有几百元的收入了，她的钱她自己存着。这样做的还有李小生的母亲。不过，李小生的家还要从村口下去几十米，她有时来路边，有时就

不来，得到的钱可能没有卢开亮岳母的多，而且，村民对她的评价也没有卢开亮岳母的好。刚才说到今天的游客给了卢开亮岳母一张 100 元的台币。同时，他们也说出了兑换的价值，说一元人民币等于四元台币，五百台币就等于 125 元。但是老百姓到哪里去兑换呢？办法可能有，就是怕麻烦。而且，她以前也收过类似的钱（这里姑且不说出国家的名字），知情的人告诉她和她家的人，这种钱不值钱，她听到以后很扫兴，今天不收这张台币也可能是这个原因。

2006 年 3 月 23 日，星期四，农历二月二十四，属猪，晴

今天是一个属猪的日子，对于村里来说又是一个吉祥的日子，做求福保佑的人家有卢世华家。不过，今天就他一家，主要是因为村里要做这个仪式的人家已经在前面做了。从近两年来说，要做这个仪式的人家要在过年前就约好摩批，要是约不到或者村里发生不能做这个仪式的情况就只有往后推，而过了农历的二月份，一般也不做这个仪式了。所以，到了接近月底后做仪式的就逐渐少了。

快到了插秧的时间，所以，整理梯田的人家逐渐地增多了。不过，也由于这段时间是干旱的季节，连续的晴天让梯田里的水快要干完了，咱老百姓着急了，赶水的人逐渐增多了。今天有李朝生、李其三、李永新的妻子等都在各自的梯田边赶水，以求干旱来临时田里还有水，以保证正常的耕种。

上午的时候，有一窝蜜蜂停在寨门的大树洞里，这里没有专门养蜜蜂的人家，但是，还是有人会养蜜蜂，用蜂蜜来做食用，或者药用，或者妇女用来编织时用。这里没有专业的养蜂人，只是有人还是懂一点，听说到了这个时候，只要看见一群蜜蜂飞来，人为地可以用草或者沙等丢去招停下来（具体的养蜜蜂技术就要问那些懂的人）。

今天，村民小组到水源点检查水池情况，可能是当时建设的问题，水池经常被堵塞，村民小组或者管委会要经常去检查。这次因为有一个分水池的沙积得太多了，水不能正常地流通下来，以至于村里的用水减少了，他们捞出了所有的积沙水才正常流通下来。

今天，从售票员统计的情况来看游客的数量，有游客24人，买门票的有19人，门票收入是285元，其中有法国的游客17人。

2006年3月24日，星期五，农历二月二十五，属鼠，晴

管委会今天到白龙泉修理鱼塘，这些鱼塘是根据旅游工作需要，旅游局向村民征用来的。鱼塘原来是村民的秧田，他们分别是李高才、李永福、卢同三家，由于管委会现在的工作主要是演出和接待，没有很好地管理这些鱼塘，田埂都坏了，管委会便用今天的时间去整理，准备到了插秧的时候用来养鱼。

听说，已经与卢××离婚的妻子今天来看望她的儿子，她还说要与卢××复婚，要与自己的亲生儿子在一起。但是，卢××家没有同意，说已经离婚，而且已经按照民族的风俗全部办理好手续，不可能就这样一起生活，即使要复婚，也要按照民族的风俗重新办理一切事情才能一起生活。

这就怪了，为什么呢？如果是其他民族，复婚可能是一件平常的事情，而对于我们这个民族，或者说，在这一带来看，复婚似乎是一个笑话，不可能的笑话——毕竟太少了。那么，我们村里有没有复婚的情况呢？据了解，还是有一个家庭出现过这样的情况，是在张志学家，年轻的时候，张志学把他的妻子和大儿子张和明休了，可后来还是复婚了，又生育了一子两女，到现在他们的子女都已经成家有了儿女，他们就自然成了爷爷奶奶，这也可以说是一个典型的家庭。

看一下今天的游客情况，统计中有游客数量40人，买门票的有40人，门票收入是600元，如果售票员没有遗漏，今天游客购票率是百分之百。

2006年3月25日，星期六，农历二月二十六，属牛，晴

可能是哈尼族的长街宴出了名，今天又有州里的领导来村里吃长街宴。他们虽然只是要求摆三桌饭菜，但是要求到陈列室的凉亭里吃。他们是通知了村委会的主任来的，还要求村委会的人请几个姑娘给他们倒水和倒酒。今天的这三桌饭菜是卢世华家做的。

今天，有一个"师娘"在李院明家算卦念经，还是有妇女来算的。他（她）像先知先觉一样，通过看来人家里的米和鸡蛋，一步一步念经，一步一步会算出家里的情况。谁家有多少人、谁家有什么情况、是因为什么事情来算卦，他（她）都会基本如数地说出来。特别要说一下的是，村里谁家死了人，只要过了当月（农历的）就要到有师娘的地方去算卦。根据妇女们说的情况看，还是基本与现实相一致的。这本人无法用科学的语言说清楚，这应该是所有研究哈尼族文化的学者和专家的一大任务和课题。

从村里的情况来说，家家都有子女双全的观念，且经济上有了一定积累。还缺少子或者女的这么一部分家庭，如李永福，在生了两个男孩后又主动交钱申请生了一个女孩。今天，在一个孩子的嘴里又说出来一个事情，说马某某在生育了子女的情况下又生育了一个男孩（他们夫妻一起出去打工已经有好几年了），说是在本州的弥勒县的一个地方。村委会主管计划生育的人还不知道这一情况。这个情况是否属实姑且不管，但是出现类似的情况是肯定的。他们的经济还达不到所规定的情况，所出生的孩子是时间上或者指标上有问题的人，他们就采取类似的办法来隐瞒。

今天是星期六，来村里旅游的游客自然增多了一些，从统计的情况来看，一共有88人，买门票的有63人，门票收入是95元。

2006年3月26日，星期日，农历二月二十七，属虎，晴

在23日的日记里提到过，到了农历的二月底，做求福保佑仪式的人家就逐渐地减少了，做的人家都在以前就做了。然而，今天还是有李树华一家人在做。而且，就只有他家人在做，一路上就没有其他的人家了。也就是说，今年中今天是做这个仪式的最后一天，再要想做这个仪式的人家只有到了明年才能做了。

可能是星期日的缘故，今天的游客比较多，估计来了一两百个人，寨子里从早晨到下午都有游客在游玩，可是，看统计的情况却只有51人，买门票的游客有44人，门票收入是660元，其中有法国的游客4人。从我观察的情况来，直到下午6点左右都还有游客，可能是售票员已经下班，没有将他们统计在内。

2006年3月27日，星期一，农历二月二十八，属兔，晴

今天，村委会通知李和明明天参加新街镇人民代表大会，于明天中午12点在云梯酒店报到。虽然在前一次的选举中他已经落选，已经没有任箐口村民小组组长了，但是他仍然还是新街镇人民代表大会的代表，只要是新街镇召开人民代表大会，都要通知他参加。

李学、卢世华、我因为有事情，开着卢世华的汽车到牛角寨乡卫生院找张志贵，到了那里以后，事情没有办成，与他的同伴喝了很多酒回来。可能是现在的社会好的缘故吧，或者说这里的习惯吧，遇到朋友或者办什么事情都要吃饭喝酒，这也似乎成了一种文化，至少在本人看来。

在以前的日记里也说到过，这里的游客到了星期一就自然地会减少，到了星期五就会增多一点，这是这几年来的基本情况，除了黄金周和过年过节外，基本上就是这个样子。今天也不例外，统计中游客要比前几天少了很多，有游客30人，买门票的有20人，门票收入是300元，其中还有法国的游客2人。

2006年3月28日，星期二，农历二月二十九，属龙，晴

前面也提到过了，到了农历的二月底三月初，村民的秧苗逐渐长高了，老百姓也就逐渐开始做田里的活计了。这里的耕种方式是三犁三耙，就是说犁三次耙三次，才是正常的耕种方式。第一次犁田是在秋收结束后的十月十一月左右，把田犁了放着（可以在这个时候耙田，但是天气变冷后，村民很少在这个时候耙田）。到了二三月份，村民就可以耙田了，耙平犁过的不平的地方。之后，再犁一次又耙一次，最后到了秧苗五六十天，即到了四月底五月初，再犁一次耙一次就可以插秧了。可是，这样的家庭现在少了很多，现在很多的人家只两犁两耙了。甚至有个别的人家只是简单地用人工耙平一下就插秧了。造成这种情况的原因是多方面的，一是现在的年轻人打工外出的比较多，只有农忙的时候才回来，有的还不回来，家里的劳动力就不够；再一个原因可能是家里没有耕牛，这一带的山地比较少，特别是退耕还林后，放牛的地方基本上没有了，特别是到了冬季后牛要吃的食物很少，管理好一头牛成了一件苦差事，而大家都忙着的时候，很难向亲戚家借到牛。当然，有劳力和有耕牛的人家现在就开始犁田或者耙田了，今天有卢树云家、卢明家等，这些家庭是有牛的人家，这次是耙第一次，估计一个星期后就开始犁第二次了。

进入星期三的缘故，今天的游客就比昨天的少多了，统计数字只有14人，买门票的有11人，门票收入是165元。

2006年3月29日，星期三，农历三月初一，属蛇，有雾

的确，做田里活计的人家逐渐增多了，今天有李正明家耙田，有李志学家整理田埂等。可能在以前的日记里也提到过了，由于李志学家三个弟兄都有自己的事情忙着，他们家只能请村民来做田里的事情，李志学他本人在家里做饮食生意，他的兄弟李志锋承包了元阳一中学校的食堂，不可能回来做田里的农事，他的第三个兄弟在元阳道路运输管理所上班，也不可能回来做田里的活。只有请村民来做，而后付给他们一些工钱。他家很多年以前就这样做了，自己家里人很少去栽种。

今天村里有两户人家杀猪，一户是李有福家，一户是张春华家。不过两户人家杀猪的意义不同，李有福家是因为这头猪有好几天不吃食了，杀来卖给村民，以减少损失。张春华家是因为明天就要打房子的第一层，准备给来帮忙的人作伙食用。也就是说，一家是不得已才杀，一家是自愿杀，是两种相反的情况。

从统计的情况来看，今天的游客又比昨天的少了很多，只有6个游客，买门票的有5个，门票收入是75元。

2006年3月30日，星期四，农历三月初二，属马，有大雾

按照昨天的计划，张春华今天灌注房子的第一层，在以前的日记里可能提到过类似于这样建盖房子的事情，可是肯定没有具体地介绍。有人可能会问：箐口村既然是民俗村，怎么又有水泥的房子呢？

依本人的浅见，是因为中国改革开放以后，咱们的村民为了生活，到处去打工，而多数是从事建筑行业，很多外出的村民从中一是挣到了一些劳务费，二是学会了建筑中的一些技术，这些技术自然注入村民的头脑中，从而使用在生活生产中。另外成立的民俗村具体由谁来管理，听说，从州里到县里，成立了世界遗产申报办公室，村里也成立了景区管理委员会，而这里的执行主体是谁？它是根据国家的哪一条款来执行？具体地说，有的村民的房子已经住了四五十年，由于这里的山体移动因素吧，很多人家的房子开裂了（如卢伟家、卢学贵家、卢金福家、张春福家等），这些人家如果有能力的话，还要将一家人的生命赌注在一间极其危险的房子里吗？特别是雨水季节的七八月份，如果走霉运的话，一个雨水天，一家人就可能要与其他的村民告别，要与世界人民告别。我想，很多的村民是极其不愿下这样的赌注的。有官员说，要保持蘑菇房，要保持民族的特色。但要怎样保持？要怎样建设？谁来规划？谁来执行？

再说，依本人的浅见，就建盖房子的例子来说，以前大家的经济条件不好，村民建盖房子，就是就地取材，利用的是土、木、石头。石头基本上是用来稳定基础，以防渗水，包括木柱子底下也用一块石头垫着；墙体基本用土坯；门窗用木料，房子中间的柱子也是用木料结构连接支撑。分析一下，做土坯和木料的砍伐都要分季节、时间，这样的劳力要付出多少？现在的人们还愿意这样做吗？他们宁愿多到外面打几个月的工，挣一些钱回来再买材料，做砖混结构的房子多好。技术自己懂，做成的房子既牢固又卫生，既防火，又防水。

这些是这几年看到的情况，政府要求做蘑菇房，而村民做的都是砖混结构的房子。当然，为了打响"哈尼梯田"这一品牌，总有一天，政府和村民会统一思想，给世界人民呈现一个完整的世界遗产。

开远市小龙潭电厂与管委会联系，要求晚上来村里与管委会举行联欢晚会，可是，不知是什么原因，到了晚上没有来。这样的事情以前有过几次，有些政府官员原来说好要来，直到晚上一个电话就说不来了。

看一下今天的游客情况和门票收入情况，从统计的情况来看，今天的游客有15人，买门票有10人，门票收入是150元。

2006年3月31日，星期五，农历三月初三，属羊，多云间晴

按照传统的民俗，今天村里也是休息的一天，咪古还要安排一些小孩到寨子的重要路口守着，看见村里的人出去做重活和外面的人来村里都要罚款，听说从这一次开始罚款数提高到每人两元，具体的做法在前面日记中已提到过，这里不再详细地说明。

上午，全福庄村的卢朝兴来村里向村民收购茶叶，每公斤是五元五角。前几年茶厂倒闭后，没有人很好地管理茶树了，有村民偷砍伐了一些，而今年的茶叶价钱提高了，村民又找那些零散的茶树摘茶叶来卖。

今天的游客情况是，统计中有游客35人，买门票的有13人，门票收入225元，其中有法国的游客6人。正如前面说到的一样，今天的游客数量也不是很准确，因为，今天还有国家烟草专卖局的领导等人来，仅他们一行就有二十几人。还有，据说两个丽江的姑娘来村里了，说是准备在村里租房子卖茶水和啤酒。

2006年4月1日，星期六，农历三月初四，属猴，晴

今天安排4月份的卫生组情况。4月份的卫生组长是李永贵，组户是李田明家、李万祥家、李学华家、李志荣家、李学亮家、张志光家、卢正学家、李高才家、卢新家、卢忠候家、张明德家、张志文家、李永家、张红明家、李阿三家，一共是16户，这些家庭基本分布在寨子的四周。因为当时分组的时候，考虑到每一组里都要有寨子四周的人家，这样便于村民打扫卫生，只要打扫好自己家附近就行，没有必要从寨子脚跑到寨子头来打扫卫生，或者寨子头的人家跑到寨子脚来打扫卫生，这些都是分组时候村民小组的人考虑好的。

今天，李正荣家上坟。在我们村里来说，上坟的人家很少，从现在来看，每年只有一两户人家，大部分是家族式的。正常上坟的人家也是三年两次，并不是每年都要去。不过，李正荣是在绿春县当养路工人退休的，他很少回来，基本上已经半汉族化了，这次回来也只是叫了他的子女，来给他已经去世的妻子上坟，而他家的祖坟他们都没有去。

今天的游客统计有18人，买门票的有11人，门票收入是165元。

2006年4月2日，星期日，农历三月初五，属鸡，晴

今天上午，李春家运来一车砖，听他说，砖的价钱有所下降，原来已经涨到每块砖三角多，现在只要二角二分一块。这个砖的价钱有时上涨有时下降，都是跟着市场走。包括钢筋的价钱，也是忽涨忽降。所以，准备建盖房子的人家是看好了市场价买材料，然后再建盖房子。

现在在管委会任主任的郭应忠是本县马街乡红土寨的人，是汉族，今天他们家里通知说要去上坟，所以，他趁此机会约了管委会的李学、张明华、卢世华、卢朝贵、李建华，还有他们的好朋友李永福，一起叫李永福开着他的汽车去，到了晚上才回来。

从统计的情况来看，今天的游客比较少，只有 5 个人，不过，5 个游客都买了门票，门票收入是 75 元。

2006 年 4 月 3 日，星期一，农历三月初六，属狗，晴，晚上有雨

应云南慧丰公司的邀请，管委会今天准备到大鱼塘村田棚人家（饭店名称）与他们的职员联欢。下午，他们开车来接管委会的人。可是，到了晚上 8 点左右的时候，突然下起了大雨，联欢不能正常地进行，只好到了 10 点左右的时候又送他们回来。

下了这场大雨对老百姓倒是好，因为已经连续多日没有下过一阵雨，老百姓的庄稼眼看着快要干完了，村民从早上到晚上都免不了说是不是又要像去年的这个时候。眼看着秧苗逐渐地长高，而田里的水又逐渐地干了，要准备整治梯田的人家都没有办法，有的老百姓已经不分白天和晚上地往田里赶水了，可是，又有什么办法呢？赶水的人多，而水又少，一天能够灌满多少田呢？只能人看人，干着急。今天的这场大雨正好浇透了一些庄稼，浇透了老百姓的心，也滋润了土地，庄稼逐渐恢复生机。

今天的游客也比较少，统计下来只有 9 个人，买门票的游客有 7 个人，门票收入是 105 元。

2006 年 4 月 4 日，星期二，农历三月初七，属猪，晴

今天，李永福从南沙回来。在此之前，电力公司与管委会联欢，饮食方面由李永福负责。因为昨天是星期一，按照约定，他于昨天到南沙镇（现在的元阳县政府所在地）。

村民李志和家有一棵皂角树，而就我们县里的市场来说，新皂角叶比较值钱，有时一公斤能卖到七八十元。所以，他今天下午摘皂角叶，准备明天早上出去卖。不过，他家的这棵皂角树发叶有点晚，现在的皂角叶价钱已经不如前两个星期了，他的生意也就肯定不如以前好了，只是他家也可以吃一些。

来自丽江的和秀娟、和秀芸姑娘今天从新街镇里卖层板回来，她们已经决定在卢建明家搭建的房子里开茶馆和酒吧。从其他村民的口里打听到，在此之前，她们与李永得协议过，并且给了李永得1000元，后来事情没有做成，钱也没有退还了，她们来的当天晚上又在李正林家居住，同时也给了150元。现在与卢建明家达成协议一年3000元的租金，而且，签书面的合同。

今天的游客数统计下来有22人，买门票的有14人，门票收入有210元。

2006年4月5日，星期三，农历三月初八，属鼠，晴

今天中午，有三个说是玉溪地区专门研究哈尼文化的作家来村里，他们之前已经联系了管委会的卢朝贵老师，想要与卢朝贵老师一起讨论哈尼文化。

已经生病一段时间的杨正明母亲于今天中午去世，年纪70岁左右。看望病人可以说是一种人之常情吧，如果是病在医院里，亲人们可能拿一些水果、糕点等营养品，如果是病在家里，亲人们拿的多数是一只鸡和其他的一些食品。据杨正明说，从他的母亲生病的时候起，基本上所有的亲人都来看望过了，不完全准确地估计已经杀了60多只鸡，再粗略地估算一些其他烟酒的消费，在他母亲生病期间就花去了3000多元的费用。

从现在来说，村民多数是用木柴生火。只有少数人家用了电器或者沼气，或者液化气等，而这里的森林又少，很多人家的木柴还是紧缺，有的人家直接到林场或者其他地方去买。今天，李永家等几户人家从退耕还林区砍回来一些树枝。

看一下今天的游客情况。统计员统计的数据，是一个不正确的数据，因为她在接待总人数中填写有游客11人，买门票的人数是24人，门票收入是360元。很简单，既然有24人买了门票,接待的总人数就不止11人，一定多于 24 人。

2006 年 4 月 6 日，星期四，农历三月初九，属牛，晴，有一阵小雨

杨正明家今天杀了一头猪，目的是给来帮忙做棺木和来看望的人们作伙食用。现在，人们的生活水平比以前提高了很多，再者是来的人也很多，的确有必要准备一些伙食。

秧苗长高了，连续的晴天把老百姓的田都快要晒干了，再加上已经多年没有修理的水沟不能正常地灌溉使用，政府拨款来建设不知是什么时候的事情，只有老百姓自己来解决最急的事。今天有李志学家、李树华家以及隔壁的土锅寨村的三十几户人家共同组织修理寨子脚不能正常通水的一段。说好了今天急需要的水泥首先由李志学垫付，沙和石头大家一起在周围找，所用的水泥过几天后结算，分摊到这几户人家头上。

箐口村自从开发了旅游业以后，通过这么几年的宣传，可以说已经是美名远扬了，政府也说近几年投入了 400 多万。而自从收门票以后，累计可能有个 50 万左右的收入，可是，或者是老百姓得到的少，或者是古话说的"民以食为天"，老百姓依靠这些田来生活，现在村里的主要大事是要修理这些已经坏了的田间路和水沟。

今天的游客从统计的情况来看有 34 人，买门票的有 10 人，门票收入是 150 元，其中有法国的游客 14 人。

2006 年 4 月 7 日，星期五，农历三月初十，属虎，晴，夜里有雨

前面可能提到了，村里多数人家还是用木柴做燃料，还有很多人家的燃料需要到其他村寨的亲戚家里买来，或者要来，或者从其他的地方买来，今天又有卢龙家从新街镇林场买来一些解了木板以后的边皮板。有的村民算过这笔账，觉得划算才买回来——这样的人家在这几年里经常会见到，所以才会这样说。

大鱼塘村可以说是我们箐口村的亲村寨，人也是亲的弟兄，他们村里出了什么大事，我们村里的人都会去帮助，特别是一个家族的人家，都会主动去帮助，我们村里出了什么大事情他村里的人也会来帮助。今天，在大鱼塘入口的仙居食饭店开业，是他们村里的李正文开的饭店，今天是开业之日，他宴请了箐口村里的亲戚和朋友，所以，箐口村里他的亲戚和朋友都去庆贺。

昨天还有几个游客来村里旅游，如果按照售票员的统计来看的话，游客只有4个，不过4个游客都买了门票，门票收入是60元。但是，我从观察的情况来看，这个数字并不一定正确，因为很多没有买门票的游客数量售票员有时候是没有统计的。

2006年4月8日，星期六，农历三月十一，属兔，晴

在村里，由于没有进行科学的避孕而引产的青年妇女还是会经常出现，这里为了她们的名誉姑且不指名道姓。村委会主管计划生育的卢正华经常观察和管理，要求适龄夫妇按照有关规定办理各种手续合法生育，但有部分人不听，而法外生育、引产、躲避放环，这样的情况还是会出现。当然，正如前面说到，很多夫妇都自觉按照有关规定进行生育、放环。今天就有几个年轻的妇女约好一起到新街镇卫生部门去放环。

今天，云南大学哈尼族调查点负责人马教授带着国家教育部的刘某到村里来，县里有黄副书记陪同，他们一行人在村里四处参观一遍，还观看了景区管委会文艺队的演出。

从统计的情况来看，今天的游客比昨天的增多了几个，有游客24人，买门票的有15人，门票收入是225元。

2006年4月9日，星期日，农历三月十二，属龙，晴

新街镇的赶集日是五天两次，而从农历来说是属龙、属猴、属鼠的这几天。所以，即使是不识字的村民只要知道今天的属相就知道今天是不是新街镇的集日，或者注意观察早晨村民上街的人数——只要是赶集日，上街的村民自然增多。今天也如此，上街的人比较多，他们主要是趁新街镇赶集日出卖一些家里的副食，如鸡鸭、小猪或者米糠等，以换取一些日常用品，如油盐等，当然，也有村民趁集日买卖其他的物品。

还是在昨天的时候，李春家为了建盖房子订购来一车砖，汽车又只能到入村口处的停车场，砖就只能下在停车场，而为了配合旅游车辆的突然增多，谁家把货放在停车场都要及时地处理完。所以，他家今天早上就叫了人来帮忙背砖，准备及时地背回家。

张春华家前面已经灌注了第一层屋顶，支砌了几天后，第二层的结构又砌平了，但第一层的灌注保养时间还不够。再说，到了农忙的时间，他家就像给学生放假一样，要给来帮忙做活的亲人停工，准备农忙结束再继续建盖第二层房子。

如果从统计的情况来看，今天的游客数量又比昨天的增多了几个，统计中有游客 41 人，买门票的人数有 36 人，门票收入是 540 元，其中有法国的游客 23 人。

2006 年 4 月 10 日，星期一，农历三月十三，属蛇，晴

杨正明的母亲去世已经有五六天了，就像前面说到的一样，由于他有唱民间民俗歌的特长，经常在遇事的村民家唱，包括隔壁的村寨人家都会去。所以，来他家帮忙和看望的人也比较多，每天晚上都有人家来发糖果，昨天晚上他妹婿张牛志家来了。

前面就说到了，现在已经逐渐进入农忙的时候，家里有劳动能力的人，都会到田里做活。至于是犁田，还是耙田，还是整治田埂，就要根据各自家的耕种程序来决定。今天就有李国忠、李小生等人家出去，而由于连续的晴天，有的人家田里的水快要干完了，只能先把田里的水灌溉满了才能耕种，今天有李正林等人家往田里灌溉水。

自从村里开发了旅游业，每天的游客情况应该是很多人关注的问题，也可以说是日志的重点。看一下今天的情况，统计中有游客 21 人，买门票游客有 17 人，门票收入是 255 元，其中有法国的游客 4 人。

2006 年 4 月 11 日，星期二，农历三月十四，属马，晴

这几天连续的晴天，田里的水快要干完了，村民间为了灌溉用水也发生了一些小的矛盾，而田里的秧苗又快速地猛长，村民着急想办法解决田间的用水。今天又有寨子边的李正超、李万祥、卢开亮等人家自行组织起来修理要灌溉到他们几户人家田里的水沟，大约有 100 米，几户人家每户出来一个劳力干一个上午就可以修理好。一般情况下，村里的水源还是基本够用，到了雨水季节又过剩，所以，村民都勉强用这样失修的水沟，而到了现在这样的干旱季节又感觉不够用，村民又不得不组织起来进行修理。

可能是这几年小灾小难多一些的缘故吧，今天上午，卢永贵家举行祭祀，哈尼语与汉语直译叫后院祭祀。这种祭祀也是祭祀中的一个大事，一般是在家里有人去世了，送葬了过当月后做的。只要家里死了人就首先要把自己家的后墙上打一个洞（一般砌墙时都留有这样的一个洞，为了应对特殊情况，不能像其他正常的墙体那样支砌牢固，特别是家里有老人的情况下），一旦家里有人去世了就要马上打通这个洞口，而将死人送出去过一个月后就做这个祭祀又将这个洞封住。今天他家不是因为死了人而做这个祭祀，主要是考虑到这几年来家里的很多情况不顺利才选择这样做。这个祭祀的主要用品是一头小猪、一对小鸡、一只鸭子。

再看一下今天的游客数量。从统计的情况来看，今天的游客有 27 人，买门票的有 16 人，门票收入是 240 元。今天的游客中有法国的游客 4 人。

2006 年 4 月 12 日，星期三，农历三月十五，属羊，晴

南沙镇，即现在新县城政府所在地，主要是傣族的聚居区，按照他们传统的习俗，今天，他们过泼水节。而由于各种民族杂居缘故，无论哪个民族过节，其他的民族都可以参与——还要主动邀请各自的亲戚和朋友，这已经形成了一种文化。今天，很多的青年人到南沙去与傣族人民过泼水节。甚至，村里也有一些小孩学着相互泼水。

天气的确过于干燥，田里的水眼看着快要干了，秧苗又在猛长，村民急在心里，有的人家不分白天和黑夜地往田里灌溉水，甚至一家人出去几个，从水源点到田里都安排了人守着。今天有李小三家和卢荣家等，而卢荣家就安排了五个家人，从水源点白龙泉到他家的田里都有人守着。但是，由于水量太少，还是灌溉不满他家已经快要干完了的田。

今天，李文新也到他家的田里整治田，回来的时候拿着几只小虾，打听了一下，说是他家养着一些，在他家的田里已经繁殖了很多，只是不容易捉到，而由于他本人吃了会过敏也就不敢吃了，他就把拿回来的也给了他的朋友。在以前，村里应该说没有这种虾子，他是在外面打工的时候，抱着试一试的思想买了几只回来养在他家的田里，现在看来，已经繁殖了很多，而且，有的还很大。

看一下今天的游客有多少。从统计的情况来看，一共有21人，买门票的有18人，门票收入是270元，其中有法国的游客4人。不过，统计员可能没有看见从寨子脚走路来的一个外国游客，因为售票点只设在寨子头的入村口，寨子脚的入村口暂时还没有设售票点（估计也不会设的，游客绝大多数是乘车来的，必须通过寨子头的入村口）。这个游客可能是通过看地图或者是通过打听有关的人，知道有这么一条小路后来的，以前也有过类似的情况，有的外国游客是自己背着行李，徒步从其他的地方走路来的。对这些游客来说，他们并不是不想买门票，出来到了售票点，他们还是会补买门票，可能是想真正体验所谓的游山玩水吧。

2006年4月13日，星期四，农历三月十六，属猴，晴

今天，主办杨正明母亲的丧事。他的母亲在4月5日就去世了，到今天已经是八天了，可能有人要问这是为什么？要说的话，像这样的老人去世，应该说是正常死亡，按照传统的说法，送葬这样的老人要选择日子。所以，往往有的人家会过几天才办理丧事。我听说，有的地方的哈尼族还会放几个月，甚至上年的也有。这是对于正常死亡的情况来说的，如果是小孩或者是年轻的人去世，一般都不太选择日子，都会及时地送葬出去。在村里来说，杨正明家也算是亲戚比较多的一户。所以，今天来丧祭的人家比较多。用牛来丧祭的人家有三户，他们分别是杨正明女儿家、村里张正和家（张正和的儿媳是杨正明的妹子），还有张东家（杨正明的妻子是张东的姐姐），只有这些关系比较亲密的人家才用牛来丧祭。当然，这要双方协商了再来决定，有的比较亲密的人家也不一定用牛来丧祭，其他用小猪来丧祭的就不用商量了。今天，用小猪来丧祭的人家估计有30多户人家。

中午的时候，卢超赶着一群鸭子回来，说是这些鸭子跑到他家的秧田里来，把他家的秧苗也弄坏了很多，他要赶着鸭子回来认鸭子的主人家，如果以后的秧苗不够就要鸭子的主人家来赔偿秧苗。这样的情况在前两年里有过，是张某某家的鸭子破坏了卢某某家的秧苗以后，卢某某就拔了张某某家的秧苗插到自己家的田里。

看一下售票员统计的游客数据。统计中游客28人，买门票的有26人，今天的门票收入390元。

2006年4月14日，星期五，农历三月十七，属鸡，阴，有阵雨

今天，村里主要是送葬杨正明的母亲。从现在来看，村里只要是送葬死人的当天，很多村民会主动放下自己家里的事来这家帮忙，除非是有特殊情况不能来，特别是男青年都会来帮忙。因为这里现在还是用土葬的办法来处理死人，棺材一般都有一定的重量，需要男青年来抬，所以，今天只要是在家里的男青年吃过中午饭后都会主动换了衣服和靴子等待通知（到了下午要起棺材的时候，主人家会鸣鞭炮，表示通知村民起棺材了）。之后，大家就主动来帮忙（如果是自己属相的人可能会回避不

参加)。现在,村里都是这样的,不管是谁家死了人,其他人家都会主动地来帮忙。当然,平时为人差的来帮忙的人就自然会少一些,而平时为人好,经常帮忙别人家的,自然自己家里出了事来帮忙的人就会多一些。

听说,如果要送葬的当天,从年月日来算(具体的本人暂时无法解释)是一个不吉利的日子,就可能会有人昏倒,这里的哈尼语叫"楚着"。就要到主人家割一块猪头肉(谁家送葬死人都会留一个小猪头挂在门旁边,准备出现这样的意外时用),叫他们的大摩批来念经。不知道是不是这个原因,今天也有一个来丧祭的人昏倒了一会儿。

今天,有几个说是从泰国清莱来的学者来村里,他们自己说是泰国的阿卡人,与有的村民用他们的话交谈,说是有的话还是能听得懂,他们也对这里的基本情况做了一些了解。

看一下今天的游客情况。从统计的数据来说,今天的游客有24人,买门票的有19人,门票收入是285元。统计的数据没提到国外的游客,就本人接触的几个泰国学者来说,售票统计员没有把他们计入游客数据中。

2006年4月15日,星期六,农历三月十八,属狗,阴

昨天,送葬了杨正明的母亲。按照正常的习俗,今天,他家要请客。有人认为这样做是感谢来帮忙的人们,有人又说是亲戚和朋友们共同分担这次债务(因为来做客的人多少会给一些粮食和钱),本人认为两者兼有。

按以往情况来看,请客还有一层意思是结算这次事情的所有费用,因为大家吃过中午饭后,主人家要累计这次的所有支出,由一个家人包一小点剩菜送到寨子外,与死者说明这次事情花费了多少钱物,有多少是给死者带去的,有多少是留给后代的。这样,对死者也有个清楚的说法,家里的人也多少清楚这次事情所用去的费用,将来,谁家里出了类似的情况也有个数据往来。之后，家里的年轻人再去修理昨天还没有完成的坟墓。而这次用牛来丧祭的人家张正和家和张东家也是本村里的，他们三家都请客，一般地说，这三家村民们都会去。只是来丧祭的人家有别于主人家的做法，他们家只要接待好来的客人就行了。

或许是星期六的缘故，从统计的情况来看，今天的游客比前几天的要多一些，统计的有游客47人，买门票的有32人，门票收入是480元。统计中没有说到有无外国游客情况，不过，今天有云南大学法学院王启梁老师带着挪威奥斯陆大学法学院教授马丽雅博士等人来箐口，他们对箐口村的基本情况做了一些了解。其中，给本人感受最大的是，马丽雅的女儿在村里丢了一点果皮，之后，她命令其女儿捡起，结果是她自己捡了起来。我不知道看见了的村民对此一举动有什么感想，或者说每一个来旅游的游客是否会这样自觉爱护景区的卫生，共同来创造一个美好的环境。

2006年4月16日，星期日，农历三月十九，属猪，阴

前面已经说到，村民已经逐渐进入农忙的时候了，只是各自做的活计不太一样。今天，有李志和家耙田，而张保祥家今天就开始拔秧苗了，准备明天就插秧。可能在以前的日记里就说到过，这里的村民一般把秧田和稻田是分开的。秧田一般是在寨子周围肥料比较充足的地方，育完秧还用来养鱼，就不栽种什么了。而稻田里就可以适当的栽种一些其他的植物，只是这里的气候和人们目前的生产习惯基本上也没有栽种什么，等秋收完就把田犁了灌溉水保养着，其间也可以养鱼。

可能是通知好了，今天，李正学、李文新还有李学他们三人一起到阿挡寨村亲戚家上坟。按照我们这里的习俗，参加亲戚家上坟的人一般都要拿一只鸡，其他的不限。

今天是星期日，来的游客在售票员统计的情况是，有游客37人，买门票的有31人，门票收入是465元。其中有法国的游客16人，仅从这个月的外国游客中来看，多数是法国的，其他国家的相对要比法国的游客少一些。

2006年4月17日，星期一，农历三月二十，属鼠，多云间晴

昨天说到张保祥家拔秧苗，由于今年村里大家的秧苗长势都比较好，看样子不会出现像去年那种秧苗不够的情况。所以，他家在昨天拔秧苗的同时就已经安排年轻的人把秧苗直接背到稻田里去，约定好的妇女一去就可以插秧了。最多是安排一个家里的主人分一下秧苗（把昨天背到田里的秧苗分散开一些，以便插秧的妇女方便）。不过，今天要插秧的不是他自己家的田，而是他兄弟的田。因为他们三个弟兄从父亲那里分家了以后，各有田地，而他的兄弟到开远打工已经有很多年了，前两年是给其他的人家分半耕种，但是，这两年这样耕种的人家少了。他作为一个大哥，不得不来料理这些田地的事，再说，他自己的秧田还不是很肥，自己家里的秧苗没有长高。他兄弟家的秧田要肥一些，秧苗长得还高，他就首先把他兄弟家的田耕种了下去。

前面已经说到了，村民已经到了农忙的时候，今天卢超家拔秧苗。还听说，李小云从打工的地方邮寄回来500元，是用于这次插秧的费用。说到插秧的费用，要看各自家里的计划和田的数量，以及家里的劳力情况。如果田多人少，就可能花费得多一些，相反，就会少花费一些。当然，也有相互换工的情况，这主要是男的劳动力，女的虽然也可以用换工的办法，但是现在比较少。主要是因为插秧基本上都要在当天插完；插秧的妇女（这里插秧的多是妇女，男的负责其他的劳务）怕用换工的办法出现重工（别人家需要劳动力，自己家人忙没办法去帮忙）的情况。所以，插秧一般是请小工，如果自己村里请不到了，就到隔壁的村寨去请（隔壁村寨的插秧时间相对我们村里要晚一些）。现在是刚进入插秧的时候，请的工时费要相对低一点，今年一个工时是十元（前几年刚开始的时候一个工时是七元到八元之间），他们中的组长多一元或者两元，中午主人家提供一餐饭。要是同往年的话，到劳力最忙的时候，工时费还会提高两至三元，而且，有时候还请不到，只有推后再请。

看一下今天的游客情况。从统计的数据来看，今天的游客有64人，买门票的有50人，门票收入是750元。

2006年4月18日，星期二，农历三月二十一，属牛，晴，夜间有大雨

昨天卢超家拔秧苗。他家今天就插秧了。今天张明福家、卢志明家和李志明家拔秧。插秧的人家逐渐地多起来了。听说，插秧妇女一个星期的活儿都已经定好了。也就是说，要是谁家也想在明后天插秧，就得到其他的村寨里找插秧的妇女。同时，犁田和耙田的人家也多起来了，今天有李志学和李宏等人家。

就我们村来说，李跃家的田是最大的，可能有三亩左右，是从他父亲一人手里继承下来的，现在是他和他大哥李扎卜两家共同耕种，为了便于管理和养鱼，两家没有用田埂来隔开。因为这样，他家每年都放了很多的鱼，而每年到了这个时候要放水捉一次鱼，等秧苗插下去又再放鱼。不过，听说，养在他家田里的鱼不容易长大，不像多数人家的田，养的鱼容易长大而且好吃。今天，他就放水，准备把田里的鱼捉回来，把田整治好，过一些天就插秧，等秧苗插下去再养鱼到田里。

昨天夜里下了一场大雨，这就给老百姓造福了，前几天百姓还因为雨水的问题着急了，这下可好了，下了这一场大雨后，田里的水基本上够用了，老百姓就可以安心地耕种自己家的田了。路上过往的人都说，还是老天会照顾，这下睡觉都安心了。

很不幸，年轻的卢学明的妻子因病无法医治，年纪40岁左右，于今天上午去世。在此之前，卢学明为了治好跌伤的妻子的病四处求医，去过医院，让农村里的草医来看过，前后花了不少的精力和物力，应该说，他已经尽了他的能力。

回顾一下今天的游客。统计中有 43 人，买门票的有 41 人，门票收入是 615 元，其中有法国的游客 19 人。

2006 年 4 月 19 日，星期三，农历三月二十二，属虎，多云间晴

今天插秧和拔秧的人家就多了，昨天就已经拔了秧苗的人家张明福家、卢志明家和李志明家今天插秧，还有李正明家。从请的插秧妇女来说，张明福家和李志明家请的是隔壁大新寨的人，李志明家请的是本村的人，而李正明家请的是隔壁黄草岭村民小组的。因为这两个村子插秧的时间相对我们村子来说要晚一些，所以，他们就有时间来我们村子里要插秧的人家打工。今天，拔秧的人家还有李宏家、李和明家等。在这样农忙的时候，本人所记录的也只是一部分村民的事务，不可能将所有村民的生产和生活记录在内，这是一个缺憾，只能从一部分村民的身上看全村人民的生产和生活——这是我觉得要说明的一点。

看一下今天的游客情况。统计中有游客 36 人，买门票的有 27 人，门票收入是 405 元，其中，有 11 个法国的游客。

2006 年 4 月 20 日，星期四，农历三月二十三，属兔，晴

这一段时间是村民们忙于插秧的时节，本人也更多地注意了村民们拔秧苗和插秧的事情。昨天拔秧苗的李宏家和李和明家今天插秧，而今天拔秧苗的人家有李学亮家、卢学贵家、张会芬家。今天李志和家耙田，李庆光家等犁田。

看一下今天的游客情况。从统计员统计的情况来看，今天的游客数量是 31 人，有 25 人买门票，门票收入是 375 元，其中，有法国的游客 16 人。

2006 年 4 月 21 日，星期五，农历三月二十四，属龙，晴

从村民的情况来说，今天拔秧苗的人家和插秧的人家比前几天增多了。拔秧苗的人家有张志光家、张正和家、李志和家，插秧的人家有卢学贵家、李学亮家、张会芬家。在插秧的人家中，张会芬家请的是多沙村的人（多沙村属于本县攀枝花乡的一个自然村，距离箐口村有七八公里，也是哈尼族，走路需要一个多小时）。听说，他家的秧苗没有插完，到了下午5点左右来插秧的妇女就跑了。是这样的，谁家的那一片（多数人家的田不一定集中在一起）田需要多少个插秧的妇女，需要多少的秧苗，经过多年的耕种后，主人家还是大体上知道的。而今天张会芬家的插秧妇女逃跑的原因是他们到了5点钟左右看见还有一大片田没有插完，感觉她家叫少了插秧的人，所以才逃跑的。当然，她们的工时钱是在中午吃饭的时候就拿到手了。

今天中午，卢某一与李某二发生争执。就这两个人而言，他们两个人都很少做农活，当然，李某二是身体上的因素，不可能做重活。李某二他们在村里当所谓的导游，有游客到来，要是他们看见了，就会主动跟游客说可以帮忙他们导带路，而有的游客也会需要这样的带路人，之后，他们会主动给一些小费，有的游客给十元、二十元，有的游客会给五元不等。另外，他们几个还会主动为游客联系汽车，叫村里的李某三、卢某二等开车送他们。而李某三、卢某二他们在游客给了他们车费后也会适当地给李某二他们一些所谓的介绍费吧。今天他们因为在价钱上有差别，两个人就争执起来。两个人说好的是同一个团队，同时说好的是李某三的汽车，李某二说好的是三元一个游客就接送，而卢某一说好的五元一个游客，负责接送到国防路上。最后这些游客没有坐车就走路上去。

看一下今天的游客数量。统计员统计的情况是游客79人，买门票的有59人，门票收入是885元，其中，法国的游客15人。

2006年4月22日，星期六，农历三月二十五，属蛇，晴

现在是农忙的时候，看一下今天的大体情况，今天插秧的人家有李学家等，他家主要是因为他的父亲（他是大儿子，已经与其他两个兄弟分家了）家的秧苗有多余的，是用他父亲家的秧苗来插，再说他必须要赶在五月黄金周以前把家里的秧苗插下去，到了五月黄金周，他少有时间去管理家里的事情，主要是迎接游客的到来。我们每年都有过梯田节的习惯，箐口也过梯田节，那么，这一段时间就是村民过节的时候。只要是正常的村民，就是说有劳力的人，都出去做田里的活了，有整治田埂的，有耙田的，有犁田的，有拔秧的，有插秧的，等等。今天，除了李学家插秧外，还有李文新家犁田，有张明生家耙田，拔秧的有张保祥家、卢荣家等。

如果每天的游客数量都能具体地统计出来，那应该是一件比较有意思的事情。可是，有时候的游客数量并不一定准确，很多的情况下只能根据售票员统计的情况来说明。正如前面说到的，有时候因为售票员没有来上班，或者在他们下班了以后游客才来，这样，统计数据就不一定准确，这是要对游客的数量进一步说明的事情。今天的游客数量如果按照统计员的统计情况来说，游客总共有 24 人，买门票的有 20 人，门票收入是 300 元整。

2006 年 4 月 23 日，星期日，农历三月二十六，属马，晴

昨天拔秧的张保祥家和卢荣家今天就插秧了，现在，所有人家都已经插了秧，都剩余秧苗。所以，今年谁家拔秧苗都当天就叫年轻的人背到要插秧的田里去，也不用人去守着，到目前也没有出现偷秧苗的情况。相反，多数人家为了拔出秧田里多余的秧苗而发愁。今天拔秧苗的有张明生家、李平清家、张志学家、李清华家等。

也许是刚刚才开发了几年的缘故，也许是其他的什么原因，就从现在来村里的游客数量来看，游客太少，有的时候可能会有几十个，有的时候一个也没有，这也是经常出现的事。看一下今天的情况，统计中有游客数量 59 人，买门票的有 37 人，门票收入是 705 元，其中有法国的游客 45 人。从统计的数据来说，国外的多数是法国的游客。本人问过统计员，统计员说他也没有具体地问游客的国籍，就统计成法国的游客，虽然多数是正确的，但有一些不一定是法国的游客，这是统计员说的。

2006 年 4 月 24 日，星期一，农历三月二十七，属羊，晴

年轻的卢学明的妻子去世是一件悲伤的事情，这对卢学明或者他家庭来说，是一个沉重的打击。如果按照其他民族的做法，可能会从速处理她的丧事，而哈尼族要选择日子才能办理这样的大事。或许对他家来说，今天和明天是吉祥的日子，所以今天主办这一桩丧事，等明天再送葬。这是他家里的不幸之事，对村里来说也是一件大事，所以，还是有很多的村民放下手中的农活来他家帮忙，将插秧的事情向后推。特别是他的亲戚家，如他的哥哥卢同则一家、弟弟卢学锋一家就都要来帮忙了，至于其他不是很亲的人家因为都已经定好了插秧的日子就还是要去种田的。今天，插秧的人家有张明生家、李清华家等。听说，李清华请的插秧妇女是麻栗寨村子的。因为在以前，很少有麻栗寨村的妇女来我们村里插秧。所以，有必要在此一提。

从丽江地区来的和秀芸、和秀娟姐妹在与李永得未做成事情后，又改到卢建明家租房子，通过多日的整理，今天基本上已经把房子装修得可以做生意了，她们就请村民小组的人和管委会的人到她们家做客，与他们交流一些当地的生活和民俗等。

看一下今天的游客情况吧。统计员统计中有游客 20 人，买门票的有 18 人，门票收入是 270 元，没有国外的游客到来。

2006 年 4 月 25 日，星期二，农历三月二十八，属猴，晴

今天拔秧的人家有李四和家、李平发家、张文和家；插秧的人家有李文新家、李永录家、李克福家等，已经选定了插秧时间的人家仍然还是要种田，还是要按照家里的安排进行生产劳作。

今天村里要送葬卢学明的妻子，很多年轻的小伙子和中年人都来帮忙。村里送葬死人全村的人都会出来帮忙，特别是年轻的男人们，只要在家都会出来，有的当日冲自己生辰的不一定会来。这种事情，别的村寨可能要安排，而箐口村这种事情到现在不用安排，大家都会主动来的。所以，家里的老人也会教育孩子多参加这些事情，因为这种事情谁家都会出现，只是口里不说而已，都明白谁家里的谁经常不参加这样的事情。那么，他家出了这种事情，来帮忙的人就自然会减少，口快的人还要说他。

听村民说，卢学明参加这样的事情也不是那么积极，自然，来他家帮忙的人就要少多了，只是作为家族的成员或者看某一个人的面子才来帮忙。由于村寨比较大，还是有足够的人力将这件事情顺利处理完毕。今天他家中还出了一点儿意外，卢学明的大哥父子俩争吵起来，搞得他父子俩都没有参加葬礼。

看一下今天的游客情况，统计中有游客34人，买门票的游客有29人，门票收入是435元。不过，今天本人看见有6个游客，他们没有主动到售票室很好说明情况，只是一边甩着手一边说"我们已经跟你们的高局长说过了"，就进去了。

2006年4月26日，星期三，农历三月二十九，属鸡，晴

今天，卢学明家还要请客，这比较少见，为什么这样说呢？主要是像这样年轻的人去世，很多家里都不会请客了。从感情上讲家人去世是一桩悲痛的事情，从经济上讲没有必要的铺张。或许是农忙的原因，听说来做客的人很少。也有可能是前不久他家也到麻栗寨村办过丧祭，当时他家也请客了，所以现在来他家做客的就少。

今天插秧的人家有李庆华家、李庆生家、张文和家、高九三家等。这里要说的是高九三家的插秧情况，由于他家里没有牛，也没有到其他家借牛，或者是借不到，他家今天一边是几个男人用锄头挖，一边是几个妇女插秧。这样的情况很少有，除了有的田由于比较小不能用牛来犁

耙，或者说农忙期间借不到牛或者其他特殊的原因。

回头看一下今天的游客情况，统计的有游客 26 人，买门票的有 7 人，门票收入是 105 元。不过，这个数据也不准确，因为今天还有 40 多个老人来村里旅游了，他们多数都拿着老年证，也就没有买门票。在要返回时因为是上坡的路，他们走不动了，就请了李永福和卢世华他们两个开车送到国防路上（老人团的车比较大，驾驶员不熟悉路的情况就没有开进村里来），这一段路就用小汽车送了，他们每人交 5 元的费用。

2006 年 4 月 27 日，星期四，农历三月三十，属狗，晴

再过几天就是五一黄金周了，为了迎接黄金周的到来，管委会人员不能请假。从今天开始打扫景区的卫生，今天是打扫消防水池和村里重要路面的水沟。很实际地说，很多村民的部分垃圾和污水都会倒到水沟里，而现在是干旱时节，没有水冲走这些垃圾，所以，很多领导就这些问题说了很多。进到村里的水源水沟已经多处冲断，即使水源点有水也不能正常地进来，这也是一个主要的原因。

不得不向有关的领导和有关的单位说起，不应该一味地批评村民小组和管委会，因为他们手里没有经费，原本就是贫穷村民的他们不可能有这样的能力来处理这些事务。要想把箐口搞好，还是要多问一些箐口的村民，还是要给箐口的管理者充电，包括物质的和文化的。如果有建设性项目，还要考虑是否撇开包工头之类的做法（目前，就一些建设事情，村民是有意见的，只是好像有冤无处申的情况，没有地方说而已）。

今天插秧的人家有李文祥家、李贵祥家，拔秧的人家卢正学家、卢树云家、卢科文家，还有，李红亮家是拔出多余的秧苗。正如前面说到的一样，今年的秧苗，多数人家有多余的，而谁家的秧苗只要是多的，就要拔出去，只留一些，在田埂倒塌被埋没或者没有成活的地方补种。因为这些多余的秧苗如果不拔出去就会影响明年的秧苗长势。

看一下今天的游客情况，从统计的情况来看，今天只有 5 个游客，买门票的有 4 个，门票收入是 60 元。

2006 年 4 月 28 日，星期五，农历四月初一，属猪，阴，有雨

今天插秧的人家有卢正学家、卢树云家、李朝生家、张文学家、李光明家等。这里主要说的是张文学家，因为他家的秧苗有一种病，所以，他没有用自己家里的秧苗，而是到卢树云家看谁家秧苗有多余就去谁家田里拔。有些认真的农民也是这样，拔苗时看见自己家里的秧苗有害病的情况就主动把它分开来。听说，在秧田里就害病的秧苗即使插秧到田里也要害病，那当然不如从秧田里就分出来。听说秧苗害病的还有几户人家，如李小生家，只是他家的害得不多而已。

今天，村委会通知并且来村里检查农户房子情况，主要目的是落实这次政府安居工程户，准备要在箐口落实四户人家，说是政府给予 3600 元的物资补助，其他不足的部分自己补，包括所需要的其他材料和劳力都自己家里出。

看一下今天的游客情况。统计中有游客 7 人，买门票的有 4 个，门票收入是 60 元，其中有法国的游客 3 人。原来与管委会联系有州法院院长要来箐口，并且要管委会准备演出，但后来不知道是什么原因没有来成。

2006 年 4 月 29 日，星期六，农历四月初二，属鼠，阴有雨

插秧的人家逐渐少了，多数人家已经插完了，到现在只有零散的人家没有插秧，我也没有注意今天村里有几户人家在插秧。主要的有一家是新街镇农科站的试验田，按照他们的协议，农科站给予当地产量最高的一家补助后由农科站拿来秧苗插秧。这一家是李高才家，他家里不用施肥，只要管理好水位就行了。这块田的面积有半亩左右，要求是同时在里面插六七个品种，至于劳作的人力还是要李高才主人家来安排。

由于县旅游局局长要到外地考察，需要带上一些箐口民俗村的照片，管委会邀请了新街镇开照相馆的丁箭虹师傅来拍照，并且要在今天之内把事情做好，要在今天的晚上之前把照片送到旅游局。

今天的游客数量也比较少，统计中只有7人，买门票的有4人，门票收入是60元，其中法国的游客2人，日本的游客2人。有一个说是美国的留学生，统计员没有把他统计在内，他说是来做他的毕业论文，是来拍照的丁箭虹带来的，他也在村里给几个人拍了照，一个是李学打谷的动作，一个是卢丽背着孩子的形象，他要求配合他作业的人在一张表上签字，同时给每人10元的人民币，这个是统计员之外本人见到的，略做说明。

2006年4月30日，星期日，农历四月初三，属牛，阴，有雨

从农忙的情况来看，村民的秧苗基本上都插下去了。今天插秧的卢永贵家、李庆亮家、李院生家都属于后面插秧的人家了，这些家庭都不是因为家里没有劳动力，就是因为家里没有耕牛。总之，不是少这就是少那，所以才会推后到现在才插秧，不然的话，村民们都早出晚归，恨不得把自己家的秧苗赶早插下。不过，从天气来说，这几天的确要好些，插下去的秧苗不会被太阳晒，复活得快些。至此，寨子脚的梯田基本上穿上了绿装，基本上农忙了一个月的农民们可以松懈一些，牛的劳作时间也会相对减少。

回头看一下今天的游客情况。统计员统计的情况是今天有游客13人，买门票的有8人，门票收入是120元，其中有法国的游客3人。

还有，在前天的日记里没有说到的是，云南大学哈尼族文化调查点的负责人马教授带着几个研究生来了，他们在这里做了初步的调查后于今天上午返回昆明了。

2006年5月1日，星期一，农历四月初四，属虎，阴转晴

虽然说到现在村民的秧苗已经基本插完了，但是还有个别人家的零

散田没有插秧，今天插秧的人家还有李庆明家、张立新家，拔秧的人家有李平真家。

　　上午，由于黄草岭村民小组有人去世，是村里李文光家的亲戚，他们家就组织了一些邻居（主要是他的家族）过去。从关系上说，去世的这个人是李文光的外甥，今年50多岁，原本是打算要用牛去祭祀，但是考虑到他的阿姨还健在，就不可能用牛去祭祀了。

　　今天是五一黄金周的第一天，来的游客还不多，所以管委会继续清理景区的卫生，包括已经很不常用的水碾、水磨等设备。

　　可能是李永福与其他的人说过，他的汽车要出卖，今天有两个人来看，但他们开价钱时只给到一万元，所以，李永福二话都没有说就拉倒，说是价钱相差太大了，谈不成。他说，最起码要给一万七八千元，如果诚心需要的话可以少一些。

　　今天，在外打工的李其三的女儿回来探望家人，听说她在一个官员家做保姆，已经有很多年，年纪也有20多岁了，但是由于家人把她照顾得好，家庭生活上有什么困难都会帮助，她还是不打算出嫁。要不的话，村里的姑娘到了20多岁就会出嫁。当然，20多岁的姑娘没有出嫁的还是有几个，只是她们都已经外出打工，很少在家里。今天回来的还有一个是李文贵的女儿，她已经出嫁到文山县，听说是在开远打工的时候认识的，现在已经有了两个孩子。除了过年过节和家里有特殊的情况之外她是很少回来的。

　　今天是进入五一黄金周的第一天，可能是远地方出来旅游的人还没有来到，从统计中可以看出来，今天的游客只有22人，买门票的19人，门票收入是285元，其中有法国的游客2人，有日本的游客2人，这是今天的游客情况。

2006年5月2日，星期二，农历四月初五，属兔，晴

　　今天插秧的人家有卢科文家、李国忠家。从这两家的情况来说，卢科文家主要是因为今年他生病,已经在医院住院了几个月,而且是在外地,他家的田都是他的外甥来帮忙做完的。而有点特殊的要说明的是,李国忠家为什么在今天插秧呢?他原来是打算在昨天就插秧的,可是在昨天,他说好的隔壁村里的插秧妇女没有按时来,只好在昨天下午又另外找了插秧的妇女,所以,才推到今天再插秧。这样的情况还是经常会发生,说好了哪天去,可是到了时间又因为某种特殊的原因不能去,而这样的情况在现在看来还算正常,也就是说,谁也无法计较。去年还发生了一桩事,就是约插秧妇女的时候,家里的夫妻没有商量,女的约好一批,而男的又约好了一批,在插秧的当天,两批人都来到村里,一批人,被主人家领去插秧了,而另一批人就无法找到主人家(他们约的时候没有告诉家主的名字,只是说好了到什么地方来)。他家的人就躲了起来,而村里的人知道其中的缘由也不告诉她们,都装作不知道或者婉转说没有这样一个人,她们才回家去。

李正荣虽然在村里买了房子,可他还是基本上在他的单位住,只是过年过节的时候才回来村里,或者家里要做什么祭祀之类的时候回来。买了房子以后,还是什么东西都没有摆的,可能也正是这种原因,他今天从他单位运回来一些家具,叫了他的侄子李学等几个年轻人搬到家里,这样,他们回家来也可以正常地生活和吃住。

今天是黄金周的第二天了,从今天的统计情况来看,今天的游客数量就比较多了,有两百人,买门票的有129人,门票收入是1935元,其中,法国的游客4人,日本的游客20人。因为游客比较多,按照管委会的安排,只要有10个游客以上的人到陈列室,文艺队就要演出让游客观看,从上午到下午,都要随时演出,有时是几个节目,有时就像排练一样演出一个舞蹈,游客们就说没有时间看就走了。从今天的情况来看,没有多少人愿意看演出,或许是游客们真的没有时间来看,或许是文艺队没有很好地组织的原因。游客们都只是匆忙地观看了村里的情况和景色就走了,没有游客是主动要求观看歌舞演出的。

2006年5月3日，星期三，农历四月初六，属龙，晴

上午，张氏家族在捐大米，因为黄草岭村民小组有个姓张的人去世了，他们要去那里帮忙。可能谁也无法说清楚是从哪个人去世的时候起开始在家族里捐大米。但是，至少有两点可以肯定：一是村民的经济来源少，大家都只是过着自给自足的日子，多数家庭的经济条件是极其有限的，而按照民俗规矩，这样的丧事需要花费很多的财力物力，谁家遇到这样的大事都是一个难题；二是由此形成一个互相帮助，相互依赖的思想，从经济上帮助的话，以前的人们可能考虑到有的家不能承受，而从大米来说，谁的家里都栽种着，要是家族都来捐大米的话，在一定程度上就可以减轻主人家的负担。这是现在村民对这一事情的观点。

这种习俗要坚持到什么时候？到什么时候结束？或者是继续保持？则可能要看经济的发展和人们的观念变化。从村里来说，组织做这样的事情有卢氏家族和张氏家族。村里有三种李氏家族，其中的大李氏家族没有组织这样做，而小李氏家族与张氏家族一样，他们是不能通婚的结拜弟兄，所以，只要是张氏家族里有了什么大事情，小李氏家族都要参加，包括今天的捐大米这样的情况。可能在以前的日记里说到过，还有一家唯一的马姓人家，即来张毛芬家上门的女婿马志文的大儿子马卫华家，他家主动申请加入张氏家族。村里的马氏家族是从新街镇团结乡来上门的，由于他们家族在村里已经很多年了，有了自己的儿孙，田地也耕种着张氏家族的（就是张毛芬的田地），马卫华已经在村里建盖了房子，考虑到不可能也没有必要再回去团结乡，他与父亲分家，自立门户多年，也就加入了张氏家族。自然地，他就要参加各种张氏家族的具体事情。然而，这里还要说明的是，并不一定也不可能所有的张氏家族的事情都要参加，诸如，上坟和其他一系列的事情。

还是在上午的时候，高九三来向村民小组反映，说是有一丘田卢科文不让他栽种，卢科文说那一丘田已经被高九三的儿子高山以300元卖给了他。而高九三的意思是如果的确有此事情，要求他的儿子退回卢科

文的 300 元，而他的田是不能出卖的。这主要是因为他们的父子关系不是很好，他要求村民小组出面处理这一事情。

今天是五一黄金周的第三天，正因为如此，今天的游客无论是从统计的情况来看，还是从旁观的情况来看都有点多，村里的停车场停满了汽车。统计员统计的情况是，今天的游客数量是 204 人，买门票的有 135 人，门票收入是 2025 元，其中有法国的游客 7 人。要是统计员没有统计错误的话，应该是一个法国的团队，他们中还有一个中国的女翻译，他们团队自己有车，可能是翻译以前来过，带着团队从其他的小路进来的，当他们出来的时候被售票员认出他们没有买票，叫他们补票。她居然与售票员争吵起来，说："我为什么要买票？谁说是要买票？"她一边说着一边走到他们的汽车上。售票员来气就走到车前，不让汽车开走。过了一会儿，可能是这些法国的游客知道是怎么一回事情，就用外语与她说了一会儿，她就下车来补买了几张票。他们坐的车身喷有"昆明饭店"的字样，车牌是云（××）0261 号。

2006 年 5 月 4 日，星期四，农历四月初七，属蛇，晴

今天，村里张氏家族的摩批们到黄草岭村民小组主持张氏家人去世的事情。可能在前面的日记里也说到过这个事情，我们箐口两个家族有大摩批，即李氏家族和张氏家族，卢氏家族没有，卢氏家族要办理这种丧事要到其他的村寨请他们的大摩批来。而李氏家族和张氏家族的，就请我们寨子里的摩批就可以了，这两个姓氏大摩批管辖箐口村、黄草岭村民小组、大鱼塘村的丧事活动，从某种意义上说等同于村委会的书记、主任之类的职务，这些家里发生什么大事都要请归属的摩批，特别是办理这样的大事情就一定要通过他们，除非因为某些大事情而与他们发生隔阂就归属其他的大摩批。

今天是五一黄金周的第四天，从统计员统计的情况来看，今天的游客还是有一些，总共有 137 人，买门票的有 86 人，门票收入是 1290 元，其中有法国的游客6人。今天有一游客的东西丢失了，她也说不清具体是在什么位置丢的，说是丢了一个米黄色的包，里面有些钱和几把钥匙，她说只要捡到的人把钥匙还给她，她愿意把钱给拾到者，同时也向派出所报了案，而这样没有具体线索的事情，派出所来人也没有调查出什么来，只是说会跟村民小组和管委会联系调查，等事情调查清楚后告诉他们。

2006年5月5日，星期五，农历四月初八，属马，晴

今天插秧的有李某一家、李某二家。从这两家的情况来说，李某一可以说是村里比较懒惰的人，他已经很长时间没有外出打工了，特别是村里开发了旅游事业以后，他经常主动地带一些游客，从而收取一些小费过日子。农忙的时候也如此，正因为是这样的一种性格，在他的身上还有村里流行的一段笑话："爸爸，我这样闲着带一些游客也会有些钱，你呢，还是经常去田里灌溉一些水，看看田里的水是否干了没有。"——他的爸爸已经70多岁了，而且，因为前几年的一场大病就不太能做活计了。至于李某二家是栽种干田，因为前一段时间雨水量不够，田里的水不够而不能耕种，现在有了一些雨水，基本上能够栽种了，也就赶在现在来栽种。

昨天到黄草岭村民小组主办丧事的张正和摩批他们今天回来了。昨天夜里，他们所有摩批都要念经到天亮，所以做摩批也是一件比较辛苦的事情。特别是现在村里的两个摩批组每一个组都只有几个中年人，要是同时出现两桩事情就更辛苦了。所以，张正和摩批曾经跟他们家族的人说过每户人家也要有一个人参加，以便于继承摩批文化。

从售票员统计的情况来看，今天的游客还是有一些，共有游客121人，买门票的游客有85人，门票收入是1275人，其中有法国的游客7人。正所谓"世上没有不费气力可以做好的便宜事"。今天本人在售票室亲眼看到，亲耳听见，有的游客与售票员讨价还价，有的游客说门票贵了，没有进到村里就返回；而有的游客又说门票还是便宜，没有白来，他们高兴地来、高兴地去。

2006年5月6日，星期六，农历四月初九，属羊，晴

今天有卢学明家插秧，由于他的妻子刚刚去世，而他家又是已经自立门户的家庭，他妻子去世，各方面都受到了影响，就包括耕种。前几天农忙，大家都忙着栽种自己家的田地，到了现在已经快插秧完了，他的亲戚包括朋友们就过来帮忙，主要是他们卢氏家族的人，基本上每户出一个人来帮忙。这样，他家的秧也在亲戚和朋友们的帮助下插完了。

下午，卢正华的儿子和李江西的女儿吵架，两个孩子都是10岁左右，是在一起玩耍的时候打起来的，两个孩子都没有打伤。为什么把这一事情说出来呢？主要是想说明一下这里的父母对待孩子之间吵架的观点和处理的方法。对大多数的父母来说，孩子们在一起玩耍，发生一些吵架的事情是正常的，都不会帮助自己的孩子来吵架，只会把吵架的孩子劝开，然后教育自己的孩子不要学吵架。双方的父母也不会因为孩子们发生个吵架的事情而有一些隔阂，毕竟孩子们不懂事，做父母的都会相互体谅。当然，现在看来，孩子们之间吵架也没有发生过把某一个致残的情况，这是仅针对10岁左右的孩子吵架的情况。如果是十七八岁以上的青年人之间吵架，就很有可能出现更大的事情，双方的父母，甚至家族的人都可能会来争执，只是这样的事情很少出现罢了。

或许是政治稳定的原因，或许是经济发展的原因，也或许是民俗民风流行的原因，这几年一到插秧结束，很多的村民家里就进行叫魂仪式，今天下午就有张正和家和卢建忠家。

看今天来旅游的游客情况。从售票员统计的情况来看，今天的游客有58人，买门票的游客有25人，门票收入是375元，其中，法国的游客两人。

2006年5月7日，星期日，农历四月初十，属猴，晴

今天是5月7日，对管委会来说，黄金周到今天就算结束，由于今年的游客也没有多少，所以管委会今天就举行会餐。他们买了一只狗在卢世华家里吃，原来打算吃狗肉就行了，可是考虑到文艺队里还有不吃狗肉的人，所以，又同时买了两只鸡。从管委会增补人以后，管委会现在已经有了20多个人，今天来会餐的就有三桌人。

在昨天的日记里说到了，村民的秧苗基本上插完了，很多村民家庭就忙着叫魂了。叫魂这个仪式一般是在下午四五点的时间进行，有时候一天里有几户人家做这个仪式。具体的情况和过程，我已经在以前的日记里说过，最主要的需要一个姑姑或者姐妹家的人。需要的主要物品有一对鸡，一只鸭子。如果被叫魂的人是女的，鸭子则要公的，如果是男的，鸭子则要用母的。还有祭祀常用的一些糯米和一个鸡蛋，其他的就可以根据自己家里的人来定伙食。

看一下今天的游客数量。从售票员统计的情况来看，今天的游客数量是15人，买门票的有15人，门票收入是225元，其中有法国的游客2人。

2006年5月8日，星期一，农历四月十一，属鸡，晴，有小雨

今天，张春华家做钢筋，他家的房子做完第一层的灌注后，他的父亲给请的小工放了几天的假，让他们回家插秧，现在这些小工家的秧苗已经插完了，接着他们又建设第二层。做了几天以后，他们又开始做钢筋，准备灌注第二层的屋顶。在前面已经说到过，现在的村民做房子都是选择砖混结构，很少有人用土坯来建设，即使根据旅游的需要，要求村民建设成土坯房子，门窗用木料制作，但是从现在这两年建设的人家来看，村民依然选择用钢材做门窗，用砖混结构做墙体。

从某种角度来说，有的官员看到这种情况后的确表示遗憾。他们说，为什么就不能多保持一些民族特色的建筑？至于里面的建设可以另当别论。不知道是什么原因？是政府没有引导好？还是村民的问题？这几年

村里有人家建盖房子，的确是盖的砖混结构的房子，没有人家用土坯和木料门窗，无论是因家中房子时间长久、屋面漏雨而建盖的张小明家，还是重新翻新的李生明家等，都是学着城里的建设来建盖的，都没有按照规划中要求的木料来建设，屋顶的蘑菇房子也往往只是建盖很小的一部分。从现在看来，张春华家也是选择砖混结构的建筑，到最后装修的时候不知道要做成什么样子？

下午，村里有好几户人家都在举行叫魂仪式，有张斌家、李志学家等。由于村寨有点大，有些家里做这些仪式本人没有看到，据说，这几天做叫魂仪式的人家每天都有四五户，如果没有和摩批提前几天说好，要是临时去找的话，多数是找不到的。所以，准备要做这些仪式的人家要提前约好摩批和需要的人，以及准备好各种需要的物品。这个仪式中需要的物品和人，以及它的基本过程已经在前面的日记里说到了，这里还要再加以说明的是，这个仪式里什么人都可以来吃饭，比如亲戚朋友、隔壁邻居的人，所以，现在谁家里做这个仪式，一般会准备两三桌的饭菜，甚至五六桌的。而自然地，谁家做这种仪式也要叫隔壁邻居来吃饭。只是多数家庭做这些仪式不可能都参加，也就不一定知道谁家做这个仪式会有多少人吃饭喝酒。

回顾一下今天的游客数量。售票员统计中有游客38人，买门票的游客有27人，门票收入是405元，从统计的情况来看，今天没有外国的游客。

2006年5月9日，星期二，农历四月十二，属狗，晴

这一带的哈尼族，无论是谁家的亲戚去世了，只要是他家来通知了，被通知到的人家都要约隔壁邻居的人去。男女没有限定，可以是女的去，也可以是男的去，主人家一般拿一只鸡，背一点大米，其他的人只要背一点大米就可以了，有条件的会主动拿一个鸡蛋或者拿一些咸菜。今天，我们村里卢小华家组织了卢氏家族的人去阿挡寨村，听回来的人说，由

于路途比较远，有的人自己出了钱坐了汽车去，坐了汽车回来，而有几个人不知是没有钱还是其他什么原因没有坐车，来回都是走路，这是与他们一同去的一个人说的。

　　管委会人员今天去围鱼塘，在前年的时候，为了养鱼让游客观赏，旅游局在白龙泉处向村民征用了几块秧田，在去年没有围起来的时候，很多村民的鸭子放到田里，致使放到田里的鱼都被鸭子吃完了。今年，管委会为了不让这样的情况再出现，准备在田的四周用竹子围起来，不让鸭子进去，再安排一个人专门管理，这样，养的鱼就可以多一分收获。当然，话又说回来，村民的秧苗插完了，就有一个问题，村民的鸭子要放到什么地方去？稻田里的秧苗又不能让鸭子进去，秧田里又要养鱼，不能放鸭子，周围又没有大的鱼塘可以放鸭子，村民想出了一个办法——就是在秧田的一角用竹子围起来，不让鸭子跑出来，只要午间喂一些食粮，到傍晚去赶回来就可以了，这样做一是可以不用人看守，省劳力，二是鸭粪可以养肥秧田。今天，就有李永福的父亲和李田明在管委会围鱼塘的旁边做养鸭子的篱笆。

　　应该说家要有家长，村要有村主任。可是被选举出来的村主任在这几年来没有经常在家主持村务，包括会计，还有党分支书记，以至于村里的很多事务都不能正常地进行。仅就安排让村民小组来管理的机动田在前两年都一直没有栽种，很多村民对此都有意见，说为什么让这些田荒着，如果他本人不愿意栽种的话，怎么就不让其他的村民去管理。而今年，因为村民的秧苗都有多余的，在此之前就安排了人去栽种，所以，很多村民对此事情都比较满意，很多村民在喝酒和吃饭的时候都会说起。

　　在前几天的日记里说到过，今年的五一黄金周人来得很少，没有前两年的时候多，如果不是售票员统计有误，今天的游客数量就为零，收入也就为零。

2006年5月10日，星期三，农历四月十三，属猪，晴

今天，张春华家杀猪，因为明天他家要灌注房子的屋顶。到时候，很多亲戚和朋友，包括村里的人都会主动来帮忙，只要他们家里没有什么特殊的事情，每户至少会来一个人，要是人集中的时候会有二三十桌的人，这么多人需要准备很多的饭菜。当然，他家建盖房子是因为姜文他们拍电影时给了补偿，即使他家人没有把具体补偿多少说出来，但至少可以用来建盖他家的房子，包括杀几头猪阔气一下也应该没有什么问题，或者说给来帮忙的人吃好一些也没有问题。要不然，很多人家是不可能杀猪给来帮忙的人吃的，特别是旧房子翻新的和分家的人家。也就是说，很多不是有钱而是无奈的人家建盖房子不可能杀猪给来帮忙的人吃，多数人家还是到城里买回来做伙食。

接到村委会的通知，要求村民小组通知李学光家、卢学明家、李朝贵家、张志林家于明天上午10点钟准时到县粮食局领取夏季补助粮。

还是上午的时候，有省上的和州上的领导来村里考察，根据他们的要求，管委会文艺队演出让他们观看。在他们走后的不久，又有旅游局的局长、新街镇的镇长和城建局的设计员来村里，说是要在村里做另外的一份详细规划。为什么说是另外的一份呢？主要是在此之前旅游局出钱做了一份箐口村的详细规划图，他们在村里转了一圈后就拿着以前的详细规划图到县里去了。

看一下今天的游客情况。售票员统计有游客13人，买门票的有12人，门票收入是180元整，从统计的情况来看，13个游客都是法国的。

2006年5月11日，星期四，农历四月十四，属鼠，阴，有雨

根据昨天的通知，李学光家、卢学明家、李朝贵家、张志林家，他们四家都去领取了夏季补助粮。听他们领回来的说，粮食局补助给他们四户的是每户30斤大米。从村里来说，这几户人家都是相对缺少粮食的人家，特别是李朝贵，他无儿无女，只身一人生活，他的田地都是依靠他的哥哥栽种，他的日子就依靠他的哥哥供给粮食。有人说，他的日子是饱一日饥三日，多数是依靠他帮助人家做一些力所能及的事情来混饭吃，他已经60多岁了，也从来没有成个家，是以前的五保户之一。

今天是阴雨天气，可是已经选择了日子，也不是下很大的雨，张春华家依然还是进行屋顶的灌注。在昨天的日记里说过，如果村民没有特殊的情况，每户人家都会主动来帮忙，但是今天来的妇女有点少，听他们说很多村里的妇女到其他的村寨插秧去了（附近的几个村寨插秧的时间相对箐口来说要晚一些，自己寨子的秧苗插完了就可以到其他的村寨插秧，至少可以赚一些零用的钱）。而他家的碎石和沙又还在寨子头的停车场，这些材料主要靠妇女背回，男的主要是负责其他技术的事情。今天由于妇女少一些，完成的时间就相对其他的时候晚了一些，再说又下雨，人们都不好做活计。

看售票员统计的游客收入情况，今天又是一个收入为零的日子。

2006年5月12日，星期五，农历四月十五，属牛，阴，有雨

早晨天刚刚发亮，就听见有人在吵架了。起床仔细一打听，原来是村里的李院明昨天晚上到一家大理人开的商店用一张100元换零钱，当换回来到家里时发现有一张50元是假钱，他看看已经是很晚了，叫了几声都没有听见回答就没有再继续叫。到今天早上天亮时他才跟他家人说这个事情。显然，这家商店的大理人是不会承认的。所以今天早上双方就争吵起来。究竟是大理人换给他假钱还是李院明自己作祟呢？争吵之后不了了之，他们也没有告到村民小组去讲理，也用不着告了，应该说是李院明自己的事。如果他有辨别真假钱的能力，他就应该在现场就说，现场就兑换，而不应该等到今天早晨才说这个事情。这样的事情在去年的时候也发生过一次，也是一个开商店的大理人，买卢小和家的鸡的时候，大理人用一张50元的钱买，由于当时双方没有零钱，卢小和就拿着钱回家去换，大理人已经跟他说看好钱的真假，可是到了家卢小

和又说钱是假的，就马上拿着返回来与大理人争吵。不过，那次是大理人的丈夫又拿了钱给他，说就算是丢失的吧。

李清华从石屏县过杨梅节回来，因为他现在在县里的交通局打工，经常与同行的单位打交道，这次也是与单位的人一同去石屏县过节，他还带回来一些杨梅。从目前来说，箐口村一带现在还没有人栽种杨梅，包括新街镇都很少，有时候到镇里买一市斤需要十元钱，特别是刚刚上市的时候。

看今天的游客情况，售票员统计中游客7个人，买门票的也是7个，仅从统计的情况来看，今天的游客全部买了门票，门票收入是105元。

2006年5月13日，星期六，农历四月十六，属虎，阴，有雨

今天上午，李祥家买回来一些地板砖。在以前的日记里也说到了，村民现在建盖房子多数都选择砖混结构的式样，都学着其他民族的建筑，保证墙体牢固，里面又卫生，现在是经济和文化都同时发展了，人们对建筑起居既要求卫生又要求方便。为了旅游的需要，上面要求村民建成有特色的哈尼族建筑，但从目前来说，还是没有形成一种气候，村民与政府之间还是存在一定的距离。如果要想真正在箐口树立一个窗口，既要保持民族的特色文化，又要创造现代的文化，包括做好各方面旅游设施和服务设施，既要让游客感受这种文化又要让村民主动参与旅游事业的发展，本人认为还是需要一定的时间和一定资金的投入，包括对村民思想、文化、观念上的精神投入。而并非有人说的就仅是村民的素质问题。可以想象，在这样一个缺乏经济来源，无法完成受教育情况的边远地区，怎么可能说好就好呢？何况，旅游事业还是一个新生事物。正如一个官员说的，"元阳的旅游事业还是一个新生的婴儿，还在吃奶，它需要很多人扶持与参与"。

前面说到了，现在这一段时间似乎是在过叫魂节，很多人家都进行叫魂仪式。每天都能看见有人到街上买鸡鸭和蔬菜，只要到了晚上，在

村里就能听见村民家里大声说话的声音和有人喝醉酒的声音。今天晚上卢朝生家和李永文家也做这个仪式。要是注意观看的话,从插秧到结束的一个月之内每天都基本上会有人家做这个仪式。本人专门为这个事情打听过一些中年人,从他们说的意思来分析,现在的叫魂并不仅仅是给家里人叫魂,保家人平安、健康和幸福,而在某种程度上说是现在的社会好了,人们基本上解决了温饱问题,即使家里的经济条件并不宽裕,但是以叫魂为理由,邀请亲戚和朋友们吃一餐饭喝一顿酒,支出一两百元是没有问题的,看着别人家做,自己也跟着做的也有了。

本人从来村里旅游的游客中知道,似乎看梯田也有季节之分,多数人爱看的是十月到二月间如同镜面的梯田。或许是这样的原因,从现在来看,每天的游客数量的确减少了很多,今天从统计的情况来看也没有一个人,门票收入也为零。

2006年5月14日,星期日,农历四月十七,属兔,阴,有雨

李平真家拔秧苗,准备明天栽种旱田,这可能是今年插秧的最后一家了。主要是因为前一段时间里雨水不够,不能整治他家的旱田。从我们村里来说,虽然旱田很少,但是,由于地势和水源的问题,还是有一点,李平真家的旱田就是其中的一部分。每年插秧季节前,雨水量还是相对少。所以,大家都只有先把经常保持水源的水田插秧完毕,等到雨水来临,有足够的水源才会去整治旱田。理所当然,这样的旱田水稻就相对熟得晚,产量也相对水田要低。也因为这样的原因,这里的村民对田里的水比较重视,都经常保持田里有水,让田里的土壤保持松软,多数人家有旱田的也要想办法变成水田,想办法提高水稻的产量。

今天对管委会来说是一个让人难忘的日子,售票员李艳英说她丢失了近期所卖出门票收得的款9200元。她说具体的时间不清楚,大概是在前两天,钱放在她家的卧室里,查看了现场也没有什么痕迹,估计是知情者所偷。今天她也没有来上班,早上发现钱被偷以后,她和她的母

亲去看过师娘算卦，说是他们家族的人干的。到了下午 2 点以后，本人随同她的丈夫到新街镇派出所报案，他们也答应明天上班时来调查。晚上，她家要求村民小组和管委会一起召集他们家族的人到她家开会，动员全家族人提供线索，并要求如果是自家人偷的话，主动承认错误，把钱上交到管委会张明华手里，或者李学手里，或者是交给李艳英家人手里，保证对其保密。如果过了一两天还未交的话，派出所会来调查，或者采取民间民俗的办法来解决。（这里有必要解释一下，所谓的民间民俗的办法，是说要是谁的东西丢失了，没有人来主动承认，就可以叫摩批念经，点上蜡烛之类的火，而后召集所有人来吹，这样，不是所为的人就可以吹灭火，而所为的人就吹不灭，甚至，所为的人或者他的家人就会死去，或者所为的人家里会出现大的灾难，如所为的人家人出现眼瞎、手断、脚跛等一系列事故。）

看一下今天的游客数量，统计中有游客 18 人，买门票的有 18 人，就是说今天的游客都买了门票，门票收入是 270 元。

2006 年 5 月 15 日，星期一，农历四月十八，属龙，阴，有雨

今天，村委会的人来统计村里的残疾人。从大体统计的情况来看，村里有十几个残疾人，有聋哑的，有眼病的，有脚残的，有智障的，分别是李阿三、李祥和夫妇、李四辉、卢家贵的妻子等等。听说，现在有一个政策，针对房子不好的残疾人家政府补助一部分钱建盖新房，要给箐口村几个名额，但同时也把所有残疾人员也做一个统计。

张春华今天买回来一辆昌河牌面的，车牌是云 G××××××，打听了一下他所买的价钱是 16000 元。这样，在我们村里又多了一辆汽车。就现在来说，村里有七八户人家拥有了汽车，要是过年过节的时候村里的汽车也要停在停车场，加上来的客人的汽车多，停车场就显得更小了。

今天有一些作家来村里考察。根据上级的通知，要求管委会文艺队演出，后来因为有雨，天气一下子不会变得晴朗，再说，他们没有时间观看演出，就没有要求演出了，而是到了农户卢迁华家调查，与他家里的老人交谈了几十分钟就匆匆离开。走的时候，本县出去的作家哥布给了卢迁华老人一包烟，并祝福他们一家人身体健康，生活一天比一天好过。因为他本人也是哈尼族，他就用哈尼语与卢家交流。其他作家的发问和回答都是他用哈尼语翻译的。

今天来旅游的游客情况是，统计中仅有4人，买门票的有2人，门票收入是30元。从成立景区，开发了旅游业以来，有时候一天里也不会有一个人，但是，总的来说，多少还是会有游客来旅游。当然，由于村里没有什么工厂和作坊等可以让村民挣钱的地方，村民就会经常出去打工，也因为各种原因经常有人打工回来。

今天，村里的年轻人李庆生和李庆锋等几个人出去，说是要与他们的堂弟李庆亮到河口县做建筑行业。由于村里的年轻人多数都没有多少文化，他们出去打工选择的多数都是建筑行业，他们的日工资每天多数也就在20元到30元，而他们打工往返车费经常也是自己出，这样，要是他们做工的时间不长一些的话，也赚不了多少钱，特别是年轻人，他们即使在打工的时候赚到一些钱，而回到家请朋友吃一顿饭，自己再买几包烟抽，再次出去打工的时候往往要与父母或者其他的人借路费和零用钱。

2006年5月16日，星期二，农历四月十九，属蛇，晴

今天，李永福买回来一只狗，邀请管委会的人在他的家里吃饭，这可能是因为管委会的停车场让李永福管理，李永福与管委会在一定程度上存在工作业务联系。不过，今天有一部分管委会的人不在，没有全部到，包括他家里的人也因为有事情而没有全部参加，所以，今天只有两桌子人吃饭。要是在平时，至少有五六桌的人来吃饭。

正如上面说到的一样，今天李永福家族的人到大鱼塘村去了，因为他安排守他所承包的树林的大鱼塘村人病逝。今天正是主办事情的一天，

从道理上讲也要去帮忙的，听说他们之间还有一定的亲戚关系。到了晚上，他又叫了一些朋友一起去守夜，同时，他们还买了一些糖果，包括烟酒，分发给所有来守夜的人，直到第二天天亮时才回来。

从售票员统计的游客数量来看，今天的游客数相比前几天多了几个，今天有23人，买门票的有20人，门票收入是300百元，统计中有法国的游客20人。

2006年5月17日，星期三，农历四月二十，属马，晴

早上，李学家做祭祀，主要是因为他家的小猪从楼下跑到楼顶，他的妻子去看师娘时说必须要做这样的一种祭祀。他家就请了李则安摩批来做，而且必须要用一头小猪来做。当然，只要是做祭祀的，就免不了要用一对小鸡，还说做这个祭祀同时也要用一只鸭子。他问过摩批，这种祭祀可以叫外人来吃饭，他就叫了他的几个朋友一起来吃，因为杀了一头小猪，就他家里的人是吃不完的，这种祭祀用的食物也不能留着吃。

很不幸，年仅50岁左右的卢科文于下午2点左右去世，当这个消息在村里传开时，有80%的人不相信，因为听村里的人说，今天上午到他要离开的时候，他还在村里来回行走，还与很多的村民聊天，说他得了心脏病，在前一段时间里用了很多钱医病，家里卖的一头牛钱和几个儿子出的钱加起来有六七千元了，还说近期不能吃什么什么食物。到了中午的时候，他端着一碗饭来烧豆腐吃，之后到家里去睡觉，当他的孙女卢妮回来时发现他已经离开了，永远地离开了，与他朝夕相处的亲戚和朋友们分别了。如果按照村民的说法，他没有与村民说"再见"，但是他的音容笑貌留给了他的亲戚和朋友们。

在村里来说，今天还有一件事情是关于李某某和他妻子的事情。他们夫妇俩已经很长时间没有在一起了，从某种意义上说就是离婚了。可是，听说他们结婚时的礼金还没有退还，而他的妻子又与她们寨子里的一个人成家，而且已经面临很快就生产的情况。今天，听他们寨子的人

与李某某家人说，他们这两天还在家，所以，李某某家今天下午叫了一些人到她家去找人，可是没有找到，说他们昨天就已经出去打工了。听说，她家已经几次来李某某家要退还礼金，要求结束他们的关系。可是，李某某家要人，说他们的孩子已经有五六岁了，不能让孩子认同父异母的家庭。（听人说，他的妻子来他家之前就已经腹中有子，这并不一定是李某某的骨肉。再说，李某某本人身体有残疾，以后也难以找到妻子，他们家可能从各方面考虑过，女方家来退还礼金没有接受也有他们的出发点。）

今天的游客情况是，售票员统计有16人，买门票的有16人，门票收入是240元。

2006年5月18日，星期四，农历四月二十一，属羊，晴

前面说到过，姜文他们拍完电影就走了，留下了很多设施就只有由管委会和村民小组的人来清理，他们又给了管委会5000元作为清理费用。今天管委会的人集中到磨秋场清理他们留下的红土，由于前面几天有了一些雨水，他们就放了消防水池的水来冲洗，就今天的情况来看，应该说已经把广场清理完毕了。

在5月14日的日记里说到了，管委会售票员李某丢失了近期所收得的门票款9200元，通过新街镇派出所人员的尽力调查，以及他家人的努力和管委会人员的配合，今天已经调查出是内部人员张某某所为。他不得不把基本情况说出来，并把还没有用掉的7800元从所藏的地方拿出来，同时承认在此之前还偷过500元。他说偷钱不是他的目的，而是因为他欠他的堂姐李某一点钱，而李某经常不给他好脸色，甚至不与他说话，他就趁李某不在售票室的时间，把她的钥匙拿了出来，回到她家偷的。具体包里有多少钱他没有点数。正因为新街镇派出所已经把此事情调查清楚了，晚上的时候，管委会在卢世华家邀请他们吃了一餐饭，包括协助的人员。

或者是因为管委会的人员都忙于清理广场的卫生，或者是忙于协助派出所调查今天的情况，或者是真的没有游客，今天统计中又是没有游客的一天。

2006年5月19日，星期五，农历四月二十二，属猴，晴

今天开始办理卢科文的丧事。按照民俗的规矩，只要是有了儿女的人去世，都要按照一系列的程序办理。比如，至少杀一头牛，还有许多祭祀鸡鸭等，而他个人从年纪上虽然年轻，但是，他不但有了儿子，而且还有了孙子，已经是一个做爷爷的人了，就要按照正常的程序办理。只是在用牛来丧祭的人家因为他年纪还不算老就尽量控制，这次也只有他妻子的娘家用牛来丧祭，其他用小猪来祭祀的就没有限制。

根据上级的安排，新街镇人民政府的工作人员来箐口村里检查并督促村民搞好卫生，主要是听说5月22日有省里和州里的领导来村里视察工作。自从箐口村成立为景区以来，只要是有省州的各级领导来村里都会安排镇一级的工作人员来村里检查和督促各项工作，特别是卫生的事情，由于村里的老百姓不能按照上级的意图完成，他们亲自搞卫生的情况也时常出现。以前的话，管委会承担了主要的责任，很多事情都可以安排管委会来完成，而现在的管委会似乎成了文艺队的管委会，他们只用管理好自己演出的场所和忙于演出，很多情况下根本管理不了景区内的卫生。这在本人看来，管委会的职责有所变化，因为在刚刚成立的时期，管委会主要是保证景区内的卫生，以及村民自己家房前屋后的卫生，而管委会有了自己的文艺队以后，主要的事情就是演出和迎接游客，包括来的团队和领导，有时候让人感觉好像只要演出和迎接好就行。由于管委会内部又没有多少经费，对于旅游设施的好坏也不是很上心。

昨天是没有游客的一天，看一下今天的游客情况，从售票员统计的情况来看有18人，买门票的有14人，门票收入是210元。从统计中看，今天没有外国的游客。

2006 年 5 月 20 日，星期六，农历四月二十三，属鸡，晴

昨天才开始料理卢科文的丧事，计划明天下午送葬出去。今天早晨八九点左右又听说李文才的母亲去世了，过了一两个小时又说复活过来了，可到了中午左右又听说真的去世了——又是一个不幸。她的年纪也只是 50 多岁不到 60 岁，从没有人听说她生病，听她的家人讲，昨天因为是新街镇的赶集日，她也去上街，晚上还到办理卢科文丧事的地方看电视。这样的事，对村里来说是一件不幸的事情，村里在有一人死亡没有送葬之前又有一人死亡，这种情况下村里是要做祭祀的，认为是一种不吉利的事情。

昨天说到了，由于 22 日有省州县的领导要来村里视察工作，新街镇的工作人员也来村里检查和督促工作，根据上级的通知，管委会也要演出，就召集文艺队的人员全部回来参加排练，同时也要求搞好管委会管辖区域的卫生，包括注意保证旅游设施的安全。

这一段时间的游客少了很多，每天都没有几个人，不过，从售票员统计的情况来看，今天有 23 人，而且他们都买了门票，门票收入有 335 元。

2006 年 5 月 21 日，星期日，农历四月二十四，属狗，晴

今天送葬卢科文。从此，他真的离开了他的家人，离开了与他朝夕相处的亲戚和朋友，留下的是他年轻的音容笑貌。

前面说到了，到 22 日有上级的领导来村里，而今天也有国家公安部、省州公安系统的领导来村里，根据他们的安排，卢世华家和李志学家每家做了十桌饭菜，到晚上摆到陈列室广场，也就是所谓的吃哈尼族的长街宴。还邀请了管委会文艺队在陈列室广场演出，县公安局的人和州里的人都在晚会上做了演出，引来了很多村民观看，直到晚上 11 点左右才结束，他们才坐着汽车返回下榻的个旧市。

由于明天还有很多领导要来箐口村，新街镇的工作人员和管委会，以及这个月的卫生组到下午又在村里全面地搞卫生，让村里比平时干净一些，不让来的领导说村里的卫生不好。

今天的游客从售票员统计的情况来看，有游客14人，买门票的有9人，门票收入是135元，统计中没有外国的游客。

2006年5月22日，星期一，农历四月二十五，属猪，晴

按照民俗的程序，今天，卢正明家请客，因为其父亲前几天不幸病逝并于昨天送葬出去，按照箐口村一般的习俗，正常的老人去世送葬的第二天，他们家里是要请客的。而他们家的亲戚和朋友会在今天去做客，多少给他们家里一些物资，也算是给他们家弥补一点这次丧事的费用吧，即使来做客的人们给得不多。村里的人们是基本上都要来做客的。

正如前面说到的一样，今天国家中纪委的领导来村里考察，他们一行有20多人，包括省州县的领导就有四五十人，新街镇政府和旅游局给几个主要的中纪委领导每人送了一件哈尼族的衣服，还特意给他们煮了糯米。在入村口的地方，除了安排管委会文艺队的迎接外，新街镇还特意邀请了60个村民来迎接，要求村民穿自己的民族服装，需要40个女的、20个男的，并答应给来迎接的村民每人5元钱。

看今天的游客情况，售票员统计有游客22人，买门票的有19人，门票收入是285元，要是把今天来的有关领导也算在游客之中，就应该有四五十人了，可能是没有把这些政府来的人列入游客的数据中来。

2006年5月23日，星期二，农历四月二十六，属鼠，阴，有雨

就今天的天气情况来说，由于下了一场雨，村民都比较高兴。因为自从插秧下去以后，这里就很少下雨，很多人家田里的水都快要干完了，谁也不愿看到自己家里的秧苗被晒死，毕竟，村民要依靠这些庄稼来养活自己一家人。这样下一场大雨就可以解决多数部分田里的水源了，对村民来说肯定是一件高兴的事情。

今天是新街镇的赶集日，而明天是办理李文才母亲丧事重要的一天，

由于村里很多人家都有各种亲戚关系，今天有很多人家到新街镇买小猪，准备到他家丧祭。包括他自己家里需要的小猪、鸡鸭都安排了人今天去买。听说，这一段时间的小猪价钱有点便宜，村里准备养猪的人家也会在这段时间去买。

从售票员统计的情况来看，今天的游客相对少了很多，仅有3人，买门票有2人，门票收入是30元。

2006年5月24日，星期三，农历四月二十七，属牛，阴，有雨

李文才家今天料理其母亲的丧事。他家亲戚比较多，来丧祭的人家也比较多，用牛来丧祭的有三家。用牛来丧祭的人家被主人家做了适当的控制，不是说想来就来，而是事前要与主人家商量好再决定，他们分别是逝者大女儿家棕匹寨子的，其儿媳家阿挡寨里的，其兄妹家团结乡上广坪村。至于用小猪来丧祭的就多了，听说有30多户人家。正因为亲戚多，听说每天晚上来守夜的人家也比较的多。晚上屋里都挤满了人，有时候连脚都没有踩处，这是去守夜的村民们说的。这种丧事对主人家来说是一件不幸的事，但是，对外人来说，成了一种相互帮助和认亲的渠道，即使平时因为忙于家庭生活而不互相来往，但是在这样的情况下，只要是亲戚的和本寨子的人就自然来帮忙和认亲。从另一种意义上讲，这样的情况下可以看出他家的亲戚多与少，或者说他家平时的为人和处世，与村民相处得好否。

下午，李绍新家从新街镇买回来一个衣柜，这应该说与村里没有专业的木匠有关。一是因为村里的木料缺乏，有树木的人家也不砍伐，因为数量不多，多数人家都只能保证自己家里的柴火问题，或者说自己家里建筑的需要；二是没有专业的木匠师傅，即使有几个也只是做自己家的生产工具，这样的衣柜和书柜之类的几乎没有村民做。而且目前大部分村民的经济条件还不允许他们置办衣柜，个别人家有这个条件也只能到城里去购买。

今天的游客情况是，有 5 个人，游客买门票的有 4 个，门票收入是 60 元，其中有法国的游客 4 人。

2006 年 5 月 25 日，星期四，农历四月二十八，属虎，阴，有雨

料理李文才母亲的丧事，他们家用了三天的时间。昨天主要是准备工作，把所有需要的物资准备到位，包括叫来摩批和准备其他的物资，今天杀牛。包括来丧祭的人家也今天才来。这种情况是针对正常死亡的老年人来说。要是年轻人去世，那么多数人家会选择用两天的时间来处理丧事。前面提到过，村里出现同时有两人死亡没有送葬出去的情况，村民认为是一件不吉利的事情，要在咪古和摩批的组织下做祭祀，每户村民要捐一定的钱购买鸡鸭到寨子外祭祀。可能是决定明天要在没有把这个死人送出去之前做这个祭祀，而由于时间紧，来不及向每户村民收取这个款，两个龙头把情况反映给村民小组，要求村民小组先把钱垫付一下，等过了时间收来时再还给村民小组。因为村民小组里也没有款而没有垫付，最后是让两个龙头以私人的名义借出，商量决定的情况是向每户人家收取一元。

看一下今天的游客情况，售票员统计的情况是，今天有游客 21 人，买门票游客有 7 人，门票收入是 105 元，其中有法国的游客 2 人。

2006 年 5 月 26 日，星期五，农历四月二十九，属兔，阴，有雨

今天，村里的事情主要是送葬李文才母亲。整个过程，与多数人的葬礼一样，有点不同的是，他家选择的坟山不是在寨子脚山上，而是选择在他家的旱田边，在寨子的后山上，往黄土坡小寨子路边的李氏家族的树林地里。送葬中，由于路面有点小，还要经过一段已经插了秧的田，也就难免踩死一些秧苗，不过已经在事前与主人家说好了，应该说不会发生什么不愉快的事情。

在前面就说到了，村里同时有两个死人的情况下，每户人家都要捐

款做祭祀。这次听说卢正明家出一只鸡，而李文才家也答应出一只鸭子，至于其他的就在村民的捐款中支付。村里的大摩批是李正林，村里的祭祀事情就是由他来做。根据他的意思，在今天没有起棺材前就要做这个祭祀，由于早上的时候下着雨，他们到寨子边放水磨的地方去做这个祭祀，这个祭祀中一般的人都可以参加（女的除外）。

从售票员统计的情况来看，今天的游客有28个，买门票的有24个，门票收入是360元，其中有法国的游客13个，如果售票员工作无误，从他们统计的情况来看，这个月来的外国游客多数是法国的，有81个，有日本的游客22个。

2006年5月27日，星期六，农历五月初一，属龙，多云间晴

按照民俗，今天李文才家要请客。到中午来做客的人们都吃好饭，统计出所收来的钱和物资。然后安排他们家族的年轻男人去修理昨天还没有做好的坟。这桩丧事就算基本完成，只有一些零碎的事情了。

今天是新街镇的赶集日，村里前去赶集的人比较多，主要是因为快到农历的五月初四，村里要过端午节了。下一个新街镇的赶集日就要到5月31日，农历的五月初五，对我们村里来说，这天已经过了节日，所以，很多村民就在今天这个日子到街上买回包粽子的树叶。不知道是为什么，全国统一的五月端午节在箐口村还要提前一天过这个节日。

今天由于李文才家请客，来李文才家做客的人有很多是外村的人，可是从售票员统计的游客情况来看，今天的游客只有一人，不过，他也买了门票，门票收入15元，总比没有游客的情况要好吧。

2006年5月28日，星期日，农历五月初二，属蛇，多云间晴

今天村里有两家人的事情要说一说，他们两家人都在早上做祭祀。一家是卢小和家，他家在田边做，主要是因为他本人生病多日了，打了几次针都不见好转，这次想通过摩批的祭祀来做好。另一家是张会芬家，

她也是生病多日,已经在医院住院了很多日,基本上把病情控制了之后才回来家里治疗,他们家请了农村的草医来医治,现在的病情有点好转了,但还是想要让摩批祭祀一下。她家是在家里做祭祀,在门口处插着树叶——意思是不准外人在做这个祭祀的时候进入她的家里,知道这种情况的人一看见这样的情况就不会进去了,也不会在做完这个祭祀之前叫喊她家的人,除了在外面的路上看见打招呼的。

中午的时候,村民李牛后来向村民小组告状,说张里保家的牛啃吃了他家地里的黄豆,要求村民小组今天就去查看现场,并督促他家给予赔偿。他是这样说的:张里保家的牛吃了他家地里的很多黄豆,眼看着快要到收获的时候了,他比较生气,说一定要他家给予翻倍的赔偿,要求村民小组今天就到现场证明。然而现在的村民小组只有本人在家,需要等今天晚上会计张文学回来以后,明天上午再去看,双方一起到现场调解和协议,就我一个人去看现场几乎没有多少意义,也就没有去查看。

从售票员统计来看今天的游客情况,很可怜,今天的游客不过比昨天增加了一个,统计中有游客2人,买门票的也是2人,门票收入是30元。

2006年5月29日,星期一,农历五月初三,属马,阴,有阵雨

今天上午,村民小组解决昨天发生的张里保家的牛吃了李牛后家黄豆的事情。村民小组副组长本人和会计张文学就他们的事情亲自到了现场查看,就事实而言,李牛后家黄豆的长势也未必好,真正被牛吃掉的黄豆也不多,受损的黄豆有三四斤左右。可是,李牛后要求赔偿两斗(30斤左右)的黄豆,而且要求要黄豆,其他的钱物他不接受。作为调解人的村民小组副组长本人和张文学问张里保是否有意见时,他说没有,并答应在不久的时间里兑现。他说是否可以折成钱来赔偿时,李牛后没有答应,说一定要用黄豆来赔偿。张里保只好答应下来。这样,在双方没有意见的情况下达成协议。

李学亮家的母猪病死,要是在一些地方,这种病死的母猪肉不能吃。

而在这里，很多人家养大一头母猪也不容易，所以，多数人家都是把猪肉做一些处理后煮吃了，而且，还要叫一些隔壁邻居来吃，特别是爱喝酒的中老年朋友，往往会喝醉几个。

看今天的游客情况，售票员统计中有20个，买门票的有11个，门票收入是165元。不过，今天下午有七八个人到了下班的时候才来，他们来时售票员已经下班回家，他们也就没有买门票了。售票员也就不可能把他们统计在内。

2006年5月30日，星期二，农历五月初四，属羊，阴，有雨

昨天说到了，通过村民小组的参与调解，李牛后家的黄豆被张里保家牛吃的事情，达成的协议是张里保家赔偿李牛后家两斗黄豆，张里保愿意今天早上就拿给李牛后家。可是，李牛后的妻子不同意，因为李牛后的妻子认张志林夫妇为干爹干妈，从小由张志林夫妇抚养长大。而张志林夫妇和张里保他们是一家人，现在的张志林夫妇由于没有亲生的子女而将张里保的大儿子张庆贵抚养着，也就是说，李牛后的妻子和张里保的儿子有了一层特殊的关系，以后一旦有什么事情都需要互相帮助和来往，她不愿意为了这点事情伤了感情，就说不能叫他们赔偿那么多，只要相应给两升种子就了事。

五月端午节应该说是全国统一的一个传统节日，可是，就搞不清楚为什么箐口村要提前一天过这个节日。也就是说，今天是农历的五月初四，箐口村今天就过端午节了。为了这个事情问过一些中年人，他们的大致说法是，以前，村里经常发生火灾，为了避免这种事情的发生，村里集体的一些节日都往往提前一些时间来过，包括大的昂玛突节和苦扎扎节等，都往往要赶在其他相连的村寨前来过。那么，这个节日村里主要做些什么活动呢？

在前几天的日志里说到，在前一个新街镇赶集日里就有很多的村民买粽子叶了。可能和多数的民族一样，端午节包粽子是必不可少的事，每户人家都多少要包一些，染一点糯米饭。再就是每家都要在早上杀一只鸡献祭家里的祭台，这也是必不可少的。其次，就是约自己村寨相连的亲戚和朋友们来做客，多少又可以看到一些人家热闹的场景，甚至喝酒之后带有醉意的人们。再一个是一些年轻的男女谈恋爱，可能会在这个时候给对方送一些几种颜色拧成的线，有的也仿做成香包的样子，拴在对方的手上，表示友好和祝福。这一种情况不多见，多见的是年轻的妇女会给自己的子女做一些拴在手上，表示消灾和健康，因为每年到了这个时候，雨水季节就到了，无雨水时天气很热，有雨水的时候天气又突然变冷，导致人们容易生病，夏季的虫子增多，病情也相应地增多，做父母的都希望自己的子女健康——这是她们的说法。

看今天的游客情况，统计中有游客6人，而且6人都买了门票，门票收入是90元。

2006年5月31日，星期三，农历五月初五，属猴，阴

在昨天的日志里说到了，箐口村已经在昨天就过了端午节，由于箐口村相对其他相连的村寨要提前过节，就自然会有相连村寨的人到自己的亲戚和朋友家里来。同样，今天自然也就有村里的人又到其他的村子里过节的情况。这在这里是比较正常的事情，逢年过节都会有其他寨子的人来箐口村，而箐口村的人也会有到其他村寨过节。

今天村里还发生了两桩事情。一是李宏家早上病死了两头猪，叫了邻居来做吃。两头猪都已经长到三四十公斤，前几天生病了他家还叫过兽医站的人来打针，就是因为不见好转而死的。在农村里，特别是对他家来说是一大损失。因为在村里，谁家都只是依靠田地里的食料来养猪，而几乎没有人家使用科学的养猪法，养大一头猪至少需要半年到一年的时间，往往需要花费很大的精力。

还有一桩事情是，下午的时候卢建忠家请卢世华开车送他到祖鲁村。听说是他的一个亲戚病逝，同时也请了村里的歌手杨正明，还有几个亲戚陪同着。当然按照这里的习俗，他们还准备了今天晚上需要的一只鸡和其他糕点之类的。鸡是唱歌（民俗的丧事歌）用的，其他的糕点准备发给来过夜的人们。

看售票员统计的游客情况为零，收入也就为零。不过与旅游有关的一桩事情是，在村里卢建明家租房子做酒吧生意的丽江人和秀芸一家人今天返回家去了，说是这一段时间里没有生意，要等十一黄金周到来的时候再过来。

2006年6月1日，星期四，农历五月初六，属鸡，晴间有小阵雨

张春华家背砖，按照村里现在的习惯，他家也在昨天下午通知了很多的邻居家和亲戚家来帮忙背砖。叫他们在早上还没有出工的时候来帮忙背三四趟，很多的村民还是能够自觉地来。要是他们家叫人帮忙背砖是一两次的事情，一般也会在一个早上就几乎可以背完。可是他家已经叫了几次了，很多村民就来不了。今天早上来的也只有三四十人，来的妇女们没有背多少就回家去做饭菜了。毕竟，在此之前就背过几次了，今天早上大概只背了两千块砖。

李树华家从山上运石头回到寨子中来，他是在自己的树林里挖的石头。当时是想把石头卖给别人，现在石头少了，根据现在旅游管理的规定，不准在景区里挖山取石。再说现在物价上涨，为了以后作建筑用，他找了拖拉机运到寨子中的停车场，又从停车场用人背到自家院子的菜地里。本来，村民卢荣问过他卖不卖，他也可能是考虑到这些问题，就说不卖了，要留着以后自己家里用。

有一部分村民种了洋芋，洋芋喜欢在沙土里生长，多数村民都到公路上方的黄草岭村民小组寨周围播种，现在已经到了可以收获的时候。今天就有卢荣家和其他几户人家收回来，可能卢荣家种得比较多，收回来两三百斤，他还与村民说有没有人收购洋芋，要是有人收购的话想卖一些。

过了五一劳动节以后，来村里旅游的人数的确很少了，每天都只有三五个人，有时候没有一个人。今天游客售票员统计有 5 人，买门票的有 3 人，门票收入是 45 元，其中有法国的游客 2 人。

2006 年 6 月 2 日，星期五，农历五月初七，属狗，多云间晴

气候逐渐变暖了，雨水也相应多起来，而早晚的气温就自然有变化，生病的人也多起来了。从早上到下午，基本上都能看见父母背着孩子说是要去看医生，每天也都有去医院看病的人。村里又没有医生，小孩生病只有到城里的医院去看病。至于大人，有的因为经济问题在家里待着疗养的也有，或者吃一些草药。因为村里没有医生，有的村民也说是不是村里也培养一个能看一些小病的医生。估算每天村里支付医药费的也有几十元，要是村里有这样一个医生，至少可以给村里节约一些来去城里的路费。今天李国忠把孩子从医院领回来，他的孩子已经在医院住院了四五天，他说已经花去了 1000 多元，但是病情还没有完全好转，只是现在已经基本把病情控制了就领回来，准备让在管委会工作的李万明用一些草药来敷疗。

自从把梯田的名声宣传出去以后，来村里采风的多了起来。电视台的人也来了不少，他们很多单位和部门与当地政府联系以后，就直接进来村里，不但不买门票，还要叫景区管委会的人员陪同和协助，他们需要什么样的人和什么样的东西，都需要管委会的人或者村里的人来协助。当然，他们有的还是给管委会或者村里一些物资，而有的单位和部门是什么东西都不会给予的。今天中央电视台第七频道的人来，他们在管委会人员的陪同下，在村里拍了一些他们需要的风景，包括人物。

在前面的日记里说过，过了五一黄金周以后，来景区旅游的人数逐渐减少了一些。每天的游客都很少，有时候来了团队有二三十人，有时候只有三五个零散的游客。从统计情况来看，今天的游客有 14 人，买门票的游客有 8 人，门票收入是 120 元，其中有法国的游客 2 人，比昨天的游客数多了几个。

2006年6月3日，星期六，农历五月初八，属猪，多云间有阵雨

为了很快清理好姜文他们拍电影时留下的磨秋场红土，今天管委会又组织人员继续清理，想尽快恢复原来的建筑模样。应该说，他们留下的土很多，已经组织了几天的时间来清理了，但是还是没有很好地完成。一是因为他们中的年轻人不能吃苦，不能按照以前的来做，二是管委会没有经费，不能请有经验的或者说是比较能吃苦的村里人来处理。再说，姜文他们的施工组在拆除时，已经把几块石条凳子拆断了，这就必须要用专门的胶水来粘住，如果没有胶水就不能按照原样恢复了。

可能是突击的意思，新街镇计划生育负责人和村委会的几个人天还没有亮就来到村里调查，也没有与村民小组的人打招呼，他们就自己在村里四处走动，查看是否有妇女在没有办理正常手续的情况下生育，或者是通知他们主动去完成今年的"三术"任务，以免抽查时被罚款。

看今天的游客情况，从售票员统计的数据来看，今天的游客有4人，他们4人都买了门票，今天的门票收入是60元。

2006年6月4日，星期日，农历五月初九，属鼠，多云间晴

今天，李树华家叫了年轻人李正超和李庆五帮他家拉石头。之前，他家已经有两个早晨叫了村民来帮忙。可是由于石头有些多，再说来帮忙的村民都属于义务工，大家背了几块就回到自己的家做事，不可能一天到晚地帮忙，而停车场又必须尽可能快地清理好，以免临时有一些官员和团队来村里时来不及清理。李正超和李庆五是李树华儿子的好朋友，自然就会请他们帮忙，为了能尽快拉完，他们几个年轻的小伙子用平板车拉，一天下来还是拉了许多，李树华则用绳子背着，不过，看着他们的确有点累，也挺辛苦的。

中午的时候，有几个外地人来卖小鸡，听他们说只要愿意养，现在可以免费养。不过，过了两个月他们要每只鸡收五元钱，如果养不活的话，可以不收钱，只要把小鸡的鸡爪留下就行了。他在村里的停车场等了一会儿，有人又到寨子中去叫了一下，村民来了一些，可是，最终还是没有村民愿意养，他们就开着汽车走了。

下午，元阳县地方公路养护段的人来村里李永福家，因为李永福在前几年的时候在地方公路养护段里做过一些工程，与他们相处得比较好。晚上的时候在他家一起吃饭。他们十几人中好些都喝多了酒，直到晚上11点左右才结束，有几个就直接睡在他家里，等明天才能回去。

今天的游客售票员统计有6人，有3个人买了门票，门票收入是45元，其中，有法国的游客2个。

2006年6月5日，星期一，农历五月初十，属牛，晴

土锅寨党总支开会，参加会议的人是各个自然村的分支书记。这次会议的主要议题是协商政府要求的安装闭路电视线路工作会议，要求村民每户出300元安装费，杜绝安装锅盖接收器。说要在一定的时间内拆除锅盖接收器，要求参加会议的各个分支书记在村里与村民做好思想工作，并且积极响应。

下午的时候，有一对从建水县来的夫妇来村里卖鱼苗，他们所卖的鱼苗一市斤是12元，听买的村民说，一市斤有30多尾鱼。不过，很多村民都认为价钱有些偏高，所以，买鱼苗的村民就今天来说不是很多，只有五六个村民，他们的鱼没有卖出去多少就走了。

或许是元阳县的旅游处于起始阶段，或许是其他的什么原因，来的游客或多或少，而就箐口每一天的情况来说，也是有多有少，有时候一天里收入有过几千元，而有时候一天里没有一个人，就统计的情况来说，今天来旅游的人数为零，门票收入也就是没有了。

2006 年 6 月 6 日，星期二，农历五月十一，属虎，晴

村里插秧已经有多日了，田里逐渐长出来一些野草，自然就会有村民到田里除草，今天就有李志和家等一些家庭。从现在来说，在田里除草的人家并不是很多，这些家庭比较有劳动力，或者说是比较勤快的人家，或者有一种说法是没有撒除草菌药物的人家。听几年都使用除草菌农药的村民说，只要撒过这种农药就不用人工去除草了，还比较见效，所以这几年使用农药的农户比较多。只是有的人家田里放养的鱼比较多，为了不让鱼受到伤害，这些人家宁愿人工除草也不愿撒药。没有放养鱼，或者放养的鱼少的人家，多数都使用上了除草菌。多数村民反映说还可以，只是部分特殊草类害不死，还有一定要严格依照时间限定来用，超过所要求的时间来使用也不见效果。

俗话说，"一分耕耘一分收获"。黄豆是春节之后才播种下去的庄稼，今天看见张正和家背回来一些黄豆，才知道今年的黄豆成熟了。不过，知道这里气候的人们就明白，现在收回来黄豆的人家都是栽种在海拔比较低的地方，那些地方的气温相对要高，黄豆包括谷物成熟得要比山上的早一些，山上的黄豆还要等几天才能成熟。

看今天的游客情况，售票员统计的是共有游客 5 人，买门票的有 3 人，门票收入是 45 元，其中有法国的游客 2 人。

2006 年 6 月 7 日，星期三，农历五月十二，属兔，晴

上午，村民李永福到隔壁的土锅寨村里做客。隔壁的土锅寨村是一个彝族寨子，或许是一个村委会的原因，或许是因为两个村寨相隔不远，两个村里的人经常往来的缘故，两个村里的人就自然产生了一些感情。无论是箐口村过什么节日，还是土锅寨村过什么节日，都自然地会邀请自己的亲戚和朋友到家里来做客。今天，李永福去土锅寨村做客是因为他们家族李正明家的老人去世了，而这里的彝族家做客就要在送葬的当天去，这不同于箐口村的哈尼族要在送葬后的第二天才邀请来做客。或许是其他李氏家人有事情的原因，今天去做客的就李永福一个人，李文贵委托了他送 10 元钱给李正明家。

就今天来看，有几户人家到田里除草，他们分别是李文才家、李志得家、卢永贵家，这些人家应该说是没有撒除草菌农药的家庭。正如前面说到的一样，如果是撒过了除草菌农药的田里，一般不会生长多少野草，就可以不用人去田里除草。

生老病死是人之常事，箐口村是一个有 180 多户、900 多人口的村寨。村里每年都会有五六个人去世。因为亲戚或者朋友的关系，寨子里死了人，隔壁村寨的人也会来。同样，其他村寨的人死了，村里的亲戚或者朋友关系的人家也会组织人去。今天有李宏家和李科长家组织人去隆铺村，是因为李宏的姑父病故了，从村里走路去的话要走一个多小时。

看今天的游客情况，售票员统计的是一共有游客 8 人，买门票的游客是 4 人，门票收入是 60 元，其中有法国的游客 2 人。

2006 年 6 月 8 日，星期四，农历五月十三，属龙，晴

今天是属龙的日子，是新街镇的赶集日。这一段时间是栽红薯最好的时候，村里自然免不了有一些妇女到镇里去买红薯苗。她们有李树林的妻子、李跃的妻子等，她们像是约好几个一起去的。下午回来的时候，李庆锋的妻子背着一袋大米，有七八十斤，说是他们家的大米已经快要吃完了。他们家有几个兄弟，在分田的时候每个弟兄没有多少田，每个分了家的弟兄家又有三四口人。所以粮食每年还要购买一些。

李小强是村里已经毕业了的大学生，毕业已经有三四年了。他先后参加了几次考试，或许是没有考取的原因，一直没有到什么单位上班。今天又接到村委会的通知，说是叫李小强于 6 月 10 日到县教育局人事科报名，准备今年的教师资格考试。这个事情如同其他的村寨一样，村里的人们还是有一些说法。毕竟村里大学毕业出来的学生还没有几个，不懂事情原委的村民免不了要说，大学毕业出来也同样和没有读过书的人一样，这是对一些学生的一种打击，而李小强他本人应该多加强学习，争取在有机会的情况下把试考好。

今天还接到一个通知，说是叫张秀花到新街镇民政所领取医疗补贴。去年底的时候政府来了一个政策，说凡是在2005年间在医院住院费用超过1000元的病人，只要有医院出具的正式单据，政府就可以补助百分之十的医药费。张秀花就是属于这种情况的人。

看今天的游客情况，售票员统计的是一共有游客8人，买门票的有5人，门票收入是75元，统计中没有外国的游客。

2006年6月9日，星期五，农历五月十四，属蛇，晴

根据昨天的通知，张秀花的丈夫卢迁华到新街镇民政所领取住院医疗补贴，听他说，他的妻子在2005年的时候住院用去了2000多元。按照补助标准，他今天领到百分之十（200多元）的补贴。不过听他说，他给自己买了一双鞋子，和朋友吃了一顿饭就没有剩余多少了。他还与朋友们聊了很多，说今年他出门打工一点也不顺利，已经有几次到半路上又因为种种原因回来了，说今年内不准备再出去打工了，想好好在家待一段时间。

在前面的日记里说到了，这一段时间是这里给稻谷除草的时候，每天都多少会有人家去田里除草。即使有的人家在田里放了农药，用不着人再去田里除草，但还是有多数人家是去除草的，今天有卢小和家和卢伟家等。至于除草，在田里的活计当中是比较容易的，每家都用不着去多少人，多数家庭只需要三五个人，只要三五个人并排着清除一下野草，如蕺萁、野茨菇等。

不知道售票员是否如实地统计了数据，从统计的情况来看，今天的游客只有一人，买票的就他一人，门票收入是15元。

2006年6月10日，星期六，农历五月十五，属马，晴

下午，省州县的领导来村里考察，管委会文艺队进行了演出。也不知道什么时候就形成了一种规矩，只要接到有省州县领导要来的通知，管委会的员工们就要在景区中搞好卫生，来的时候还要在售票的入村口处敲锣打鼓地迎接，多数还要给来的领导或者嘉宾敬酒欢迎，用民族语言唱敬酒歌，到文化陈列馆广场演出让他们看。只有在下雨或者他们没有时间看演出的特殊情况，才不用演出。而从现在看来，时间上也没有什么明确的规定，只要是相关的官员和嘉宾，就可能会在早上中午或者下午，有时候还可能是晚上被邀请演出。地点虽然多数是在村里的陈列馆广场，而有时候也可能被邀请到其他的地方去演出，如攀枝花乡的猛弄司署，或者是新街镇的云梯酒店，或者是其他的地方。

也可能是售票员没有把来看演出的嘉宾统计在内，要是她把来看演出的嘉宾统计在内的话，应该有30多个人，而她统计的游客数据只有3个，买门票的是2个人，门票收入是30元，其中有法国的游客2个人。

2006年6月11日，星期日，农历五月十六，属羊，晴

根据原来的通知，县农牧局要送鱼到村里管委会在白龙泉秧田处养一些鱼。这个项目之前在村委会的其他几个自然村多少是有一些，而唯一就是没有箐口村。管委会的郭主任和农牧局局长是好朋友，他们已经商量好可以在管委会的秧田里放养一些。接到农牧局的电话通知，管委会已经安排几个员工等待他们的到来，可是到了下午的时候都一直没有送鱼来村里，也没有打电话过来说明情况。

箐口景区一开始成立管委会，当时主要的事情是负责景区门票收支、卫生、旅游设施的保护和修复、消防安全，以及文化陈列馆的讲解等事务。后来，根据一些官员的想法成立了一个文艺队，他们也是管委会的人员。又聘请了一些表演哈尼族传统节目的人员，主要用于迎接一些官员和特殊嘉宾的到来和用于节日时候的演出。其目的是发扬和宣传哈尼

族的传统文艺（主要是舞蹈和演唱）。当还没有专门的演出场所，只能利用相对宽敞的文化成列馆广场，观众们的看台是临时的。之后借用了村委会的凳子，而村委会的凳子不久又因为需要就还给了他们。管委会没有让来宾观看演出的凳子已经有一段时间了。不久前在木器厂购买了一些，但是一段时间后发现还是不能满足游客多时的需要。今天就安排了几个人去胜村乡解一些木板，准备自己做一些凳子，以满足游客增多时的需要。

自从箐口被列为一个民俗村，也作为云南大学哈尼族文化调查的一个点，每天的游客数量和村民外出与返回也是一个值得注意观察的问题。从售票员统计游客的情况来看，今天的游客数量是两人，两人都买了门票，门票收入是30元。同时，外出打工的村民有卢祥、李世忠等十几个人。

2006年6月12日，星期一，农历五月十七，属猴，晴

今天是新街镇的赶集日，而这一段时间是栽红薯的时候。在我们村里，基本上没有人家自己留红薯的苗，大家都是到新街镇赶集的时候买其他地方的人卖的红薯苗。听说在新街镇卖的红薯苗多数是从建水县运出来的，也比较便宜。一般家庭只要买五六元的就够栽了。不过，听今天买回来的李学亮的口气，他还是觉得贵了一些，毕竟是比较贫困的农村家庭，对于一些只有支出而没有收入的家庭来说，三元五元都是值得节约和考虑的事。听开港田车的人讲，自从去年他们因为油价上涨了以后车费也上涨到两元，而从此以后，有的老百姓就不愿坐车上街，他们宁愿走路来回也不愿多花一元钱。

在刚刚把箐口村列为风景区建设箐口村的水井的时候，他们没有考虑到寨子边上少数人家的饮水问题，或者是村民没有向政府说明情况，也或者是政府没有经费来解决这一问题了。政府的意图是让村民保持原来的生产生活方式，让所有的村民都来到水井边洗菜、洗衣物，让来旅游的客人也能看到村民原生态的生活方式。然而，寨子边上的李文贵、李爱生、李世忠、李院明、卢学明、卢开亮等几户人家又自己组织起来把一些旧水管拿回来安装使用。当时村民小组也没有跟他们说什么，只是后来就有村民说这样的特殊情况影响不太好，要求村民小组制止，把他们几户人家安装起来的水管收回来，都统一到水井里去挑水。县消防队也来过几次，要求拆除这些水管，这样村民小组和管委会联合把他们的水管拆除了一些。而没过几天，他们又买了一些水管，而且这次是接到每户的家门口。他们是在今天中午安装起来的，下午就有村民对这种情况说反对。

看今天的游客数量，售票员统计的有4人，买门票的就是4人，门票收入60元。

2006年6月13日，星期二，农历五月十八，属鸡，晴

上午9点左右，新街镇政府工作人员李岚玉来统计残疾人情况。他主要是根据民政局残疾人安居项目来做安排，要对身体的确残疾、无经济能力建设房子的残疾人家庭做调查。要给李阿三、李牛则、李明初等几个照相，根据上级的要求给他们做出档案来。他在箐口找到这几个人完成事情的时候才10点左右，由于他还要到土锅寨村里去找类似的人，他一完成事情就和村委会副主任李高亮一起走了。

有一个外地来过箐口村里的游客给李丽英寄过来一个邮件，里面可能还有一个小礼物，包括一些相片。向一些孩子打听后知道是寄给李志祥的女儿。她已经上六年级，在家的时候，有很多的游客给她们这样的女孩照过相片，包括穿着民族服装的老人们。有时候，有的游客还会把地址记上，一旦相片洗出来就会邮寄过来。几年中已经收到过好几个了，而多数的游客不一定邮寄来。

还是在前面的一段时间里，管委会内部出了一件事情，派出所和管委会通过一段时间的调查，查清是管委会自己内部的事情，而当事人李艳英为了对派出所的工作人员表示感谢，他们夫妇做了一面锦旗于今天送到派出所去。锦旗上面写的是"感谢新街派出所，人民的好警察，平安的保护神。箐口民俗村李扎卜，2006年6月18日"。

看一下今天的游客情况，售票员统计的数据是没有，而据本人调查，今天建水县第一中学有一些高三学生来了，可能由于他们是学生就没有收取他们的门票。听说，他们之中的一个是元阳县云梯酒店经理的侄女，通过与管委会的管理人员打招呼而免了他们的门票。还有一个团队是县电力公司的人，要求观看文艺队演出，他们同时还给了几个演出的队员100元。由于门票里没有收入，售票员就没有将他们统计在内。

2006年6月14日，星期三，农历五月十九，属狗，晴

上午的时候，村委会计划生育服务员卢正华到村里来统计落实在1932年以前出生的独生子女农户。村里主要有张有福老人和张毛芬老人。还是在去年的时候，政府是落实1932年到1943年十年期间的独生子女农户，要求这些人要有身份证。而就今天调查的情况来看，张有福老人有身份证，而张毛芬老人找不到身份证，只有拿着户口簿去落实了。具体的还要等新街镇计生委和县一级的计划生育部门来调查核定。

虽然现在已经是雨水季节，很多植物和庄稼都长出来了，包括农户养猪的饲料都比较容易找到了。可是，村里还是有一些农户家可能缺少养猪的饲料。今天看见有一个外村的人在卖猪饲料。还是有一些村民来买，价钱不一定很贵，一市斤就两角，一口袋是七八元，有五六个妇女来买。

从今天来说，村里还有一件事情值得一提。自从国家推行福利彩票以来，村里经常有人到附近的新街镇站点购买彩票，李永福就是其中的典型，他昨天购买了几张，于今天到购买的站点去兑奖，中奖205元。

从售票员统计的情况来看，今天有5个游客，而且5个游客都买了门票，门票收入是75元。

2006年6月15日，星期四，农历五月二十，属猪，晴

正如前面说到的一样，有些村民不知是自己家的田边地角里没有树木，或者是什么原因，他们要到其他的地方买一些燃料。他们要不到新街镇林场买一些他们解下来的树皮，要不到其他村寨里自己的亲戚或者朋友家里要，之后用汽车运回来。今天，卢正学家从阿挡寨自己的亲戚家运回来一车木材，至于木材的费用他们没有付，只是一车的运费还要付给车主45元。包括他的哥哥家里，他们就运回来两车了。

或者是政府为了保护梯田不准这里的村民在附近挖沙取石，也或者是如同有些有建筑经验的人说的一样，灌注房子建筑屋顶的沙料南沙镇一带的要比这附近的好，也可能是张春华家在这次姜文他们拍电影时给了相对足够的费用。为了明天灌注房子屋顶，张春华家今天从南沙镇运来三大车的沙。听说一车沙需要500多元，而且由于油价上涨的原因，沙价还呈上涨的趋势。

上午8到9点正是村民到山上放牛的时候，有的村民的牛正好赶到公路上。很不幸，今天李得福家的牛被汽车撞翻了，还撞掉了一只牛角，汽车当时就开跑了，不少在路边看见的证人大声叫他停下来，都没有停下来。当时李得福还在公路的下面，不知道怎么办好。正好被准备去砍柴的杨正明看见，他记下了车牌号码云G×××××，是一辆绿色的大货车。之后他们打电话告诉了在家的李永福和张明华，他们及时打电话把情况告诉了元阳县交通警察新街中队，同时直接打电话给元阳县交通警察大队。中午的时候，他们就已经把情况查清楚了，而且在开往新街镇到南沙的路上被县交通警察堵住，车主承认了。之后，县交通警察大队通知当事人李得福于下午2点上班以后到元阳县新街中队调解。按照约定的时间，当事人李得福和李永福，还有张明华到了元阳县交通警察大队新街中队接受调解这一事情，最后，达成协议，车主赔偿1600元给李得福家。

这一事情已经可以说得到圆满处理，李得福就买了一些菜，晚上邀

请了杨正明、李永福、张明华等一些在这件事上帮了忙的人吃了一餐饭。可以说这是他的心意吧，用意是感谢帮助他处理这一事情的人。

上午的时候，张毛芬老人已经找到他的身份证，送交到村民小组准备办理独生子女证。

看一下今天的游客情况，售票员统计的情况是，有游客 2 人，购买门票的是 1 人，今天的门票收入就是 15 元。

2006 年 6 月 16 日，星期五，农历五月二十一，属鼠，晴

今天，村里发生了几件事情。第一件事情是，李科长在倮铺村的亲戚家有人去世，李科长要去丧祭，去年李科长的母亲去世的时候，那边的亲戚也来丧祭过，正如其他的事情一样，这种事情在正常情况下也需要回祭。同时，李科长的家属有点多，如李平清家、李平真家、李平拨家等，有七八户，他们也必须要用小猪去丧祭，他们都一同去了。

第二件事情是，去年就开始在寨子头公路边建房的李志学家，今天就算基本结束了。开始做新居落成典礼，一部分村民到他们家帮忙，下午到他家做客的还有一些。也不知道是什么原因，他家没有把全部村民人家都请到，只请了村里与他最要好的朋友和他们家族的人，但是还是有很多的人去做客。

可能因为是居于上面的原因，今天张春华家灌注第三层的屋顶，来帮忙的村民比较少，所以事情进展得就比较慢，到了下午 6 点左右才全部灌注完毕，来吃饭的人也就自然比以前少很多。

从箐口村来说，到街上买东西相对其他更偏僻的乡村要好得多，只要有事情几分钟就可以坐车到新街镇了。但是，从现在来看，还基本上可以看出哪一天是赶集日，哪一天不是赶集日。因为很多村民都喜欢利用赶集日上街买东西，特别是中老年人。今天也是如此，村里的很多妇女买红薯苗回来了。

看一下今天的游客数量，售票员统计的情况是游客有 24 人，买门

票的游客是 18 人，门票收入是 270 元。

2006 年 6 月 17 日，星期六，农历五月二十二，属牛，晴

就在昨天，张春华家的房子第三层屋顶灌注完毕，几个经常在他家施工的亲戚要求休息一天。可能是由于几个月来没有休息连续施工，他们感觉到有些劳累了，不然的话，一般情况下是不会要求休息的，大家都希望把房子尽快地完工，就可以做其他的事情。

上午的时候，村委会计划生育专干卢正华到村里来通知符合放环条件的妇女，要求她们及时到计划生育服务站放环，如果超过了要求的时间，他们就要来处罚。这一事情作为一项政治工作来进行整治已经有很多年了。经过这么多年，很多妇女都比较自觉了，只要是到了时间就自然地去。不过，听很多的妇女说，计生服务站放的环不是很卫生，很多妇女都疼痛，过了一段时间以后就要取出来，只有自己付七八十元放的才好。所以，有的妇女不用通知就根据自己的情况放环，之后把证明拿回来给他看，或者他知道的就不用再另行通知了。

还是在前几天的日记里就已经说到了，这一段时间里，村民们主要是忙着收黄豆，今天就有很多的村民收了黄豆背回来。肯定是气候的原因，村里的黄豆首先成熟的是寨子脚一带的，然后，才是寨子头上方的人家。只是，这些日子里，寨子头人家的也可以收回来了。

看今天的游客情况，从统计员统计的情况来说，今天的游客数量是 32 人，买门票的有 28 人，门票收入是 420 元，其中有法国的游客 15 人，与前几天的游客情况相比，今天要多一些，从这个月的情况来看，到目前为止，今天是游客数量最多的一天。

2006 年 6 月 18 日，星期日，农历五月二十三，属虎，晴

早晨的时候，村委会兽医李文忠来到村里，宣传要在村里打猪和鸡等的预防针。可是村民都已经知道了他一个不好的毛病，就是经常喝醉酒，即使他经常来村里宣传，基本上都没有村民愿意让他给自己家里的猪和鸡打针服药。说直接一点，他只有到比较熟悉的老百姓家里吃饭和喝酒，之后就醉醺醺地背着他的药箱回家。有时候大家看见他只穿着一只鞋子或者身上有血迹都不愿意理他，都想着他肯定是喝醉了，要是照顾他也生怕被他的家人或者其他的人说欺负了他，或者引起其他没有必要的误会。从这一点来说，他的确不像其他人，只是偶尔喝醉，他这种行为不能让人理解。总之，一句话，任凭他在村里来回说，大家就是不理他。

听有人说，李某某今天又砍了卢某某家栽的玉米。为什么这么说呢？主要是因为事情发生在他们两家之间尚未解决好的黄土坡旁边的一块地里，这块地是前几年就遗留下来的问题，在去年的时候也发生过这样的事情。李某某说，那一块地原来是旱田，李家由于劳力不够，卢某某的母亲在世的时候，通过与李某某家的老人协议，李家同意让卢家栽种，而现在要收回来自己管理。而卢某某家说，这一块地是当时田地调整的时候，他们三队（当时是生产队称呼）调整给他们家的田，这几年因为缺少水而栽不了水稻就种了一些玉米和黄豆，卢家认为李家是故意刁难，想让村民小组和村委会做公正的调解。

或许这一段时间是雨季的缘故，村里这一段时间生病的人比较多。特别是小孩子，早上和下午都随时能看见村民领着自己的小孩去街上打针买药。今天又有张斌领着他的两个小孩出去打针。听村民说，这一段时间的确有很多的人生病，主要是感冒，但是他们又说，今年感冒的病情和以前的又有点不同，而且，病的时间相对以前要长一些。

从售票员统计的情况来看，今天有游客6人，买门票的有6人，门票收入是90元，其中有法国的游客2人。

2006年6月19日，星期一，农历五月二十四，属兔，晴

就这一段时间来说，村民的主要事情是收回自己家的黄豆，村民栽在地里的黄豆基本上都成熟了。虽然，就箐口村来说，栽种黄豆和玉米的地很少，特别是前几年国家实施退耕还林政策以来，村里的地更少了，有的人家基本上都没有地来栽种黄豆和玉米。可是还是有一些人家想办法栽一些，主要是用来喂鸡鸭和家里的猪，黄豆还可以在节日和家里办事情的时候做成一道菜。今天就有李绍新、李志和等人家收回来，把它们晾在屋里或者屋檐下，等差不多时又趁晴天打了保存起来。

可能在以前的日志里说到过，箐口村村民的主要经济来源还是依靠外出打工。从调查的情况来看基本上每一个农户家里都有一两个人经常外出。虽然，很多外出打工的人要在农忙的时候回来生产和播种，但是限于这里的生产条件和环境，家里的支出主要靠打工挣钱来维持。即使多数村民家庭的粮食能自给自足，家庭的经济还是要从其他的行业中获取。然而，由于外出打工人的工种不同和所从事的工程期限不同，就会有村民经常出入。有的村民出去，而有的村民又回来，这是很正常的事情。今天就有李庆生、李庆锋、李四文等打工回来，说他们的工程已经结束了。

查看今天的游客情况，从售票员统计的情况来看，今天的游客有12人，买门票的游客有10人，门票收入是150元，今天没有外国的游客。

2006年6月20日，星期二，农历五月二十五，属龙，晴

在前天的日志里说到了，李某某砍倒了与卢某某家有纠纷地里的玉米。今天上午，卢某某来向村民小组处告状，要求村民小组调解，做出一个公正的裁决。而村民小组的意见是，这个纠纷是以前的遗留问题，已经给过他们明确的答复，在问题没有得到解决之前谁家也不要去管理和栽种。村民小组建议这个问题让上一级来处理解决，村民小组对此不再做任何的调解，希望双方当事人理解和支持。

还是在上午的时候，张志学代表村里放牛的人向村民小组张明华反映说，他们放牛的村民要求会餐。他说村里放牛的三四十个人已经把以

前土锅寨村栽种的水冬瓜树全部砍死了，等于说土锅寨村想争我们村里的一片地已经收回来了，村里要是有经费的话应该感谢这些放牛的人，拿出一些钱来让他们会餐。张明华的意见是，这个事情关系到村与村之间的行政问题，应该由上一级村委会或者乡（镇），甚至县政府的有关部门来解决，不应该让村与村之间发生一些不必要的纠纷。

也是在前天日志里说到了，这一段时间里，村里生病的人比较多，特别是小孩子，几乎百分之九十以上人家的小孩生病了。早晚都有做父母的人领着自己的孩子到镇里的医院去看病，今天就有李贵祥的儿子、李永福的女儿、张源等人到医院看病。这时候，有的村民就说，要是村里有一个卫生室就好了，免得上镇里的医院去。

从售票员统计的游客情况来看，今天没有一个游客来村里旅游，今天的门票收入为零。

2006年6月21日，星期三，农历五月二十六，属蛇，晴

可能是天气逐渐转热的缘故，山上鱼塘里的蝌蚪长大了。这几天村里有卢开亮的妻子、卢荣贵的妻子等妇女背着捞蝌蚪的工具到山上放牛，一方面她们可以放牛，充当一个劳力，一方面又可以捞一些蝌蚪回来做美食。说明一下，这里的山上鱼塘里一到热雨季节就会有两种蝌蚪，一种蝌蚪是黑色的，不能食用；一种蝌蚪是褐黄色的，捞回来以后将它们肚子里的内脏取出洗净，煮了以后可以食用，如果再配上一些香料，吃起来就比较鲜美，是一道营养价值丰富的美食品。

箐口民俗村作为哈尼梯田旅游的一个景点，自成立了管理委员会以后，虽然说到目前没有明确的制度规定它要履行的职能，但是从这几年的实际工作来看，它的职能是多样的。特别是成立了文艺队以后，他们除了管理旅游设施、景区的卫生以外又增加了演出工作，几乎所有来这里的领导都要求演出，而来这里的领导又比较多，特别是节日期间，管委会基本上只能负责演出，其他的事情就没有时间去处理，一个明显的

例子就是白龙泉已经有好长时间没有清理了，有很多的垃圾，管委会就利用今天的时间去打扫了。

出门打工，挣钱养家，应该说是一件好事。然而，并不是所有出去打工的人都能走运，都能挣到钱。要是经常与他们交流，就能听到他们讲很多酸甜苦辣的经历，李静、卢学锋、卢迁几个就是一个很好的说明，他们原本今天早上才背着行李出去打工，而到了傍晚六七点的时候，他们几个又绕道从村里的小路回来了。本人问他们几个为什么要绕道时，他们毫不客气地说："早上才出去，晚上又回来，多不好意思，怎么好意思看见早上见过的人？"

查看过售票员统计的游客情况，今天也没有游客，门票收入为零。

2006 年 6 月 22 日，星期四，农历五月二十七，属马，多云间晴

听有的村民说，昨天晚上卢保应从山上拿回来一窝蜂子，养在自己家的屋檐下。说到养蜂子，可以说是一种文化，或者说是一门技术吧。因为这里的村民都认为并不是所有的人都能养好蜂子。一般来说，到了春末夏初的时候，多数的蜂子都长到一定的程度，最少有几十个蜂娘了（据本人所知道，一窝蜂子里只有一个蜂王，它负责产卵）。这个时候，多数的树叶也长大了，蜂子从最初的土里搬窝到树上，然后在树上生长到十一月左右才进入冬眠。有的蜂窝搭得快可以长到很大。这里人们还食用蜂子，而且把它视为一种山珍海味品。根据蜂子的种类，在市场所卖的价钱有所差别，价钱稍微低的卖 15 元一市斤，价钱高的卖 50 元一市斤。要是懂这门技术的话，多数的蜂子可以拿回来养在自己家的屋檐周围，不过要考虑叮人的意外。有的村民常年拿回来养也养不大，他们就说，养蜂子也要讲究宿命，养蜂子的人没有这种命蜂子就不会长大，它们会分到其他的树上搭窝。就不知道卢保应能不能养大？

村委会总支书记张春华从县里开会回来，他已经出去好几天了，主要是讨论这一次县委换届选举工作的事情。

今天上午的时候，有的村民反映说，隔壁土锅寨村里的牛生病了，希望村民小组向全村宣传，通知村民管理好自己家的牛，预防被传染。听有的人说，这种病况是口里唾液多，四肢发肿，书名叫口蹄疫。但是，听说这种病属于国际特级预防病，每个国家都在严格管控。

看今天的游客情况，售票员统计的情况是没有，门票收入也就是零。

2006年6月23日，星期五，农历五月二十八，属羊，晴

今天，张春华家灌注第四层的屋顶。由于需要灌注的面积少，只是用来晒谷物或者保存粮食的阳台，只有二十多个平方米，他们家就没有通知其他的人，采取早上做好准备材料，中午十一二点的时候做工的办法。这样的话，可以避免众多的村民来帮忙，一是没有必要让来帮忙的村民误工，二是完全可以由五六个自己的亲戚做完，也可以减少伙食上的开支，应该说这也是一种合理的安排。

上午的时候，有村民来向村民小组长张明华反映，说村里有些人借用白天放牛的时间到其他人家的树林里偷木材。他们主要是偷可以做燃料的木材，要求村民小组在村里宣传和制止这种不良的现象。从现在来讲，应该承认村里是有一部分人手脚不干净，经常可以听到不是田地里东西被偷了，就是家里丢失了东西的事。可能是正如俗话说的"若要人不知，除非己莫为"，要是经常与村民打交道，就可以听到众人对某一个村民的评价。可以说，每一个村民是怎样的素质多数村民是清楚的。这里说到谁偷了谁家木材，谁是经常偷的，谁是偶尔性的都说得清楚，只是顾于他的名声在这里不提及了。

查看今天的游客情况，总算打破了前三天游客为零的情况，统计的情况是今天有游客13人，买门票的有11人，门票收入是165元，其中有法国的游客11人。

2006年6月24日，星期六，农历五月二十九，属猴，晴

在前几天的日志里提到过，村里这一段时间流行感冒，特别是小孩子，几乎村里所有的孩子都在前后生过这种病，每天都有做父母的领着自己的孩子到医院里看病。因为村里连一个简陋的卫生室和懂一些医术的卫生员都没有，村里不管谁家的孩子生病了都只有到镇里的医院看。今天张斌的孩子和张春华的女儿也去医院看病。基于这样的情况，很多村民希望村里有一个卫生室和卫生员，特别是这样发病人员多的时候，常常会有村民说："要是村里有一个卫生室多好！"

根据村委会党总支委员会的决定，今年党的生日来临前，箐口村里分配了两个入党名额，经过村党小组的考察决定，推荐张崇祥同志和罗美珍同志为今年箐口村的预备党员，按照程序，他们两个于今天上午递交了入党申请书，相信一年后他们两个会成为正式党员。

可能是周末的缘故，今天统计的游客有21人，买门票的有17人，门票收入是255元，今天没有国外的游客。有一个村里的年轻人名叫李三从外地打工回来，听说他是从浙江嘉兴回来的。从目前来说，他也是外出到比较远的地方打工的人之一。他说，过了一段时间还准备出去。

2006年6月25日，星期日，农历五月三十，属鸡，晴

早上的时候，村里的大摩批李正林寻找一个咪古。因为还是在一个月之前，李文才的母亲去世了，那么，作为咪古的李文才的父亲就不能再继续做咪古了。再说，在农历六月份这就要过一个哈尼族重大的节日，即"苦扎扎"节。这个节日里咪古要齐全，一定要够人数，不能少一个人。他就按照所要求的基本条件在村里寻找这样的一个人，也就提前与所预选的人做思想工作，想尽快弥补这一个缺口。

上午9点至10点，村委会副主任李高亮和妇女主任李云芬，还有计划生育管理主任卢正华他们三个人来村里公告新任命的村党分支书记和新任命的村民组长。新任命的党分支书记是张明华，新任命的村民组长是李树华。他们把两个任命的名单分开了张榜，很不愉快的是，到了下午的时候，村委会主任白万福又把新任命的村民组长的名单撕掉了，没有把新任命的党分支书记名单撕掉，可能是几个村委会委员的意见没有得到统一。

根据统计，今天没有游客，门票收入也没有。

2006年6月26日，星期一，农历六月初一，属狗，阴，有雨

中午，新街镇农科站的人领着云南农业大学的人来观看他们的实验田。他们说，作为田主的李高才家没有很好地除草，要求再除一次草，否则的话，他们可能会减少约定好的补助，这样一来，大家都会不好意思，把土锅寨村委会和新街镇农科站的关系闹僵了。

晚上，全体党员召集在陈列室开会，会议的主要议题是村民组织的问题。因为被选举的村民组长李宏和会计张文学经常打工外出，不能坚持村里的工作，村民对这一问题很有意见，包括村委会和新街镇等各级政府组织都要求重新组建，而昨天村委会任命的村民组长的名单又被撕毁，就召开党员大会来讨论和决定。通过讨论，还是决定由李树华任村民组长，张明华继续任副组长，由卢建忠任会计，决定此大事于后天上午召开群众大会向全村宣布。此外，会议还讨论了村里成立老年协会的事情，会议选举卢保应担任老年协会会长，副会长分别由李永贵和李平清两人担任。会议讨论决定村民小组办公室和老年协会办公室暂时用磨秋场旁边姜文他们拍电影时用的房子，村民小组和老年协会的下一步工作就是配备办公用品，理清村里的基本情况。

看一下今天的游客情况，售票员统计的情况是有游客四人，买门票的有四人，今天的门票收入是六十元。

2006年6月27日，星期二，农历六月初二，属猪，阴，有雨

早上的时候，有村民来反映说村里也有人家的牛生了病，张明生还自己到新街镇请了兽医来查看他家牛的病情。由于来反映的不止一两个村民，本人作为村民小组副组长，原来准备打电话到兽医站，后来还是亲自到兽医站去请他们兽医，在那里把基本情况说明了一下（牛的病情是口里吐泡沫、厌食、四肢起泡）。在那里值班的兽医听了情况后就说，这种病就是所谓的五号病，书名叫口蹄疫，是国际严控的一种病例，一旦什么地方（包括国家）出现这种病情是绝对要想办法消灭和控制的。他说，有一次因为工作失误他被扣了工资，这一次即使有领导的批准也不可能上去处理这种事情，要是有村民到他们兽医站来买或者拿都可以给他们一些药品，除此之外就不能再做什么了。这样一来也就没有请到专职的兽医来村里查看病情了。

下午，黄土坡的八户人家之一的张有亮来说，拉到他们几户人家的电线给树枝压断了，要求村民小组安排几个人修理一下。村民小组的回复是，如果问题大了就请供电所的专职人员来修理，几户人家凑钱付给来修理线路人员的车费和其他的费用；如果问题不大就叫懂一些技术的人员自己处理。因为村里已经没有了专职的电工，一些日常的小问题只能自己处理了。按照以前的经验，要求修理电路的人家要付给他们车费和所用的工具费，至于他们的工时费是没有收取的，这可能是他们业务范围之内的事。

也许是气候逐渐地进入热雨季节，什么样的动植物都逐渐地生长旺盛了，栽到田里的水稻也苗壮成长。这几天有一些村民反映说，有的人家的水稻害了一些病，包括我家的水稻也害了一些病。根据新街镇农科站人员的要求，我带了一些样品到他们的办公室咨询，他们看了样品之后说是被螟虫害了，教我洒一些农药到田里就可以预防一些了。当然，被害的水稻不可能再复活。农科站的人来访问村民时说，被病害水稻的人家不多，只是个别的几户人家而已，告诉村民们有大面积被害的情况就及时带样品到农科站来咨询和购买药品，预防出现更多的病情。

可能是读初中的学生放假了，他们都背着自己的行李回来，怎样度过一个愉快的暑假就是摆在他们面前的事情。就箐口村来说，读初中的学生有十几个。自从国家开展九年义务教育工作以来，村里只有个别的孩子失学。让人痛心的是，由于经济和各方面的问题，箐口村没有几个学生能上高中学习，上大学的更是少。目前，大学毕业的只有两个，还在大学读书的只有四个。一个 900 多人口的村寨，如此的教育程度，箐口村应该醒悟了。特别是在物质和文化日益发展的今天，社会和生产要求人们所要掌握的知识和技能更高、更多、更快。

查看今天的游客情况，有游客 25 人，买门票的有 21 人，门票收入是 315 元，今天游客中没有国外的人。

2006 年 6 月 28 日，星期三，农历六月初三，属鼠，晴

今天是新街镇的赶集日，村民卢小祥的父母去街上卖小猪。他家里养了一头母猪，产子已经有几年了，今年产的这一批也有两个月了，由于村里没有人来买，他们自己家又招呼不了这么几个小猪的食量，就趁新街镇集日去街上出卖。不过，听说这一段时间的小猪价钱不好，一般长几个月的小猪只能卖三四十元，要是在往年，这样的小猪要卖七八十元，甚至一百多元。这种情况是便宜了用小猪去丧祭的人，很多遇到丧事的人家就可以少花一些买小猪的钱了，村民们都这么说。

正如在以前的日志里说到的一样，由于箐口村与周围的村寨从以前就有婚姻上的关系，人们之间就会产生各种各样的亲戚关系。正因为如此，无论是箐口村有什么大事，或者周围的村里出现什么大事，多数都会通知来参加。特别是成年人正常死亡，必须每一个亲戚家里都要通知到位。所以，村里的人经常会参加其他村寨的丧事，今天就有小李家族到棕批寨参加他们亲戚家的丧事。

今天上午，今年的两位龙头在村里收取苦扎扎节日的费用。摩批李正林与谷李惹三他们通过预算，决定向每一个农户家收取 15 元。说今年的节日时间定在 7 月 8 日到 7 月 10 日。根据往年龙头们的经验要提

前收取，以防有的家庭临时交不出 15 元来。要是提前一些时间收取，就等于说是通知村民苦扎扎节日到了。那么，每户村民就会在节日之前主动交清这个钱。今年为了祭祀这个节日，村民要共同杀一头牛，还有买鸡鸭，这些费用都在每户 15 元中支出。

从统计的情况来看，今天没有游客，也就没有门票收入了。

2006 年 6 月 29 日，星期四，农历六月初四，属牛，晴

卢正华是大鱼塘村的人，30 岁左右，现任土锅寨村委会的计划生育委员。他前不久从开远市买回来一辆三轮摩托车，想在有时间的情况下做从新街镇到大鱼塘村的客运生意。由于是新车，需要办理有关的落户手续和保险等事情，而办理这些手续要到现在的新县城南沙县交通警察大队和县人民财产保险公司。大概是他认为本人和李学对这两个单位熟悉，办事情可能要顺利很多，而且认为几个人平时都是要好的朋友，就邀请了我们两人一同去。他现在还没有驾驶证，而李学在前不久就办理好了这些所需要的手续，有驾驶资格证，可以驾驶他的车一起去。

看今天的游客情况，售票员统计的是今天没有游客，也就没有门票收入。可是今天来了一些省州县的领导，管委会还根据安排进行了演出。

2006 年 6 月 30 日，星期五，农历六月初五，属虎，晴

可能是因为在不久的时候，新街镇兽医站已经了解到土锅寨村委会自然村有牛病，他们今天就组织了人员来箐口查看。同时根据一些村民的意见，给一些村民家的牛打了预防针，如卢建忠家的牛、李正国家的牛等。当然，有的村民家的牛已经放到山上没法打，有的村民不愿意打预防针。他们说，自己家找一些药材吃吃就行。他们主要是给牛喂一些盐巴，说过一段时间自然会好。从本人打听到的情况，这种病在以前是没有发生过的，村里所有的老人都说不出是叫什么病，他们都说只是在这两年才出现的病，说这是社会和气候等自然条件造成的。

根据村委会党总支书记张春华的通知，下午本人通知箐口分支的各个党员参加明天村委会党总支于中午12点组织的会议和活动。要求各个党员必须参加，有一些村委会重要的事情要向各个党员宣布和讨论，如无特殊事情不准请假和缺席。

从售票员统计的情况来看，今天有游客2人，2个游客都买了门票，门票收入为30元。

2006年7月1日，星期六，农历六月初六，属兔，阴，有雨

今天是中国共产党诞生八十五周年纪念日，中国共产党新街镇土锅寨党总支委员会箐口分支的各个党员，按照通知参加土锅寨党总支组织的会议和活动。箐口分支中党员总共有31名，其中女党员有4名，男党员27名。由于生病和打工外出等原因，参加今年纪念活动的只有十几个。不知道是什么原因，今年申请入党的人员没有通知参加会议。会议就村委会的一些问题和下一步的工作思路做了讨论。下午的时候，所有参加会议的党员在村委会就餐，听说今年的会议经费是500元，会餐中杀了一只狗，其他的菜主要是从街上买回来的，米饭是由参加会议的党员自己带来的，餐后自行回家。今年的60岁以上党员每月20元的补贴于今天总支会议后发放。同时，箐口村民副组长张明华从村委会领回来2006年箐口村的粮农基本补贴，全村共4975元，主要是箐口村民组织中的组长和会计都因为外出而没有列席会议，只得由他代领。

看今天的游客情况，售票员统计的情况是有游客2人，买门票的也是2人，门票收入就是30元。

2006年7月2日，星期日，农历六月初七，属龙，晴，早上有阵雨

早上8点左右，村民小组副组长张明华就开始发放昨天领回来的2006年箐口村的粮农基本补贴。由于村里的扩音器还没有修理好，本人在村里通知村民来领取的时候，有的村民还不相信这是事实。当有村民

拿着所发的补贴回家后才相信这是真的，然后，就有村民陆续来了，基本上一个上午除了没有人在家的情况外基本发放完了。虽然所补发的补贴不多，多数农户家拿到手的只有二三十元，少的一些家庭是几元钱，多的几户家庭也只有七八十元。但是很多来领取的村民都说现在党的政策就是好。说去年就免了公余粮，免了农民负担税，仅这两项就给每户家庭减少了上百元的负担。现在反而有了栽树的工资，他们指的是退耕还林的款；有了种田的工资，就是指上午所发的补贴。

  留学美国的王怡博士今天带着她老师等几个人来了。听说她是在美国为了红河州哈尼梯田申报世界遗产而来这里做调查的。她从2004年开始，已经多次来箐口村，因为元阳县是中国云南省红河州哈尼梯田申报世界遗产的核心区，而箐口村又是元阳县的核心景点，它最具有森林—水系—村庄—梯田的生态系统，还有保存比较完好的蘑菇式建筑和传统的民俗文化，以及一年四季中村民与自然和谐相处、生产生活的稻作画面。无论是从美的自然景观来讲，还是人的民俗文化来讲，它都是最具有让世界人民注目的自然景观和人文景观之一，它应该受到人们的保护和可持续发展地开发。她来是有目的的、有价值的，很受箐口人民的欢迎，而她也很荣幸地说："我已经是箐口村民了！"

  今天又是新街镇的一个赶集日，红薯虽然不是箐口村里的主要粮食，但是，村民还是为了增加一种副食产品而栽种，多数村民在自己家的田边地角栽种，主要是用来喂猪。当然，人们在比较冷的冬天里把红薯拿来烤吃也是一道美食品。由于村里自己没有留种，就在这样的集日里到街上购买。今天有李永贵、李四辉家等上街购买。

  村里打工外出和回来的事也是常有的，不过，可能是考虑到村里过几天就要过苦扎扎节日的原因，今天打工回来的人比较多，他们有卢学文、卢正清、李得贵等等。

  今天的游客情况又是怎么样的呢？请看售票员统计的情况。统计的情况是有游客10个，买门票的有8个，门票收入是120元整。

2006年7月3日，星期一，农历六月初八，属蛇，晴

元阳县旅游局副局长兼箐口景区管委会主任陈春梅离开箐口以后，旅游局副局长郭应忠又来兼职箐口景区管委会主任，其在景区的主要职责是全盘管理景区的各项事务。从目前来看，在旅游黄金周和有上级安排任务的时候，他主要是带领管委会的人员负责迎接和演出，在平时，他主要是排练节目和搞好景区内的卫生，包括景区的旅游设施。

从这几年来看，五一黄金周结束后，旅游进入淡季，来的游客相对要少。而今天是为了迎接7月8日到7月10日的哈尼族传统节日苦扎扎节，他组织管委会的人员全面检查景区的工作，主要是卫生情况，他们从管委会的售票处到寨子脚的磨秋场，把景区的主要路线卫生打扫了一遍，有水的地方还用水冲洗过，还检查了旅游设施的安全情况。村民和来考察的上级领导对他的工作是满意的。

在前面的日志里已经提到过，这几年村里年轻人外出打工的地点也逐渐变远了。说到年初的时候有一批人到广州打工的情况，可能是他们工作的情况比较好，他们于今天下午的时候回来，说是回来再找几个类似的年轻人，要带着一起再出去。

为了能把每天的游客情况和门票收入详细地反映出来，本人都把每天的情况与售票员统计的情况记录了下来。今天的游客情况售票员统计的是，有游客15人，买门票的有14人，门票收入是210元，比前两天多收了一点。

2006年7月4日，星期二，农历六月初九，属马，晴，有一阵雨

在前面的日志里也提到过，今年在村里，姜文他们拍电影的时候已经把磨秋场的一些旅游设施损坏了，主要有用石头立的三棵图腾柱、石凳子等。包括其他一些地方的部分设施，他们临走的时候给了管委会5000元补偿，用来修复这些设施。恢复图腾柱就用了3600元，其他的很多就依靠管委会自己的人员来修复了。今天他们就是到磨秋场修复石凳子，他们在修理的过程中发现有七八块石头已经断裂，已经不能恢复到原来的样子了。他们叹气地说，他们（主要是指拍电影的工作组）搞成这个样子，又不给足够的费用，箐口真是难管理。

下午的时候，有一个外地的人来村里卖鱼，他可能是石屏县人，开的汽车门上喷着"云南省石屏县"，是一辆蓝色农用车，车上有一吨左右的鱼，分大鱼和小鱼两个货箱装着。大的卖五元一市斤，小一些的卖十一元一市斤。村里的人可能觉得卖贵了，很少有人买。没有过多少时间，他就开着汽车走了。

查看一下今天的游客情况，统计显示今天的游客有8个，买门票的有4个，门票收入是60元，其中有法国的游客2个。

2006年7月5日，星期三，农历六月初十，属羊，阴，有雨

上午，有大鱼塘村里的人卢正华和他的两个哥哥来箐口村杨正明家。他们是来串门的吗？还是来报丧的？还是什么事情都没有？中午，吃饭的时候本人也到了他家里才知道原来他们来买米。因为大鱼塘寨子的海拔是1800多米，他们的绝大多数梯田也在这个海拔区域，气候比较凉，栽种出来的稻谷远远不如箐口村一带的饱满，产量也相对较低。前两年农业局试验推广了一些稻谷品种有所改变，只是由于米质问题和生产中的种种原因而栽种的人家已经不多了。再说，大鱼塘寨子的梯田又相对要少，很多人家的粮食就不够吃。他们以前多数是到粮食局购买，周围村寨（主要是指箐口村和黄草岭村民小组）的粮食要是相对丰收，他们就会到亲戚家或者隔壁的邻居家购买，或者直接就借来吃。

张志学家的母猪病死了。村里对于这种病死的猪肉还是忌讳的，特别是这种母猪肉，只能是大人们煮吃，一般是不许小孩来吃这种母猪肉的。听说，要是小孩吃到了这样的母猪肉就会过敏，甚至有的大人也会。所以，有很多家庭要是有小孩的话，即使家里死了母猪，也为了不让小孩吃到母猪肉而拿给其他的中老年人。听说，他家是自己把母猪肉煮

了吃。

不知道是工作的问题，还是工资的问题，管委会的人员几进几出，昨天走了张里强，今天又招来了卢明。再说，已经接到新街镇和旅游局里的通知，今年的农历六月二十四日管委会要参加文艺演出，就必须让新来的卢明熟悉动作，他们今天就开始组织排练了。

从售票员统计的情况来看，今天没有游客，也就没有门票收入。

2006年7月6日，星期四，农历六月十一，属猴，晴

今天又是一个新街镇的赶集日，为了过7月8日到7月10日传统节日苦扎扎节，村里基本上每一户都到街上买鸡。箐口村虽然属于乡村小寨，但是基于它特殊的地理位置，离新街镇只有6886米，大小汽车随时来往，再说，个别养着鸡鸭的人家也养得不多，而且只要养大了就被开饭店的人家购买了或者自己家用来接待客人。所以，只要是过节，村里多数人家还是要到街上购买鸡鸭，包括一些蔬菜。有的村民就说，现在咱们村就是方便，只要有钱，有多少个朋友来也不用发愁没有菜吃，没有酒喝。

今年在箐口村李高才家的田里，元阳县农业局和云南农业大学联合栽种了一块试验田，今天就有他们的人来田里搞调查，抽查他们田里的秧苗成长得如何。他们与户主李高才的协议是，他们所试验的田以当地最高产量补贴给李高才家，至于管理的话，就由李高才家像正常的情况管理，不用施肥，只需要保持有水和按照正常的情况除草，不许让鸭子和牛等牲畜破坏就行了，等收获完毕就按协议兑现给李高才家。

可能是多数打工在外的人也知道过苦扎扎节的时间，今天也有很多打工在外的人回来了。李庆林带着出去打工的十几人一组，李四和带着打工的四人一组，他们都是在本县附近各个乡镇里做建筑活，如支砌倒墙、房屋等。

今天的游客情况是，售票员统计有游客7人，买门票的有5人，门票收入是 75 元。

2006 年 7 月 7 日，星期五，农历六月十二，属鸡，阴，有雨

早上的时候，新街镇民政所的李岚玉来村里为几个残疾人照相，被照相的有李阿三、李牛则、李明初他们三个，村里其他的还有几个。主要是根据他们的调查，准备要把这几户作为安居扶贫对象，为了以后建档案，现在在做他们的材料工作。并且，通知村里所有有残疾的人到县民政局办理残疾证。

下午 3 点左右，李正学从相邻的攀枝花乡阿挡寨村他姑姑家赶回来一头猪，准备在明天的时候杀了换稻谷。这是根据他们对猪的价值评估和协商以后做的决定，前几天，张志学出面约了几个想用稻谷换猪肉的人，即说明一公斤猪肉可以换多少公斤稻谷，找几个愿意用稻谷换猪肉的人就可以杀预订的这头猪吃了。稻谷一般是等收了新米的时候兑现。这种情况一般是因为养猪的这户人家粮食很不够吃。这样说，也许有很多的人认为愚蠢，或者荒唐。为什么不直接把猪卖掉再到市场上买大米呢？本人是这样分析的，要是把猪卖掉了，手里是有了一些钱，而穷人不仅是没有粮食吃和没有钱。人穷了就穷在多方面，没有吃的，没有钱花，没有穿的。而交换作为货币的职能之一，谁的手里有了货币，即钱，他就可以通过钱来购买其他的很多东西，如家人的穿衣、住行，那么要填到肚子里的粮食就有可能会相应地减少。特别是那些生活在更边远的山区的穷人，白天看太阳和大山，晚上看月亮或者星星，哪里会看什么电视玩什么电话，一年里谁敢保证说他能挣到多少钱！当然，现在的情况好多了，而且，相信会越来越好。

为了做好今年苦扎扎节日期间的调查，云南大学哈尼族调查组成员于今天下午到达箐口调查点。为了做好这里的调查，从成立这个调查点以来，基本上每个月都会安排人来村里。这次是在假期，今天来了九个人，听说明天还要来三个人，他们对这个点是尽心尽职的。我想说，托云南大学的福气，箐口村的明天会更好。箐口人民也祝愿云南大学哈尼族调查点的师生们身体健康，学业有成，云南大学研究成果也一年比一年辉煌灿烂。

今天售票员统计的游客数量是6人，买门票的有4人，门票收入是60元。

2006年7月8日，星期六，农历六月十三，属狗，阴，有阵雨

为了明后天的苦扎扎节，今天寨子里有几户人家杀猪了。杀猪对于这个节日并不是说有什么特殊意义，主要是用来吃，而不是用来做什么祭祀，村民们的意思是为了这个节日还要到街上买肉，不如几户人家约了杀。今年杀猪的人家有李学家，他家的猪肉要用稻谷来换，可能是考虑到他家粮食有点紧张。还有李正学家，他家杀的这头猪是阿挡寨村他姑姑家的，也是用稻谷来换，一公斤肉换一斗稻谷。还有李永福家、卢伟家，他家的肉可以用稻谷来换，也可以用钱购买，一公斤肉卖价是十元钱。今年，村里杀猪的就是这几户人家。

村里有一种不成文的说法是，过春节主要是吃猪肉，过苦扎扎节要吃牛肉。然而，牛肉相对猪肉要贵一些，一市斤牛肉能卖到十二三元，一头一般的牛基本上要用2000元左右才能买到。可能是因为这样的原因，很少听说有人要杀牛吃的。只是村里平时比较要好的李永福、卢世华、李学、张明华、卢荣、卢祥、杨正明等十几个朋友一是考虑到节日里可能会有朋友来家里做客，二是考虑到这么大的一个寨子应该有那么几个人约起来杀一头牛，他们十几个每人凑了100元，凑足将近2000元左右，就安排李学和卢荣，驾驶着李永福的汽车到牛角寨乡去赶集买回来一头。

在前面的日志里可能经常提到了，云南农业大学和元阳县农业局联合在村里李高才家的田里栽了一块试验田，为了做好他们的试验和其他的调查，他们经常到村里来看试验田，来的时候常常会向村民访问村里现在栽种的稻谷品种情况。他们今天又来了，还到这个云南大学哈尼族调查点来访问一些情况，在有关书里查看传统品种的问题。

按照这个节日的一般进程，今天应该是村民每户人家凑三把茅草。中午的时候青中年人主动到祭祀的地方一起撤换旧的草顶，搭新的磨秋和新的秋千。可是，今年咪古和村民小组的人怎么到村里叫都不愿意出来，直到下午的时候，只是几个人撤换一下了事。至于秋千和磨秋是原来就安排好的，也就按照正常的进程搭好了。

不知道是否是售票员统计有误，今天在统计里没有游客，也就没有门票收入。

2006年7月9日，星期日，农历六月十四，属猪，阴，有雨

按照苦扎扎节日的程序，今天就要杀牛了。根据以前划分生产队的情况，今年杀牛的应该是第一生产队，为什么提及这个生产队的事情呢？也不知道是什么原因，村里做一些集体事宜的时候，很多的中老年人都会这样来划分人手。比如，某某生产队做什么，某某生产队又做什么。或者谁与谁说到田地的事情，谁就会说那一片田地是当年某某生产队的，或者某某生产队某某家的。在前年换届选举的时候，有人提议要把这个编制重新组合，按照卫生分配组的情况来实行。可在这个苦扎扎节日中杀牛分肉的情况依然没有改变，还是按照传统的办法来做。当时，可能考虑到一个100多户的寨子要是出来100多个人来做这个事情难免会出现错误，就由一个生产队来处理这个事情，等他们按照所收取的钱的名单依次分好后，通知村民来领牛肉就行了。然后，龙头就点户名，让村民按照名单领牛肉回家。可能有人要问，为什么这么大的一个寨子就只杀一头牛呢？这是一贯的做法，牛是每一个农户家捐钱购买的，所分回来的牛肉还要在祭坛上祭祀，即使所分得的牛肉就是几两左右，也有它的神圣性。即使谁家从街上买回来牛肉也一般不能和所分得的牛肉混合在一起，至少在没有祭祀过以前是不能混合的。虽然，张姓人家对这一事情不是这样看待了。因为在很久以前，哈尼族寨子中过这个节日的时候，张姓的这家人为了要去背祭祀祖先的这个牛肉而编制新的背箩，而当他编制好新背箩的时候，其他的人已经领回来牛肉了。之后，大家分给他的是每人给的一小块，也就是说人家认为不好的一片就给他了。牛肉是背回来了，但张家人认为这些牛肉是别人挑剩余的，不能用来祭祀祖先。从此，张姓家族就不用牛肉祭祀祖先了。但是，在其他的家族里依然很重视。比如，今天李永福、李学、卢世华、卢荣、杨正明等搭伙杀的这一头牛，必须要在杀了这头集体的牛之后才能杀，其他的要杀多少头牛也是这样。

今天还有一件事情是，到了傍晚六七点，大咪古（李沙惹）和他的主要助手（李朝生）两个人要到祭祀房里祭祀，下午的这个祭祀只有他们两个人参与，这个祭祀中村里的主持摩批（李正林）和其他的小咪古都不参与，做完这个事情，今天的祭祀活动算基本结束。

看今天的游客情况，售票员统计的情况是，有游客24人，买门票的有23人，今天的门票收入是345五元，其中有一个日本的游客。今天从几个游客的表情来看他们是开心的，特别是国外的游客，他们看到寨子里杀牛的情况，并且拍了很多的照片。

2006年7月10日，星期一，农历六月十五，属鼠，阴转晴

就这个节日来说，今天应该是最隆重的一天。按照每年的程序，每户村民都要做一桌菜到磨秋场与咪古共同祭祀。主要的祭祀由咪古们来做，他们几个按照程序祭祀了磨秋和秋千之后就回到祭祀房里。之后村民们就向他们敬酒，不知道是什么时候形成的这种风俗。从今天的敬酒情况来看，基本上是每户一瓶或者一斤，村民们依次从大咪古李三惹向右方向给他们倒酒。当然了，他们是不可能喝完这100多户人家敬的酒，其采取的办法是他们象征性地喝一点，祝福来敬酒的人一两句话就倒进事前就准备好的酒壶里，等回到家后每一个咪古分一些。为了不让所有的村民在祭祀房里产生拥挤的情况，就由每一年的龙头按照所记录的名

单点名来敬酒。敬了酒的村民和没有敬酒的村民在各自的桌子上吃喝，彼此间也可以来往着相互吃喝，说一些祝福和娱乐的玩笑。就是要等到所有的村民都向咪古们敬了酒之后才结束回家。

在今天的敬酒中，旅游局的郭应忠副局长和云南大学哈尼族调查点负责人马翀炜老师也参加了敬酒仪式。郭应忠副局长给了他们200元人民币，马翀炜老师给了一条烟和一件酒。村民们也有敬烟的情况，但多数是敬一支或者一包。在类似这种祭祀中妇女一般都不参与，有人问很多妇女在路边是干什么，本人问过一些中年人，主要是村民，认为磨秋场和寨神林这样的祭祀地方是神圣的，这些地方不能随意地来往，即使类似今天这样以祈福保佑的愿望来参加。可是，要是谁不走运的话，也可能会带来灾难，诸如生病或者家庭不顺利等。她们就出来在路边上给家里参加的人叫魂，希望家人健康地回来，她们手里拿着的是一碗饭和一点菜。当然，这个事情说起来有点迷信，所以，并不是所有的人家都会出来做这个事情，多数人家是不愿意做的。这样，这个节日就基本上结束了。

可能是与朋友喝酒的时候喝多了一些，晚上的时候，李四文在回家的台阶上跌倒到房子的排水沟里。头部被石头碰出了血，伤口有些大，他们家人自己找了一些药包扎。晚上，李三和卢明打架，双方都有伤害，他们也是吃饭的时候喝了一些酒。不过，听他们的朋友说，两个人都没有喝多，只是因为谁说错了话而争吵起来，他们之间以前也没有什么恩怨，还是比较要好的朋友。从他们的病情来看，卢明可能伤得重一些，考虑到头被打了几下，他家要求送医院查看，就于当晚叫了张春华的汽车送出去，而李三在家里休息。在给双方协调时，本人作为村民小组的副组长，考虑到他们是朋友，就提出不要带有处罚性质来处理这一事情，而是首先把双方的身体康复好。至于费用以后双方再来协商。卢明家说一定要罚款也觉得不妥。

看今天的统计情况，有游客9人，买门票的有8人，门票收入是120元。

2006 年 7 月 11 日，星期二，农历六月十六，属牛，晴

在苦扎扎节日里来村里调查的云南大学的师生们今天早上返回昆明，他们中有的是 7 日来的，有的是 8 日来的，全部住在调查点的房子里。由于调查点的厨具不方便，吃的安排在卢世华家里，因为他是开饭店的，厨具要比调查点齐全，做起来也方便。

也说不清是什么时候开始，村里有些年轻人也买起福利彩票了，今天与李永福上新街镇的时候，他中了 205 元的福利彩票，还请了几个一同去的朋友吃烧豆腐。他开玩笑地说，以后再买中五百万元大奖的时候每一个朋友都有份，要不每人分几十万，要不每人买一张轿车，还要请全村人吃饭。立一个不成文的规定，几个一起买彩票的朋友也应该是这样，不能中了奖就一个人使用。

今天没有游客，也就没有门票收入。

2006 年 7 月 12 日，星期三，农历六月十七，属虎，晴

村委会书记张春华、副主任李高亮、计生专干卢正华、妇女主任李云芬到村里来做新任村民组长李树华和会计卢建忠的思想工作，做简单的交接仪式。可是，李树华没有在家，说是到陈安村里去了，已经几天都没有回家来。中午的时候，他们到箐口山庄吃饭。

今天中午的时候，上海音乐学院的一个歌唱家和一个作曲家来了，他们还邀请了村里比较有名的歌唱者杨正明，说是要听一听哈尼族的歌唱法，包括音调。还有下午的时候，有两个红河学院的老师也到村里，说是调查点卢鹏的同事，晚上就让他们住在调查点的房子里。

看今天的统计情况，游客 23 人，买门票的有 21 人，门票收入是 315 元，统计注明有美国的游客 22 人。

2006 年 7 月 13 日，星期四，农历六月十八，属兔，晴

村委会书记张春华、副主任李高亮、计生专干卢正华、妇女主任李云芬于上午 8 点来村里，按照计划准备召开群众大会，推选新的村民组长和会计，地点定在陈列室广场，他们扩音器通知村民来参加，并在广场等了大约一个时辰都没有几个村民来。他们几个商量了一下，都认为谁来担任只要组织信任就行，能经常在家处理村里的一些事情。如果村民选举了他，他却不能在家，即使村里偶尔发生了什么事情也不能及时地处理就不行。这是他们来参加会议的几个同志的意见，至于其他的组织能力和指挥能力等问题他们没有说多少。这样之后，张春华书记就在扩音器里向村民宣布新任命的村民组长是李树华，副组长张明华保持不变，新任会计卢建忠。他认为李树华年轻，有魄力，在此之前就已经与他做了一些思想工作，就任命他来带头干几年；至于卢建忠，村委会主任、书记都当过，而且已经连任了十多年，可以说是在村委会干得比较久的一个，对于这些农村工作是再熟悉不过了，根据多数党员和村民的意见，推选他来任村民组织的会计。至于具体的工作由他们几个来协商和组织。

都说生老病死是一件常事，一个人的死对于一个村、对于一个县、对于全人类是没有什么大不了的事。可对于一个家庭来说，就可能要看看他的分量了。我认为，村里的张和明已经接近 40 岁了，原来与他成家过的几个妻子也没有一个与他和睦生活，有一个留下了一个女儿走了。之后他又与一个姑娘成家几年得一个儿子，才满两岁刚会走路。常年体弱多病的他与父母分家立户不到一年。今天，对于他是不幸的，他的儿子从家里的阳台上掉了下来，头部受伤，送医院抢救无效死亡，对他们家是一种沉重的打击。

看今天的游客情况，售票员统计的数据有游客 10 人，买门票的有 10 人，门票收入是 150 元，其中有法国的游客 4 人。

2006 年 7 月 14 日，星期五，农历六月十九，属龙，晴

在昨天的日志里说到了，张和明的小孩从阳台上掉下来死了，由于连夜不可能做什么祭祀就没有送葬。根据一些人的观点，今天是属龙的日子，一般不处理这样的丧事，可是，又考虑到亲人们悲痛的样子，还是决定送葬了，把最需要做的几个祭祀简单地做过以后就送出去了。

看今天的游客情况，售票员统计的数据有游客 11 人，买门票的有 8 人，门票收入是 120 元。没有包括今天来的中央民族大学的师生十几人，也没有包括副州长带的一个团队十几人。为了迎接副州长的到来，管委会文艺队还演出了，售票员考虑这些团队是政府性质的人，不属于游客，也就没有把他们统计在游客里面。这样的情况是难免的，有些是在售票处签了名，说是到年底的时候来政府办公室结算。

2006 年 7 月 15 日，星期六，农历六月二十，属蛇，晴

今天外出打工的有卢朝生、李学华等人。过了苦扎扎节日以后，许多的年轻人和中年人又开始外出打工了，目的是养家糊口。村里没有什么经济来源，绝大多数的家庭只有依靠外出打工出卖一些劳动力来生活，所以除了农忙和过年过节回来家里之外，多数的中青年人有一半左右的时间是在外面的。

在苦扎扎节日里，村里李三和卢明打架。当时考虑到卢明的伤可能重一些而送到了医院，听说已经于昨天下午出院回来了。双方已经根据村民小组的意见和气处理了，医药费已经被李三的父亲全部支付，总共用去 600 多元。而卢明家也考虑到是一个村里的人，并且以前是要好的朋友，双方上一辈还有一些亲戚关系，就打算不再做什么样的处罚了，愿意和好如初。

售票员统计的情况是今天的游客有 11 人，买门票的有 9 人，门票收入是 135 元，统计中没有外国的游客。

2006 年 7 月 16 日，星期日，农历六月二十一，属马，晴

张天祥家动土，按照村里多数人的观点，今天日子不错，他家就选择今天这个吉祥的日子，以图将来这个房子如意建成，这个房子里的人

丁旺盛和富贵。这个准备建的房子是他的大儿子张祥的，张祥在开远打工已经多年了，子女也逐渐长大，而张祥的兄弟也快要成家了。虽然，他到目前不一定要回家里住，只是想着为以后做好准备，趁着现在身体好的时候就建筑起来。毕竟，树大分枝，人大分家，这是早晚的事情。按照村里人的观念，他们选择在自己家门前的菜地里建房，他们认为如果弟兄之间离开太远的话，一旦谁有困难也不方便联系帮忙，特别是一旦出了什么大事情的时候。为了这个事情，他们家已经在前一两周就做准备工作了，如把菜地里的树砍倒，前些天从山上运石头回来。听说，先把地基建成以后就开始建筑房子啦。

马卫华家的房子建起来可能只有十多年，但是可能是当时建筑简陋，到去年的时候就已经出现了很多的问题。墙体出现了裂缝，里面支撑的大梁变倾斜，屋面也出现漏雨的情况，人都基本上不敢居住了，特向村民小组的人和管委会的人申请过，准备重新翻建。只是中间他的母亲生了一场大病，可能用去了半年的时间来照顾他的母亲，到现在还没有完全地康复，也就没有精力来建房，直到开始才开始动工。为了生活上的方便，向村民小组和管委会人员申请暂时利用一段时间姜文他们拍电影时建好的房子，因为里面暂时空着，没有人来管理。只是在位的村民副组长、管委会的主任郭应忠、助理李学都不能说可以用，或者不能说不可以用。只是向他说，我们向上级汇报一下再答复你。

今天售票员统计的情况是游客有8人，买门票的有6人，门票收入是90元。

2006年7月17日，星期一，农历六月二十二，属羊，阴，有雨

早上的时候，村民李贵文来向村民小组张明华反映说卢同则又来挖他家的墙脚了，要求村民小组前来调查处理。张明华答复是，现在村民小组里只有我，不能一个人来调查处理，希望李贵文到村委会上报，要求他们来调解。

根据哈尼族调查点马老师的介绍，今天有西南大学外国语学院的11个师生到调查点实习，对箐口村做各方面的调查报告。他们的时间安排是为期三天，三天以后他们要到其他的地方。他们居住在调查点，在卢世华家就餐，课余时间自行活动，到晚上回来汇总交流，总结一天的工作情况并相互提出问题讨论。

今天售票员统计的情况是游客有11人，买门票的7人，门票收入105元。

2006年7月18日，星期二，农历六月二十三，属猴，阴，有中到大雨

早上8点左右，村委会白万福主任来村里，与张明华一起到李贵文家处理他和卢同则家的纠纷。分析和查看现场的情况是，李贵文家要建设自己家门口出来的路，卢同则考虑到自己家以后一旦要办理丧事，有一个程序是送葬之前妇女们要围着房子走九圈，如果李贵文留着的排水沟小了就有可能不好走，有可能会碰到他家的房子。调解的结果是双方在场和同意的情况下李贵文的路收回十厘米左右。这时候，邻居张志新老人出来讲了两句话，说是卢同则这个人很不讲理，他与周围的邻居都发生过纠纷，不与周围的七八户人家来往，希望做村民领导的做公平的调解（不仅张志新老人，还有其他的村民也说过）。村里的纠纷往往是这样，有可能是为了一句话，有可能是为了一小点地界，都会大吵大闹，有时候会一家人都出来，也不按照正常的程序协调。

以前，村民的扩音器好的时候，有两只喇叭设在李永新家屋顶上，他家可能是因为想着扩音器既然坏了，就用自己家的音响带动着放。对此，有村民来反映说影响不好，要制止他家收回，等以后村里的扩音器修理好了再利用。

做哈尼族文化调查研究的学者和专家就一定知道，哈尼族的文化有地区和地域的差异性，包括服装、生产、节日活动等方面。前几天在箐口村一带过了这个苦扎扎节日，相邻不远的攀枝花乡一带哈尼族这几天才过这个节日，应他们亲戚朋友的邀请，村里今天有人到阿挡寨村哈尼族寨子过节，如李永福等人就到他的外甥家里做客。

原来担任红河州长的白成亮离开州人民政府以后，又来了一个新任州长杨福生。可能是这个原因，今天上午的时候，县人民政府办公室主任王树林和旅游局局长高正福来箐口景区管理委员会哈尼族文化陈列馆查看"主要名人"一栏，准备补充新任州长的照片和他的个人简历，以及更改已经离职的老州长个人简历。听说新任州长后天要到箐口景区来视察工作情况，他们就想着把这个事情做好。

今天售票员统计的游客情况是游客有 11 人，买门票的也是 11 人，门票收入为 165 元。

2006 年 7 月 19 日，星期三，农历六月二十四，属鸡，晴

上午的时候，张明华代表箐口村民小组参加新街镇的会议，会议的主要内容是通知和传达有关彝族火把节暨元阳县民族摔跤运动会的事项，以及传达近期全国农村卫生整治活动的情况，还有第二代更换居民身份证的事情。

也还是上午的事情，新街镇的办事人员和县旅游局的来人，共同与村民小组卫生组成员和管委会的人员在村里整治卫生情况。通知村民明天新任州长要到村里来视察箐口的工作情况，要求村民和管委会人员一定要把卫生工作和演出事情做好。

下午，在村里做调查的西南大学师生、箐口小学的师生和管委会的人员进行简单的联欢，西南大学的师生向箐口小学和箐口村民捐赠了一些书籍和光碟，主要是宣传他们学校的情况和社会主义新农村建设知识方面的书。联欢的时候，来自四川省大梁山的一个学生用当地的彝族语演唱了一首歌，来自陕北的一个学生跳了一个舞蹈，来自云南省文山州的壮族老师（现在西南大学英语专业任教）用壮族语唱了一首歌，箐口管委会的队员也唱了一些哈尼族的歌曲等等。

今天售票员统计的游客情况是游客有 20 人，买门票的有 13 人，门票收入是 195 元，其中有法国的游客 13 人，与买门票的数字相当，是否全部是法国的游客买门票，还要问售票员才清楚。

2006 年 7 月 20 日，星期四，农历六月二十五，属狗，晴

西南大学外国语学院的师生们于今天早上离开箐口村，说他们还要到其他的地方去。从与他们相处的这一段时间来看，他们主要是利用假期的时间做社会调查，提高他们的社会实践能力，还有就是利用暑假的时间来宣传他们学校招生情况。从他们给村里很多有关于他们学校的招生情况和学校的概况介绍来看（本人看过他们给的资料），我是这样认为，他们的学校的确很美，要是箐口村里多有几个学生能进入类似这样的大学，为箐口村增光添彩，学好本领来建设箐口、建设祖国那该多好啊！

箐口村是一个哈尼族寨子，土锅寨村是一个彝族的寨子，两个寨子同属于土锅寨村委会行政自然村，相隔只有七八百米。两个村里的村民由于生产和生活等各种事务的来往，村民与村民之间结成朋友和亲戚的很多。自然，谁家发生什么大事、处理什么事务，或者每逢哪一个村里过年过节都会通知来去。这两天是土锅寨村子过传统的"6·24"节日的时候，受他们的邀请，村里有卢俫应、卢宽荣等去土锅寨村里过节。

如同昨天的通知，新任红河州人民政府州长今天第一次来箐口视察工作，按照以前的做法，管委会和村民们把村里的卫生打扫好，等他们的队伍到来的时候，又迎接，又演出让他们看。从近期的情况来看，都大同小异，只要是知道有政府或者团队到村里来，村民和管委会做的基本上就是卫生和演出工作，展演水磨、水碾和秋千、磨秋的要相对少些。

晚上的时候，爆炸了一颗早已隐藏在年轻家庭中的"炸弹"。他们夫妇两个已经年近 40 岁了，已经有了两个儿子，都已十多岁。由于丈夫经常打工在外，妻子常常以上山砍柴或者捡猪食为理由与其他的男人约会，常常是半夜才归家。有句俗话说：若要人不知，除非己莫为。哪有不透风的墙呢？这个事情通过其他人嘴之后，她丈夫早已经知道了，只是在没有证据的情况下他也不好说。这次丈夫也和往常一样出去打工了，在工地上与卢某某一起回来，他们两个到了新街镇之后就吃饭喝酒，直到晚上12点左右才包了一辆车回来，到家的时候已经凌晨1点左右了，他发现了妻子不在家里睡觉，就悄悄地躲在附近等她回来。果然，没有等多久她就回来了，就下手把她打个半死不活，问她到什么地方去了，她说到田里赶水去了，鬼才相信她的话。当邻居们听到哭声赶来劝架时，他说了一句话：谁来劝架，后果全部由他（她）负责。大家都知道是这么一回事情，谁会来劝呢？也就不送她到医院了。这个事情全村人都知道了，姑且不直接提名。这样的情况村里可能还是会有的，希望有这种行为的人尽快刹车吧，为了家庭的幸福好好生活。

看今天售票员统计的游客情况是游客有82人，买门票的有39人，门票收入是585元，今天的收入较高，可能是这个月里游客和门票最多的一天了。

2006年7月21日，星期五，农历六月二十六，属猪，晴

今年的元阳县彝族火把节暨民族摔跤运动会与往年有点不同，要是往年的话，全县的火把节暨民族摔跤运动会都要在新街镇举行，只要是新街镇举办这个节日活动都会特别热闹。可是，去年在元阳县第一中学里举办这个活动的时候出了五六个人死亡、十几个人受伤的大事故。所以，无论是哪一级的单位或者领导都不敢说举办或者说不办。一说到这个活动谁的心里都会自然产生那种痛感，特别是继任的新街镇领导和县一级的领导，他们更是感觉事情来得不是时候。然而这是一个传统的节日，谁也不敢说今年不举行这个运动会了，只是其中减少了很多过程，如晚会演出等。同样地，缩短了运动会时间进程，从早上报名到摔跤，到下午产生冠军也只安排了一天的时间。摔跤分成两个级别：一个是60公斤级以上的，一个是60公斤级以下的。每一个级别设三个名次。

说这些，主要是箐口村里有李学参加了这次运动会，而且取得了60公斤级以上的第三名，奖品是一台放映机，价值可能在300元左右。箐口村里之前没有人参加过这项运动会并且获得名次的情况，为了庆祝他的胜利，他的朋友们李永福、卢世华、李清华、张明华等每人拿出100元购买了鞭炮，并联系了县保险公司的一辆车，连同他们自己的汽车一起送回来。在很久以前，村里还是有人参加过，而且取得过好名次，只是时间已经相隔很多年了，而且庆祝的活动也不如今天的隆重。

今天售票员统计的游客情况是游客有9人，买门票的有7人，门票收入是105元。

2006年7月22日，星期六，农历六月二十七，属鼠，晴，有阵雨

早上的时候，听有人说，昨天晚上李某在家里与他的父母亲吵架，还用一些凶器威胁他的父母，这样的情况已经不是一两次了。曾经他的兄长们劝说过父母亲，要求他们搬出来，让他一个人守家。可是，父母从各种情况考虑后没有搬出来，这次是搬出来了，搬到他的大哥李某某家，这是不得已的情况。

今天来说，村里外出打工的人有李国忠、卢小华等，他们两个是一起到现在的新县城南沙，主要是从事房子的建筑工程。

从售票员统计的情况来看，今天的游客比较多，有113人，不过买门票的只有28人，门票收入是420元，其中有法国的游客2人。这些人中可能是政府或者其他有关单位的人多，管委会还进行了演出让他们观看，当然即使没有政府或者有关单位的团队来，只要来的游客多了，管委会还是要演出让他们观看，这是局里要求的事情。

2006年7月23日，星期日，农历六月二十八，属牛，晴

今天马卫华家运砖回来，这些砖主要是从建水县买回来的。就现在来说，村民建盖房子都基本上用砖了，即使有红河州的有关文件规定，

村里为了保持传统的建筑特色，要求村民建盖房子都要用土坯和木制品结构。可是，村民们从牢固角度来考虑后都盖了砖混结构的建筑。再从另一个角度来说，可能用土坯和木制品的建筑价钱要比用砖混结构贵很多，这是村民建筑时的一种预算。

村里死人，或者是隔壁的村寨死人是经常的事情。而由于种种关系，即使是其他的村寨里死了人，如果箐口村有关系比较密切的人家，也要按照能力举行各种祭祀活动。今天张正祥家就到另外的一个村委会一个亲戚家丧祭，主要是因为他的三儿媳妇是那里的人，关系比较密切。再说，张正祥家在村里也有一定的经济能力，完全可以举办这次用牛的大祭祀，可以说是争面子吧，为他们亲家争了一口气。

从售票员统计的情况来看，今天的游客比较少，只有2人，不过2个游客都买了门票，今天的门票收入是30元。

2006年7月24日，星期一，农历六月二十九，属虎，晴

正如在昨天的日志里说到的一样，无论是谁家亲戚死了人，只要通知到村里的某一户亲戚家，都要多少叫几个村里的亲戚和邻居去死人家看望。如对其他的民族来说，这可能是一种费工费事的事情，可在这一带来说，已经成为一种不成文的约束吧。今天又有卢正华家接到亲戚家死人的消息，他们家叫了一些邻居和亲戚去看望。主人家必须要带上一只鸡，其他跟随的人则带一两斤大米，有能力的再带一个鸡蛋或者咸菜就可以啦。下午在死人家吃了饭再返回。有一点要说一下的是，从看望死人家回来的人到自己家门前的时候，一般不能与自己的家人打招呼，要么叫狗之类的过来摸一下，要么摸一下旁边石块之类的东西再回到家里。这从一种心理的角度来说，是不愿把邪气带回自己家里来。

昨天是张正祥去其他村寨祭祀，今天返回来了。为了明天请客接待亲戚朋友，他家今天杀了一头猪，原本把事情办得差不多了，几个弟兄和家人高兴，然而可能是他们几个弟兄之间以前就有什么矛盾，或者是

因为高兴都喝多了一些酒，晚上吃过晚饭后，他们几个弟兄之间吵起架来，要不是劝架人多，说不定他家要发生什么大事了。

从售票员统计的情况来看，今天的游客有 7 人，不过买门票的人数和昨天的一样，门票收入只有 30 元。

2006 年 7 月 25 日，星期二，农历七月初一，属兔，阴，有雨

按照村里以往的程序，今天张正祥家请客接待亲戚和朋友，在亲戚和邻居中老年人劝和下，即使昨天晚上他们几个弟兄吵架了，今天也好像什么事情都没有发生一样，自己做自己的事情。本人作为他们家族的一员，亲自处理了他们吵架的事情，还用村民小组的名义教训了他们说，要吵架要打架要与寨子外的人干，即使弟兄们之间有什么过意不去的，都应该请家族的长辈来论理，应该心平气和地处理每一桩事。再退一步说，即使当时因为在气头上吵架了或者打架了，过后都应该和好。人的一生最多活一百多岁，更多的精力是考虑交朋友，讲团结，更多的精力应该是考虑怎样发展，怎样来提高生活水平，怎样来满足当今日益发展的物质和文化需求。

可能是任何生物都有寿命的缘故吧，牙痛也常常围绕人们作怪。村里也常常会听到不是这个人牙痛，就有那个人牙痛。今天就有李正祥的妻子因为牙痛而到医院里拔牙。她说牙齿痛起来的时候的确厉害，整个头都晕晕的，好像要炸裂似的，饭菜都不想吃，所以就特地来医院里拔掉了。

从售票员统计的游客数量来看，今天的游客比昨前天多了一些，一共有 21 人，买门票的有 9 人，门票收入是 135 元。

2006 年 7 月 26 日，星期三，农历七月初二，属龙，晴

昨天，张正祥家请客接待亲戚和朋友。今天，他家又接着做一种叫后院祭祀的活动，这种祭祀一般是因为家里出了什么样的大事情才做的，是一种大祭祀。要不因为家里死了人，要不因为家里多灾多难，觉得有必要才会选择做这一祭祀。

张天祥家今天运石头回来，主要是因为他的大儿子张祥要建盖房子了，现在开始准备材料。首先就要准备石头和沙土，把所要建筑的基础用石头支砌起来，来稳固它的基础。由于他家是在寨子脚，汽车不能直接进入，就只有把石头下在入村口的停车场，再叫一些亲戚和朋友来帮忙把石头背回家。

马卫华家的砖前天就运回了，由于数量有点多，叫了一些亲戚和朋友来帮忙也不可能一时背回家，他家就把砖垒在停车场的一旁。这样，既可以停车也可以方便来旅游的游客行走，应该说是明智的选择。

枪支弹药是国家严格管理的物品，特别是现在和平年代。而卢倮应家可能是以炸石头来整治秧田为理由，今天到村委会开证明。可能是因为国家明文规定村委会没有开这种证明的权力，或者是因为村委会的副主任与他家以前有什么矛盾。最后，没有开到这种证明，卢倮应有一种不愉快的心情回来。

今天的游客情况是，一共有游客14人，买门票的有7人，门票收入是105元。

2006 年 7 月 27 日，星期四，农历七月初三，属蛇，晴

俗话说得好："一个好汉三个帮。"村委会计生专干卢正华的三轮汽车被交通警察扣了起来，主要是因为他现在还没有领到驾驶证，交通警察要处罚他500元，而他又没有这么多的钱，今天就来找本人和李永福、卢世华、李学等出面求情，要他们减轻处罚。本人任过一段时间的交通协管员，多少知道一些规矩，不便于出面，劝说他还是要接受一点处罚，最后交了100元才把汽车开了回来。

可能是因为暑假期间，也可能是哈尼梯田的名声逐渐在很多报纸杂志上与世人见面了，今天又有两个学生到村里来做调查。一个是河南省洛阳大学的学生，一个是云南省艺术学院的学生，她们两个都是女生。到村里以后找了几个学生，问了一些村里的基本情况。可能艺术学院的学生是写生的，她对村里的蘑菇似的建筑画了几幅画，围着观看的小学生都说画得很好，有些穿着民族服装的小女孩还特意让她画像。

  李永得的哥哥李永祥变成疯人已经很多年了。在村里生活了几年后到了他家的树林住也有很多年了，他一个人在棚子里生活，依靠着到街上捡饭店里倒出来的饭菜过日子。平日里是不可能讲卫生的，而最近听说是生病了，躺在他的棚子里已经奄奄一息，呼唤着他弟弟的名字叫家人来领回，被过路的人听见后告诉了他的家人。之后，他的家人和邻居们上去把他背回来。由于他的身体比较脏，他们把他背到有水的地方给他洗了一个澡。同时，给他理了头发，然后再背回来。听他们说，在他的身上还保存着100多元，用好几层塑料包着，还用微弱的声音说这一定要给他的父亲（他的父亲已经70多岁了，还健在）。

  售票员统计的今天游客有11人，买门票的有6人，门票收入是90元，其中有一个英国的游客。

2006年7月28日，星期五，农历七月初四，属马，晴

  前几天从阳台上掉下来的张文和的姐姐于今天凌晨去世，今年60多岁。听中老年人说，由于她从小就是智障，没有人敢娶她为妻，所以，她一生都在娘家生活，是一个终生未出嫁的老姑娘。那么，按照这一带的哈尼族民俗规矩，她的葬礼就只能按一个未成家的女人身份来举行了，即使家庭有条件也不能给她殉葬牛了。

  看今天的游客情况，有游客17人，买门票的是13人，门票收入是195元，其中有法国的游客6人。可能是售票员没有把今天的国家民委一个团队计入游客的数据里。今天有国家民委的一个团队在一个副县长的带队下来到箐口，还要求管委会文艺队演出让他们观看。从目前售票员统计的情况来看，她可能是没有把政府或者其他通过一些单位介绍来

的团队计入游客之中，这可能是因为她考虑到他们都没有买门票，也就将他们排除在游客之外。

2006年7月29日，星期六，农历七月初五，属羊，晴

昨天张文和的姐姐去世了，如果是按照一般未成家的女人身份，这里的民俗应该是当天就送葬了，就可以不考虑日子的问题。然而，她已经是60多岁的老年人了，张氏家族的大摩批张正和说今天就不要送葬了，她认为今天是一个属羊的日子，不是很吉利，不应该送葬死人，也就推迟了一天，准备明天再送葬。

红河哈尼梯田出名了，核心区的箐口村也跟着出名了，单位和朋友们带着亲戚和朋友来的也逐渐地增多了。今天，原来在元阳县旅游局挂职的副局长蒋跃冰带着昆明的一些人来村里，可能是他通过多年在边疆考察的经验，知道边疆的辛苦情况，他只要是带着团队来就要求管委会演出让他们观看，而且给一定的演出费做补偿。据管委会的人说，今天他给了200元，鼓励管委会的员工们继续努力。希望管委会的员工们把哈尼族的舞蹈挖掘更多、深化更好、推向更远的目标。

售票员统计，今天的游客有20人，买门票的有10人，门票收入是150元，其中有英国的游客10人。

2006年7月30日，星期日，农历七月初六，属猴，阴，有雨

按照张文和家族的计划，今天送葬他去世的姐姐。由于她与正常的成年人有所区别，她的葬礼中就没有用竹子。村民小组就不用安排人来抬竹子了（如果是正常的成年人去世，就必须要用一棵竹子，送葬时需要村民小组安排人来抬，还要给他们10元钱的补贴）——这个事情以后可能会改变。虽然说是不太正常的人去世，但他家人认为与她生活了一辈子，而且已经是60多岁的人，他家还是在前天的时候杀了一头猪。今天又杀一头猪，一则表示对她的尊重；二则表示给来帮忙的人办好伙食。可是，很不幸，前天杀的猪和今天杀的猪都是米晒猪（肉质里有米粒状凸点的那种猪），搞得来吃饭的人都不怎么敢吃猪肉了，最后剩了很多的肉。有人就直接骂买猪的人说，你们真的能买猪！人家主人家又不是舍不得开支，买就买好的猪，怎么买了两头猪都有病的，弄得大家都不敢吃。

下午的时候，县交通警察大队的人来村里，在李永福新建的房子里会餐。可能是他们考虑到镇里餐馆里人有点多，或者是考虑到村里比较静，他们从街上杀了一只狗，再买了一些蔬菜来村里李永福家集会，邀请了管委会的人员来唱敬酒歌，同时与他们一起吃饭。

售票员统计，今天游客有 30 人，买门票的有 25 人，门票收入是 375 元，其中有法国的游客 2 人，美国的游客 2 人。

2006 年 7 月 31 日，星期一，农历七月初七，属鸡，阴，有雨

来村里调查的人从这一段时间来看在逐渐增多，特别是有了这个调查点以后，他们基本上都会来调查点里了解基本情况。可能是由于暑假的原因，这次来调查点的云南大学学生已经有十几个了，今天有两个学生返回学校了。然而，下午的时候，又来了一个北京大学的博士，名叫成功。说是要在村里做一些传统知识的调查，同时带着一个上海复旦大学的楚博士，说他们要在这里做两个星期的调查，叫调查点的人协助一下工作。

从售票员统计的情况来看，昨天的游客是比平时要多一些，可是，可能今天是星期一的原因，售票员统计的游客数量就明显比昨天少了很多，只有两个游客，只是两个游客都买了门票，门票收入是 30 元，总比没有游客和没有收入的情况要稍微好一些。

2006 年 8 月 1 日，星期二，农历七月初八，属狗，多云间晴

今天是八一建军节，这样的节日在村里来说没有什么动静，或者在目前来说没有举行什么样的活动。也不管说是什么原因，即使有十几个部队退伍回来的老兵也没有组织什么纪念之类的活动，包括往年的这个节日也没有听说过他们组织了什么活动。就因为这样的原因，本人觉得有必要提及今天本人参加战友聚会的事情。根据战友们的通知，本人参加了战友们在大鱼塘村后面的山上举行的野餐活动。就餐中，参加这次聚会的三十几个战友都提议以后要经常组织这样的活动，而且要组织战友们到箐口村这样的风景区参观，提议明年的建军节要到建水县风景区旅游。

怎么说呢？也许是作为景区的箐口村出了名，也许是景区的管理人员因为平时的工作往来而有了一些朋友，李学买了一辆小垫的三轮汽车加入他们同行的三轮汽车组织。虽然时间不是很长，但是他们同行的朋友都与他能够友好相处，经常往来，今天他又请了一些同行的朋友来家里吃饭。当然，年轻人吃饭就要喝酒了，到他们吃好结束时已经是晚上11点多了，不过，好在其他村寨的朋友还能开着自己的汽车回家。

今天的售票员统计的游客有15人，买门票的有15人，门票收入有225元。

2006年8月2日，星期三，农历七月初九，属猪，多云间晴

政府把红河哈尼梯田列为申报世界文化遗产的重点内容以后，把箐口村也列为一个景区来保护。明文规定不准在景区内挖山取石，特别是一些重要的交通地段和风景区内，这样一来，在这几年里，已经很少听到爆破的炸药声了。可是，今天卢某某家到山上的公路旁边炸石头，说是要取一些石头建一块秧田，其实是要卖给准备建盖房子的卢荣贵家。他家以建秧田为借口来欺骗管理的人员，管委会和村委会的人听到这个声音也没有人去干涉，要是被派出所的人知道的话就可能有麻烦了。

今天售票员统计的游客数据是14人，买门票的也是14人，门票收入是210元。不过，这个数据可能有点不太准确，因为今天还有一个德

国的团队来，车辆就有十几辆，很多来这里旅游的游客都知道驾驶员可以不买门票，服役军人、在校学生，还有 70 岁以上的老人和残疾人等也有优惠政策。所以，不可能所有游客都买门票，今天也应该如此。

2006 年 8 月 3 日，星期四，农历七月初十，属鼠，多云间晴

对这里的农民来说，这一段时间里没有多少农活，或者说相比其他的时间要少一些农事。所以，多数的村民（主要是指中青年人）都会去外地打工。今天也有李平贵、李志得等出去打工的事。听经常到外面打工的人说，今年的工时费已经上涨了，往年是一个一般的小工是十五到二十元，而今年是二十到二十五元了。其他师傅的工资根据他的工作情况还要高一些，还不包括吃住的情况，也就是说只要是出去打工，他一天的工资基本上都要上三十元。所以，今年对于打工的人来说发生了一个很大的变化，或者说是社会上各种物价都上涨的原因吧。听说，他们出去的车费也提高了好多。

今天的游客要相对多一些，有中央民族大学的二十多个师生来村里调查，还有马来西亚的一个团队二十几个人，不过，售票员统计的游客情况只有 27 人，买门票的有 25 人，门票收入是 375 元。

2006 年 8 月 4 日，星期五，农历七月十一，属牛，多云间晴

今天卢荣贵家背石头，正如前天的日志里提到的一样，他家的石头是从卢俫应家买来的，从山上运到停车场后叫人来背。他担任小学老师已经有几年了，成家后有了自己的孩子，准备今年在自己家的秧田里建盖房子，而自己家的田地里可能没有石头，或者是比较难找到的原因，就叫卢俫应家人到山上炸石头运回来，之后付给他家相应的费用。

可能是社会主义新农村建设中以村容整洁为出发点，近期里新街镇的工作人员到各个自然村里喷写一些标语。今天有几个来到了箐口村里，在李四辉家墙上和卢朝生家的墙上喷字，是一些有关于卫生方面的标语。

但是，按照一些人的说法，这样在村里墙上喷字也不是卫生的事情，相反是一桩不雅观的事情，让游客看了还好像有污染环境的感觉，说这些人怎么也不跟旅游局说一声。

按照售票员统计的情况，今天的游客有些少，只有 4 人，买门票的有 4 人，门票收入是 60 元。

2006 年 8 月 5 日，星期六，农历七月十二，属虎，多云间晴

昨天新街镇的工作人员来村里的李四辉家和卢朝生家墙上涂字，而今天又有新街中心小学校的白有光老师来村里的村务公开黑板上写新街镇政府规定的卫生管理制度。由于黑板上还没有涂黑板漆，他用白色油漆写的字都不怎么清楚，搞得很多的村民都跑来问是什么字，主要是什么意思。

今天是属虎的日子，村里今天举行普龙爵，这次向每一户人家收取二元五角。可能在以前的日志里说到了，这应该是一年里全村集体举行的最后一个祭祀活动，用村民的话说，主要意思是快要到收获的时候，就把一年中村寨里不好的邪气全部驱赶出去，把好的留下来。这个活动也如同其他的祭祀一样，都是男人参加，而不能让女人来参加。按照现在村里的规定，特别值得说明一下的是，今年的两个龙头担任时间满了，等明年开春时又重新选举出两个来担任，每一届担任的时间都是一年。

从售票员统计的情况来看，今天的游客有些增多，一共有 39 人，买门票的有 39 人，门票收入是 585 元。在售票员的记录里没有说明是否有国外的人，不过，本人调查得知，今天的游客中一些是德国的人，一些是荷兰的人。

2006 年 8 月 6 日，星期日，农历七月十三，属兔，多云间晴

早上的时候，听说李永华的奶奶病情比较严重，这几天里每一天都有亲戚去守护，特别是晚上的时候，总会有亲戚到他家去。只要是中老年人，都会到他家抽一阵烟，聊聊天。或者是现在的生活条件改善了，或者是自然地形成了一种风俗，这几年要是谁家的亲戚（主要是中老年人）生了重病，都会约几个自己家的人到他（她）家看望，或者是拿一些水果，或者是拿一些糕点，或者是拿一只鸡，家在农村的多数是拿一只鸡。这在以前好像不是很多，只是这些年才出现的潮流。

学校的蘑菇房漏雨已经是很长时间的事情了，村里已经多次向上级汇报过，学校也向有关单位汇报过，只是一直没有人来过问。来村里旅游或者调查情况的人看见了都只是怪为什么不修理一下。今天听说新街镇的一个老板来查看情况，说是准备新建了，叫村里的卢祥找一些人去拆除已经坏了的竹子和木料等。

中午，在村里做调查的北京大学博士成功要村民做一份问卷调查。他叫了管委会的年轻人卢明帮助他，把问卷装着一一走访。

下午的时候，又有土锅寨的村民到村里的路口炸米花，来的小孩比较多。看样子孩子们喜欢吃米花，从下午3点以后到5点左右就有三十几个小孩来了，他们都各自带着自己的母亲或者其他家人，带了一些米炸好后装到口袋里提着回家。而这个做生意的人也有经验，他不是每天都来，而是隔一段时间又来，村民们都说他会做生意。

今天的游客还是有点多，售票员统计的情况是游客有60人，买门票的也是60人，今天的门票收入是900元。

2006年8月7日，星期一，农历七月十四，属龙，阴，有雨

中午，马卫华家运回来一车木料，主要是准备建盖房子的时候用。这里一般叫作顶层木，一般是房子建盖到自己所设想的高度后，就用这样的木料顶着灌注水泥砂浆。从现在来说，村里的人家建盖房子都建成半现代式的，一是已经不习惯建成以前的传统建筑了，二是因为经济（主要是经济原因）和建筑水平等因素，也只能建盖成这样了。所以，所用的材料都基本上一样，他家今天拉回来的这些也是李志学家建盖时用过的材料。

傍晚的时候，李学亮家进门的墙上插着一枝绿树枝，为什么呢？可能懂得一定哈尼文化的人一看就知道，他家里肯定是在做祭祀活动。这样做的意思是暗示别人不能在做这个祭祀时进入他的家里，也不能叫他家里的人，要是有什么事情只能等做完这个祭祀后才能叫，否则，就认为这个祭祀没有做成功。当然，按照现在的通讯与他的家人打电话或者打手势叫他家人出来，就可能只有辩证地来说了。

今天的游客，售票员统计的是有32人，买门票的有30人，门票收入是450元，其中有法国的游客9人。

2006年8月8日，星期二，农历七月十五，属蛇，晴

在箐口村哈尼族文化调查点做了一个多星期调查的北京大学博士成功和上海复旦大学楚博士于今天上午离开村里。还有已经来过多次的在日本攻读博士的孙洁老师，他们根据自己的课题对村里的一些事情和文化做了调查，对这里的生产生活有所了解了。

今天是农历的七月十五，根据彝族传统民俗，这一带的彝族有一个叫"七月半"的节日，举行摔跤比赛，应朋友们的邀请，村里有李永福、卢世华、李学他们三个到彝族寨子过节，到了晚上才回来。

前面可能已经说过，由于村里的主要收入还是要依靠打工来维持。所以，村民打工外出和打工回来是常有的事，今天也有李树华和李永林等外出。

从售票员统计的情况来看，今天的游客还是有一些，统计中游客有31人，买门票的有25人，门票收入是375元，其中有法国的游客24人。

2006年8月9日，星期三，农历七月十六，属马，晴

上午，新街镇的领导、中信公司的领导和矿冶公司的领导来查看学校的情况。听说，箐口的这所新建学校是巴西矿冶公司和中信公司合资建设的，或许是这样的原因，这几年里有很多领导来视察，这次也可能是听说学校的茅草坏了而来视察的。

正如在昨天的日志里说到的一样，这一带的彝族有过"七月半"的民俗，今天又是隔壁的胜村乡举行七月半摔跤比赛，村里李永福、李学等又开着汽车去参观了。

村民建盖房子多数都要从外面运材料回来，也许是李正昌家又准备建盖房子啦，他家前几天就在山上挖了一些石头，今天叫了汽车运回来。为了预防临时村里来团队或者领导等，他家还是一边用汽车运回来，一边叫了几个小工背到家的院子中。因为根据上级的要求，村里不能直接进入汽车，所以，要是谁家运回来诸如建筑材料等都只有用人力弄回家，不管是离停车场近还是离停车场有些远都如此。

售票员统计中今天的游客要比前几天少，有19个游客，买门票的有15个，门票收入是225元，其中有法国的游客4人。

2006年8月10日，星期四，农历七月十七，属羊，晴

昨天是李正昌家运石头回来，今天又有李志得家运砖回来了，这些都是为了以后建盖房子做准备。不过，他家运回来的这些砖不是新的，而是他在南沙镇打工时在工地上以便宜的价钱买了运回来的，但还是能用。他已经把粘在砖上的泥浆除去，按照他的说法与新砖没有多少区别，何况建成了还要粉墙。

小学老师李永新已经有好几年的教龄了，或许经常上学不方便，他于今天买回来一辆摩托车，虽然没有学过驾驶，也没有驾驶证，但还是自己驾驶着慢慢开回来了。说这样以后回来和上学都方便，说买这辆摩托车花去了6000多元钱。

不知道是什么时候就开始有了吃饭敬酒和唱歌的事情，箐口村里有了文艺队，有了唱歌的人以后，有人提出来让他们唱敬酒歌。领导在哪里吃饭就跟到哪里。虽然不是每次来的领导都这样，但这样的事情已经有几次了，今天晚上也如此。根据他们的要求，几个女队员到了新街镇的云梯酒店里敬酒，到了晚上 11 点 30 分左右才回来。

今天的游客只有 9 人，买门票的有 7 人，门票收入是 105 元。

2006 年 8 月 11 日，星期五，农历七月十八，属猴，晴

今年，村里初中毕业的李辉和卢华等同学收到录取通知书。不过，听他们说是一些职业技术之类的学校，还听他们说这些学校是骗人的，他们都不愿意上这样的学校。我想，不可能有骗人的学校吧。通知书上分明有详细的地址和学校情况介绍。要是真有这样的情况，国家怎么会不想办法处理呢？要是说，根据现在文化发展的要求，有的学校必须提升教学质量和师资力量倒是可能的事实。

在八年的时间里，村里的集体林 300 多亩由李永福一个人承包，那么在这八年的时间中，他就应该负责管理，包括修剪树枝和补栽树苗，以及松土等一系列事情。今天可能是栽了几年的树苗长大了，他叫了一些妇女砍树枝回来，当然，也有可能是他家里没有木柴可烧了，就选择了比较茂密的地方砍一些用来烧火。

中午的时候，张春福家做祭祀，与众不同的是，他家请的是一个女摩批。在村里现在没有女摩批，他家人说是多沙村那边的摩批，来家里已经有三天了，由于家人身体不好，而又通过一些关系知道这个女摩批在这些方面是比较厉害的人，就请了上来。一般来说，村里谁家做祭祀请男摩批的多，只要他们觉得某个女摩批可以信赖的话也可以请过来。这一段时间请过女摩批的还有李四辉家，因为他父亲的病请了不少男摩批来做都不见好转，所以，有几次请了女摩批来做，只是也不见得多好，还是经常到医院医治。

看今天的游客情况，售票员统计的情况中相对要比昨天多了几个，一共有游客 27 人，买门票的有 23 人，门票收入是 345 元，其中有法国的游客 7 人，日本的游客 2 人。

2006 年 8 月 12 日，星期六，农历七月十九，属鸡，晴

　　上午，水碾的立车坏了（可能在很久以前哈尼族山寨里没有通电，人们的主食如稻谷和苞谷等都只能用简陋的生产工具来进行加工，水碾就是其中的一个，是哈尼族人们利用水源进行稻谷脱壳的一种生产用具。立车是其中的设备之一，是当地的叫法）。因为近几年村寨里通电了，即使是说水碾碾出来的米要比机器碾出来的米好吃，但是，村民们为了节省时间，也已经很少使用了。近期也没有人去使用了，现在村里有的水碾和水磨都是为了让游客观看而政府投资恢复建设的，为了上级领导来时能正常演示，管委会与管理人员张明生协商修复，要求保持能够正常运转。为了这事，现在每月给张明生 100 元维修费，要是出现重大的破坏就另外做预算。

　　箐口村的水应该说是足够的，有山上森林里流淌下来的几条水沟，还有村旁边的两个大泉水，即现在命名的白龙泉和长寿泉。只是由于有些地方已经几年没有修理或者是被雨水冲垮了，还有些地方不能正常地通水，导致有的田里灌溉比较困难，甚至不能正常地播种了。现在，村里人们饮用的水也是自来水了。或者是因为建设时的施工问题，或者是建设的时间也有几年了，水管被牛踩坏了或者人为地破坏了，村里还是会经常出现缺水的情况。村民小组或者管委会的人员要经常到水源查看情况，不是水管坏了就是被树枝等堵塞，一年里要出现五六次或者更多。由于前几天村里的水井又没有水了，今天又有村民小组的人和管委会的人到水源点查看情况，说是有东西堵塞了水管，把堵塞物拿出来就可以通水了。

　　今天的游客数量是 11 人，买门票的有 8 人，门票收入是 120 元。

2006 年 8 月 13 日，星期日，农历七月二十，属狗，晴

　　李志得家今天又运回来一车砖，同样还是以前用过的砖，可能是他在南沙镇打工时联系好的，价钱相对现在生产的新砖要便宜一些，不然的话他也不会用这些砖。再说，他在南沙打工已经有好多年了，应该说在建筑行业中有一些自己的朋友了，联系一些建筑材料要相对容易些。

上午的时候，李四辉的父亲又因为生病送到医院里去住院。他由于经常生病就从教师行业中退休在家，已经不能参加各种农事活动了。听说有时自己的工资也不够医病，叫民间的摩批们也祭祀了不少，就是不见病情好转，一家人为他也付出了不少精力。由于经济的原因也不可能送他到更好的医院去治病，病情好转时回来家里休养，病情恶化时送到医院，来回也不知道多少次了。

下午的时候，听有些到山上放牛的村民说，今天有些人在原来的茶叶地里拍戏，说是一些埋葬死人之类的剧情。我们认为这样的事情在我们村的地皮上做是一件不吉利的事，要求村民小组出面制止，要么给村里一些费用。否则不同意让外来的人在村里的地皮上做这样那样的事情，自己村民要尽能力保护和建设自己的村庄。

从售票员统计的游客情况来看，今天游客有 16 人，买门票的有 13 人，门票收入是 190 元。

2006 年 8 月 14 日，星期一，农历七月二十一，属猪，晴

张春华家的房子基本上要到完工的时候了。今天，他家请了人来安装门窗，是采用了现在的钢材料制作，而没有用木材结构。按照箐口民俗村的有关规定，村内是不能用现在的现代化建筑来建设房子的，要求村里必须保持古老传统的建筑。可是，也不知道是什么原因，现在村里建盖房子的人家都用这些材料，基本上都在改变传统的建筑方式。现在的人分析这样的建筑有几个优点：一是从建筑牢固的角度考虑，砖混结构的房子肯定要比传统的房子牢固许多；二是从卫生的角度出发，现在的这种房子搞卫生要比以前的相对要好；三是从采光的角度来说，现在的人们所选择的结构要比以前的好。要说明的是，这是现代人思维所考虑的，它自然就离开了以前村民的出发点。按照一些中老年人的说法，

传统的土坯房子冬暖夏凉，在缺衣少食的年代可能还是有一定的道理，门窗做得小一些的话还有防盗的作用，所以，见过传统的哈尼族蘑菇房的人都可能有一个数，就是房子的门窗都比较狭小，要是比较肥胖的人进出都是一个问题。现在的这些建筑会考虑到这些问题，所以门窗都会自然地做得大一些。

俗话说，"家家有本难念的经"。在箐口村里来说，家人之间，或者邻居之间，或者夫妻之间吵架是常有的事。听说，这几天卢某夫妻吵架了，他的妻子跑回到娘家去已经有一个多星期了，而子女又不在家里，都已经到外面打工去了，留下卢某一个人守家，家里又养有鸡鸭和猪，因为卢某一个人招呼不了，准备把养着的猪卖掉。卢美英知道这一事情后就去问，准备把卢某家的猪买下。只是卢美英的丈夫知道他家的内部事由以后就认为不能去买他家的猪，以免事情复杂化，都是隔壁邻居，以后他的妻子回来的话会说闲话，甚至发生吵架的事。在这几天前也在村里出现过这样的情况，妻子把自己家养大的猪卖给了一些商人，已经到了路上，而丈夫回来后说价钱卖少了又从路上把猪赶回来，还跟商人吵架。

如果是按照售票员统计的情况，今天的游客只有两人，买门票的也是两人，门票收入是 30 元。可是，今天来了烟草专卖局的一个团队，他们还要求观看管委会文艺队的人演出，可能是没有收门票的原因吧。

2006 年 8 月 15 日，星期二，农历七月二十二，属鼠，晴

凌晨的时候，从山上接回来的李永祥因病去世，为什么说是从山上接回来的呢？在前面的日志里提到过，他年轻的时候就疯了，一直一个人在他家山上的棚子里生活，只是前不久时生病了才接回来，在家病了很多日，可能是由于家里也太穷了，没有给他吃什么药。在今天的整个送葬过程中也没有做什么仪式，只是用几块木板做成棺材就送葬了。由于他在世时是不正常的人，眼睛也有一只是不好的，所以，有亲人要求给他做一些祭祀，愿意帮助一些钱物。可是他家人就是不同意，不愿意做什么祭祀，只是派两个人去街上买了几斤肉和一点蔬菜，当然少不了一点烟丝和酒，下午时让来帮忙的几个人吃一餐饭，就这样简单地了事。

接到电话通知说，村里李元、马勇、李小芬已经被新街中学录取，要求他们在8月20日左右到新街中学初中部报名学习。

看今天的游客情况，有游客16人，买门票的有15人，门票收入是225元，其中有法国的游客2人。

2006年8月16日，星期三，农历七月二十三，属牛，晴

听说，这一段时间县里的领导有些变化，有的领导调走了，有的领导又调来了。所以，村里这几天经常有人来，管委会搞卫生和演出是经常的事，要求人员随时在位，以防临时通知有团队来要演出。今天新上任的赵副县长和旅游局局长来村里调查情况，他们对现在的一些旅游设备和以后的工作思路进行了交流。

管委会今天的主要工作是搞卫生，特别是对进村口的路边广场树进行清理，对已经长得参差不齐的四季青树进行修剪，整治的结果让返回县里的局长和赵副县长比较满意。

售票员统计中今天的游客也不多，只有13人，买门票的有10人，门票收入是150元。不过，今天有英国的游客1人，法国的游客2人，德国的游客8人，共有三个国家的游客来村里了。

2006年8月17日，星期四，农历七月二十四，属虎，晴

中午的时候，李志得家又从他打工的南沙买回来一汽车的砖，由于不是从建水县买来的新砖，他叫的汽车能运3000多块砖。为了避免发生不必要的事，他家叫了很多亲人来帮忙背砖，到了中午的时候就基本上背完了，看样子，他家也在准备建盖新房子了。

今天是属虎的日子，对箐口村来说是一个比较吉利的好日子，往往就会有很多的村民在这样的日子里选择做一些特殊的事情，比如祭祀之类的事情。今天，比较特殊的一桩事情发生在李永家，他家由于母亲生病而安排人到胜村乡的一个寨子里去找师娘。所谓师娘，可能在以前的日志里也说到了，他（她）是一种先知先觉似的人，说是从家里拿一些米和鸡蛋，到他（她）那里去算卦，他（她）就可以从中知道你家里的一些事情，比如家里有些什么人，什么事情，是什么地方的人，家里发生了什么事情，应该怎样做和做些什么祭祀都可以说出来。当然，也有比较准确和不太准确之分。正如，有的人能多做一些什么事情，而有的人则相对要差一些。在箐口村里，去看师娘的日子一般都选择属马、属猪、属虎这几天，而且是村里没有丧事的情况之下，要是村里有丧事就不可能去了，说这样的情况下就不灵了。

今天售票员统计的游客情况是，有游客12人，买门票的有10人，门票收入是150元，其中有法国游客5人。

2006年8月18日，星期五，农历七月二十五，属兔，晴

箐口村以前建盖房子都是就地取材，用的是石头、土坯、木料、茅草，基本上用不到水泥。多数家庭可能为了晒谷物会尽能力找一些水泥建盖一点阳台，仅此而已。

现在随着社会的发展，经济和交通各方面都有了改变，村里现在建盖房子都会用水泥、钢筋、砖、石棉瓦（为了开发旅游事业，统一建筑，由2000年开始，规定不准在村里用石棉瓦建房）。可是，从现在来说，谁家建盖房子的基础都还要一定数量的石头，保证基础的牢固。可能就是这样的原因，李正昌家今天运回来一些，请了一些小工背回家，准备以后建盖房子的时候用。

村里自来水的水管设施的确做得差，经常会出现问题。经常不是村民小组的人员去查看水源，就是管委会的人员去查看水源。水管不是被堵塞了，就是被弄断了，常常会停水，或者水不够用，常常有到山上放牛的村民来告诉村民小组的人和管委会的人。由于昨天又停水了，今天村民小组的人员去查看水源了。要是统计一下的话，去查看水源的人工从 2000 年开始算，都应该上百个了。

看今天的游客情况，售票员统计的是，一共有 12 人，买门票的人 12 人，今天的门票收入是 180 元，其中有法国的游客 6 人。从这几年的国外游客统计的情况来看，应该说是法国的游客要多于其他国家的游客。

2006 年 8 月 19 日，星期六，农历七月二十六，属龙，阴，有雨

在日本攻读博士的孙洁于今天返回昆明，她也是几次来箐口村了，时间有长有短，听说在此之前也做过一些民族文化的田野调查。也可能是这样的原因，她在村里比较受村民的喜欢和信任，她所要问的材料村民都能如实地回答，她的自我感觉也说不错。

外出打工和从外打工回来的青年人经常会有，基本上每一天都会有几个，今天是李宏和他的妻子一起出去打工。他是通过一个朋友的介绍到一个电信所上班，听说主要是管理电话专线。自从他到那里上班以后，村里的事情他就基本上没有参与管理了，所以村民和上级都对这一现象非常不满，想把他村民组长的职务撤掉，让有管理能力和群众信任的人来担任。

应该说某一个民族的某个人死了，他家族的人都要通知其家属、亲戚和朋友，箐口这一带的哈尼族也不例外。一旦谁家的人死了都要通知其亲戚和朋友。不知道是属于哪一种关系，今天有水卜龙村委会棕匹寨村的人来村里李爱生家，说是那边的一个亲戚去世了。现在，虽然说是通信发达了，可以用电话联系，可是，一些特殊的事情还是必须要派人来通知，不然会被理解成不礼貌。而通知这样的丧事一般是两个人来。所以，只要是有两个成年人到村里来，人们就往往会自然地联想到那寨子的谁家亲戚又有丧事了。

从售票员统计的游客情况来看，今天的游客稍微增多了几个，一共

有 23 人，买门票的有 20 人，门票收入是 300 元，其中有法国的游客 2 人。

2006 年 8 月 20 日，星期日，农历七月二十七，属蛇，多云间晴

红河州世界文化遗产申报办主任张红臻等一行来箐口，他们找到村民小组的人和管委会的主要负责人，过问了一些箐口村目前存在的情况。应该说，她作为红河州世界文化遗产申报办主任，已经是多次来箐口村了。箐口村作为元阳县唯一收门票的景区，她是关注的，多次与村里和管委会的人探讨过一些问题，并且把有些情况汇报给县里的人，希望景区的设施和各种制度有所改善，为旅游事业做出一定的贡献，也为红河州哈尼梯田申报世界文化遗产增添必要的力量。

箐口村列为一个景区以后，来旅游的人总体说来是增多的，有时是个人来，有时是团体来，有时也会在村里举行一些活动，今天就是一个例子，《云南映象》的剧组今天就到来村里。他们模仿了哈尼族传统的节日长街宴，在陈列室广场摆了二十二桌饭菜，与管委会举行联欢晚会。这些饭菜是安排李永福家和卢世华家做的，他们两家每家做十一桌，每桌说好 150 元，他们联欢到晚上 11 点左右才回到县里去就寝。

统计中，今天的游客又比昨天增多了一些，一共有 86 人，买门票的有 54 人，门票收入有 810 元，其中有法国的游客 6 人。

2006 年 8 月 21 日，星期一，农历七月二十八，属马，多云间晴

不知道是什么时候村里的妇女也学会了到新街镇打工。这件事应该说出现的时间不长，她们要凌晨四五点钟就起床，把家里的事情料理了一些后，自己做一些饭吃饱肚子，就背着背箩到街上去了，主要是给别人背东西，方言叫"跑上下车"，给经过新街镇的游客提货，或者是给一些老板背东西，价钱当面商量，时多时少。她们一般是到了下午才回来，这样的妇女现在村里有五六个，都是成了家的中年妇女，身体都是相对比较好的。比如李志祥的妻子、李院生的妻子、卢志华的妻子等。据她们说还是能挣到相对满意的工钱，工作也相对自由些，要是价钱不合理的话可以另外选择，不一定要跟着谁干。

　　土锅寨村和箐口村是相邻的村寨，田地也有很多是交错的，土锅寨的有些田就在箐口寨子的下面。鸭子又是农村里主要饲养的禽畜之一，箐口村也不例外。基本上每一个农户家里都多少养着几只。从插秧到收割一般是在田里围栏饲养。可是，有的人家围得不好，有时还是会跑出来破坏庄稼。这一段时间又快到收割的时候，谁家庄稼被糟蹋了都会发火。今天就有一个名叫李文忠的土锅寨村民到村民小组里来告状，要求村民小组宣传和通知，制止类似的事情再次发生。

　　听说，村里李杰的母亲又生病了，而且病情比较严重，有时候连话都说不出，家里人担心她有什么三长两短，就通知了所有的亲戚。被通知到的亲戚就会来看望，包括村里的隔壁邻居也会来守夜，这几天都随时有各方的亲戚来看望，今天有团结村里的亲戚提着一只鸡来看望，一行有六人。似乎现在流行这种情况一样，村里也如此，只要听说谁家的亲戚病情严重了，就会提着鸡，或者其他水果等之类的东西去看望。

　　用一些村民的话说："现在的社会就是好，做生意都做到家门口来了。"今天有两个人来村里买猪，他们把李得云家的一头猪以802元买下，把李祥明家的一头猪以860元买下，然后，叫了一辆三轮微型汽车拉到街上去。

　　从售票员统计的情况来看，今天的游客相对昨天要少，只有4人，买门票的是4人，门票收入是60元。要是售票员没有统计失误，他们4人都是法国的游客。

2006年8月22日，星期二，农历七月二十九，属羊，阴，小到中雨

　　就本人而言，养蜂子也是一大乐趣，就是养不好。到了春末夏初，天气逐渐变暖的时候，很多种蜂子都到处出来做窝，人们谁先看见了谁就可以先拿回来饲养，当然这个不需要人去喂什么东西，只要把它们放在适合它们生存的地方就行了，很多村民都比较喜欢饲养。因为它可以食用，味道比较不错，有的蜂子的价钱也比较好。据村里的一些人讲，养蜂子与人的属相和金、木、水、火、土的命学有关。有的人就是养不大，或者养不活，也就不愿意养。像村里的卢倮应就可能是养得好一些，每年不是自己养，就是有人叫他养的。今天也不知道是从什么地方拿回来的，他养了一窝蜜蜂，用一个背篓装着，挂在自己家的墙上。这种蜂子大家都知道，主要用来产蜜，至于把蜂子用来食用却不怎么好吃。

　　作为景区一大特色的水碾由于有很多游客不自觉地去操作，或者说是由于运用时间太长久，把水碾的一些结构破坏了，已经不能正常地使用了。为了让它能够正常地运作以在特殊情况下展示，比如有懂一些哈尼文化的人来到这个地方就会问有没有这种设施（这是哈尼族利用水资源的一个文化，也是一大特色）。旅游局就安排平时负责管理的张明生父子去修理。在箐口来说，对于水碾和水磨，张明生的父亲（他学名叫张庆明）是一个师傅。他为了能够维护这些设施可以说付出了一定的劳动和心血。他也是本人的父亲，已经70多岁了，但只要是他知道的事情和历史，只要谦虚地向他询问，他都会一一答复，本人要说他是箐口村里少有的几个老实人！多一句闲话，他凭借他的身体，培养了四个儿子都是初中以上的文化，他的孙子也是村里的第一个大学生（张崇明，现在在开远市小龙潭电厂上班）。他是村里的好人之一。

　　有人说箐口村是哈尼族的中心。为了箐口的建设，红河州政府、县政府、镇政府也投入了很多的资金，并把其列为一个景区来特殊看待，吸引了很多的游客来观光，这是肯定的。可是，本人认为村里有很多的地方不能够让游客满意，这是来到箐口村的游客们的话。要让箐口真正成为哈尼族的中心，还要依靠和教育村民，走群众路线，看准目标，走自己的路线，打自己的品牌。自私地讲，应该让箐口村成为红河州元阳县的第一村，哈尼族的第一村！要引导村民，教育村民，引导村民走社会主义道路，教育村民走致富的道路！政府的思路应该说有一定的道理，政府也在为箐口村考虑该怎样走。为了多多宣传箐口村，今天就召集云南省下棋冠军来箐口村举行活动。由元阳县党委书记李成伍陪同，邀请了全县下棋优秀选手来比赛，一共在陈列室凉亭摆了30桌轮回比赛。雨一直下，按箐口村民的说法，他们滋润了箐口村，箐口村的明天会好的。

从售票员统计的情况来说，昨天的游客只有4人，相比之下，今天的游客要相对多一些，今天的游客是38人，买门票的有25人，门票收入是375元，其中有法国的游客5人。

2006年8月23日，星期三，农历七月三十，属猴，阴，有雨

今天，箐口小学校开学了。在校学生们拿着扫把到学校打扫卫生，迎接新学年的到来。而准备今年入学的小朋友则由自己的家长带着去报名，具体有多少个新学生要等两天才能知道，主要是有的家长还不知道学校已经开学了。现在的箐口小学有三个年级，一年级的学生要多一些，因为有的家长即使小孩不到上学的年纪也送到学校里来，希望自己的小孩从小跟着别的小朋友玩耍，再说也省一个看护的人。

前一段时间的日志里说到过，卢荣贵家为了建盖房子准备材料了。今天也从山上用汽车运回来石头，有文件规定不能在箐口景区里挖沙取石，可是有的人还是会找理由来开采，比如建盖集体的设施。而这次是叫了卢俫应家到山上取来的，他当时开炸药证明是说自己家的秧田被政府征用了以后，育秧苗的田不够，准备今年里建盖一块秧田，而现在炸出来的石头是卖给卢荣贵家。

养猪从现在的村里来看，可以说是一个副业吧。虽然有的人算过养猪的价值，说也赚不了多少钱，甚至有的猪到头来可能卖不了本钱。再说，村民人家又没有养有很多的猪的，一般村民家只有养一两头猪的能力，是为了不让家里的剩菜剩饭浪费掉，谁家的田地里也可以多少找一些猪食，养大了可以自己家里杀吃，也可以用来出卖。从这两年的情况来看，有三分之二是用来卖了，只有三分之一的人家是过年过节的时候杀吃，也有个别的家庭是杀了换稻谷。今天是李永林家卖出了一头猪，价钱没有过问，看样子是六七百元左右一头。

看今天的游客情况，售票员统计的是有 31 人，31 人都卖了门票。今天的门票收入是 465 元，其中有日本的游客 10 人，法国的游客 11 人。

2006 年 8 月 24 日，星期四，农历闰七月初一，属鸡，阴

按照书上的说法，这个月是农历的七月份，今天还是农历七月一日。这一段时间是这里雨水比较多、天气比较热的时候，也是这里一种名叫鸡枞的菌类植物生长的时候，今天卢开亮从他家的地里带了一些回来。这种菌类植物煮了比较味美、鲜甜，很多村民都比较喜欢吃。只是说由于田多地少而不能生长多少，很多人也许一辈子也找不着，只能是品尝亲戚和朋友找回来的。这种菌类在我们这些地方来说比较值钱，所以有一些村民即使从山上或地里找了回来也舍不得吃，而是拿到街上，或者直接卖给一些村里的人，多少给家里找几个钱。当然，多数的人家是自己煮吃，要不就给亲戚和邻居送一些品尝。因为这种菌类比较讲究季节性，一旦过了这一段时间就吃不到，目前又没有听说有人工栽培技术，纯属野生菌种，被人们像山珍海味一样来看待。

应该说，到现在开冷丧（按照这一带哈尼族的做法，以前谁家老年人正常去世了，由于当时没有能力杀一头牛和按照正常的习俗办理，那么现在的这些后代都要在有能力的时候补办，把他或者她坟里的骨头或者土带一些回来，做一个简易的棺材，其他程序就如同现在正常办理的一样）的人家不多了。随着现在生活水平的提高，村民家没有做过的也少了。然而，今天张志光家办理这种事情。说是他家比较健康的一头牛突然生病了，也不知道是什么病，就是爬不起来。已经有五六天了，他们家人找到摩批和师娘等懂一些算卦的人时说，是他已经去世多年的妻子在作怪。于是，他们家就决定给她办理这样的事情。听说从坟山上拿回来一些土以后，这头牛就能爬着起来了。的确，从今天杀的牛的情况看来，知道这头牛情况的中年村民都说才这么几天就瘦成这样，而且有一只脚已经发出臭味，让杀牛的青年人给丢了。当然，他家人也理解这样的情况。

如果不是售票员统计有失误，今天的游客只有一人，只是一个人也买了门票，今天的门票收入是15元。

2006年8月25日，星期五，农历闰七月初二，属狗，多云转晴

昨天说到村里有张志光家办理冷丧之事，今天继续处理，送葬到山上，由于是一个空箱子，正如在昨天的日志里说到的一样，有别于刚刚死亡的人办理事，去送葬的青年人没有来几个（应该说也没有必要来很多的人）。其他的过程都如同埋葬新死人一样，不能缺少其中的任何一个过程——这是肯定的。

开冷丧这样的事如在昨天的日志里说到的一样，或许是物质和文化水平提高的原因，在20世纪七八十年代的时候，还是经常有人家做这样的事，只是近几年已经相对少了。有时候三五年里都见不到这样的事情，多年后是否还会有这样的事情呢？

本人在以前的日志里说到过，箐口到目前为止已经有很多学者和专家来考察过，从不同的角度向各种刊物发表过文章或者是照片。今天又是一个例子，日本京都府立大学的几个教授和云南农业大学的几个师生来村里考察情况，他们主要是就红河哈尼打造的梯田这一品牌和就这个自然村的情况做一些调查，在村里走了一圈，并相互之间一边走一边进行了一些意见交换。

查看今天的游客情况，游客有15人，买门票的有14人，门票收入是210元，以上说到日本京都府立大学的教授和云南农业大学的师生是政府介绍来的，应该说售票员没有把他们列入游客数据统计之中。

2006 年 8 月 26 日，星期六，农历闰七月初三，属猪，阴转晴

今天，张志光家没有请客，要是按照一般的情况，多数人家一旦办好如同他家一样的大事之后都要请亲戚和朋友来家里做客，但这种情况应该说是没有什么习俗和理由，请不请客完全由他家人自己决定。

在今天里还有两件应该记录的事情：第一是李四文家收割谷子了，是今年村里收割谷子的第一家，他家栽种的是本地俗名叫早谷的一种，这种品种相对其他的品种要早熟一些。选择栽种这种品种的人家会有两种情况：一种是因为他家的田太肥，或者田所在位置风力比较大，栽种其他的品种可能会导致倒伏或者害虫病等；另一种情况是他家的粮食不足，要赶早收割来弥补不足。听村里的人说基本上是这两种情况。这几年李四文家栽种这种品种是属于第二种情况，因为他们两个弟兄与自己的生父和后娘分家生活，而两个弟兄都有妻子儿女，所栽种的田地又少，一家七八个人的粮食仅依靠田里的收获是绝对不够的。

今天里还有一件事情值得记录，张明华代表村民组长参加在元阳县新街镇云梯大酒店举办的，主要由红河哈尼梯田协会主办的，日本京都府立大学和云南农业大学召开的梯田景观与农村发展研讨会。在会上，当专家和教授们问到张明华怎样保护梯田和加快农村发展时，张明华说的是，要继续实行退耕还林政策，增大植树造林面积，保持水源充足，维修水利设施，防止水土流失，加强路面建设，这是针对村里现有的水源利用问题和路面行走困难提出，也是多数村民所认为的。就怎样加快农村发展的问题，张明华回答是要增强旅游这个在当地来说新型行业的生命力，对于缺乏厂矿企业的元阳县来说，只有以旅游业为支柱产业，政府投入，分批分阶段地建设，引导老百姓参与，让老百姓从中获得利益，自觉积极地参与旅游事业，提高老百姓思想文化素质，改变老百姓的观念，从而达到提高老百姓生活水平的目的。其中，说到了一定要继续保持民族的建筑，比如箐口村的传统建筑就一定要强制保护，一定要拆除半民族半现代建筑的房子，一定要与时俱进，一定要设计出既现代化又有民族传统特色的风格的建筑；再一个是继续挖掘整理民俗民间的文化，比如各种庆典仪式和民间活动，包括舞蹈、音乐等，继续保持和丰富民族的特色文化，以吸引来旅游观光的游客，从吃住行游娱购不同的角度来满足游客的需要。这是他在这次会议中提出的主要两点意见，至于其他的观点也在交谈中说明，这里不一一说到。

看今天售票员统计的游客情况是，今天有游客29人，买门票的人有27人，今天的门票收入是405元，其中有法国的游客2人。

2006年8月27日，星期日，农历闰七月初四，属鼠，阴，有雨

根据村委会劳务输出工作情况的安排，村里李少强和李三两个青年人到新街镇进行身体检查，说是要安排到浙江省务工，要是身体适合，去的车费由政府出资。有一点要说的是，这样的通知来过几次了，而村里的青年人也找借口推脱，宁愿自己通过各种关系出去，也不愿意这样的情况下出去。所以，有几次来找务工的人都没有找到一个，这次是因为李三原本就与他的姐夫在浙江打工，而李少强与李三是要好的朋友，可以帮助他找到一份工作，这样借他们的口节省一笔车费是最好不过的了。

下午，可能是新街中心小学已经开学了，村里有家长把自己的子女送到学校去。从现在来说，箐口村只有小学的三个年级，四年级和五年级要到隔壁的土锅寨村里读，六年级又要到水卜龙村，即新街中心小学校。他们背着自己的行李，说是今天晚上就要到学校住校，李贵文的孩子好像和他的母亲吵架了，他的母亲怎么劝说他都似乎不愿意去上学，好在他的同学都在劝说他才勉强与他们一同去了。

看售票员统计的今天的游客情况，游客有12人，买门票的有12人，今天的门票收入是180元整，其中有两个是法国的游客。

2006年8月28日，星期一，农历闰七月初五，属牛，多云间晴

今天卢树云家到一个叫沙哦的寨子丧祭。至于丧祭的意思，应该在以前的日志里做过解释，是指亲戚或者朋友去世时用牲畜来祭祀，表示哀悼和怀念的一种方式。一般都用于感情比较亲近和关系比较密切的亲戚朋友家庭之间，专指丧事。今天说的是卢树云家用牛到其妹妹嫁的地方祭祀，因为其妹妹的婆婆去世，通过双方协议后这样做的。他家通知了全村的人，至少要安排人通知到村里的每家每户，还有隔壁村里的亲戚人家，通知他们他家丧祭，叫他们来做客，一同去吃牛肉。

农科站的人来村里，提取村里栽种的月亮谷品种。在这一带来说，月亮谷是最好吃的红米，很多村民都这么说。以前有很多人家喜欢栽种这种品种，而且它抵抗病情的能力要相对其他的品种强。可是它的产量要相对其他的品种低一些，这几年里有个别的人家栽种但害病情况多，村里栽种这种品种的人家就不多了，只有张明福家和个别的几户人家。他们就在张明福家的田里查看了一下，听说隔壁的黄草岭村民小组和小水井村栽种这种品种的人家还是多，他们怀疑是气候和土壤的问题。

学校的草房出现漏雨已经有一段时间了，学校方自己又没有办法解决这个困难，多次把情况反映给村里，而村里又没有什么经费，是不可能来解决的，他们又把情况反映给上级中心学校的领导，之后又反映到新街镇政府。今天已经安排人员来建设了，听他们说预算的结果是需要一万元之多。

看售票员统计，今天没有游客，门票收入也就为零。

2006年8月29日，星期二，农历闰七月初六，属虎，多云间晴

卢树云家丧祭回来，为了明天请客而杀了一头四五十公斤重的猪，这并没有什么特殊的意义，主要是为了明天作伙食用。考虑到来做客的人会多，而到街上买肉也要花费很多的钱，不如自己家里的猪杀一头，肉质还要比街上买的好。

上午的时候，李贵祥的家里做保人保灾仪式，可能是因为他的父亲今年已经 60 岁啦，今年家里又出现了几起不太顺利的事情。有一起比较大的事情是李贵祥的妻子存了 15000 人民币在信用社，当有一次她去取钱的时候说只有 1500 元了。这样，他们家为了这个事情费了很多心，最后还是查清了情况，并把钱兑现给了他们家，这对一个不太富裕的家庭来说是一大打击，其他还有一些零碎的事情也不太如意而选择做这样一个仪式。参加今天这个仪式的摩批是张志学，咪古就是李沙惹，官方代表是村民副组长张明华，舅舅家代表是卢志明，姑姑家代表是李志荣，朋友家族代表是李田明。至于这个过程的详细情况本人未做记录，基本情况已经在以前的日志里做过说明。今天有一点要特别说明的是，还在早上没有等这几个主要表示来保佑的人到齐，念过经词，李贵祥的父亲叫来帮忙的人就把祭祀用的鸡杀了。等全部人到齐，摩批张志学来之后，只好叫他家人临时再找一只鸡，重新开始做。这只鸡包括盛一些他们自己带来的米煮一锅，只能由他们几个吃完，其他人是不能参与吃的。而且在吃完这锅饭菜之前，几个人不能离开凳子，即使他们几个需要什么都只能叫其他人拿来。所以，参加过这种仪式的人一般在就餐前排除大小便。为了不犯这个过程中的禁忌，摩批也会主动提醒这几个主要的人应该准备什么和应该怎么做，特别是重点的事情他都会交代清楚，以免一些没有参加过的人犯规。

从售票员统计的情况来看，今天的游客数据为零，门票收入就是零。

2006 年 8 月 30 日，星期三，农历闰七月初七，属兔，晴

接着昨天的说，村里今天卢树云家请客，主要是昨天他家丧祭回来，按照以前一般的程序，他家今天就请客待人。虽然，这两年来这种丧祭回来的人家并不一定要请客，但是，还是会有人家根据自己家的情况选择举办筵席。按照村民的说法请不请客单纯是根据自己家的情况来选择。听做客的人说，今天他家做的菜比较丰富，肉食也比较多，看来他家是下了一定的功夫。

按照村民的选择和多数家里谷子成熟的情况，村里明天就要过新米节了。新米节也是哈尼族的一个比较隆重的传统节日。为了迎接这个节日，村里有几户人家约了邻居或者朋友杀猪。据了解有三家，他们分别是李文光家、李学家、李永福家。李文光家和李永福家可能是因为这两年他们都做了一些工程，从而能找到一些钱，觉得日子好过就杀猪吧；而李学家是说因为粮食不够吃，杀了换粮食用，一斗谷子换一斤肉，等谷子收回来后一起收。

相比前两天的情况，今天总算有了几个游客，一共是5人，买门票的也是5人，今天的门票收入是75元。

2006年8月31日，星期四，农历闰七月初八，属龙，晴

由于这个事情今天才知道，没有把昨天夜里发生的事情记录在昨天的日志里。是关于卢建和李文两个年轻人发生的打架事件。他们两个都是十七八岁的年轻小伙子，说是在朋友家喝了一点酒，半醒半醉之间两个人吵起架来，第一次吵架的时候被一些过路的朋友劝开了，并且把李文送回家。到晚上十点左右的时候，卢建又提着菜刀跑到李文家，把李文家的门都撞坏了。与李文在一起的李某看见两个人动起了刀不敢跑来劝，被吵醒了的邻居李文奶奶（50多岁）跑来把卢建的刀抢了。之后又有很多的邻居相继出来劝开了。双方都有所受伤，李文相对来说要伤得重一些，他家首先出面要求村民小组召集双方当事人调解这一事情。

上午8点30分左右，村民小组把李文的母亲和家属李永贵等和卢建的母亲和卢荣、家属卢志明等召集在陈列室凉亭。这次调解的基本情况是两人是一个寨子的人，而且都是不太悟事的年轻人，争取双方养护人的意见，双方伤势不是太严重的情况下，建议第一要检查好双方的伤情，首先双方互相面对伤情现实，互相尊重医生的建议，把伤病治疗好，然后，根据治疗的结果，轻伤的一方要补给重方的一些医疗费用。由于

卢建是到李文家把事情闹大的，而且把李文家的门撞坏了，根据民俗的说法，要求卢建家修理或者补偿费用，并且出一定的物资举行叫魂祭祀。双方以前是朋友，以后还要友好相处，要求双方不得以此为借口耍赖，听取家长们的批评和教育，吸取教训，和睦相处。

中午，龙副县长等几个领导来村里检查卫生工作情况。听说，现在是全国搞卫生整治工作时期，村民一定要积极主动地做好，特意安排镇里和县里领导来经常检查情况。

今天村里过新米节，和往年一样，来村里做客的人比较多，连村里的停车场都停满了车。一夜里全村连同灯光往路面飘出来的是酒肉的香味和杯子碰撞声与人们的吆喝声，似乎意味着秋收在望。

看看售票员统计的今天游客数是4人，买门票的也是4人，门票收入是60元。也许是因为过节，组织上安排售票员提前下班，要不，来做客的人数远远超过这个统计的数据，或者说他忘记记录了。

2006年9月1日，星期五，农历闰七月初九，属蛇，晴

张明福家收谷子了，就这个村里的哈尼族来说，收谷子之前一定要过新米节（想知道哈尼族新米节具体过程的人要不查查相关书籍，要不来亲身体会，恕这里不做介绍）。每家都要首先割一些回来煮成饭献祭老祖，之后才能收割。即使谁家栽了一些早熟的谷种，自己家里也要进行这个祭祀。因为张明福栽种的是一种早熟的品种，如果不是等过新米节，他家在此之前就可以收割了。可能是还没有成熟透，有的还说是等明天村民修理了路再去收谷子。因为村里一直都还有一个习俗是过了新米节之后的第一个属马日要全村每户出一人去修理路面，也就是明天。所以，从今天来看，只有张明福家收割谷子。

这一段时间从来村里旅游的游客人数来看可以说是旅游的淡季，连续几天都只有十几人，有时候甚至没有一个游客，出现零的情况。可是，作为一个县里唯一收门票的景点，随时都还要保持清洁，管委会还是要

保持正常的上班秩序，今天，他们又检查了景区的各种设施和卫生情况，针对村民打扫不彻底的情况组织全部管委会人员打扫了一遍。

昨天说到李文和卢建打架的事情，听说双方已达成协议，卢建家一次性补偿三百六十元给李文家，基于李文检查身体后没有什么内伤，也就没有在医院治疗，卢建家补偿的360元，包括给李文治伤、补被撞坏的门，还包括叫魂的费用，以做一次性解决。可能图尽快恢复吧，李文家今天下午就请了摩批张正和举行叫魂仪式了，听说来吃晚饭的有3桌人。

为了能够更加确切地反映来村里旅游的游客情况，同时包括门票收入情况，本人把每天的游客数据和门票收入情况都一一记录下来。今天从售票处得知的情况是有游客4人，4人都买了门票，而且从记录的情况来看都是法国人，今天的门票收入就是60元。

2006年9月2日，星期六，农历闰七月初十，属马，晴

正如昨天说到的一样，今天全村每户人家出来一人去修理通田间的路面。上午，村里的妇女们要做糯米粑。这个事情是全村人民的事情，也是一直流传下来的事，而且每到这个时候，就在昨天晚上九点左右的时候，咪古要在村里四周路中央大声通知说，明天要去修理路。意思是希望引起村民的注意，要求每户人家都来参加。有人说这样做谷神才会平安地回来。然而，从今天修理的实际情况来看，村民只是砍了路边的草，还修理了一些最简单的路面，这条路由于长年人畜行走，雨水季节又无法人为地来控制，或者说村里没有重视，或者说没有能力来解决，村里已经做了书面的报告给上级政府，也没有引起重视，不见什么动静。这是村民反映最多、支持修复意见人员最多的一条路，包括旁边的水沟。村民小组的人员在谁家里吃饭喝酒，只要有提起这事，大家都会附和，坚持任了几年村民小组成员的本人最清楚不过这件事情了。

接着昨天的事情，管委会今天又清理消防水池。因为村里根据旅游

工作的需要，全村都建设成蘑菇房，为了预防火灾，在寨子的上方政府新建了一个能容下几百立方的消防水池。由于水池上方没有封顶，再说周围又是树木，为了能够保持正常使用，村民小组和管委会还要经常清理水池里面的脏物，基本上一年里要打扫三四次。否则，不是被树叶堵塞就是被浮漂堵塞，经常搞得消防设施不能正常地使用。

树大分枝，人大分家。弟兄长大了，兴建房子应该说是一件好事情吧，村里卢某一是一个退休老师，其长子卢某二当老师也是多年了，准备今年里做一幢房子，今天在做基础设施的事情。不知道是什么原因，做建设工作的卢某三与邻居卢某四吵架起来，之后卢某四用菜刀砍了卢某三小腿一刀，卢某三被送到医院治疗。那么，作为房主人的卢某三的哥哥卢某二会不会因为这事情偏向兄弟这边把事情闹下去呢？应该说不会。本人见过另外的一些家庭里也出现过类似的情况，可是，主人一般坚持大事化小、小事化了的原则，其他懂事的亲戚和朋友都会保护主人，以主人的房子建好为原则，除非事情已经到了没有办法的情况之下，如出现人命或者残废等重大的事情就不好说了。

今天的游客有12人，12人都买了门票，今天的收入为180元。

2006年9月3日，星期日，农历闰七月十一，属羊，晴

昨天说到卢某三与卢某四之间发生了一起纠纷，卢某三已经被送到医院治疗。听说卢某四的父亲已经安排次子卢某五拿了一些钱付医疗费。可是，今天双方的父亲去医院看情况，说是卢某五没有付医疗费用就回来了。听到这个事情后，双方的父亲都不好过，就商量了一起去医院看看具体情况。

张红臻是红河哈尼梯田申报世界文化遗产办公室主任，她经常来元阳县，经常来箐口村考察工作情况。今天，她又带着工作人员来村里了，每次来都与村里和管委会的人讨论一些情况，针对村里存在的问题和将来建设的方向提出过独特的思路。这次是在县长的带队下来的，听说是

与县里的人一起实地考察，与他们交流思想，村里的人很希望政府领导能进一步建设箐口，给哈尼梯田申报世界文化遗产助力。同时，也提高箐口村物质和文化水平。

今天对村里来说又是一个值得记忆的日子，因为自从村委会的茶厂倒闭以后，几个自然村之间出现地界的纠纷，村委会又没有做出调解。今天这个自然村认为是本村的地界就发动群众围了起来，明天另外的一个自然村又发动群众破坏了，土锅寨村与箐口村就存在这种情况。在昨天箐口村民修理路的时候很多群众就说起这个事情，要求全村明天又要去一次。所以今天全村每户人家出来一个人说是清理本村的土地，包括集体的土地和前几年建设时被征用的地，提出谁也不准栽种，要么一起放牧，要么每户人家分种一些，要求包括前两年栽种管理的人家也自行退出，否则按照村规民约来执行处罚。

看今天售票员统计的游客数据，有游客2人，两个人都买了门票，而且都是法国的游客。

2006年9月4日，星期一，农历闰七月十二，属猴，晴

不知道一些村民是说实际情况，还是在故意捣乱，在昨天清理村里集体土地时又说出来很多是集体土地而又被私人占用的情况。所以，今天全村又每户出来一人执行村法，把寨子脚原来李得贵家栽种的竹子和寨子牌李文才家栽种的竹子都全部砍倒，还有寨子旁边零碎的土地上栽种的树，至于一些栽种着菜的人家命令尽快收回，要求全部退出，回归集体，统一管理。这样处理的结果是让现在上任的几个村民小组人员好话和坏话全部听进：有些受损失的人就对着村民小组的人吵，骂他们祖宗的名字，诅咒他们，让他们怒气到天上；而多数村民说这次做得非常合理，等于给一些不自觉的村民敲了一个警钟，没有一点集体的土地，这样不合理，他们能栽种管理，其他的村民也有权利去栽种和管理，夸奖现在任的村民小组这样做是有胆量、有道理的。

前天说到张明福家收谷子了，今天虽然村里集体发动了继续清理集体土地的活动。可是，还是有些人家叫亲戚做私事，张明福家叫了几个亲戚继续收割谷子，有七八个人。这里收割谷子等之类的事情，男女之间既有分工又有合作。一般来说，女的割谷子，安排两个男的打谷子。这里栽种的多数都是红米，谷秆一般一米多高，比较容易脱粒。工具用的都是叫谷船的一种，一只谷船安排两个男的打谷子，一个人站在一头，让女的割好了谷子一捆一捆地放在谷子桩上，这两个男的就抱着一捆一捆的谷子往谷船里打，打到谷船装满时又装到口袋里让年轻有力的男女青年背回家。当然，收割时要把田里的水放干，一则不让割好的谷子着水，二则可以捉拿田里放养的鱼和泥鳅、田螺等，可以做劳动期间的美食，三则要让脱了粒的谷草晒干，这是最主要的。谷秆晒干了保存是耕牛过冬的主要食料，再则是修补蘑菇房的材料和引火燃料（因为村里多数人家用木材做燃料，需要有容易着火的谷草之类来引火）。这样算来，一只谷船最合理的收割安排是2到3个女的，3到4个男的，这是箐口村多数的情况。还要考虑田离家的路程问题和自己家的劳动力问题，这就因具体情况具体安排。

也许是因为旅游工作者宣传时说秋天的梯田景色不壮观，这一段时间的游客真的很少，售票员统计中今天又为零。本人倒是不觉得，四季梯田有四季景色，有四季的奇观。

2006年9月5日，星期二，农历闰七月十三，属鸡，晴

接到上级的通知，省州县三级要来村里检查卫生工作了。箐口从列为景区收门票开始就把卫生作为一个重点和难点工作来抓、来管理，平时总是保持着比较干净的环境，特别是近期全国搞卫生整治工作以来，管委会和村民小组投入了很多的人力，村里的卫生工作明显提高了。今天还发动了村民小组和管委会的全体人员，从村头到村尾整治卫生，从主要的村道到村民家的各个门户，有的是自己动手搞，有的是督促群众

来参与搞。可以说，这次是箐口村历史以来第一次最彻底的卫生工作。

　　天气也晴朗，谷子娘娘也到了回家的时候，收割谷子的人家逐渐地多起来了，今天有张明福家、李祥明家、张正和家，这些是劳力相对比较集中的人家，也是田地相对多、需要劳力多的家庭。他们就应该早于其他人家收回，之后还要抽出一定的时间帮忙其他的亲戚和朋友家。可以说很大一部分人家一旦进入秋收就要有一到两个月时间泡在田里了。

　　箐口村建村到20世纪80年代都是传统的茅草房，即所谓的蘑菇房。可以肯定地说，这是由于生产力低下的缘故，而20世纪80年代改革开放以后，随着社会主义市场开放潮流的带动，部分村民也跟着改变观念，生活水平也逐渐提高，跟着也改善居住条件，破旧革新，到2000年时已经有三分之一的村民居住的房子是砖混结构的了。2002年时，为了旅游事业的开发，政府强制把所有村民的房子墙体改造成传统的式样，石棉瓦房改造成草房，秃顶的水泥房也加上了一层草房。从某种程度上说有一部分村民是不愿意这样做的，他们一怕火灾，二怕几年一次换草。这是多数村民的想法。但是，不排除有些特殊的人家就只有选择做草房。像李四明这样的家庭，他们家人多房子又小，为了增大居住的面积，上面又可以堆一些食粮，他们家今天就动手搭草房了。所谓做蘑菇房，鄙人想问有谁能真正懂得蘑菇房的文化呢？

　　看今天售票员统计的游客数据又是一个零。

2006年9月6日，星期三，农历闰七月十四，属狗，晴

　　还是在昨天的时候，李成陪同妻子到岳父家落马点村走亲戚。在吃晚饭的时候有几个亲戚来一起吃，几个男人吃饭肯定少不了要喝一点酒，吃饭的时间就自然地会长一些。当中他去解了一个手，回来之后他突然间病了起来。而且，看样子很厉害，连话都讲不出了，他们就打了电话急忙叫家里的人过去看。这里的人分析，这样的病一定与某种习俗有关。所以，在去的时候就叫了既是摩批又是亲戚家人的张保祥。说是迷糊中

他向旁边人要烟抽，他们就怀疑是一些烟鬼害了他，就在他们村里找了一只鸡祭祀，其他有关的也做了一些，之后就用车把他送了回来。由于昨天天色已经很黑了，就没有把他送到医院，而是今天早上送到医院治疗，检测没有什么症状又把他从医院领回来在家休养。

昨天的卫生工作主要是清理村里的主要路面，根据上级政府的通知，今天就是省州县来村里检查卫生工作的时候。村民小组和管委会要求村民每家每户的房前屋后都要打扫干净，督促全村村民行动起来，上级检查后还是比较满意的。不足的是，还有一些人家的肥料池和路面需要进一步改善，从现在综合调查村民的生活水平来看，无论是思想意识还是物质方面来说，要进一步提高卫生水平还需要一定的时间。本人是这样认为，一个物质上没有达到一定水平的人家，他（她）的主要精力集中在谋生的事情上，至于家庭卫生和各方面事情付出的精力相对要少，不知道这种想法是否与事实有一些误差？

可以说真正收割的时间到了，这个可以从村民出去收割的情况看出，今天就有张正和家、张明福家、李祥明家、李正学家、李永新家。应该说，只要天气晴朗，箐口村民收割的人家会一天比一天增多。

从今天售票员统计的情况来看，今天的游客相比前几天好了一些，统计中有游客28人，买门票的有22人，今天的门票收入是180元。

2006年9月7日，星期四，农历闰七月十五，属猪，晴

既然到了收割的时候，只要天气晴朗，每天都少不了有人家到田里收割谷子，今天收割谷子的人家有李德云家、张正和家等。

或许是在箐口村里做生意不成，或许是他们已经找到了更好做生意的地方，今天上午就有一家大理人搬走了，不在箐口村里做生意了。算这一户人家，就已经有几户了，也不知道他们从什么地方了解到箐口，当箐口成为一个景点以后，这些大理人就相继来到村里，租了路边的一些村民的房子做买卖。主要是他们从家那边带来的服饰、首饰等之类，冒充哈尼族的手工艺品来卖，多时有了十多户，有的做了一段时间就走了，有的又来了。从他们的生意来看，知道情况的人说这些不是本地的产品就一般不会买，而不知道情况的人有时还是会买一些，听说来的人多的时候生意还可以，多少能找到一些生活费。

在9月2日的日志里提到过，卢某四与卢某三之间发生吵架的事情，因为卢某三被砍了一刀住医院了，可能是病情有所好转了，今天中午在他妻子的陪同下回来了。

中午，电力公司的人来村里，说是省电力公司的领导来视察工作。他们就组织到村里旅游，中午饭订在李永福家，把饭菜做好以后摆到陈列室的广场，一共是10桌。他们模拟了哈尼族的长街宴的吃法，菜谱也是他们自己订的，主要有他们认为是本地特色的一些菜，如烤鸡、烤乳猪、煮猪脚、牛肉干巴等等，反正选择的的确是本地方比较有名气的菜，包括烟和酒，都选择这些地方生产的品种。

前几天李成才从落马点生病了回来，或许是认为这是一种不吉利的事情，对这里的哈尼族来说一般都要举行叫魂了，他家今天下午就做了这个仪式，应该说仪式做得很及时。

今天游客情况为零，收入也就没有。

2006年9月8日，星期五，农历闰七月十六，属鼠，晴

从这两天来看，收割谷子的人家还不是那么多，但是，只要是天气晴朗的日子，就多少会有人家出去收割。今天有张正和家，还有张天祥家。也可能是因为天气晴朗了两三天，晒在谷场上的谷草被晒干了，张明福家就没有出去收谷子，而是选择了收谷草。因为只要是到了可以收割的时间，只要天气晴朗就可以随时出去收割，即使有时偶尔被雨水淋湿了，被阳光晒过一阵也可以收，而谷草就有点不同，它必须是要晒干到一定的程度才能收了堆起来，收谷子的时间比收谷草的时间相对要灵活一些，这是这一带人生活多年后总结出来的经验。或许是这样的缘故，很多人

家只要收谷草就往往会忙到天黑，很多人都是这样说的。我想，从中还是存在一定的生活道理。

自从新街镇农科站和云南农业大学、日本的一所大学来到箐口村以后，他们派学生或者老师来做调查已经多次了。主要是在村里的田里做试验，从插秧到谷子成熟都要做好调查记录，基本上每个月都会有人来。今天又来了几个云南农业大学的学生，他们主要还是到他们的试验田里查看情况，陪同的有新街镇农科站的人。

如果说元阳县的旅游有淡季和热季之分，那么这一段时间就可以说是淡季了。一天都只有几个游客，今天看一下，有 4 个游客，收入是 60 元，比昨天的情况好一点，出现零的情况也是常有的事。

2006 年 9 月 9 日，星期六，农历闰七月十七，属牛，阴，有雨

昨天的天气还好，村民都可以到田里收割谷子。可今天凌晨就下起了雨，而且还有雾，雨一直下个不停。所以，原来准备今天要去收割谷子的人家都不能出去了，比如李志学、张正和等人家。他们收割的时间就只有往后推迟，等到天气晴朗了再出去。正因为一天到晚都有雨下，从整个村里来看，今天是不可能有人家出去收割了。

应土锅寨村委会小水井村民小组的邀请，管委会的李学、张明华、李建华、李琼参加了他们村民组织的议事房奠基仪式文艺演出。同时，他们请了李永福开着汽车一起去参加。

从今天统计下来的情况来看，或许是周六的缘故，今天有游客十九人，他们分别是法国的游客两人，荷兰的游客 17 人，统计的情况说明今天的游客都是国外的，门票收入是 285 元，比前几天多了一些。

2006 年 9 月 10 日，星期日，农历闰七月十八，属虎，多云间晴

昨天一直下着雨，准备收割谷子的村民谁家都没有出去。今天早上的时候还有点雾，不过一会儿就晴朗起来了，就有很多的村民为了争取时间出去收割了，比如有张明福家、张天祥家、卢开亮家等。反正村民的谷子基本上都成熟了，可以这么说，谁家的谷子都到了收割的时候，只要有劳动力和天气晴朗的话，谁都不会休息了。要么是收割自己家的，要么是帮助亲戚家或者朋友家，从这几天开始，来往于田间路上的人如同在街上赶集一样多，收割的人们也三五成群的布满在名扬海外的梯田间，又是一道亮丽的景色。

谁都爱自己的家乡，箐口人也爱自己的家，关注自己村的发展。不但箐口人关注自己的家，还有多少人关注箐口村的发展，有官员，有工人，有农民，有学者。在美国留学的王愈博士就是其中的一个，她虽然是一个年轻的女博士，但是不辞辛劳地来了很多次，目的在于调查清楚箐口这个景点，这个红河哈尼梯田申报世界文化遗产的重要窗口，她所做的这些调查都要拿到联合国教科文组织，关系到红河哈尼梯田是否能够顺利地进入世界遗产的清单，关系到红河人民的生活水平是否会产生巨大的变化。她这次来已经有好几天了，在这里做了很多调查工作，包括很多方面的内容，为了能够做得更全面，她于今天暂时离开箐口村到县里有关单位查看资料。

可能是为了用来晒谷子吧，今天村里卢宽亮家打屋顶的一部分阳台。在以前，他家一个房子的屋顶都是用茅草建盖的蘑菇房，这对于这一带的村民来说很不便于晒谷子。由于山势所限，村民们晒谷子是不可能用院子之类的场地，除了前些年建盖学校时勉强建了一块篮球场，偶尔会有附近的村民到学校篮球场晒谷子，其他的人家都要留出一部分用水泥灌注后以用于晒谷子，包括晒其他的东西。一方面是因为多数村民都忙于收谷子，另一方面是因为他家建盖的建筑面积不大，用不了多少人，再说所需要的建筑材料在以前就准备好了，今天到他家帮忙劳动的人也没有几个，只有他家附近的几个卢氏家族的人。

今天的游客有 5 个，其中有 3 个是法国的游客，游客都买了门票，门票收入就有 75 元人民币。

2006年9月11日，星期一，农历闰七月十九，属兔，晴

　　昨天的天气还是晴间有一些云雾，不是那么的晴朗，今天天气相当好，阳光比较强烈。也许是因为天气很好的缘故，今天收谷子的村民也很多，有卢学贵家、有李正亮家、有李文才家、有李志学家等。在这次秋收中，村民主要的伙食，或者说能吃到最多的是鱼。因为每户村民家的田里多少都会养着一些鱼，从插秧到秋收之间的这一段时间里，鱼也最适合生长，味道也比较鲜美。如今天收割的卢学贵家和李志学家，由于他们家的田比较大，他们家就自然养了很多。今天的李志学家就捉回来了很多的鱼。这就是真正的秋收吧，不仅收获粮食，还收获鱼，还收获其他的很多吧。

　　用箐口村人民的话来说，红河州申报红河哈尼梯田世界文化遗产办公室主任张红臻是关注箐口村的，她不管是天阴下雨，还是过年过节，都会放弃休息的时间来村里做调查工作，有时与村里组长或者与管委会的人讨论工作的事情，有时与村民讨论旅游的事情，考察村民的情况，分析村民对旅游的看法，引导他们支持旅游事业，加快旅游事业的发展，从而也能够加快红河哈尼梯田申报世界文化遗产的步伐。今天，她又带着工作人员到村里来调查村民收割的情况，以及近期的旅游情况。下午的时候就在李学家吃饭，知道李学的两个子女都在念初中，临走时给了他妻子一点钱，希望他们能够教育孩子好好读书，将来也有所作为。

　　或者是售票员没有做很好的统计，或者是售票员没有把政府和有关单位介绍来的游客统计在内，只是统计了买门票的游客总数和买门票的收入，今天统计中没有游客，也就没有什么门票收入。

2006年9月12日，星期二，农历闰七月二十，属龙，晴

　　这一段时间，村民的主要事情就是收割谷子，只要是天气好的日子，大家就基本上忙着收割谷子了。今天有卢学贵家、卢学锋家、李志学家、李正新家等出去收割谷子。从收割谷子等之类的情况来看，村民多数是请自己家的亲戚和朋友来帮忙。比如，卢学贵家就请了他的姑爷和他姊妹们来帮忙，然后等他们家收割的时候又去帮他们家的忙。还有卢学锋家、李正新家等多数家庭也是这样的。李志学家就有点特殊，因为他本人是退休干部，家里的其他弟兄又在外面工作，自己又不可能亲自栽种管理这些田地。再说，他退休了回到家里还在做饮食生意，多少能找到一些钱，就全部请了小工来收割，只有自己最亲近的几个叔叔和堂弟来无偿帮忙。至于他的叔叔和堂弟来帮忙的事，可以这样理解，一旦他们遇到什么情况，李志学也可以在经济上帮助他们一些，这就是农村里所谓的互相帮助、和睦相处吧。

多数村民忙着收割谷子，而李文宽夫妇可能与其兄弟李文才出现了一些家庭矛盾——这也不一定，树大分枝，人大分家。只是他的情况有点不同，他已经五十多岁了，由于年轻时不正当务农，被教养过几次，婚姻又有点曲折，离过几次婚。去年的时候又与一个女人结婚，今年初的时候其妻子生育了一个男孩，这两天好像是准备与兄弟分家，叫了他全福庄村里的外甥抬竹子，准备在他家原来的秧田里搭简易房，并且从街上买回来了一些石棉瓦。祝福他心想事成吧。

昨天没有游客，收入也就没有，今天从统计的情况来看有一个游客，门票收入是十五元。

2006年9月13日，星期三，农历闰七月二十一，属蛇，晴

前面说到了，秋天收割的时候，只要是天气晴朗，就会有村民忙着收割，今天有李庆锋家、李开亮家、李正明家、卢学贵家、张明生家等。可能是大家都想尽快收割回家的缘故，从这几家来看，他们几家的人都比较多，有两只谷船的人手。前面说到过，一只谷船收割谷子的人手一般是六到八个人，也就是说，他们这几家都有十个以上的人手帮忙，这几家中李正明家最多。

或者是因为天气连续晴了几天，晒着的谷草可以收回来了，有几户

人家没有收割谷子，而是收谷草了。在前面的日志里说到过，谷草只有天气连续晴了几天才能晒干，谷草也只有晒干才能保存，他们担心天气变化了让雨淋湿谷草就不好，如今天有卢开亮家、张明福家收谷草。他们家的谷子没有收回来完，的确是担心雨淋湿了谷草，就首先收谷草，等把能收的谷草收回完以后再去收割谷子。

李建国家今天运回来一些砖，说是去年建盖房子的时候没有建一个保存粮食的仓库，所以，今天买了一汽车的砖，准备建一个保存粮食的仓库。说水泥和钢筋在前几天就买回来了，准备明天就动工，争取今年收回来的谷子就装到里面去。

俗话说，"家家都有一本难念的经"。何况是这么大的一个寨子，每天都有可能发生一些新鲜的事情。这天夜里，又听说卢建忠与他的儿子吵架了。他气不过背着他的两个儿子出去。他的儿子们在晚上十一二点的时候，想叫醒李永福，意思是要叫他开着汽车到新街镇汽车站等地方去找，其他的人认为他不可能到新街镇汽车站，他的儿子们才回家休息。

今天的游客有23个，有15个买了门票，门票收入是225元，比起前几天好一些，而且有18个游客是荷兰的。

2006年9月14日，星期四，农历闰七月二十二，属马，晴

既然这一段时间是收割的季节，就还是说说今天收割的人家吧。今天收割的有卢文华家、李和明家、李德贵家、李四和家、李正明家、李文光家、李祥家等。好像农民收割也比赛一样，大家从出工和收工的样子来看都比较积极，特别是运输粮食的年轻人，个个精神抖擞，背的背，扛的扛，他们流出的汗水是收获幸福的吉祥水。

正如昨天说到的一样，李建国家今天开始建保存粮食的仓库了，叫了五六个能做这种活计的年轻人，动作很快，看样子今年的粮食真的是准备保存到里面去。

今天，红河州人大主席白保兴等一行人来村里，为了迎接他们的到

来，村民小组和管委会的人员从早上就开始打扫卫生了。这可能成了一种很自然的事情，路过的村民就自然地问：今天又有什么大官要来了？很自然的，今天又召集了管委会的人进行了演出。"既然是管委会的人，是拿着工资的人，就得听从安排，收割的事情就耽搁一下，或者就请小工去收割吧。"有个管理的人如是说。

现在是收获的季节，收获的时候，大家都收获希望。可是，月有阴晴圆缺，人有得有失，大家都在收获希望的时候，有人却在收获失望。张志学的二儿子去年的时候结婚，不久前生了一个孩子，应该说是好事。但好景不长，夜里的时候，刚出生不久的婴儿夭折了，这对张志学一家又是巨大的打击，年中的时候其大儿子的儿子去世，之后不久大儿子又闹了离婚，伤口未愈的他家紧接着又是一刀，有点儿像雪上加霜，这样的伤口什么时候能康复啊？时间不会太长吧。

今天的游客还是有几个，一共有11人，按照统计来看，11人都买了门票，今天的门票收入是165元。

2006年9月15日，星期五，农历闰七月二十三，属羊，晴转阴，有雨

今天收割谷子的人家有李和明家、李树华家、李永新家、李红家、李庆文家等。上午的时候，大家都看着天气晴朗就忙着出去收割了，可是到了下午，天气就突然变化了，所以，今天去收割的人家回来得比较早，下午三点左右就回来了，没有像往常到了下午五六点才回来。

今天上午，张明华参加红河申报哈尼梯田世界文化遗产办公室主任张红臻在元阳县城建局主持的红河哈尼梯田保护与发展座谈会，听取了留学美国的王愈博士近两年在红河间的田野调查，以及她作为联合国教科文组织中调查申报世界遗产点的人员之一对红河哈尼梯田的观点，元阳县县长、副县长、副书记等人也做了重要讲话。

今天的游客情况统计中游客有3人，3个人都买了门票，今天门票收入是45元。

2006年9月16日，星期六，农历闰七月二十四，属猴，阴转晴

不知道老天哪一根筋发麻了？正是箐口村民忙着收割的时候，昨天上午的天气还可以，让村民能够勉强收割，下午却来了一个大转弯，夜里又来了一场暴雨，雨水灌满了田，从上而下地流通出来。可以说这是一次灾害，一则把成熟的谷子淋倒了，二则把养在田里准备做收割时的美餐的鱼冲跑了一些。往往在这样的情况下，到田里查看情况的村民就会在水沟等流水经过的地方捉一些鱼回来，如卢朝生、李正兴等他们都捉着几尾鱼回来。

虽然昨天夜里下了暴雨，今天早上还下着小雨，但到了中午的时候天气又逐渐好转起来，已经在前面就说好时间，约好了亲戚和朋友来帮忙的人家还是出去收割了。如李正兴家、李和明家等。因为他们考虑到不能仅仅为了自己家的事情耽搁了来帮忙的亲戚朋友的时间，就还是趁着天气好转的时间出去收割了，用他们的话说，今天能收割回来的谷子用不着明天再收一遍。

今天的游客售票员统计的有15人，买门票的是13人，门票收入是195元。

2006年9月17日，星期日，农历闰七月二十五，属鸡，早上有雨，中午转晴

早上六七点的时候还在下着小雨，可到了上午十一二点的时候天气就完全好转了，也可能是真正到了农忙的时候。今天就有很多的人家出去收割了，如张斌家、李树华家、李树林家、李永贵家、李清华家、李得贵家、李四辉家、卢朝生家、卢明家等等。因为人算不如天算。这里的天气谁都无法算得清楚哪一天是晴天哪一天是阴天，而成熟了的谷子要是没有倒到水里的话还可以多搁几天，要是倒在水里的谷子多放一天也不行，很快会起霉和发芽。

这里说明一点，箐口村一带种的水稻多数都是自己留种的老品种，它们的株高一般都会有一米二到一米四五，到了谷子成熟时只要有风刮和雨水淋就容易倒伏，这时候如果不及时收割就很快浪费了。

多数村民正在忙着收割谷子的时候，李建国家也可能是为了今年收割回来的谷子直接堆放到仓库里，他们家今天灌注仓库的屋顶了，因为做的房子面积不大，再说，多数村民都出去收割谷子了，所以今天来帮忙的人数也不多，只有他们家族的几个人，不过也完成得很快，到了下午两点左右就基本上做完了。

今天的游客还是有几个，总比没有来得好，统计中有 4 个，4 人都买了门票，今天的门票收入是 60 元，其中有法国的游客 2 人。

2006 年 9 月 18 日，星期一，农历闰七月二十六，属狗，阴，有中雨

早上的时候，天空中还挂着一些云彩，可是一会儿又出太阳了，着急的村民眼看着太阳出来了就去田里收割了，如张明生家、李清华家、李永贵家、卢祥家等。也不知道这些出去收割的人家收了多少袋谷子，不到十一点，天气就突然起了变化，下起了大雨，虽然下了一会儿就变成中雨，可是，今天是不可能再继续收割谷子了，人们只有赶回来休息了。这些赶回来休息的村民说要是早上就一直下雨就不可能出去了。

除了在校的学生和个别在单位工作的人以外，箐口村里学电脑的农民可能就我一人了。为了工作上的方便，我们云南大学哈尼族文化调查点买了一台电脑。在此之前，本人为了管委会工作的方便，曾经向上级申报给管委会一台电脑，可是旅游局也因各种理由一直没有兑现。在前一段时间，旅游局里新买回来两台电脑，就同意把原来旧的一台电脑配给管委会。今天下午的时候李学到局里领了回来。他们在组装的时候议论，现在管委会有了一台电脑，虽然旧了一些，可还是用得上，只是管委会都是斗大的字不识的人，有谁能够用得上它呢？管委会用电脑的时候，也应该是效率好转的时候了。

今天的游客有 3 人，3 人都买了门票，今天的门票收入是 45 元。

2006 年 9 月 19 日，星期二，农历闰七月二十七，属猪，阴，有雨

今天的话，可能是老天看见大家为收割劳累了十几天，良心发现了，给老百姓放一个假——全天有雨，老百姓不可能出去收割了。大家都认为潮湿的谷子收回来也没有地方保存，再说，迟一天去收割问题也不大。虽然说这里的天气无常，今天的天气好，明天的天气变化也是常有的事，但是，在这一段时间里基本上不会出现连续阴三五天的情况，至少没有听说过，没有见过。本人见过一些地方的农民披着棉袄在雪里收割的情景，这里最多能见到的是蒙蒙雨中收割的情景。

李洪亮的爷爷李沙惹已经是八十多岁的人了，可由于身体还行，能够帮助家里干放牛、放鸡和放鸭子这些相对比较轻便的活计。不管是晴天还是雨水天，只要身体好，他还能动，他都会去做，今天也是如此。他到了下午的时候去赶鸡，不慎跌倒了，说是胳膊跌伤了，已经叫了全福庄村卢朝贵老师拿一些草药来，再检查一下脱臼了没有。

今天有 18 个游客，有 17 个游客买了门票，全部都是法国的游客，今天的门票收入是 225 元。

2006 年 9 月 20 日，星期三，农历闰七月二十八，属鼠，多云间晴

今天的天气就明显好转了，虽然天空中还有一些云彩，可是风稍微来了一阵就把云彩吹开了，也把潮湿的谷子给吹干了。所以，今天收割谷子的人家特别多，有张明生家、张春华家、李文贵家、李学亮家、李绍新家、李得贵家、李清华家、李正祥家、卢伟家、卢荣家、卢四才家等等。总之，能出来收割的人家都出来了，都希望趁着天气好转的时候把谷子收割完毕，生怕明天的天气又有什么变化。

多数村民在忙着收割谷子，而马卫华家在前一段时间拆建房子，今天在灌注第二层的屋顶，因为多数村民都忙于收割谷子，来他家帮忙的人手就相对比其他的时候少得多。再说，他家为了节省伙食费用，说是请了小工，就没有叫村民来帮忙，只有他家最亲的几户人家来。由于人手少，他家做完的时间就比较晚一些。

一边是村民们忙着收割谷子，一边是领导们要来检查工作，根据上级的通知，说是要于9月22日来村里检查卫生工作。为此，村民小组和管委会的人员又得放下收割的事情，从寨子的上面到寨子的下面冲洗路面，还有路边的垃圾。村里成立为景区之后就一直安排村民打扫村里的主要路面，相比其他的村寨可以说干净多了。可是，既然是作为一个景区，它的要求就绝对要高于其他的村寨，特别是游客多的时候，或者有单位组织来的时候，村民小组和管委会就主动全盘地清理，这好像成了惯例。

查看今天的游客统计情况，游客为零，又是收入为零的一天。

2006年9月21日，星期四，农历闰七月二十九，属牛，多云转晴

今天的天气虽然不是很好，但是，没有下雨，也就有村民出去收割谷子了。如有李志和家、张斌家等。到今天为止，今年村民的谷子基本上已经收了一半，有的人家基本上收完，只有零散的一小部分。

按照正常的生产程序，箐口的村民收割谷子都是一边收割谷子一边就晒谷草了。可是，可能是由于昨天担心有雨像前天一样突然下起来，昨天就有李清华没有晒谷草，所以，今天又安排了人去晒谷草，做昨天没有做完的活计。

李国忠原来打算今天要去收割谷子，可是，到了今天早上天亮的时候，就有他妻子家的人来家里报丧。所以，他不得不改变了他的计划，叫了几个家族的人。他虽然把整个家族的人都通知了，可是大家都忙于收割谷子，只有他和李世忠，还有李永福他们三个不得已陪同他去，其他的根本没有时间跟他出去，再说又不是他最亲近的家人。

今天的游客有15人，15人都买了门票，可能都是国外的游客，可是在统计的数据中没有明确地说明，这应该是售票员的一个小失误，今天的门票收入是225元。

2006 年 9 月 22 日，星期五，农历八月初一，属虎，晴

凡是天气晴朗的日子，就会有村民收割谷子，如李志和家、杨志宽家等。从村里的整体情况来说，基本上已经有一半人家的谷子都快收完了，只有一部分人家还没有去收割，其主要原因是家里的劳动力少了一些。这样的人家只有先给自己的亲戚或者朋友家帮忙几天，之后等这些亲戚或者朋友家收割完后过来收割自己家的，可以说这也是一种生产方式。

村民在忙着收割谷子的时候，马卫华家却忙着灌注第二层屋顶，按照正常的情况，这样的大事情多少会有一些村民出来帮忙，只要他家办理简单的伙食。而他家的灌注面积又有八九十个平方米，仅依靠他家人的力量是比较费力的事情。然而，这也是没有办法的事，多数村民都忙着收割去了，谁也不会来帮忙。从今天来的情况看，只有与他家比较亲近的人家不得已才来了，只有二十多个人，所以，到灌注完已经是晚上十点多了。

可能是想观察村民收割的情况，今天有红河州哈尼梯田世界文化遗产申报办公室主任张红臻一行人来村里，他们亲自到田间观察收割情况，并与一些村民进行交谈，了解村民生产的情况。用村民的话来说，她是关注箐口村发展的，无论是箐口村过年过节，或者是村里有什么重要的事情，她都会尽可能地赶来。

回头看今天的游客情况，有游客 4 人，买门票的有 2 人，没有买门票的也是 2 人，今天的门票收入是 30 元。

2006 年 9 月 23 日，星期六，农历八月初二，属兔，晴

今天的天气也很好，收割谷子的人家有李学家、卢永贵家，逐渐地，村民的谷子快要收完了，只有个别人家的还没有收。这些人家也只要是天气晴朗的日子就会去收割了。要是天气不变化，就逐渐有很多村民开始转入收谷草，因为已经有两三天没有下雨，很多家的谷草可以收了。张明生家今天就在收谷草，从村民的口气中知道，收谷草要比收割谷子赶时间，要是在能够收谷草的时候没有来得及收的话，很有可能被雨水淋湿，就要等再次晒干了才能收回来。

昨天来的红河哈尼梯田世界文化遗产申报办公室主任张红臻今天又再次返回到村里，她想在今年这个十一黄金周的时候在村里举办一个哈尼族山歌比赛，以此向来的游客们宣传哈尼文化，并丰富十一黄金周时间的节目，以给村里具有这种特长的人展示和交流的机会，按照她的说法也是给忙了一个多月收割劳动的村民休息一天的机会。所以，今天主要是来和村民小组的成员协商这个事情，希望村民小组尽快筹备好和组织好。

今天的游客还是没有几个，统计员统计的数据是6个，6个都买了门票，今天的门票收入是90元。

2006年9月24日，星期日，农历八月初三，属龙，晴

今天收谷子的人家相对来说还是比较多。主要有李江西家、李志得家、卢建忠家、张春福家。从今天的这几户人家来说，由于张春福家的田比较大，一块田就有两亩多，所以可以养很多的鱼。今天他家就捉了很多回来，由于鱼比较多，他家就说可以卖给要买鱼的人，价钱是二十元一公斤，估计少说也有十公斤。为什么说他家算是寨子里鱼比较多的人家呢？因为在这一带来说，一块两亩左右的田就算是比较大的了，在寨子里都没有几块这样大的田，这些有比较大的田的人家养出的鱼自然比较多。他家的鱼放在他堂哥家的鱼塘里，说是一旦有人要买鱼就可以来找他。可能是卢建忠的田相对小一些，今天收割中没有捉回来鱼，他家在下午的时候杀了两只鹅做今天晚上的伙食。

土枪早在前几年就上缴了，可是到了这个秋天鸟儿多起来的时候，还是会有人到野外打鸟，经常能听见鸣枪的声音，也听说过因为用枪打鸟而被罚款的事情。可是还是屡禁不止，特别是隔壁村寨中的彝族小伙子，可以从早上打到晚上，在庄稼田地里跑来跑去，把庄稼都破坏了，使得村里的人们很有意见，要求村民小组把情况反映给派出所，叫他们来制止，要不的话，大家都去打。

可能是李永亮的儿子在课间休息时摔倒了，上午11点左右，李斌老师用他自己的摩托车带着回来，说是去给李永亮的儿子缝针了，头部被缝了三针，其他的部位没有受到伤害，他也能很好地配合医生，也没有哭多少，一会儿就缝好了回来。同时开了一些消炎的药，叫他服了注意休息。

今天的游客数有11人，买门票的有9人，今天的门票收入是135元。

2006年9月25日，星期一，农历八月初四，属蛇，晴

天气已经连续晴朗了几天，应该说多数村民家的谷草都可以收了。所以今天有很多的人家忙着去收谷草了，有的人家还停放下收割谷子。因为村民都担心天气会有什么变化，一旦晒干的谷草被雨水淋湿了就还要等天气晴朗了几天才能晒干，被雨水淋过的谷草又绝对比没有淋雨的差，再说谷草从某种程度上来说与粮食同等重要。所以很多村民宁愿先把谷草收了，再来忙收谷子。今天村民收谷草的人家有李小明家、张明德家等，收谷草一般是先把它一捆一捆地捆好做成草垛堆放在田边的空地上，再等以后把谷子收完时约邻居和朋友利用早上的时间背回。今天张家的谷草背一天早上，明天李家的谷草背一天早上，这也是早已经形成的一种生产方式。

李永福在村里来说是经常找工程做事情的老板之一，今天在旅游局郭副局长的介绍下到哈播乡找到一个孙姓老板谈工程的事情。孙老板主要是在那里做矿产开发生意，为了开通到矿源点的路特意找了李老板叫人来修补那些路面，不过听说给的价钱相对偏低了，施工的现场也缺少水源，工人生活上的难度也比较大，两人没有达成协议。

从售票员统计的情况来看，今天的游客数量也和昨天差不多，一共有10人，10名游客都买了门票，所以，今天的门票收入是150元，比昨天多了一个游客的收入。

2006年9月26日，星期二，农历八月初五，属马，晴间有云

到目前为止，村里没有收完谷子的人家不多了，大概也就那么七八家。今天的天气虽然不是很好，但还是有人家出去收割了，比如有卢永贵家、张庆贵家、张春福家。这些人家主要是劳动力不集中而相比其他的人家落后了一些，不然的话，谷子是可以早几天就收割完的。

今天的天气不是很好，早上的时候还下了一阵小雨。可是，村民真的担心明天的天气比今天的还要差，说不定还要下一阵大雨。所以，今天就有很多村民忙着去收谷草了。有张春华家、龙绍文家、李志和家等，有很多村民到晚上八九点才收工回来，说是今天的谷草还能勉强收，真的害怕明天下了一场雨就把谷草淋湿，那要等到什么时候才能收呢？

今天来村里的游客有16人，有13人买了门票，今天的门票收入是195元，他们都是日本的游客。

2006年9月27日，星期三，农历八月初六，属羊，中午有过一阵小雨

今天虽然有过一阵小雨，但是，还是有人家收割谷子。因为，到了这个时候，村里多数人家的谷子快收完了，只有少部分的人家还没有收，这些没有收的人家也有很多已经收完的亲戚和朋友来帮忙了。"民以食为天。"谁都不会希望粮食浪费在田里，何况还是人们付出了劳动才可以收获的。今天收割谷子的人家有李庆亮家、李光明家、李四文家。从村里来说，到今天为止基本上已经收回来完了。只有零散的一些没有收回来。下一步村民的事情就转入其他的了。

做什么事情都应该有先后，当多数村民还在忙着收割的事情时，却有村民开始铲田埂上的草了。一个原因是他们家田埂上没有栽种埂豆，再说他们家的劳动力又相对充实一些。如李正兴家、卢树云家，他们家的田都在河的一边，田埂上的肥料没有寨子脚下的田埂上充足，他们就

自然没有栽种一些副产品，在有劳动力的情况下就可以做这道工序了。而又有做下一道工序的人家，他们家是卢世华家、李世忠家。

可能是为了保存或者试验水稻老品种，今天上午县农牧局来人到村里收取谷种。在箐口村里收了李有福家的早谷，在卢建忠家收了"爱者车"（谷子名），每一家大概收了10斤。也不能说是收吧，他们给了每户家里十元钱，应该说成是来村里买老品种水稻种子，毕竟他们给了钱。

今天还有县广播电视局的人来村里，他们主要是检查十一黄金周之前的准备工作。

今天的游客有8人，其中有5人买了门票，有3人没有买门票，今天的门票收入是75元。

2006年9月28日，星期四，农历八月初七，属猴，多云间晴

在村里来说，的确是没有几户人家收谷子了，就是剩一些特殊的没有劳动力，或者家里没有人在的人家，还要等自己家的亲戚收完了才会来帮忙。就如今天收割谷子的张和明家，由于他家今年出了大事，他就没有在家，而是出去打工了，直到现在收割都没有回来，他的父母把老家的收完了才叫了人去收割他家的。还有李庆亮家、卢朝生家，都是因为缺少劳动力而落到后面了。

今天收谷子草的人家有李志和家、李学家等。从劳动强度来说，收谷子草肯定要比收谷子轻松，只是收谷子草要在晒干了之后才能收，往往要在天气好的情况下进行抢收，给人感觉要忙一些，一般都忙到晚上才能回来。一家人田里的谷草往往要三五个人忙一整天，给人感觉比其他的活计要累。

过一些天就是十一黄金周了，管委会通知在外的几个文艺队员回来，准备排练节目。因为前些日子里，大家都处于农忙时间，忙着收割谷子就让他们请假回家了。

今天的游客有两人，根据统计的情况来看，两人都是日本的游客，他们两人都买了门票，今天的门票收入是三十元。

2006年9月29日，星期五，农历八月初八，属鸡，多云间晴

就今天来说，收割谷子的人家有卢小华家等。从地理气候来说，他家的田在寨子头，海拔相对多数村民家的田要高一些，这是一个方面。因为箐口村一带的气候是立体垂直型，海拔低的地方气温就高，海拔高的地方气温就相对要低一些，对于谷物的成熟期就有一定的影响。再说他家的劳动力也不够，需要等其他亲戚和朋友们收完再收。另一个原因是他家栽种的品种是成熟比较晚的种子。到现在为止，没有收谷子的人家都可以说是比较特殊的情况了，只有绝少部分了。

从昨天开始召集管委会的人员回来以后，今天就开始进行文艺节目的排练了。大家都觉得进行了一段时间的农忙以后，已经有一段时间没有跳舞了，对舞蹈动作有些生疏，觉得有必要进行排练和熟悉动作，这样演出起来才不至于错误过多，尽可能做到动作规范和统一。从现在的情况来说，管委会只要是没有太大的任务，几个其他寨子的师傅都可以回家做一些事情，包括村里的管委会人员，要是没有接待任务，只要上午把辖区的卫生清理一下就可以在家里做一些家务事情，要是接到通知有接待任务的话，可以临时召集归队，现在是这样的。

不知道是不是因为到了十一长假期，有的单位或者个人提前赶来看梯田。从这两天的情况来看，多少还是会有几个游客，今天统计下来有12个，买门票的有10个，今天的门票收入是150元，其中有法国的游客8个。

2006年9月30日，星期六，农历八月初九，属狗，多云间晴

从观察的情况来说，今天村里没有人家收谷子。在箐口村来说，只有管委会栽种的谷子和李平珍家的旱田没有收之外，基本上都收割完毕了。这两家没有收的原因是，管委会忙着迎接十一黄金周的到来，根本没有时间去收割。李平珍家主要是因为在旱田里，平时很少放水到田里，因而影响了庄稼的正常成长时期，到现在还要等几天才能收割。从其他的村民来说，多数人家都进入收谷草和修补田埂工序了。就卢祥家的情况来说，因为他家劳动力充足，再说，田埂上没有栽种什么副食品，他家今天就开始垒田埂了，应该是今年里垒田埂最早的一家。听村里的老人们说，他家插秧或者收割都常年赶在多数村民家的前面。不可能是出于今年也不应该落后在其他村民后面的个人考虑吧。

上午的时候，管委会为了能够在十一黄金周期间圆满完成工作，特意召开了一个会议，主要是布置这七天之内的主要工作，按照以前黄金周的安排，每一个人负责什么、在什么时候进行演出都布置得很清楚。

从售票员统计的情况来看，今天一共有游客15人，买门票的有11人，今天的门票收入是165元，其中有美国的游客两人。

2006年10月1日，星期日，农历八月初十，属猪，多云间晴

村里收谷草的人家很多，这几天天气虽然不是很热，但是已经是连续几天没有一滴雨水，村民晒在田里的稻草已经被晒干了，基本上都可以收了，除非还有其他的什么事情。如卢学贵家、卢朝生家等等，可以说，这两天村民的主要事情就是收谷草。

根据国家医疗合作的政策，村委会来了一个医务室的项目。村委会张春华书记想把这个项目定在箐口村，就与箐口村民商量找一块一百平方米的地，意思就是叫村民小组出建筑面积，以后就可以方便村民看病，还可以方便来村里旅游的游客。今天在建筑方老板和村民小组的协议下基本定在学校的一角，出发点是还可以治疗学生们的一些小病，以及临时的皮外伤，为了这个事情的，晚上的时候在李绍新家吃饭。

在前几天，村民小组就与红河哈尼梯田世界遗产申报办协议在十一黄金周期间，即十月二日在村里举行一个山歌大赛。为了这个事情的落实，村民小组与村里唱山歌比较出名的杨正明商量，决定参加比赛的人

选,并在入村的路口挂起了一块布标"十月二日箐口山歌大赛欢迎你",以吸引一定的游客,增加村里的门票收入。再说,也能汇集村里唱山歌的能手,让他们借此机会互相学习,彼此有所提高,同时也是把哈尼文化向外宣传的机会,届时肯定会有很多的媒体传播。

今天是十一黄金周的第一天,或许是刚刚放假,很多游客还没有赶来,今天来村里的游客不是很多,统计下来只有41人,而买门票的只有7人,门票收入才105元。因为游客来得少,管委会文艺队也没有很好地演出,只是他们自己在进行排练。

2006年10月2日,星期一,农历八月十一,属鼠,多云间晴

按照管委会的安排,景区里具有民族文化特色的水碾、水磨、水碓都在这个黄金周正常地运转,从昨天开始就已经安排了人演示。可是今天演示的人来汇报情况说水磨房被李庆锋锁住了,不让正常演示。了解情况如下:他家的地还没有被正常征用,要求需要人演示的情况下他家也可以出一个劳动力,或者按照正常的征用标准给予补偿,否则他家人是不会同意这样做的。在此之前,姜文他们来拍电影时也出现过类似的情况,同样也是一家人出来制止,给了1200元补偿才答应可以拍电影。

按照红河州哈尼梯田世界文化遗产申报办与村民小组的计划,村里今天举行山歌大赛,参加的人主要限制在村内。经过推选决定让李正林、张正和、卢朝贵、李树华、李正亮做评分委员,参加的人有杨正明、卢迁、李生明、高正才、李四明、李志祥、李朝生、卢同则、李得福、罗金得、张志光、卢好角、李好文、李秀英、张美英、卢建英、卢小艳、李文英、李艳芬、卢艳英、白玉花、杨美英等。根据参加比赛的情况和评选结果,评出第一名一人是杨正明,奖金500元,评出第二名2人,分别是卢好角、李秀英,奖金每人300元,评出第三名三人,他们是罗金得、李四明、白玉花,奖金是每人100元。其他均为鼓励奖,每人分别得50元,一共是23名。每个评委都给了100元的报酬。这次组织这个活动的经费是红河哈尼梯田世界文化遗产申报办赞助（4000元），村民小组主办，管委会协助完成的。从所唱的内容来说，他们主要讴歌现代的美好生活，还有年轻时谈情说爱的一些经历，从唱法和所唱的音调来看比较单一，淳朴，都属于这一带的唱法。所用到的工具主要有木叶、巴乌，从所利用到的工具来说也很有限，其他本民族所擅长的三弦之类的乐器都没有使用。这是从这次山歌大赛中总结出来的，应该说这是第一次集体组织的活动，也难免出现这样那样的小问题，相信在以后的活动中会组织得更好，参加的人员更多，民族的文化越来越丰富，越来越具有特色，给景区增加丰富多彩的民族文化。

或者是到了十一黄金周的第2天，或者是山歌大赛也起到一定的宣传作用，今天来的游客就相对多一些了，售票员统计的情况是，一共有游客137人，买门票的有93人，今天的门票收入就到达1395元，其中有台湾的游客37人，也应该是到目前为止海外游客比较多的一天。

2006年10月3日，星期二，农历八月十二，属牛，多云间晴

今天的游客就比较多，管委会按照安排上午演出了一场，下午同样演出了一场，其他的织布和编织的，以及水碾这些都正常地运转，每天要给安排做这些活的人补助十元。但是水磨房子被李庆锋锁了，没有正常地运转，需要管委会与他家商量解决的办法。从售票员统计的情况来看，今天的游客数有两百人，有151人买了门票，门票收入是2265元，其中有一个法国的游客。

正可能是游客多起来的缘故，今天村里李文科的妻子在广场卖紫糯米，她在家里煮好以后用甑子背到广场，然后用芭蕉叶包着卖，一元钱二三两，买吃的游客也比较多，从中午12点左右到下午两三点就卖完了。听说一甑子（有三四十斤）糯米饭可以卖到100多元，这在箐口村里来说也是一件新鲜的事情。在此之前，只有几个做服装的人会出来做一点生意，有时是叫游客穿民族服装照相，多少收一些费用，有时就直接卖给他们。像她这样出来卖一些特产的人还是少。旅游这一行业，如果把它说成是一针强心剂的话，它能唤醒箐口人民的多少觉悟？给箐口人民多少改变？这几年有的说投入少了，有的人说村民的素质需要提高，究竟怎样运行、怎样发展？还是要进行研究。

2006年10月4日，星期三，农历八月十三，属虎，多云间晴

上午的时候，管委会主任郭应忠到李庆锋家调解水磨的事情，据他家家人说，主要是因为他家人没有拿到征用土地的补偿费，而寨子里其他人家比如说征用了秧田的都给了，他们家就不服。另外，要求像现在十一黄金周这样的时候也要他家人参与演示，享受每天十元的误工补助，就可以答应配合，其他的也没有要求什么。

村民家的谷子多数是收完了，只有一些零散的没有收回来。今天李树华家收割，他家今天收割的谷子主要是栽种在海拔1700米左右的公路上，栽种的时间也相对晚。再说他家栽种的这种品种成熟也相对要晚，气候又相对的冷。原来他家是准备作为鱼塘养鱼的，只是后来觉得可以插秧就栽了秧，一年里多少可以收获一些粮食，田的面积可能有一亩多，能生产六七百斤稻谷，他家的田主要还是集中在寨子脚。

今天来旅游的人还是相对要多，统计有141人，买门票的有92人，门票收入是1380元，统计中没有注明是否有国外的游客。管委会还是按安排进行演出。另外，由于省人民财产保险公司的人来了，还特意安排演出了一场。

2006年10月5日，星期四，农历八月十四，属兔，多云间晴

绝大多数人家已经在收谷草和收田埂上的豆，或者做田埂的事情，如张天祥家收谷草，张斌的妻子收田埂上的豆，李庆文搭田埂。可是，今天李平珍家还在收谷子，可能是今年里收谷子比较落后的人家了。主要是因为他家今天收的这些是在旱田里，这种旱田一般到了六七月间雨

水来临、水量丰富时才能耕种下去。所以谷子成熟的时间就相对要晚一些，除非栽种一些成熟比较早的谷种，或许可以收得比较早一些。或者想办法让它们变成水田，如他家的田下面那一块田，是分给他兄弟的，他兄弟劳教回来重新做人，辛苦了一段时间，经常放水和多犁几次多耙几次后，现在已经成水田了，常年保持田里有水，在同等面积下的产量自然就比他家的高。

可能是房子背后的树叶遮挡了他家的阳台，今天中午的时候，卢学明砍了房子后面的树枝。这些树虽然不是他家的，但是从村里的情况来看，只要是不把整棵树砍倒，与栽树人家商量一下，多数人家还是会同意处理的。因为有一点是，如果树枝或者雨天时树倒了落到房子上，树的主人家还要出鸡鸭祭祀，这是一个原因。主要还是从友好的出发点考虑，相互间都会体谅和让步。

比较去年的十一黄金周来说，今年的游客就少了很多，今天的游客也很少，统计中只有43人，买门票的有32人，今天的门票收入是480元，其中有法国的游客3人。停车场每天都空着，要是在去年，顺利停放汽车也要有一定的驾驶水平。

2006年10月6日，星期五，农历八月十五，属龙，阴，有中到大雨

卢荣贵家运来一车砖，他是在职老师，每个月都有固定的工资。再说他的父亲也是退休的老师，从经济上来讲，应该说是有能力建房的。而他的老房子已经是新建的，他的兄弟卢荣富也建了一层的房子，今年就准备建盖他的了。房子选择建在他家的秧田里，从年初就把田里的水放干，而后就准备材料，着手建盖。到今天已经有一个多月了，可能是核算后砖不够用而又买回来了。为了不影响停车场内的秩序，他家积极配合，叫了很多亲戚来帮忙，没用多少时间就背到工地上了。另一个原因是停车场到他家的距离也比较近，只有五六十米，运起来就自然比其他的人家要快。

今天是农历的八月十五日，就是中秋节。中秋节在村里来说并不会有多么隆重，或者说受重视，问过一些中老年人如何过年，也主要是吃一些汤圆，等月亮出来鸣鞭炮，以前有火药枪时还放一两枪，以示过节了。然而，或许是现在的生活水平提高了，大家都学着城里的人买鸡鸭、买水果、买糕点，还邀请一些朋友来过节，变得有些热闹了。到了晚上月亮出来时，鞭炮声更是连绵不断，有点像比赛的样子。

或许是中秋节的原因，或许是有雨的原因，今天的游客就比较的少，只有14人，买门票的也只有5人，门票收入是75元，其中有美国的游客4人。

2006年10月7日，星期六，农历八月十六，属蛇，凌晨大雨，白天多云间晴

当大家都忙着去搭田埂，或者做其他事情的时候，今天卢学明家还在收割谷子，可能是今年里收割最晚的一家了。主要是因为他的妻子在要插秧的时候去世了，一个大男人领着孩子，既当爹又当娘，插秧可能要数他家最晚了，原本就比较穷的家庭现在更是雪上加霜了。不得已，他叫了他们卢氏家族的人来帮忙，因为田也不是很多，出去帮忙的人也有二十几个，到了中午1点左右就收割完回来了。

上午的时候，就听说李小明的妻子在凌晨时生得一个男孩。说起他的婚姻，比较村里的同龄人来说并不是那么圆满。他今年三十五六岁，到结婚年龄时成家，生得一个女孩已经10岁左右了，也不知是什么原因就离了婚。前两年与现在的妻子结婚，现在喜得贵子，对他来说应该是一件值得庆幸的事。

箐口村里进行了农网改造后，很少遇到停电的事情了，可是今天晚上九点三十分时停电了，也没有听到什么电厂的停电通知。

早上下过一场大雨，下午逐渐晴朗起来，可是，游客还是比较少，统计下来只有15人，从售票员统计的情况看，游客们都没有买门票，

可能都是本县来的，今天也就没有门票收入。由于游客比较少，管委会文艺队也没有进行演出。

2006年10月8日，星期日，农历八月十七，属马，阴，全天有雨

或者是这两天雨下多了，电线出现短路的缘故，从昨天到现在，村里都一直停电，用电做饭的部分村民还有几户大理人家都只有用火做饭了。由于全天都有雨，村民就不能出去做工了，好像是给村民放假一样，大家除了去放牛的人之外就没有人去做田里的事情了。

可能是为了慰劳这个十一黄金周的辛苦，旅游局今天下午在管委会举行会餐，邀请了胜村乡的领导、攀枝花乡的领导、新街镇的领导，包括管委会自己的人一共有五桌人。由于有一个县里的领导没有能够按时来到，到了晚上九点左右才吃饭，而又由于停电，他们吃过饭就赶早返回了，没有像有电时的吃饭时间长。来的主要是书记、乡长、副乡长等几个主要的领导，都基本上是驾驶着自己的车来的。

今天虽然一天都下着雨，但是从售票员统计的情况来看，还是有二十个游客。买门票的有18人，今天的门票收入是270元，其中有法国的游客16人。到现在为止，应该说是国外游客比较多的一天，从售票员统计的情况中可以看出，法国游客是来村里旅游的人数最多的一个国家，其次是美国、英国、德国、日本、挪威等等。

2006年10月9日，星期一，农历八月十八，属羊，阴，全天有雨

天气还是和昨天差不多，一天从早上到晚上都有雨，想去做田里活计的人都不可能出工。有的村民说这是老天给我们老百姓放假，它知道我们老百姓前一段时间辛苦了，就选择这几天给我们休息。其实，劳动了一辈子的村民都希望，田里的农活尽可能赶在冬天来临之前做完，冬天下水就比较冷，谁都希望早些做完，这是这一带的生产习惯。不同于本县的嘎娘乡和哈播乡等一带地方，因为元阳县这个地方，气候呈立体垂直变化，一个地方和一个地方的气温不同，人们生产的时间和方式就各有不同。

可能是他家已经在前几天就说好了人，或者准备好了材料，今天虽然下着雨，李院明家还是冒着雨拆换蘑菇房。或者是房子已经有了漏雨的情况，他们利用中午雨水稍微小了一点的时候，一边拆一边搭上去，年轻的人在下面送谷草，比较有经验的中年人在上面，大约两个小时就做好啦。下午3点左右，来帮忙的人都洗好手，准备喝酒吃饭了。

或者是一天都下着雨，或者是什么原因，今天又是一个没有游客的日子。

2006年10月11日，星期三，农历八月二十，属鸡，阴，有雨

已经连续几天下大雨了，原来这也是停电的主要原因。今天供电所的人来检查的情况是从国防路到村里一百米处李红家的自留山山体滑坡，造成一棵电杆倒了，不能给村里供电。其他地方的线路也有不正常的情况，他们供电所的人说只有天气好转修复了线路才能供电。

下午的时候，村里来了卫生局和民族医院的人，主要是过问村委会医疗合作站的地点问题，他们把小学校的领导和村民组长召集了讨论。说中心小学校的领导已经把情况汇报给了政府，既然这个项目是村委会的事情，就应该把它定在一个五个自然村都比较靠近的地方，把这个项目搬到箐口村，其他的几个自然村民会有意见，要求把它还是定到原来未装修好的村委会卫生室，这样可能更合适一些，命令施工方停止施工。希望村民小组改变主意，支持上级的工作，并对村民小组主动支持医院工作，为村里争取医疗站，给村里带来医疗方便，服务村民，更多地服务于来村里的游客的考虑表示理解。这样，原来定在箐口村的农村医疗合作站就取消了。同时，医院的几位领导对村委会几位负责人之间的团结问题也表示怀疑，对他们也进行了一些批评和建议，要求他们在以后的工作中加强团结，以免再出现不必要的工作负担。对于这次工作上的失误，还有造成的经济损失，他们医院方的领导都愿意承担一定的责任。

今天虽然和前几天一样，还是一直下着雨，但是，还是来了几个游客，统计中有14人，有5人买了门票，收入是75元。其中有6个游客是美国的。

2006年10月12日，星期四，农历八月二十一，属狗，阴，有雨

到今天为止，已经有五天连续下雨了，或者是小孩们在家里烦了，或者是家长没有招呼好，带着孩子来娘家串亲的张咪里的孩子从阳台摔下。他还只有三岁多，家人担心他有内伤，为了预防出现意外（主要是担心死去），他们在下午就把他们母子送到婆家疗养，同时联系了一个懂医药的人一起去。

北京是我国的首都，是政治和文化的中心。作为一个中国人来说是极其仰慕的地方，特别是一直生活在边疆的少数民族。虽然现在社会好了，物质和文化都有较快发展，来去一次北京对很多人来说并不算多大的难事，但是在箐口接近一千人的村民有多少人到过北京呢？估计也不过十几人。要说这些是因为在县财产保险公司工作的张明德有幸去北京考察，今天回来了，他也可以说是到过北京的一个箐口村民了。

看今天售票员统计的游客情况又是为零的一天。

2006年10月13日，星期五，农历八月二十二，属猪，多云间晴

经过了五六天的雨水后，今天终于变得晴朗啦。停了五六天的电，今天12点左右供电所的人来村里找人了，他们的意思是叫一些村里的人，配合他们把电杆从新街镇用汽车运到寨子头倒了电杆的地方，还要立起来。可是到了这个时候，村民都已经出去做农活了，能找得到需要的人吗？于是，村民小组和供电所的人商量决定于明天上午修复，到时通知村民出来，协助他们完成。

如果没有下这几天雨的话，根据红河哈尼梯田协会的通知，箐口管委会文艺队要参加这次在蒙自县红河州政府所在地举办的文艺会演。可是，几天的连续大雨后，出现国防公路倒塌的事故，还出现了几起重大交通事故，所以，县领导和旅游局领导都没有批准参加。今天正式接到红河哈尼梯田协会的通知，取消了箐口管委会文艺队参加文艺会演的事情，说管委会失去了一次学习交流的机会。

或许是天气情况好了，今天来了28个游客。但是，不知道是售票员统计失误，或者是什么原因，统计上没有买门票的情况，今天的收入还是为零。

2006年10月14日，星期六，农历八月二十三，属鼠，多云间晴

早上，根据村民小组与供电所的联系协议，供电所运一棵电杆到箐口村滑坡造成电线短路的地方，发动了村民每户出一个劳动力来协助完成。主要是考虑到白天村民都要出去做农活，再说还要砍除路线下的树木，虽然事情不多，还是有全部村民参加解决快，到上午十点左右就立好电杆，说是到了下午就可以通电了。可能是经常生活在电灯光下，麻烦了几个晚上的村民都比较积极，通知说是要立电杆，每户村民家都基本上出来了。线路经过的村民家的地主要有李正新家、李平清家，最多的可能要数李宏家，他家的树砍了许多，但是都基本上认为这是电力单位的事情，主要还是为了村里好，他们几家都没有说什么。只要供电所的人说要砍倒哪一棵树，他们家的人包括其他的村民都比较主动地配合。

在十一黄金周的时候，管委会的人都要值班，没有时间去收割田里的谷子。所以，栽在白龙泉秧田里的谷子今天去收割。由于经过了前几天连续的雨水天，谷子都基本上倒伏了，从收下来的情况来看产量明显降低，原本要收一千多斤谷子很多都发芽了，最后只收了两百斤左右。路过看见的村民都说要是提前一些时间收就好啦，产量就肯定比现在的要多。也没有办法，管委会原来的意图不是要栽秧的，而是放一些鱼，一则让来旅游的游客观看，二则是作为管委会过年过节的时候打牙祭用的。但是，可能是看护不严的原因，所放到田里的鱼经常有所丢失，捉回来的还没有放进去的时候多，今年插秧的目的是不让村民在那里放养鸭子和不让人们到田里捉拿所放养的鱼。

　　村民家的谷草都基本上收回来了，今天的天气又比较好，所以准备今年里翻修蘑菇房子的人家就逐渐地多起来。今天有李光明家、李志宽家，因为到山上找野生的茅草也不是一件简单的事情，明知道谷草要喂牛，使用的寿命只要三到五年就要换一次，明显没有比使用茅草的时间长，多数人家还是只有用谷草来拆换。今天的这两家也如此。

　　要不是过年过节，或者是办什么特殊的事情，或者是猪生病了不再吃食，谁家都不可能杀猪来吃的，特别是有三四十公斤的猪。因为养大一头猪，绝大多数家庭还是要付出相当的劳动力。听说卢学明家在他妻子去世之前养大了两头四十多公斤重的猪，这么几个月来，一个人当爹又当娘的辛苦，感觉到吃不了这么大的苦，再说这一段时间的猪肉相对上涨些，他就于今天杀了一头来卖。还有一点是他考虑到自己家里还要用油，就没有把整头猪卖给他们，而是自己杀了在村里卖，价钱是十二元一公斤。不管是出于生意的角度考虑，还是从帮助的角度考虑，从杀猪到购买猪肉，村民还是来了很多个，说是一会儿就卖完了。

　　今天的游客有6个人，其中有5个游客买了门票，今天的收入是75元。

2006年10月15日，星期日，农历八月二十四，属牛，晴间多云

　　天气晴了，村民又接着忙于做田里的事情了。或许有人会问，这是为什么？本人也听说一些地方不忙于整理田间的事情，而是到了春天气候变暖时才整理，忙着播种。而这一带的生产顺序是到了这个时候就要忙着把田埂上的草除去，在原来的田埂上换上一层新的泥土，变成新的田埂，接着把田也犁一道，放水到田里保养。这样做按村民的说法是，一是把草除了以后，牛不会因为看见绿草而来踩踏田埂；二是到了天气冷的十一月、十二月份，人们就无法到田里劳作；三是现在就犁好了用水保养，对来年的产量会有所提高。

总的说来，只要村民把谷子和谷草收回来就会轻松一些，做田里的事情还是可以早一两天，也可以晚一两天，中间也可以做一些其他的事情了，特别是今年里需要拆换蘑菇房的人家。也可能是因为这样，只要天气晴朗，就有村民家拆换蘑菇房了，今天也有李宏家拆换蘑菇房，过来帮忙的人也比较多，特别是他们家族的人基本上每户来一个。

今天的游客一共有9人，有6个游客买了门票，其中有两个是法国的游客，今天的门票收入是90元。

2006年10月16日，星期一，农历八月二十五，属虎，多云间晴

今天还是有村民家拆换蘑菇房顶，有卢家贵家、卢清华家。卢清华的蘑菇房顶已经有三年多了，属于正常拆换的事情，来他们家帮忙的人有十几个，没有到中午就拆换好了。而卢家贵家就有点特殊，他已经七十多岁了，妻子又是一个残疾人，两个孩子年幼在外，两年前因为雨水过多而有一个侧面的房子倒塌也不能修复。这次只是叫了两个比较熟悉的亲戚来修补一下漏雨的地方，其他地方也未做修补。

正如在前几天的日志里说到的一样，这一段时间只要是天气晴朗，绝大多数的村民都要忙着整理田里的事情。今天搭田埂的人家有卢永贵家、张春华家，搭田埂按照这里的搭法是分几个步骤来进行。首先是把田里的水放干，然后是一锄头泥土一锄头泥土地搭上来。所以，年轻的人一般都会约朋友或者亲戚三五个一起搭，几个人有说有笑地做起来也不觉得怎么累。今天的张春华家就叫了李庆生、李正祥、李四和等几个。

已经搭好了田埂，而且田里已经放满了水的人家，只要有劳动力和牛就进行犁田了。今天就有李文科家，他家的田在前几天就搭好田埂，今天就叫人开始犁田了。他家的田有点多，不可能在今天之内就犁完的。

这一段时间村民的主要事情就是做田间的活计，特别是中青年男人，只要不是生病或者有什么特殊的事情就到田里了，大家都想着把田里的事情基本做完，然后，再做其他的事情，或者说外出打工挣过年的钱。

大家都是这么想，但是中间出现的一些小事情还是要处理，听说棕匹寨又死了一个人，是李清华、李平珍他们家的亲戚，所以，今天他们家族就叫了人去那里。

今天的游客统计下来有26人，有22人买了门票，今天的门票收入是330元，问过他们的情况有5个是法国的，有3个是美国的，有15人是中国香港的。

2006年10月17日，星期二，农历八月二十六，属兔，晴

前一段时间来看田的游客就看田里忙着收割的情况，而这几天来看梯田看到的可能就是人们忙着除草和搭田埂的情况了。到处都是各自忙着整理自己家的或者是亲戚朋友家的田的农民。从能看到的情况来看有卢学贵家、李四得家等。要是其他村寨的人来找村里的中青年男人，十有八九要到田里找了。不过，找到他们家十有八九是有人的，因为在男人们忙着整理田里的事情的同时，妇女们也要趁着晴朗的天气晒干谷子入库。

听很多的村民说，电由供电所直接抄表以后费用是少了很多，所以，多数村民都比较自觉，只要到了时间就自觉地到供电所交费。但是，有人还是会忘记去。今天抄表的人来村里通知这个月未交电费的几户人家，他们有李树林家、李正昌家等几户。

今天的游客只有2个，不过两个游客都买了门票，今天的收入是30元，而且，两个游客都是法国的。

2006年10月18日，星期三，农历八月二十七，属龙，晴

上午，管委会补发8月的工资。因为来的游客比较少，门票收入不容乐观，管委会已经有两个月没有发工资了。对此，有的人员还是有一些埋怨，说原本工资就很少，现在已经有两个月没有发工资，连烟都没有抽的啦。这种情况是今年才出现的，要是在前两年，只是因为领导或

者出纳没有在的情况下会迟发几天，最迟也不会超过十天。如果在以后的发展中情况没有改变，这样的管委会会是什么样子呢？有的人这样说。

今天做田里活计的人家依然很多，有李有福家、李庆文家、张牛志家，他们几家是搭田埂，还有李庆生家犁田。李庆生可能30岁多一些，他就自己犁田了。为什么说这事呢？从村里来说，很多30岁左右的年轻人都只从事打工挣钱的事，做田里的事情也多数是背谷子、搭田埂等比较简单的力气活，而犁田这类事情可以说是难度比较大的农活，多数年轻人因为不会使唤牛而不愿犁田，有的到老都不会，宁愿厚着脸皮叫亲戚朋友来帮忙也不愿自己操作。所以要是注意观察，大家就可以明显看出来犁田的多是中老年人，很少有20岁左右的人犁田，20岁多一些的人能够自己操作犁田也算可以了。当然，犁田耙田也不一定是一件什么难事，只是一种气候吧，本人也是这两年才学着做，并不感觉有多少困难。

今天下午的时候接到村委会的通知，要求有退耕还林的人家要铲除杂草，让所栽的树木成长，说是上级省州县单位要来检查验收，如有谁家不合格就不兑现今年的退耕还林政策。

统计一下今天的游客情况，游客有16人，有13人买了门票，今天的门票收入是195元，其中有法国的游客10人。

2006年10月19日，星期四，农历八月二十八，属蛇，晴，晚上有闪雷

就今天来说，村里有那么几件事情：一是有两户人家拆换蘑菇房顶，他们是李学家、卢建华家。李学可能是考虑到自己家的蘑菇顶不是很大，就只叫了管委会的几个年轻人帮忙。卢建华家的蘑菇顶属于中等面积，可能有三十多个平方米，帮助他家的人都是他们卢氏家族的人。由于都只是换一下茅草，做起来都比较快，早上八九点开始做，到了十一二点就吃饭喝酒了，下午还可以做一些自己家里的事情。

在箐口村来说，每年到了这个时候，也就是把田犁过以后，会有很多人家利用水来冲肥，以增加田里的肥料，增加来年的粮食产量。今天有卢荣家，他们家早上就把家里准备好的牲畜肥料拿到水沟旁，吃过早饭后，一家人出来利用水冲，一些人稀释肥料，一些人就负责把水沟里的肥料送到自己家的田里，把田里的水从下而上地一丘一丘地放满。说明一点，谁家要是冲肥料到田里，他家要在前一两天就把所要放肥料的田排干水，做出排水沟，这样便于把肥料排放到所想的目的地。

箐口村180多户，900多人口，从这20年来看，基本上每年都有十几个小孩出生，也有五到六个人去世。也就是说基本每一个月诞生一个孩子，每两个月左右去世一个人。不知是什么原因，为孩子做诞生宴会的人家少，而一旦谁家的人去世，就要通知所有的亲戚和朋友，特别是上了年纪的人去世。村里人去世如此，其他村寨的人去世也如此。或许是大鱼塘村李宏家的亲戚有人去世了，今天李宏家的人约了几个亲戚前去。

村里自从成为景区以来，县州省，包括国家的很多领导都来过了。今天省州县水利系统的人来，说是有几个是日本国家水利系统的专家，到箐口村来考察。按照他们的计划，在村里随着小路考察了一遍后回到农户李宏家座谈，时间用了大概两个小时。像他们这样组织到农户家的情况，有的单位或者个人多少给农户家一点费用，今天没有给，只是把他们吃剩的一些水果和糕点留了下来以示谢意吧。

今天的游客情况售票员统计的是游客有13人，12人都买了门票，收入是195元，他们都是国外的游客，有法国的游客11人，美国的游客两人。可能是因为是县政府的领导带来的，售票员没有把今天来的水利系统的人统计在内，应该说，今天还有日本的客人。晚上的时候，应他们的邀请，管委会文艺队还到云梯酒店参加演出，他们还给了管委会一些演出费用。

2006年10月20日，星期五，农历八月二十九，属马，晴

　　原来供电所的抄表员一般是在每月的25日左右来抄表，但可能是交费的时间有所改变，这个月他于今天就来抄表了。箐口村经过农网改造以后，所有的线路和表箱都已经更新，自去年以后村里的电度收费员也不用了，而是直接由供电所安排一个人来抄电表。之后直接由用户到供电所交纳电费。听说，之后的电费是比以前的少交纳很多，村民很喜欢用这种方式。然而，线路出现一般的故障也只有自行处理，如果自己不能处理就到供电所反映，或者直接打电话告诉他们，再由供电所派人来修理。从以前叫过的几次来说，他们都没有收取工时费用，只是收来往的车路费用。来抄表人员的车费是不需村民付的。

　　如果上级领导经常来检查工作是一种幸运的话，那么，箐口作为一个中国最普通的自然村，也是比较幸运的。今天又有中央督查组的一行人来村里，从昨天接到通知的时候起，村民小组就督促村民打扫好公共路面卫生，包括自己家房前屋后的卫生，以及家庭内部卫生，要求村民把猪狗关养好，一律不准放出来，以及严格教育自己家的小孩，不准孩子在路上乱丢果皮纸屑，到停车场追撵汽车，不准孩子向游客伸手要钱要物等等。这些都是必须宣传的，除此，村民小组和管委会还要冲洗主要的路面，负责村里的消防和安全。这是到现在的做法，以后会有什么样的变化呢？

　　按照售票员统计的情况来看，今天的游客有19人，有17人买了门票，其中有5个是法国的游客，今天的门票收入是225元。

2006年10月21日，星期六，农历八月三十，属羊，晴

　　劳动，自食其力，应该说是一种美德。而因为什么事情与其他人发生吵架就未必是一件愉快之事。卢同则家与李贵祥家有一件事情经过了几代村民小组的解决，可还是没有达到他们理想的结果。卢同则说被李贵祥的父亲打伤了，要求村民小组解决。由于已经到了晚上，村民小组只是单独对他们之间发生的事情做了了解，没有召集双方当事人调解，建议他们双方于明天上午调解。

今天的陈列室广场又是鼓声震天，音乐飘扬，很有节日的气氛。经过打听，说是广东黄埔区的一个团队来了，要求管委会演出几个节目观看。从现在安排的情况，管委会平时的工作就是打扫卫生和对一些生疏的节目进行排练，而只要是团队或者什么单位的人来得多了，需要演出的也进行演出，还是相对灵活。只要是上级安排，有时到了下午六七点也要进行演出，参加他们晚会演出的也有几次。有时会给一些演出费，有时也不一定会给。管委会的工资主要还是依靠所卖出的门票费。

可能是因为星期六的缘故吧，今天的游客比前几天多一些。统计中有 30 人，有 25 人买了门票，其中有 6 人是法国的游客，今天的门票收入是 375 元。

2006 年 10 月 22 日，星期日，农历九月初一，属猴，晴

根据昨天的安排，上午的时候，村民小组召集李贵祥家和卢同则家在陈列室广场凉亭处进行第一次调解。从他们的陈述中知道，是因为李贵祥的父亲觉得以前交接卢同则家拆回的田埂石脚还没有拆，就在他昨天搭田埂时自己来拆。卢同则在远处看到这个情况后就跑来与他争理，中间动起了手脚，被当场看见的卢昌和本人劝开了回家，调解中他们都说被对方打伤了。基于这样的情况，村民小组建议双方都到医院治疗，到双方的伤有所好转，让村民小组对事情的起因经过做一些调查后再调解。

前几天，李平珍家和李清华家到棕匹寨子看望死人的情况。可能是他们家比较亲近的家属，今天他们两家都同时去用牛丧祭，而且比其他的人家多了一个队伍，是他们两家都请了跳舞的人，李平珍家请的是土锅寨村的彝族队伍，李清华家请的就是箐口管委会的队员。

今天从售票员统计的情况来看还是有 31 个游客，有 2 人是法国的

游客，买门票的有 26 人，今天的门票收入是 390 元。

2006 年 10 月 23 日，星期一，农历九月初二，属鸡，晴

　　昨天到棕匹寨村里丧祭的李平珍家和李清华家今天返回来，由于他们两家都没有做请客的准备，也就没有通知再多的人家。再说这一段时间是农忙的时候，去的人不是很多，出于感情上的考虑吧，晚上他们两家都各自请了帮助他们这次丧祭的人吃饭，男人们总免不了喝酒啦，以谢这次事情顺利完成。

　　或许是听说自己的父亲与别人发生吵架的事情，或许是家里另外还有什么事情，今天李贵祥从工地上回来。中午的时候，在交通警察大队上班的一些朋友来家里做客，晚上在他家里吃饭，这些是他平时最要好的朋友，每到过年过节都会来做客的，吃饭中也没有提起他父亲与卢同则之间的事情，应该说可能是知道他回来就到家里来做客。

　　俗话说：不吵不闹不是夫妻。在箐口村也是偶尔会有夫妻吵架的，特别是年轻的人。今天晚上的时候，李学与他的朋友们喝了很多酒，可能是酒喝多了他的妻子说他的缘故，也可能是其他的什么事情，夜里他们夫妻之间吵架起来，还惊醒了隔壁邻居们。

　　从售票员统计的情况来看，今天的游客还是有一些，一共有 38 人，有 36 人买了门票，门票收入是 540 元，其中，还是有 32 名法国的游客。

2006 年 10 月 24 日，星期二，农历九月初三，属狗，晴

　　到大鱼塘寨子做客的村民比较多。因为从现在来说，一个村委会的箐口村、大鱼塘村、黄草岭村民小组几个哈尼族自然村寨都如同一个寨子一样，一个寨子里发生什么大事情都相互通知，相互帮忙。再说，这次村里李平珍家和李清华家都没有请客，按照一般的情况，用牛去丧祭的人家回来后第二天都要请客，都认为这也是家里的一件大事情。可是就村里这两年来说，即使是用牛丧祭的人家回来请客的也不见得多。相反，有很多人家都不再做请客接待了，只是回来的当天晚上和第二天早上请那些主要帮忙的人手以示感谢。

为了迎接省州文化旅游调查组到箐口景区检查工作，管委会文艺队从今天开始进行排练。按照原来的计划是要在10月22日就要进行排练的，只是因为22日几个男队员都参加了李清华家的祭祀而造成人员不齐，所以推到今天才开始进行。根据局里的意图，还特意安排陈春梅副局长来指导舞蹈动作和队形，听说还给了五千元的经费，主要是队员的服装费和她的来往出差费。今天又是因为原来的新街镇镇长李家文（现在的监察局局长）来村里，陈春梅副局长在箐口村时有工作上的联系，他们到来之后演出了他们观看，下午还请他们在一起吃晚饭。

从售票员统计的情况来看，今天的游客只有3人，不过3人都买了门票，门票收入是45元，其中还有一个是法国的游客。

2006年10月25日，星期三，农历九月初四，属猪，晴

上午，村民小组调解关于卢同则与李贵祥两家田界的矛盾。从他们说的情况来看，基本情况是这样的：卢同则家说他被李贵祥的父亲打伤了，需要他家付医药费，还要他家出叫魂的钱；而李贵祥的父亲又说他已经是60岁的人了，他怎么也打不过一个40岁的人，他的伤也不算小，如果卢家要医药费用的话，他家同样要去好好治疗，也要举行叫魂祭祀。基于这样的基本说法，村民小组建议他们双方如果是真的有伤就到正式的医院治疗，等伤好了，根据双方各自的责任来分担。至于田界的事情，村民小组已经调解几次了，对此声明不再做任何的调解，建议他们如果无法自行达成协议就向上级村委会或者直接向法院起诉，由法院来解决。

管委会文艺队进行排练。可以这么说，管委会文艺队是陈春梅副局长带起来的，她最清楚文艺队的事情了。为了迎接省州文化旅游调查工作组的到来，她特意利用一个星期的时间来指导是有必要的。应该承认，管委会文艺队的人员的文化知识是比较低的，他们是带着泥土味的队员，

或者说是土生土长、原汁原味的舞蹈家。这几天的排练主要只是对一些小动作做统一和纠正而已。

晚上八点左右，李永福驾驶汽车出事了。主要是因为上午的时候，他与交通局里的一些人吃饭，商量他们工程的事情，他又喝多了一些酒，当时他自己认为还能驾驶汽车，就自己驾驶着汽车去工地上，到了晚上才返回来，接着又要到新街镇，当他开到晋思线285公里又100米左右的时候，突然神志迷糊，撞到路边的石墙上，造成汽车受损，他自己的脸也受到一定程度的伤害。之后他打了电话告诉家里的人，在家里人没有到达之前，他就被路过的一些朋友送到医院抢救。村里的人听说之后，很多人都去看望。到了医院后，由于伤不重就回来了。村民有这样的习惯，只要听说谁出事就会不约而同地前来看望，特别是带有一点亲戚关系的人就是不说也会来。

今天的游客有10人，有7人买了门票，今天的门票收入是105元，其中有4人是法国的游客。

2006年10月26日，星期四，农历九月初五，属鼠，晴

到今天为止，箐口村里的谷子都已经全部收割完毕了。接下来村民要做的事情就是搭田埂，或者犁田。按照这里的耕种法，都要在冬天来临之前把田埂搭好，犁好了在田里放满水保养，一是担心冬天的气候寒冷，到时候不便于耕种；二是根据他们多年的经验，现在就开始犁了保养对来年的生产产量会有所提高。除非是家里没有劳动力，或者因为什么特殊的情况，个别人家或许会推到来年再耕种。从现在来说，绝大多数人家是按照前一种说法生产，只有少数的一两家是按照后一种说法来生产。今天，村里搭田埂的人家有李永华家、李庆亮家等。搭田埂是一桩比较费力的事情，一般都是几个弟兄或者叫朋友们一起做，很少是一个人做的。特别是年轻的人，就会约好了你家做一天，我家做一天，都想尽可能快地做好了出去打工挣钱，这是他们年轻人说的。

村民小组今天做了一份书面的情况说明，要求李贵祥家和卢同则家关于田界纠纷一事到村委会调解，并声明村民小组对这一事情不再做任何的解释。

可能是上级有关单位考虑到这里缺少猪牛鸡等牲畜的饲料，给村委会一种叫黑麦草的种子，说是猪可以吃，牛也可以吃，鸡也可以吃，长出来有点像芥菜，对这些牲畜比较好。可是又说箐口没有这个项目，只是为了试验而带给他们一包，具体的会是什么样子呢？

今天的游客从售票员统计的情况来看有44人，有38人买了门票，收入是570元，当中有法国的游客2人，中国台湾的游客4人，日本的游客1人。

2006年10月27日，星期五，农历九月初六，属牛，晴

还是和昨天的日志里说到的一样，这几天只要是天气晴朗，就有很多的村民忙着搭田埂，或者犁田。今天有李光明家，他约了四个朋友一起做；有李平珍家，他约了六个朋友；还有李庆亮家，主要是因为他不在家里，常年在外打工，就由他母亲请了卢昌来做。村里像这样请小工来做田的人家还是会有几户，听说一天工时费是20元，而如果用牛来犁田之类的，一天就要付50元。所以有的中年人为了守家不能出去打工的，他就会养一头力壮的公牛，为不能在家种田的人耕种，说是一年也可以赚1000多元。买牛的本钱基本上一年就可以找回来。今天犁田的人家有李学亮家、李平清家、李建福家等，李学亮是50岁左右的人，在箐口村里来说正是要做生产的主要劳动力。年轻的时候由于身材高大，云南省体工队要他加入篮球队，只是他的母亲为了家务没有让他加入，现在由于身体不好，就叫他的女婿帮忙犁田，李建福家也是请了他的堂兄李建国犁田。

按照前一段时间的通知，今天省州文化检查组会来人，管委会负责迎接和演出，从现在的情况来说，只要有省州的领导来箐口村里，管委会就要迎接和演出，有时候还要叫全村人出来迎接。同时，还要把村里的卫生搞得很好，来过的人基本上都说村里的卫生的确不错，相比其他的村寨要好多了。

上午的时候，村委会的几个干部都到村里来，主要是查看和调解关于李贵祥家和卢同则家在田界线发生的纠纷，他们叫了两家人到田里现场查看。通过协议，关于田界线的事情基本解决，双方父母不能达成协议的情况下，他们做子女的双方都做出了让步，而双方因打架而受伤的事没有做明确的调查，也就没有得到调解。

今天的游客统计下来有10人，有9人买了门票，收入是135元，当中有3人是比利时的游客。

2006年10月28日，星期六，农历九月初七，属虎，晴

相邻的土锅寨村子虽然是彝族村寨，但是由于平时两个村寨的人们来往甚密，联姻的即使有些少，各种关系上的朋友和亲戚却不少，哪个村寨过年过节，都会相互打招呼，或者是哪个村寨的谁家出现什么大事，都会相互通知来往。今天，李文贵一个家族的人到土锅寨村子参加丧事，说是这两天土锅寨村子死的人是他们家族的人，说在十代左右前是一个祖宗，他们之间现在发生了什么事情都相互通知和来往。

陈某某是现任云南红河元阳县旅游局副局长，是本县俄扎乡哈尼族人，在那一小片区的哈尼族来说，他们的十月年就等同于汉族的春节，家家户户都尽可能杀一头猪，选择一天全村每户都要做出一桌最好的菜最好的饭沿着街心吃，就是所谓的哈尼族长街宴。虽然今年农历有两个七月，他们还是只算了一个7月。按理说现在是农历的九月份，可他们那里如同往年一样，在这两天过哈尼族的十月年这个节日了。对于现在旅游局来说，可能是人手少，工作事务多，也可能是与他平时要好的人少，她就邀请了几个管委会的人到她的老家里过年。

查看今天的游客数量是30人，有19个买了门票，今天的门票收入是 285 元，当中有法国的游客 1 人，荷兰的游客 13 人，按照统计，北京也来了 1 个游客。

2006 年 10 月 29 日，星期日，农历九月初八，属兔，晴

通过这么一段时间的劳动后，多数村民家的田埂上的草已经基本铲掉，田埂换上了一层新的面孔，很多人家就逐渐地转入给田换新装了——犁田。在没有犁田，放满水之前，田里全部是谷桩，正如没有化妆的少女；而只要犁了田，田里又放满了水，就成了刚化了妆等待出嫁的美少女，所谓神奇而美丽的梯田。

要是天公作美，给它配上一些云彩就更美了。箐口村在离云南省红河州元阳县城三十八公里处，由于这里地势崎岖，公路的里程碑标示有三十八公里，但是如果按照直线距离就可能只有几公里啦。县城与箐口村同在一个峡谷，这里气候独特，呈垂直立体变化，每到这一段时间，早上就会有一层白雾，时而像一面平镜，时而随着风出现各种形状，变化多端。铺满海拔相对较低的山谷，就是云海。加上哈尼族特有的蘑菇房。就是梯田、云海、蘑菇房为一体的亮丽风光，就是人间向往的地方。

今天犁田的村民有李志和家、李跃家等，李跃家的田可能是村里最大面积的一块，听他说过，由于淤泥比较深，一个人一头牛正常的需要三到四天才能犁完。

张毛芬在村里来说是比较老的人，听说已经有八十多岁了，自己生有一女，招了一个女婿安家。今天却有人说是她砍死了张保祥家的瓜藤，要求村民小组协调一下情况。晚上六七点的时候村民小组召集双方人员调查情况，原来是推平箐口村磨秋的时候，政府征用了一块张毛芬家的秧田，上面的地是张保祥家的。推平后，政府为了稳定张保祥家的地，重新支砌了一堵墙，这堵墙面大约有 60 厘米宽，而这堵墙里面又有一堵墙。张保祥家原来就栽的丰收瓜藤四处蔓延，张毛芬就借口说这个墙面原来是她家的秧田，清理墙面时砍死了很多张保祥家的瓜藤。就这个情况来说，村民小组的人认为张毛芬这样的做法有些过分，但她是一个八十多岁的人，张保祥又是一个比较好说话、直爽的人，对于是否赔偿免去不谈，而对于已经被征用的墙面双方都不要再做任何的手脚，自会有村民小组或者管委会的人集体来管理。作为村里集体的土地，作以后绿化或者旅游设施的建设使用。

今天的游客有 34 人，有 30 人买了门票，今天的门票收入是 250 元，当中有中国台湾的游客 15 人，比利时 2 人。

2006 年 10 月 30 日，星期一，农历九月初九，属龙，晴

这几天的天气情况对于赶着时间做田里事情的村民来说的确是好。要是天气不好的话，箐口村的村民一般都不会去种田，他们都说只要把田里的谷子和稻草收回来就宽心多了，一年里人和耕牛的肚子问题解决了就没事。种田虽然还是害怕冬天的到来，但是多少可以推迟一些时间，早了也只是在之前几天考虑打工的事情，迟了也迟不到来年插秧的时候，都同样可以一起插秧，一起收获。话虽然这么说，多数人还是希望趁现在天气好的时候犁好了田，所以只要天气好的日子就有很多的村民犁田。今天本人看见有卢朝生和李志和等村民，他们都是五十岁左右的中年人了。犁田在箐口是男人的活计，根本不可能看见谁家的妇女扛着农具来犁田，即使家里没有男人也会叫亲戚来帮忙，听说过有的地方会有女人犁田的事。而且从现在的情况来说，犁田是中年人的事情，很少有年轻的人犁田，即使有也是相对较少。怎么会造成这样的结果呢？请有心者去考察。

根据镇政府土锅寨村委会的通知，村民小组在广播上宣传通知箐口村里有志征兵的年轻人做好思想准备，并锻炼好身体。说是要在 11 月 8 日至 10 日间到新街镇武装部报名，主要需要的是他们家的户口簿，还有本人的身份证，以及学历。村里想去征兵的人还是多，只是在他们之中有一些说法：第一种是，要想去当兵，在保证身体正常的情况下，还是要知道一些把关的人，如医院里面的人、主管征兵工作的人，要不因为竞争的年轻人太多，被淘汰的可能性大；第二种是，当了兵回来又不像以前二十世纪七八十年代的时候分配工作。当然，现在我国的兵役法有所改变，服役时间减到两年，各种条件大有改善，津贴有所增加，特别是能当上士官的工资大有提高，所以村里想去征兵、想去当士官的年轻人还是多，就看今年有几个年轻人为箐口村增光添彩了。

今天的游客有15人，有14人买了门票，门票收入是210元，当中有10人是法国的游客，现在没有要求统计说明是哪一个省市的人，只是今天统计员注明说有2个是北京来的游客。

2006年10月31日，星期二，农历九月初十，属蛇，晴

接到县里面的通知说明天要来箐口村检查卫生，要求村民打扫好自己家房前屋后的卫生，以及自己家屋里的卫生，特别要求注意关养好猪和狗。因为箐口村是元阳县的窗口，是一个县里唯一收门票的景点，每次省州县的重要领导人物来了，都要村民或者管委会的人员打扫卫生和演出，国家级的领导来人就不用说了。按照上级的说法，现在是全国卫生整治活动期间，一旦检查某一个地方的卫生有不干净的情况，某个地方的领导就有可能下岗。所以，这一段时间来说，只要听说是上级来检查卫生工作，各个级别的领导都比较重视，要求比较严格。本人认为，某一个级别的领导下岗可以说是小事情，从大的方向来说，应该是国家关心人民，重视人民，教育人民，提高人民的卫生条件，让人民养成一种自觉讲卫生的习惯。

村民小组和管委会清理消防水池。从昨天开始，村里的饮用水已经不够用了，是因为总水源处被堵塞，他们几个上去修理了以后就会出来了。又可能是因为总水源的水池当时没有做牢固，或者说不够科学，到目前为止出现四处漏水，引到箐口村的水明显少了。消防水池已经多日没有水了，他们趁现在没有水的时候，组织清理，以保证露天的消防水池干净，

一旦有了水用起来也不会被堵塞。

今天的游客有 24 人，有 17 人买了门票，门票收入是 255 元，当中有 16 人是法国的游客。

2006 年 11 月 1 日，星期三，农历九月十一，属马，晴

接到县政府的通知，说是今天有上级领导来村里检查卫生，要求村民小组负责监督好村民家房前屋后的卫生，特别是要求打扫好村里主要路面。从这几年来，只要是上级有领导或者团队来人，都要通知管委会和村民小组，要求他们组织清理村里的卫生，以及演出。然而，这次他们是来检查村里的卫生，是国家今年卫生整治活动的专项工作，听说是全国的事情，这次是第二次检查了，在过春节之前还要来检查一次。

箐口村是元阳县的主要景点，村里主要的路面已经安排村民每天都要打扫的，包括管委会的人负责打扫好陈列室广场和停车场。所以说，箐口村的卫生是比较好的村寨之一。但是领导们还是要特别的关注，要求特别的严格，一则完成上级交给的任务，二则从中提高村民的卫生水平，可以让村民从观念上提高讲究卫生的自觉性。有利于游客，有利于村民的生活。

李得福家约好了亲戚和朋友到大鱼塘林区割茅草，他家准备过几天就要翻新蘑菇房顶了。自己的病自己清楚，自己家的情况自己清楚，从2000 年全村统一性建了一次蘑菇房以后，他们家的蘑菇房已经四五年了，可以说这是蘑菇房茅草一般的寿命，到了时间就要更换。为什么这么说？因为这一带基本上都是梯田，附近没有多少野草，多数人家用的是谷草，谷草经受风吹雨打的能力没有野草强，建做蘑菇房材料一般用了四到五年就要更换一次。要是茅草的话，经受风吹雨打的能力要强一些，可以用到七八年，家里用木柴烧火，经常受火烟熏的家里更牢固些。然而，要是有熟悉的人，或者付一些费用后，到有人保护的大鱼塘林区还能找到一些茅草，用茅草做起来的房子自然就比谷草做的好啦。听说，李得

福熟悉一个护林人员，与他联系了以后，不是说他们有了一层特殊的关系才可以去割茅草，从林区的角度来说他们也要割出茅草让树木很好地成长。他家今天叫了七八个人一起去，两三天就应该可以割好一间房子的草吧。

云南大学的教授洪某某和一个美国的老师到村里来，她们的意思是叫村里的十几个中年妇女来，要看她们刺绣。在村里成立一个组织，布料用本民族的，图案由洪老师她们提供，绣得好的图案和手工艺品就由她们收购，价钱等做好后双方面议。在叫来的几个妇女中，她们都说只要提供图案，她们是可以做好的，可是她们需要的是固定的有基本保障的薪水，她们担心做好了又被反过来说不好就只好低价处理，这样误了家里的事情又赚不了钱，这可是比较有风险的事情。至于老师们说的，村里的妇女不会做生意，不知道赚钱，那是废话。如果她们两个老师不来我们就不会生活啦，我们以前又是依靠什么过日子呢？我们照样生活得好。

今天的游客有 34 人，可能多数是县里的游客，或者是通过一些人介绍来的，34 人中只有 3 人买了门票，门票收入是 45 元，当中有 2 个是法国的游客。

2006 年 11 月 2 日，星期四，农历九月十二，属羊，晴

李得福家昨天才叫了人到受保护的大鱼塘林区割茅草，可能是够一间房子的了，今天就开始拆换新的蘑菇房，用的全部是山上割回来的茅草。如果他们建盖时认真些，耐心一些，应该说可以耐得住好几年。说到他家，原来是和他的兄弟住在寨子脚他们李氏老家那里，他的兄弟成家多年不能生育，考虑到他的子女也逐渐长大，毕竟早晚要分家，听说是用四千元把现在的房子买来的，他们家把里面的一些家具做好了就在这里生活。

在昨天的日志里说到，云南大学的洪某某老师和一个美国的老师来村里与几个妇女商量刺绣的问题。正如昨天说的，老师把着先培训，出成果再来付工时费，而村里的妇女把着先定好价钱再做，结果双方没有谈成生意，不欢而散。本人就这个事情的看法是，老师们没有具体的图案具体的价钱，就想让村里的妇女做，说是等做好了再来定价，那是一厢情愿的事情。正如村里的妇女说的，如果做好了她们来杀价，岂不是费了工时赔了本钱。当然，村里的妇女们没有出过远门，不懂市场的行情，也看不到旅游业能发展到什么程度，这是她们一个局限性所在的具体体现。

看过本人所做的日志的话，很明显看到的一个事情是，自从村里作为旅游景区开发以后，到目前为止，已经有很多省州级的领导来过了，包括部分的国家级领导。他们来村里的主要事情是要求村民打扫好卫生，要求村民和管委会迎接，文艺队演出，这是下来的基本程序，今天是有云南省交通厅的一些领导来，和往常一样，文艺队演出了让他们观看。

看今天的游客情况，售票员统计有2个游客，买门票的也是2个，他们2个都是美国的游客，门票收入是30元，统计员应该有把今天来的省交通厅一行人统计在内。

2006年11月3日，星期五，农历九月十三，属猴，晴

早上的时候，村委会计划生育专干卢正华到村里来通知，村里16岁女青年至50岁的妇女到新街镇计划生育委员会检查身体，可能是专门对她们进行妇科检查吧，说这次是免费的。说是免费检查，村里还是有很多的妇女去检查，只是从一个村的情况来说，总的可能只有二三十人去了，而且，多数是30岁左右的，40以上的基本没有人去，十五六岁的青年也听说没有去。

卢荣贵家浇灌第一层屋顶，同村里现在建盖的多数村民家一样，他家用的也是砖混结构型，面积可能有一百多个平方米，也不知道是考虑到他家亲人多，还是考虑到村里的人来帮忙的话他家得办大伙食，或者是出于什么角度的考虑。他家今天是请了小工来完成的，说是请了20

多个，每一个工时是 20 元，只提供中午一顿饭，其他的都是他家的亲人，所以不是那么亲密的村民就不来帮忙了。

李院文的姐姐有的说是出去打工了，有的说是被拐卖了，反正已经有十多年不见音讯了，从来没有与家人捎口信，也从来没有打过电话。家里人都只能是认为失踪了，或者是被拐卖到很远的地方，总认为再也联系不到了。可是，今天带着自己的丈夫吧，与她一起回来了，十多年了，看上去当然没有十多年前年轻和漂亮，还烙上了一丝丝的苍老味。

统计今天的游客有 3 人，有 2 人买了门票，收入是 30 元，买门票的 2 人都是法国的游客。

2006 年 11 月 4 日，星期六，农历九月十四，属鸡，晴

村民的田基本上要犁完了，只是剩下个别的几户人家。今天有李树华家和张明生家犁田，如果全村都犁完田，田里再放满水，就像游客们说的正好是看梯田的时间了。看起来犹如一面面镜子，神奇地呈现在大山中，早上和晚上的景色不同，一天与一天的景色不同，是快要到了让游客们大饱眼福的时候了。

陈列室的蘑菇房已经是多处漏雨，到了不修补不行的程度。可是，由于旅游局没有经费，在七八月份雨水多的时候没有得到修补，管委会积极向上级多次争取以后得到同意，今天开始请村里的李永福组织拆换，协议是拆换六间，双方预算是需要 20000 元多，基本上每间蘑菇房需要 3000 多元，加上走廊的竹子就需要 20000 元多了。

今天的游客有 28 人，买门票的有 11 人，今天的收入是 165 元。从观察的情况来看，今天的游客不只有 28 人，因为今天还有州县组织部的人来过，仅他们一行就有 20 多个人，还有 10 几个元阳县经贸酒店带来的人，这 30 几个人可能是因为没有买门票而没有把他们统计在游客的数据中。

2006 年 11 月 5 日，星期日，农历九月十五，属狗，晴

早上，村民们交咪古的辛苦粮，按照村里的户数，每户人家向咪古交的是两升谷子，这是一直以来的规矩，每年到了谷子收回来基本上农闲的时候，都要按照村里的户数向咪古上交。要是像以前有管理水沟的人和护林员，还要向他们交纳一定数量的粮食，这几年因为没有管理水沟的人和护林员，就不用后两者的份。这虽然是不成文的规定，但是村民都比较自觉，只要通知一下，就会相互传达，积极到咪古家上交。听说这是一个大咪古的，其他的助手们都没有份，180 多户人的寨子，算来可能会上交四五百斤吧。

与此同时，村里姓卢的家族也向护林员卢保应交每户一斗的谷子，因为他们卢姓家族有一片是集中在一起的退耕还林区，他们平时安排了卢保应来看护，他们 30 多户人家，看来也可能有两三百斤谷子。另外，他们今天每户人家还出了 5 元钱，买了一头小猪，还有其他的一些菜，每户出来一个男的，到他们的退耕还林区里聚餐，他们没有请什么摩批之类的人，本人认为这也是一件比较有意思的事情，就将它记录了下来。

卢朝贵是在元阳县政协退休的，在这一带可以说是一个哈尼族的文人。他通过很多年的工作经历，认识了一些同行的人是肯定的，经常都会有一些朋友来找他。今天说是山西省文联的一个作家来找他，名叫连三元，吃住都安排在卢世华家，说是准备在近期内写一部哈尼族的剧。他身高一米六五左右，年纪大约有 60 岁了，满脸的胡子，看上去还显得比较年轻，听说还能喝一些酒，饭间经常与年轻人喝一两杯。

看今天的游客有点少，统计中只有 6 个人，有 3 个人买了门票，今天的收入是 45 元，比昨天就少了很多。

2006 年 11 月 6 日，星期一，农历九月十六，属猪，阴，有雨

今天，卢朝生家买回来一头牛，主要是准备到全福庄寨子他亲戚去世的那里丧祭，因为在他的父亲去世的时候，全福庄这个亲戚家用牛来丧祭过，这次就等于说回礼。对绝大多数人来讲，如果人家用牛或者是用猪丧祭过，一旦他家到了办丧事的时候都要回礼的，除非遇到什么特殊的情况，这如同俗话说的礼尚往来吧。晚上的时候，他家还请了唱丧事的歌手到全福庄寨子他的亲戚家发糖，叫作养老。在晚上十点左右的时候，他们家给来玩或者办事的人每人发一到两块糕点，以前多数是发煮熟的糯米，现在多数都改为发糕点了，约几个人在堂屋摆好桌子上一些菜后与唱歌的人守到天亮吃一些饭再返回来。

前面说到过，李永福因为开车出事而住了医院，到今天已经有十几天了，可能是情况有所好转，他于今天中午出院回来，下午的时候就请了摩批张正和做了叫魂仪式。可能是平时要好的朋友比较多，说是今天晚上到他家做客的人也比较多。也不知道是什么时候就开始有了这样的习俗，村里无论是谁在什么地方出了什么样的大事，都有做叫魂仪式的习惯。从这里的哈尼族来说，他们相信人是有灵魂的，人一旦出了损伤、跌倒等大事，就有可能他的灵魂不附体了，就会给他身体害病，给他带来各种灾难。因此，就有必要举行叫魂仪式，希望他的灵魂不要害怕，快些回到他的身体上来，回到家里来，与家人同在，保佑他幸福安康。在村里，这个仪式多在插秧过后的五六月间做。

今天的游客情况是，统计中有15人，买门票的有13人，今天的门票收入是195元，当中有4人是法国的游客。

2006年11月7日，星期二，农历九月十七，属鼠，阴，有雨

又接到通知说，明天有省州级卫生检查工作组来村里，村民小组和管委会就突击搞卫生。村民小组主要是就村民房前屋后以及室内卫生进行监督，要求每户村民家都要自觉搞好，而管委会主要是就村内和村外的主要路线进行清理，特别是对塑料、纸张等颜色比较明显的物品进行清除，还对村内的主要路线用消防水进行了冲洗。为了今天的事情，新街镇还特意安排了武装部马部长来督促。村内已经有明文规定，箐口村

内牲畜实行圈内饲养，严禁猪狗放出，违者视情节罚款。今天因为有几户人家的猪出来被抓到而实行了罚款，被罚款的是李建生家两头猪，李志明家一头，李爱生家一头，李永华家一头，张文学家一头，每头猪罚款50元，今天一共就罚款了300元。对于这个事情，有人说罚款重了一些，有人说原谅一次。依本人之见，村民有点明知故犯的味道，村里成立管委会不是一两天的事情，而且从成立的那一天起就规定村内牲畜实行圈内饲养，不得放出，而且是经常宣传和教育。何况在2002年到2003年间政府给予政策让村民建盖猪圈和卫生间等沼气池配套工程，为了以后便于管理，来一个杀一儆百是有必要的，即使对于某一户村民来说50元还是有一定的困难，比如，李志明的妻子就因为她的丈夫和儿子没有在家就到了别人家借钱过来付了罚款才把猪赶回家，也不知道其他的几户人家是否是自己家拿的钱。

卢朝贵在元阳县来说是一个哈尼族的文化人了，原来在县政协工作的时候，就经常给政府写材料，特别是有关哈尼族的事务，就基本上是他的工作，或者是因为多年来的经历，他认识了很多在其他地方的朋友和同行，今天有云南省作家协会的艾扎、莫独两个朋友来，下午的时候，他们就在村里的卢世华家就餐，同时，邀请了几个管委会的人。

今天的游客有39人，买门票的有22人，今天的门票收入是330元，其中有1个是法国的游客。

2006年11月8日，星期三，农历九月十八，属牛，晴

在11月4日的日志里说到过一个事情，就是陈列室的蘑菇房准备拆换了，叫村里的李永福老板来做，通过这么几天的准备材料工作，他们开始拆建了，从看到的人数来说，他们叫的可能有十几个人，应该说，只需要两三天就能完成事情了。

昨天接到通知说省州卫生检查组要来村里检查卫生工作，村民和管委会就一直忙着整治村里的卫生，包括督促村民做好房前屋后的卫生，

为了做好这次卫生工作，还惩罚了几户放猪到村里主要路面的农户。从整体情况来说，这次卫生工作是可以的，经过几次的工作后，村民也能积极地出来打扫，村民小组的人和管委会的人还把主要的路面进行了冲洗，保证了主要路面的清洁卫生，卫生检查应该不会有什么问题的了，只是等到下午才听说检查卫生的省州工作人员又不来了。

今天的游客有6人，有5人买了门票，今天的收入是75元，统计中没有国外的游客。

2006年11月9日，星期四，农历九月十九，属虎，晴

上午，在寨子中心的李宏家墙上张榜村里的困难户名单，一共有四十三户。对于这份名单，从村民反映上来的情况来说是有争议的，村民看到张榜的是困难户名单，有个别比较困难的人家就反映说怎么没有他们的名单。如实说，这份名单是村委会根据他们大概的情况来定的，他们根本没有争取过村民小组的意见。因为村委会书记张春华是箐口村的人，箐口的基本情况他还是了解，那么在这一份名单中是否带上他的意见呢？应该说还是有一些。当然，张榜这份名单主要意义是什么？这就要看情况的发展了。村里发展旅游事业才这么几年，人们的思想和观念还是有所改变，在起步刚开始的时候，村民小组或者管委会要求村民做一些力所能及的事情是比较简单的；而现在就会有讲价的现象，或者说当年的领导者一年接着一年在村里做一些事情，想把箐口村建设成典型的哈尼族村寨的中心。可是，当政府因为工作的需要把某一届领导换了工作单位后，村里只有村民小组的人和管委会的人在坚持维护和管理，基本上没有了什么建设的项目，以前说是要建设的事情也给取消了。所以，村民之中无意间就流传一种观念，就是认为某一个事情在没有得到落实之前最少有一半是空的。当然，能够实现是村民求之不得的事情。也就是说，政府一套班子一套政策，一旦班子换了，政策就有所改变，对人民的思想和观念，甚至生活都会起到很大的改变。比如，原来计划箐口村要按照统一设计的建筑来建设，政府是花了很大一笔经费做好了详细规划的，可是到现在还是一张白纸。村民分家的还在建设，危房不能居住的也在翻修，而建盖起来的建筑又是不土不洋的。政府一种说法是消灭茅草房，而在箐口村又保存茅草房，还在矛盾中运行，有些人是看在眼里，急在心里。

今天一个副县长带着十几人来村里，由于在以前，只要是政府副县长以上级别的人带队来就会通知管委会和村民小组的人搞好卫生，还要演出。有时候还要迎接，而今天没有通知谁他们就来了，有人就感到有点不正常，感觉只有像以前那样运行才是正常的。

上午，村民小组到山上查看李树林与李方元两家地界纠纷的现场。地界是比较明显的，只是因为在前几年的时候，李树林由于经常打工在外，没有很好地管理，就让李方元家栽种了几年。现在的话，他要求李方元家退出，不要再栽种了，以免后代之间也有所争吵。从上午的情况来看，他们之间也没有更多的话，也没有出现反常的事情，只是李方元有所建议的是，根据老一辈的说法，他认为那块地是他家的，他已经栽种了几年是事实，要是李树林认为是自己家的就应该在几年前来料理。

今天的游客有 10 人，买门票的有 6 人，今天的门票收入是 90 元，当中有日本的游客 2 人，法国的游客 1 人。

2006 年 11 月 10 日，星期五，农历九月二十，属兔，晴

从这一段时间来说，特别是这两天，县级和镇级的领导听说省州级卫生工作组要来检查卫生，而箐口村是全县唯一的收门票的景区，他们就对箐口特别的注意，都想着有可能要到箐口村里来。按照原来的通知是要到箐口村里来，可是现在又说他们昨天就到了其他的村寨去了。但是为了以防万一，今天村委会特意召集了几个自然村的村民组长开会，他们主要是考虑到卫生检查组会返过来检查，就特别地在意这个事情，声明在这一段时间主要宣传注意卫生的事情。晚上的时候，他们还特意杀了一只羊，邀请新街镇的领导等人。村民小组和管委会的人今天又用水冲洗了村里的主要路面。

作为云南大学哈尼族文化调查点的箐口村，从把点定了之后，已经很多学生来过了，对于箐口村的基本情况都有所了解，而且每个月都基本上会有老师或者学生来，对每一段时间所发生和变化的事情都要做调查报告。今天白云来了，她主要是就村里的经济做补充调查，还有民俗活动在生产消费方面的比例，根据情况她安排了一个星期的调查时间。

今天的游客有10人，买门票的有6人，收入是90元，当中有法国的游客1人，日本的游客2人。

2006年11月11日，星期六，农历九月二十一，属龙，晴

今天卢朝生家到全福庄寨子丧祭，听有人说他们之间是同父异母的关系，就是说他的妹子嫁到全福寨子，在他父亲去世的时候她家也用牛丧祭过，这次是她家老人去世了，卢朝生家就必须回祭，等于说是还礼。由于卢朝生家不准备请客接待，他家就没有通知一个寨子的人家，只是通知了比较亲密的亲戚，所以，其他没有通知到的人家就不一定来参加。要不，基于感情的角度来说，只要是通知到了每户村民家就要参加，一则帮忙，二则凑热闹，三则说明了主人家的为人和势力，参加的人多，从一个角度说明主人家为人好，亲戚朋友多，相反就有反面的意思了。

箐口作为景区来旅游的人是比较多的，来调查或者说是视察的领导也比较多，基本上每两三天都会有不同级别的人来，不是县里的领导来，就是有省州级的人，甚至有国家级的人来，而这样就会安排管委会的人做好准备，要不就是迎接，要不就是演出，或者两者都要做好准备，还要把主要路线上的卫生搞好，这是管委会成立了一个文艺队之后的惯例。在管委会里没有文艺队之前的2002年到2003年之间，管委会里只有7个人，他们有两个人是负责收门票，其他的五个人主要是负责管理景区内的卫生和维护其他旅游设施，还有消防、治安等一系列工作。2004年

9月间建立了以民间传统舞蹈为主的文艺队之后，村内的多数卫生就安排给村民，经费从门票收入的30%中提出，管委会只负责用来演出的广场和停车场的卫生，他们的职能似乎有了一点点改变。景区里大一些的设施如果需要修理就要向局里汇报，管委会基本没有自作主张的权利。今天，原来是说有一个州里的副州长来，管委会不准员工请假，可是等到下午要下班的时候都没有来，有人为此而说，要是早知道不来就与其他的人到全福庄寨子吃牛肉去了。有人就说，这些官应该到北京学习学习。

今天的游客有14人，买门票的有13人，今天的门票收入是195元，统计中没有说明有国外的游客。

2006年11月12日，星期日，农历九月二十二，属蛇，晴

卢朝生家今天丧祭回来，他家因为不打算明天请客接待就没有再到街上买菜了，在全福庄寨子的时候就要求伙食总管不要留很多的牛肉，只要留够今天晚上的伙食就行了。可能是不知道的原因，听说全福庄寨子里他的一个亲戚拿来一斗米送礼而被他坚决退回。因为要是主人家还要请客接待的话，知道了的亲戚朋友要给他家送礼的，礼物可能是钱，可能是谷子或者大米，数量不定。要说一点的是，可能是随着物价的上涨，现在给钱的一般都在5元以上了，本人还记得二十世纪八九十年代的时候，给的钱一般就是2到3元，给1元的人家也不见得少。

根据村委会的通知，于11月9日在寨子中心李宏家大墙上张榜的困难户交两张相片，要求彩色的五寸相片，而且是名单上本人相，村民可能是考虑到这个事情对他们会有好处，或者说工作比较到位吧，他们都比较积极，到了下午就有多数村民的相片拿回来了，只是有个别的相片不是彩色的，说是因为他本人不在家，他们的家人就用他们的黑色照片洗了几张，不知道是否符合要求？

今天的游客有14人，有9人买了门票，收入是135元，当中有法国的游客 4 人。

2006 年 11 月 13 日，星期一，农历九月二十三，属马，晴

农牧局水产站和新街农科站的人来村里，他们是来规划箐口寨子脚冬水养鱼情况的，根据他们的计划，准备在箐口寨子脚一带的田里规划五十亩养鱼范围，他们联系了村里的组长和副组长实地观察，从规划的范围来看可能涉及七十户左右的村民家，要求是要在三分大的田里挖一个直径三米、深一米左右的鱼塘，站长还特别交代说，如果谁家的鱼塘不符合要求就取消在箐口村养鱼的这个项目，希望村民小组督促好各家各户。

20 世纪 80 年代的时候，根据国家政策的规定，箐口把村里的狗都全部打死了，以防狂犬病的传染，之后的二十年左右村里没有一只狗。而这几年不知道是消灭了狂犬病还是什么原因，也不知道是谁家先养起了狗，村里这几年的狗数量多起来了，为了村里发展旅游事业，以防村里的狗咬到游客，《村规民约》里明文规定村里不准养狗，可是还是有很多村民家养狗。到现在虽然没有听说咬到游客的情况，但是今天就听说李贵文家的狗咬了张正荣妻子，张正荣的妻子为了预防感染到医院打针，听说这种药水的费用比较高，就只打了一针，准备到晚上的时候与李贵文妻子商量找一些钱再打几针。还听有的村民说，他家的狗不止咬了张正荣妻子一人，有人向村民小组建议叫他家的这只母狗不要再养下去了。因此，本人和李树华组长还特意到她家里交代，建议要不把狗用比较牢固的绳子拴住，要不尽快地处理掉，以免再出现不愉快的事情。

售票员统计中今天的游客比较少，只有 3 人，有 2 人买了门票，收入是 30 元。

2006 年 11 月 14 日，星期二，农历九月二十四，属羊，晴

昨天才与李贵文的妻子交代说注意关养好她家的狗，今天又听说李建华的儿子被咬了一口,他儿子才3岁多,说是在路上被咬的,伤口不算很大,但是他们为了预防感染,还是带到医院打了一针预防药,钱是李建华夫妇自己出的。看来,她家的狗是有必要好好看护了,要是被咬的伤口重了会是什么结果呢?

上午,村委会的老乡村医生孔医生和新上任的乡村医生白主任妻子来打预防针,领来打的人很少,或许是村民戴着有色眼镜看人,按照他们的说法是,孔老医生已经是70岁的人,而且还经常会喝一些酒,村民就有一些不放心,他一个人来时很少有人叫他给药和打针;而白主任的妻子在箐口村里长大,只是在这几年在什么地方参加培训过就出师上任,从某种角度来说,在她没有很好地处理过一些病情,打响她名声之前,村民是不敢用自己或者家人的身体来做试验的,他们宁愿多花一些费用到新街镇或者到县医院治疗。在她以后的医护生涯中丰富了自己的才能,用事实来向社会和人们证实自己的能力后,或许请她医治的人就会逐渐增多,支持她工作的人就自然会多。毕竟她还年轻,只是20多岁。

今天的游客有13人,买门票的有11人,今天的门票收入是165元,前几天每天都多少有几个国外的游客,统计中今天内没有。

2006年11月15日,星期三,农历九月二十五,属猴,晴

管委会接到通知说,今天工商局的人会来村里,要求管委会文艺队做好演出的准备。有人说,工商局像这种情况通知来的有几次了,他们每次观看了文艺队的演出后,多少还会给一些费用。现在的话,文艺队这样演出一场收取的基本费用一般是300到500元,有时根据业务的往来收取的费用不一定固定。

上午,村委会通知村民小组,要村民张志林、李以略、张天祥、李四才、卢迁5户人家的家主速到村委会交五寸相片两张。这几户在村里来说是相对困难的人家,本人分析可能是向上级汇报什么材料而需要他们的照片。

在寨子脚有一条主要是到田间的大路由于多年未加以修理，再加上雨水季节的冲击，造成水土流失严重，到这两年人畜行走极其困难，村民都希望修复这一段路，特别是每当有老人去世送葬经过这条路的时候，人们都会说这条路到了应该修复的时候。而平时，特别是经常看护田地的中老年人与村民小组的人就餐时百分之八九十都会有意无意地说起这件事情，这条路按照村民的意思是到了应该修补的时候！坦白地说，本人一上任就把这个事情作为村里的第一个项目向上级汇报过，就是上级领导也有起有落，到目前不见什么音讯。前不久本人与元阳县财产保险公司的领导联系，县财产保险公司答应给予一定的物资帮助，村民自己出一定劳动力后，准备修复这一段路。由此，今天有箐口村民小组成员到新街镇定点取石头的大鱼塘村落实石头的事情。

今天的游客有 21 人，有 20 人买了门票，今天的门票收入是 300 元，当中有法国的游客 20 人，或许是售票员没有很好地落实情况，或许是她只是做了估计，按照一般的推理，今天就只有这个法国的团队，没有买票的一人可能是给予优惠的人，要是有其他的游客，他们应该有明确的注明。当然，这样说来也有售票员本身的素质问题，主要是说知识问题，管委会除了现任的主任郭应忠是小学老师出身，曾经当过兵，本人是高中学历外，其他的都是小学到初中的学历，女的更是小学一二年级的水平，甚至没有上过学，上过初中的也只有卢世华一人，可能肯定地说，他们能用地方的汉语说几句、讲几句普通话都是从社会学来的，怎么能从游客的身上识别是英国、法国、美国或者是其他的哪个国家的？他们的语言交流和识别肯定是一个问题，不得不怀疑他们统计中有一些水分，这也应该说不是什么奇怪的事情了。

2006 年 11 月 16 日，星期四，农历九月二十六，属鸡，晴

上午，这几天到箐口村云南大学哈尼族调查点做调查的白云返回到昆明，她已经圆满结束了为期一周的调查。这样说来好像对她有一点褒奖的意思，可本人认为一点也不存在这样一层意思。本人一直认为没有什么事情是不付出劳动就可以轻易完成的，搞科学技术也好，做农民也好，做学问也如是。云南大学哈尼族调查点的组成人员不辞辛劳，从省会昆明每月轮流着安排学生或者老师来到箐口，对每月所发生的事情做调查报告，如果谁马虎了就会对整个一系列的调查报告产生影响，所以，无论安排谁来都认真地做、尽力地做，他们是负责的、辛苦的，都想着为这个点做力所能及的事情。而来自其他学校的学生就不好说，也许是所学的专业不一样。

村民小组根据农牧局水产站和新街镇农科站的安排，对规划区域所涉及的人家开展思想工作，因为一旦他们送来鱼，村民每公斤鱼要出四元钱，而有的村民家自己也有鱼种，有的比较多，而有的人家的田又比较小，即使养到田里也不会有什么好结果，所以，村民小组就只有一户一户地与他们说清楚，争取他们的支持。的确，在涉及的七十多户村民中有几户说自己已经把家里的鱼种养到田里啦，有的说家里的田小，到了二三月的时候灌溉水忙不过来，多数村民还是希望把这个项目争取下来，在村里的田里多养一些鱼，免得以后自己到处找鱼种。

今天的游客有十三人，有十二人买了门票，今天的收入是一百八十元。

2006年11月17日，星期五，农历九月二十七，属狗，晴

上午，李永福家拆换蘑菇房顶，他家的房子顶全部用水泥灌注过，即使最上面的屋顶漏雨也下不到下面的堂屋里来，刚开始建盖起来的时候没有蘑菇房顶，是在2002年全村统一建盖蘑菇房的时候建起来的。这几年政府似乎侧重于收门票和演出接待两项事情，对村民的建筑和旅游设施几乎没有什么投入，分家和房屋漏雨建盖房子的人家都做成砖混结构的，有的人家没有建起蘑菇房顶，有的人家墙体没有做成土颜色，可以说是不符合箐口民俗村的有关建设规定，但是，政府也没有加以及时的制止，管委会也没有如实地向上级旅游局汇报情况，村里自然就出现了新建的房子没有蘑菇顶，墙体保持了砖的本色（红色），这样一来，他今天也打算把蘑菇房顶拆除，省得他到处找材料，还要投入一定的精力。

李绍新他们今天开始到村委会旁边装修医疗卫生室。提及这事是因为以前政府就在村委会旁边叫一个老板建设了一个一层的卫生室，只是后来政府没有付清施工方的工钱暂时由他家居住管理。今年新来的这个项目原来是打算建盖在箐口村的，只是通过几次的会议讨论决定，还是用这个项目的款付给他家，把原来建设好的再进行装修一下来用。原来打算在箐口村建盖的时候，李绍新他们已经施工了一段时间，讨论几次不适合就停工了一段时间，今天应该是正式开始对原来的卫生室进行装修。

在村委会茶叶厂没有倒闭，还生产茶叶的时候，好像还没有村与村之间因地界问题发生争执的现象，而茶叶厂倒闭以后，茶树被死完，各村民组织群众进行管理，从而就出现了村与村之间的纠纷，村委会的几个干部也是各自为政，根本没有进行调解，从而又出现告状到政府的现象。与此同时，村里也出现了认老自留山自留地的情况，有的是几年前私自占用集体土地的情况，于是就有村民提议全部收回这样被占用去的土地，归集体管理。这样，问题就出现了，有的人家的树木就得砍死，杂粮就得收回，管理人家和多数群众之间的矛盾就接着出现。因而，村民小组成员本人和李树华这几天就多数群众的意见与几户比较典型的村民做了沟通，他们主要是李平珍家、李得贵家，还有李文才家等。了解到的情况姑且不在这里做一一说明。

今天11月17日的游客有16人，有14人买了门票，收入是210元，当中有9人是法国的游客。

2006年11月18日，星期六，农历九月二十八，属猪，晴

箐口村的地势，相对其他的村寨要平缓一些，相对整个云南省的山区来说，泥石流和滑坡的情况比较少。可是，听老年人说，在很多年前还是出现过一次很大的泥石流，寨子后面七八百米的地方山体滑坡，给寨子带来了很大的灾难。现在每年到了七八月雨水季节的时候,寨子旁边的这条水沟还是会带给箐口人民一些困难,特别是村里的有些人家在沟里捞沙取石后,寨子旁边的田地都有所损害,最要命的是有一个寨神林已经被冲去了三分之一,还有这几年来寨子中出现一路房子都开裂的现象,有人家的房子已经裂开到可以把手脚都伸到屋里去了。这个事情是箐口人民心里的一块大病。只是在没有出现人命的情况下好像还没有政府的人说起过。曾记得云南理工大学地质勘查队的老师与本人说怎样预防和测试的学术话题,只是鉴于村里的经费无法开展工作。平时出现的田埂倒塌、地角滑坡在箐口来说似乎是一件常事,特别是田埂倒塌的事,不是张家的田埂倒塌,就是李家的田埂倒塌。寨子脚通往田间的这条主路由于多年没有加以修理,而又加上雨水的冲击,已经到了寸步难行的程度。张明福家的田埂3年倒了3次,他的父亲今天又在支砌石墙了,如果他一个人砌的话可能需要三四天才能完成。

上午,管委会文艺队何梅队长来了,她是为了管委会准备参加县里组织的电信杯文艺演出而来指导队伍,给队伍教一些新的动作和指正他们的队形,到11月23日的时候代表县旅游局参加,旨在拿到好的名次。

对箐口村来说,今天又是有历史意义的一天,就在前一段时间退出来的集体土地中,每户人家带上20株树苗,每户人家又出一个劳动力到山上植树。主要是种在原来叫学生地的一处,这里原来是茶叶地。村民叫拿安天的一处、叫红马洞火的一处村民的意见是作为牧场,方便放养牛,那里就没有植树了。村民多数人的意见是赞同的,认为这件事情做得很好,有少部分人家因为他们家退出了管理就有一些意见。从历史的角度来讲,如果本人的日志有参考意义的话,多少年以后,今天就是值得追忆的日子,选择的日子是依本人的意见,箐口人民认为属猪日很吉祥。

今天的游客有28人,有26人买了门票,收入是390元。

2006年11月19日，星期日，农历九月二十九，属鼠，晴

管委会继续排练，召集其他村寨的人回来。在几十年前的箐口村，本人记得有几个专门跳哈尼族民间舞蹈的艺人，而之后的十几年没有人再跳了，即使遇到什么喜庆的节日，或者不得不跳的丧事中，也要到其他的村寨请。包括箐口村里成立文艺队，也是到其他的村寨请师傅来，他们主要有胜村乡麻栗寨村里的李万明，他主要是负责教和跳木鹊舞；其他还有新街镇热水塘村里的白雪则、郭兰沙、李金福等，他们三个则主要负责教和跳流星赶月、金钱棒、绸扇舞、双节棍等。在平时没有什么演出任务的时候，他们都可以在家里做自己的事情，一旦有什么演出任务就通知他们回来。至于工资的事情，考虑到现在每一个月只是三百元就没有扣过。

下午，张春华家做后院的祭祀，主要是他家的新房子已经建好，简单地说意在避邪除灾、求福求利吧。了解哈尼族文化的人应该有共识，哈尼族是一个信鬼神的民族、崇拜祖先的民族，每当家里发生什么不祥的事情，都会叫摩批们做相对的祭祀，根据各种不同的事情，所需要的物品、时间、人物都有所不同。这种说成后院祭祀的活动在村里来说也是一种大的事情，一般只有在家里出了什么大事情才会选择做这种祭祀。我们的分析是因为姜文拍电影时把他家建盖时间不长的房子给拆了，虽然已经赔偿了损失，但从哈尼族心理来分析却有了一种不吉祥的味道，就认为有必要做这个祭祀吧。

今天，旅游局管委会给了咪古们一百元钱，主要是因为游客来的时候安排人搭了磨秋和秋千。在成立了景区后，为了给一些人看民族的东西，他们往往会搭好秋千和磨秋，还有操作水磨、水碾等等，而按照民族的风俗，搭磨秋和秋千是过哈尼族苦扎扎节的时候才做的，所以，每次在非节日期间做了这种事情都会适当地给一些费用做祭祀，有几次给了两百元，姜文他们用的时候给了300元，这次他们以没有经费为理由只给了100元。几个咪古有了一些埋怨，村民小组出面说情才勉强答应。

今天的游客有 10 人，有 6 人买了门票，收入为 90 元，当中有 1 个日本的游客，有 1 个德国的游客，有 2 个法国的游客。

2006 年 11 月 20 日，星期一，农历九月三十，属牛，晴，有一阵雷雨

前一段时间提到过，李永福因为开车出了事情，人住院了一段时间回来了，而他的肇事汽车受损部位到今天才修复好。由于是自己肇事，与其他的车辆不相干，只有自己付修理费，就没有了调解之类的过程了。

今天是农历的九月三十了，由于今年有两个七月份，而村民却只是算一个七月，按照村民的算法，这个月就是农历的十月份了，要过十月年。所谓过十月年，正如汉族的春节。这个节在有些地方的哈尼族中比较隆重，家家户户都杀鸡杀猪，还要摆上长街宴，同吃同乐，来的客人可以品各家主人的烹调手艺。只是在箐口村里，可能是受到其他民族文化的影响，这个节日不是很隆重，村民只是象征性地碾一点糯米，在明天的时候做汤圆吃，以示过年了。所以，下午就有很多的村民妇女碾糯米啦。

今天的游客有二十八人，买门票的有十六人，门票收入是二百四十元，当中有十三个是法国的游客，有一个是美国的游客。从这个月的情况来看，基本上每天都有国外的游客，可能是国外游客比较多的一个月。

2006 年 11 月 21 日，星期二，农历十月初一，属虎，晴

如昨天的日志里说到的一样，今天是农历的十月初一，但是，箐口村民省略了一个农历的 7 月份，这个月就成了农历的 11 月 1 日，按照村民的说法，今天就是过了 10 月份，等于说过年，不过，从箐口村的实际来看，并不是那么隆重，村民家里都只是吃汤圆，从人们的举动来说可以说过于简单，只是听说意义还是特殊和重要。

听人说，今天有 2 个湖南人来村里找一个女青年，说是她在 2 个月前骗走了他们的 7000 元。根据他们的说法，村里还是可能有这么一个人，只是今天她不在家里，说是在几个月之前就嫁到外面去了。在此之前，

她已经嫁过两次人，平时也经常和社会上的人相处。可能经过这么几年的社会经历后变得狡猾，或者说精明。本人所不相信的是，一个大男人怎么轻易就把 7000 元交给不怎么相识的女青年，除非两个人之间有过一段什么经历和关系？

今天的游客有 7 人，买门票的有 5 人，今天的门票收入是 75 元，当中有法国的游客 1 人，英国的游客 2 人。外出打工的年轻人有李文新、李小云等。

2006 年 11 月 22 日，星期三，农历十月初二，属兔，晴

上午，水产站的陈刚等人来，他们来检查村民是否挖了鱼塘，要求的标准是要在三分以上大的田里挖一个直径三米、深一米的大塘。还特意地交代说，如果鱼塘挖得不符合标准就不给放养鱼，检查的结果是多数人家都在这两天之间挖，有的人家还没有动手，要村民小组督促好，才能达到标准。

今天卢建忠家犁田，他们家属于在后犁田的人家，是因为他们家养的母牛产仔了，时间还不到一个月，怎么说也不可能赶到田里。他就只好等其他亲戚和朋友家们的田犁了以后，利用天气好的时间再去犁。今天他借用的是卢正华家的牛，他家的牛正好是力壮的时期，只要用牛的人会使唤就是寨子里比较好用的牛之一。

管委会文艺队继续排练，准备参加明天县里组织的比赛，参加的节目是男队绸扇舞和女队棕扇舞结合的综合性舞蹈。为了这个事情已经排练了一个星期，动作没有进行多大的改变，只是对队形进行了一些调整，演出的时间上做了一些安排。

今天的游客有 5 个人，有 4 个人买了门票，收入是 60 元，当中没有注明说有无国外的游客。只是今天省交通警察总队的人来了一些，中午的时候还在卢世华家吃饭，售票员就没有把他们记录在内，如果他们也算是接待的游客，今天的游客数量就有可能达到 30 多人。

2006 年 11 月 23 日，星期四，农历十月初三，属龙，晴

按照计划，管委会文艺队代表旅游局参加县里组织的首届"电信杯"元阳县民族民间舞蹈大奖赛。早上从箐口村出发，包了一张万达牌中巴车到南沙镇现在的新县城，主要承办的是元阳县文化局，参加的有 30 多个单位和个人。不过从参加的民族来看，多数是彝族的代表队，彝族代表队估计共有 20 几个，哈尼族代表队只有六七个，傣族代表队有两个，其他各个单位和个人也有几个。比赛分预赛和决赛。预赛在下午 5 点左右的时候结束，决赛在晚上 11 点之前结束。管委会文艺队在预赛中以很好的名次进入决赛，在决赛中以总分第一的成绩取得这次首届"电信杯"元阳县民族民间舞蹈大奖赛冠军。

国家收缴枪支弹药已经是多年以前的事情了，自从那个时候起，村里几乎看不见枪支了，现不知是国家对这一事情有些放松了还是有些青年人躲着背出去山上或者田边，寨子周围经常能听到一些枪声了，特别是每年到了七八月份谷子发黄到收割的这段时间，鸟儿多，打鸟的人也逐渐增多。前一段时间，村民小组还告状到新街镇派出所，叫他们来收拾一下这些人，他们在打鸟的时候经常地跑着，不注意庄稼，糟蹋了村民的粮食，还有一些是根本就不在乎庄稼，只要看见有比较大一些的鸟，就对着庄稼打枪。还有一种情况是，他们以打鸟为借口，白天观察村民的副食（如竹笋、鱼、田棚里放的鸡等），一旦有机会就装到他们准备好的口袋里偷走了。所以，村民对这种人恨之入骨。如果派出所不管，箐口村民也要求放宽政策，同样可以打鸟。今天的确发现李正学有一把铜炮枪，有村民说他今年经常带着枪支早晚的时候出没在主要的树林和村路口，当打回来野味的时候还会叫朋友们吃。听说，村里还有卢同沙也会偶尔带枪出来打鸟。

今天的游客有 19 人，买门票的有 18 人，今天的门票收入是 270 元。

2006年11月24日，星期五，农历十月初四，属蛇，晴

　　上午，农牧局和新街镇农科站的人来村里，他们主要是观察村民挖鱼塘的情况。按照要求说是要试验养鱼的人家必须在三分面积的田里挖一个直径3米以上、深一米的鱼塘，从这几天的情况观察来说，很少有村民到田里挖。之后他们又一次来观察，再次交代村民小组要督促好，不要让村民把挖鱼塘的事情当作儿戏，希望他们认真些。其次，他们今天还有一件事情是在村里找几个稻谷的老品种，找到了卢建忠家的"爱者车"（哈尼语的稻谷名）、李有福家的"车众"（哈尼语的稻谷名，早谷的意思）。每一个品种拿了大概10斤，给了每个农户10元钱，还在李其沙家拿了两斤左右的糯米品种，他家的数量有点少，也就没有给他家费用。至于其他的品种，说是已经在其他的寨子找到了，也就没有在箐口村里拿。要不，箐口村里是有十几个稻谷的老品种，就是说自己农户家里留种，一直是土生土长的当地品种，多数都是红米，吃起来味道与白米有所区别。

　　中午，代表旅游局参加全县首届"电信杯"元阳县民族民间舞蹈大奖赛管委会文艺队获得第1名回来，听说给的奖金是1000元，还有证书和一个奖杯。之后，他们到了新街镇吃中午饭，在回来到村里的时候，他们鸣鞭炮向全村人民宣布拿了第1名回来，旨在以后的工作中还要村民的支持。

　　到了这个时候，村里就会经常有人家要水冲肥了，今天有张志光家。这种人家一般要具备两个条件：一是家里要有农家肥料，二是有水和水沟能直接通到自己家的田里。在村里来说，张志光家是比较勤劳的典型农户人家，他家在自家的门前挖了一个肥料塘，平时在塘里积累肥料，等到了这一段时间把田犁过以后，趁有水的时候往田里冲去，以求增加来年的粮食产量。他家的田虽然离寨子远一些，但是，他家基本上每一年都要冲一次，有点不像寨子脚一带的田，寨子脚的田是不用水冲肥料的，只要经常注意往田里灌溉水，那些沟里的人畜粪便就自然地冲到田里了，还有点担心肥料过多呢。

今天的游客有 40 人，买门票的有 8 人，收入是 120 元，当中有 8 人是法国的游客，好像今天买门票的都是法国的游客。

2006 年 11 月 25 日，星期六，农历十月初五，属马，晴

今天，村委会的兽医又来村里了，他似乎已经是酒精中毒了，每次看到他来村里都是醉醺醺的样子，都穿的是同样的衣服，可能从穿的那天起就再也没有洗过了，还经常看见他脸和手上带有血迹，就连村民小组的人也不敢接近。出于感情的事，有些村民在两年前还会领他到家里吃饭，可是一到家里他就主动找酒瓶，几乎没有见他吃过饭，几次后就再也没有人敢理他啦。路过的人也只是偶尔地好意无意地打声招呼，有时候，有人吵他都麻木了，他就是这样一个四十多岁的人。

村民组长、副组长今天上午参加村委会会议，参加的人都是村委会各个自然村的村民小组长、副组长，内容是通知和商量农村村民参加社会医疗保险的事情。其主要内容是说，从 2007 年开始，我县农村农民可以参加社会医疗保险，政策是中央给每一个人补助 20 元，省州补助 20 元，个人再集资 10 元，一共是 50 元，做一个医疗卡就可以加入农村医疗保险了。在以后出现生病的情况下，只要是在 10000 元以内的国家就可以补助 50% 的费用。通知和要求各个村民小组积极配合在 12 月 20 日之前收取所要集资的每人 10 元的保险金。

今天的游客有 12 人，有 9 人买了门票，收入 135 元，当中有 6 名法国游客。

2006 年 11 月 26 日，星期日，农历十月初六，属羊，晴

到了现在，村里的田基本上犁完了，这一段时间村民的事情是挖地。做农民的，一年四季都按照生产的顺序，每个季节都有每一个季节的事情，可以说这是生产中总结出来的规律吧。现在就把地挖翻，其目的是

让土质保持松软，到来年栽种的时候，只要把土地再松软一遍就可以啦。今天有了挖地的人家，他们是张春华家、张小明家，好像是自然的分工一样，挖地的多数是妇女，很少有男的去，她们之间也会约隔壁邻居和朋友，今天挖一家，明天再挖一家，除了老年妇女，多数的中青年妇女都是约伙去。现在生活条件好了，每户家主都会准备一些饭菜到地里，一旦中午肚子饿的时候大家就一起吃，这可以说是原汁原味的野餐吧，小时候参加过的这种特别的野餐，有时还在本人的心中回味。

管委会又接到通知说，今天有人来，为了保持路面的清洁卫生，村民小组和管委会人员进行冲洗。除非遇到没有水的情况和消防栓不好的情况，一般情况下，只要接到通知说有重要的人物来，管委会和村民小组的人员就要组织冲洗路面，以及处理路边的垃圾，这已经是一种习惯，一种制度，即使没有明文规定，他们也会自觉地打扫。

根据县农牧局水产站以及新街镇农科站的要求，很多在规划区内的村民开始着手挖鱼塘了。今天有李志得家和李树华家，他们多数是按照要求做，把鱼塘挖在田的一侧。不过，实话说，有的村民做的鱼塘实在是过于走场，他们只是在田里围了一个圈，它的深度根本不够，照这样做下来，能否实现这个项目是个问题。

在前面的日志里说过，村民近一段时间要求最强烈的事情是修理寨子脚的一段路面。由于多年人畜行走，加上雨水季节的冲击，寨子脚的这一段路已经到了无法行走的程度，无论是生产的需要，还是老人送终的时候，都让村民感到特别的困难，几个村民吃饭聊天时都说起这一事情，特别是村民小组的成员在一起的时候，有意无意地就会说这事情。应该说这是村里最需要建设的地方。不管是通过公事，还是通过个人的感情，本人与县财产保险公司的经理普灿（本人的表哥）联系取得20吨水泥和一定的经费，今天就运回来一些石头，准备发动村民修理最难行走的这段路，以求解决燃眉之急。

今天的游客有7人，买门票的有5人，收入是75元。

2006年11月27日，星期一，农历十月初七，属猴，晴

上午，张氏家族的人捐大米，准备到大鱼塘村里家族人去世的那里。按照他们的说法，只是一家人住不下而分了两家，一个寨子住不下而分到了两个寨子。从大鱼塘村子和黄草岭村民小组，还有箐口村，这几个寨子无论是哪一个寨子里的家族人去世，都要家族人捐大米和其他的谷物来帮忙处理丧事。从这个方面来说，他们是最亲密的，这几个寨子只要是同姓同家族的就绝对不可能出现联姻，否则要受家族人谴责和其他人的笑话。据老人说，这几个寨子的张氏相隔只是六七代，在此之前是一个祖先。今天主办大鱼塘村里张氏老人的葬礼，箐口村每一个张氏家的人都要去帮忙，还有与张氏家族结拜弟兄的一个李氏家族也同样，家里没有年轻的人在，在家的中年人就得去，除非家里有什么特殊情况不能去。

中午，张文和家利用水冲肥，他家养有一头牛和两只猪，家里的农家肥比较充足，就趁现在有水的时候，把一部分肥料拿到水沟边利用水冲到他家寨子脚的田里。他家的田多数是在寨子头和水源比较缺乏的远地方，所以，即使肥料再多也只能是冲到寨子脚的这几块田里，除非用人力背去。

下午五六点的时候，李学亮家做祭祀。主办祭祀的摩批李建国拖着一条草绳，问过一些中年人，说是可能他家里的谁见了蛇交配的情况，给家里带来了一定的不幸。类似蛇交配的事情都说一般见不得，要是看见了，他（她）的魂魄就可能被带走，或者有可能他（她）本人或者家里的谁会生病，这种情况就要做这种祭祀。还有，他人在野外交配的事情也一般见不得，也同样要让做事者拿鸡鸭给见了的人做祭祀，所做的模型就要做成人样。

今天的游客有12人，买门票的有10人，收入是150元，当中有法国的游客3人。

2006年11月28日，星期二，农历十月初八，属鸡，晴

在昨天的日志里说到了，大鱼塘村、黄草岭村民小组、箐口村这几个自然村虽然有自己的村名，有自己的寨子，但是几个寨子的人都有来有往，用他们的话说如同蜘蛛网，不是你家的亲戚，就是我家的亲戚，哪一个寨子里谁家办大事情都会通知其他两个寨子的村民。前天就通知说黄草岭村民小组李学光家到团结村委会的一个寨子丧祭，昨天回来，今天他家请客，今天就有不少的箐口村民到他家做客。由于他经常带一些人在外地做工，是所谓的包工头，或者在当地来说是有一点影响的老板，而且，他家的人经常与箐口村的人来往。今天到他家做客的人也比较多。

同时，今天又是大鱼塘村张氏家办丧事的一天。为了送葬，村里张氏家族的人很多都到大鱼塘村帮忙，有的是在黄草岭村民小组吃了中午饭后过去的，因为在这一带送葬死人一般是在下午4点以后，上午9点左右在黄草岭村民小组吃饭送了一点礼（一般是5到10元，有时可能还要多一些），这样既照了黄草岭这家的面，下午又可以到大鱼塘村里帮忙，是两全其美的事。

箐口村的自来水是从山上的泉水引来的，可能是当时施工的设计上的事情，水源头经常被堵塞，村民小组的人或者管委会的人要经常去修理和清除。只要村里的自来水不够用，他们就敢肯定地说是被堵塞了。从前天开始，他们就发现自来水的水源少了，就利用今天的时间去查看了。

从售票员统计的情况来看，今天没有游客来村里。

2006年11月29日，星期三，农历十月初九，属狗，晴

昨天送葬大鱼塘村里的张氏老人，在事情处理好后的今天，他家就请客招待大家。所以，箐口村里的多数人家又去做客。一般都是这样的，像昨天说的一样，大鱼塘村、黄草岭村民小组、箐口村，这几个寨子只要是某一个寨子里人家办大事情，其他两个寨子里的人家都会很自觉地来做客，除非主人家没有邀请。

第二代居民身份证从 2006 年 7 月份开始更换，接到通知说有的已经做好了，村里就有人到新街镇派出所领取，听他们领回来的人说，现在只能领 7 月做的一部分，7 月份以后做的要等以后才能拿到。来领取的时候必须要拿当时给的制证费单据，这一段时间又不做身份证了，以后做身份证的收费也会提高。对此，村里的年轻人说，为了出门打工得做一个，而有的青年说，以前做的明明说有效期是 10 年或者 20 年，但现在一个文件就说以前的过期了，这也好像不太合理。

今天的游客有 18 人，买门票的有 15 人，收入是 225 元。

2006 年 11 月 30 日，星期四，农历十月初十，属猪，晴

昨天有的年轻人到新街镇派出所领回来身份证后，今天又有青年接着去，特别是那些准备外出打工的人。他们说，在外打工很需要身份证，有的地方如果你没有带着身份证或者其他的有效证件（主要是身份证），治安队和联防队就会来赶人，有时候弄不好还要把人抓到派出所罚款。所以，村里的年轻人对身份证还是比较重视。知道情况后，有的专门从工地上回来做身份证，只是就像昨天的日志里说到的一样，8 月份以后做的还领不到。

以前的话，妇女到外地打工村民都有一种偏见，认为是不成器，或者说特别的困难了才去，她们上街时还会取笑在街上卖劳力的人。可是，今年就不同，很多村里的妇女都相继约伙到镇上打工，她们主要是帮助游客或者镇上的人背东西，听说，一天下来还是会赚到一些钱，早上出去，晚上回来，新街镇街上多了箐口村打工的妇女。

今天的游客有 40 人，买门票的有 24 人，收入是 360 元，当中有 2 人是法国的游客。

2007年
村民日志

2007年1月1日，星期一，农历十一月十三，属羊，阴

昨天，村里送终了两个老人，如果包括开冷丧的李班长家，就可以说三个了。按照正常的选择，他们今天在家里请客接待，三家同时都请，加上去马志文家丧祭的卢傈应家就有四家。不过，不知是村民出于主观上的考虑，还是出于其他的什么原因，到开冷丧的李班长做客的人要相对少于其他几户人家的客人。当然，要是按照村民的说法，很大程度上取决于做事人家平时的为人处世和自己家的家族势力，还有他家办大事请客人时间长短次数的情况，要是办的时间长次数少，来的人就会多一些，相反则可能要少一些。这是村民们的一般理解，我认为还是有一定的理由。

正当几户家庭的人都准备好伙食要吃饭的时候，李正方带着几个人来了，他们不是来做客的，他们是来找马志文的三儿子马卫明的。据说，大鱼塘李正方家的一个女孩在八年前与马志文的三儿子出去打工，中间除了通过电话之外，一直没有回家，不明下落。李正方怀疑自己的女儿是被马卫明拐卖的。李正方等人想着家里出了大事，马卫明应该会回家，所以找来了。另外，考虑到前几天马志文家一直忙于料理老人的事情，李正方不好来找麻烦，以免伤面子。现在，马志文家已经把死人送上山去了，就来问问情况。他们也知道他三儿子回来后的第二天就又出去了，只留下了他的妻子在家里帮忙做家务，现在就要找到他的妻子问清楚情况。然而，早上的时候分明有人看见他的妻子在水井洗菜，也许是知道他们来了，到他家里找也找不到。他们就向他家里的人问了一些情况就返回了，要求他家人尽快找到马卫明说清楚情况。否则，时间越拖长麻烦越大。

按照公历，今天是2007年的第一天，是元旦节。可是，也不知道是什么原因，这一带的哈尼族没有过元旦的习惯，只是从小生活在城里与汉族经常打交道的人会跟着过节，或者说这里离县城比较近，生活水平有所好转的人们就会请一些朋友一起吃喝就说是过元旦了。就这样，村民对元旦看得很简单，不是很重视。

2007年1月2日，星期二，农历十一月十四，属猴，晴

昨天是元旦，因为忘记了安排2007年第一月的卫生工作情况，所以，今天早上才通知他们新一年开始了，还是要按照以前一样认真打扫，负责把自己区域内的卫生做好，所有的人员还是同去年一样，自己家的卫生区域也如此。

中午，还在村里做调查的在日本留学的孙洁博士的两个朋友来，说他们在北京工作，主要从事软件工作，是她以前的同学，这次知道她在村里做调查后专门从北京到昆明，又从昆明赶过来看梯田的同时看望她，陪同她在村里住一些日子再返回北京。这样的感情多么难得啊！

上午开始，村民小组发放2006年12月村民的医疗合作卡，从村委会领回来的医疗合作本来看，箐口办理了医疗合作卡的有122户，还有六七十户人家没有做。从整体上说，农村合作医疗是对农民好。没有加入的这一部分人为什么会这样？是生活困难的原因？还是主观思想上的原因？还需要村民去了解。

2007年1月3日，星期三，农历十一月十五，属鸡，晴

马志文家做祭祀活动，以前的日志里提到过的，箐口村凡是谁家里死了人都要打通房子后墙的一个洞，把死人送葬以后的一段时间里就要选择日子来做一种祭祀，主要也就是封这个洞。他们认为这是家中的一件大事，认为只有做过这个祭祀才算圆满完成了这件事情。正因为这样，做这个祭祀一般也得请自己家族的大摩批，不能像其他小事可以请其他家族的摩批。

马志文是从团结村委会上门来的，按照男方的血缘关系就得请团结村委会的摩批来祭祀。可能是为了不再延长时间，想着尽快料理完这些事情，或者说是他家人认为今天是比较吉利的日子，他们家上午就做了

这个祭祀。

可事有不巧，正当他们一家人都想着忘记家里死人的悲痛而忙着做事情的时候，前几天来找他三儿子的大鱼塘村李正方一家人又来了。他们硬是找到了村民小组的人，要求叫他家主人出来议事。不得已，双方的村民小组只得把他们召集在一起。李正方家认为他女儿是与马志文的三儿子一起出去的，一定与他的三儿子有直接的关系，而他们是一家人，一定知道他的住所，要求他家人协助他们找到他三儿子亲自过问。马志文家认为这事的当事人是他的三儿子，他已经是三十几岁的人了，而且事情已经过了八年，只有找到了当事人才能说明实际情况，他们作为家人只能是协助，其他再多的事情他们也无能为力。

对于这样的情况，李正方一家人要求双方村民小组写一份协议，也只是把他们说的情况做简要说明，至于再多的事情则认为不便说明，或者说不明确不予记录在内，或者说不能越权行政，要求双方家长为子女的事情积极配合，及早澄清事实。如是在双方家人配合下做不到的事情则上报到公安或者有关国家的单位来协助处理这一事情。

2007年1月4日，星期四，农历十一月十六，属狗，晴

可能是谁家出了大事，小事情也就会跟着来一些。这几天才处理了葬礼，马志文家今天又叫了一些隔壁青年人到树林砍柴，不知是出于什么原因，要是就柴火的事情，应该说前一些时候村民捐来的那些都不至于用完，可能是为以后准备吧。

第二次农业人口普查工作开始了，整个村委会的农普工作人员就是村委会的人。可能是考虑到张春华对箐口村的情况比较熟悉，工作起来肯定比较方便的原因，也就没有利用村民小组的人协助他们的工作。正因为这样，有的人就说有经费的时候不叫村民小组的人，而没有经费的时候又来麻烦村民小组的人，觉得他们这样做有些不合道理。然而，具体情况是否如村民所说？有志者去调查吧。

听说元阳县还是全国特困县之一。或许是这样的缘故，每年到了年底（这里以农历的说法来讲，主要以春节为界）的时候，土锅寨村委会每年多少有一些粮食与物资等补贴。箐口村是土锅寨村委会的一个自然村，就少不了有一份。前一段时间村民小组人员就已经从村委会领回来两麻袋的救济衣服。通过这么几年的情况来看，基本上都是从其他地方捐献过来的，为了能让需要的人们及时得到这些衣物，村民小组的人今天早上召集了村里相对困难的孤寡老人来领取，一个小时的时间就给发放完了。发放过程中，本人也听到一些人说，有个别人可能是领到了相对能穿的衣服就说有换洗的了，多数的人看见所发放的衣服后则说捐献来的并不是什么好的衣服，现在咱们村里不应该有人缺少这样的衣服，名义上村里接受了这些捐赠物资，实际上是接受了一堆垃圾。是吗？180多户人家的寨子，九百多人口，我见过的有一部分孤寡老人没有几件换洗的衣服，家里除了几件破得不像样的东西之外别无所有。而从多数的家庭来说，基本上已经解决了肚子和穿衣的问题，生活水平的确要比以前好多了，但话不能这么说呀：他们也是出于一片好心！

云南农业大学和日本京都府立大学的几位调查组成员今天又返回到村里来，他们已经在村里做了一个多星期的调查了，主要工作还是围绕着农业这一块展开。具体再详细的本人就不便于过问。

2007年1月5日，星期五，农历十一月十七，属猪，阴，有小雨

下午，李扎卜家和李贵祥家从阿挡寨村运回来一些木柴。前面说到过的，到目前为止，箐口村的主要燃料还是以木柴为主，多数人家都有自留山自留地，包括林木，都是自己栽种自己用，根据自己家的所用田地来自己安排。然而，这几年一则田地有限，人口又呈增长趋势，个别人家人口增多，弟兄分家后出现一些资源紧缺的情况，他们就不得不采取另外的办法来解决。比如今天从其他村寨运回来燃料木柴的李扎卜家和李贵祥家，他们两家就缺少林地，仅依靠他们家现有的田边地角的树木供不够家里所需要的燃料。特别是像他们两家又养着猪，仅是用来煮猪食的燃料都不够，他们又不是用生料来养猪。不过，今天的天气实在是糟糕，又是冬天的冷天气，来帮忙背他们家木柴的人都说怎么不选择天气晴朗的日子去拉而要选择今天的这种天气，很容易叫人着凉的。

正可能是因为天气很冷，又下着雨，又刮着风，惯于生活在四季如春气候里的人们感觉到很冷。包括耕牛，一是这一段时间山上的野草都少了，牛的食料不好，加上天气寒冷，村民养着的牛身体瘦了。为了保护它们能够过好这个冬天，今天就根本没有村民放牛到山上，而是养在家中喂一些稻草，挑水来给牛吃。前面说到过的，这一带的人们还是知道的，栽种国家新培植的杂交水稻是增产，但是因为它的稻草产量就远远低于原生老品种水稻稻草的产量，所以这是这一带的人们不喜欢栽种新杂交水稻的重要原因之一。

2007 年 1 月 6 日，星期六，农历十一月十八，属鼠，阴，有小雨

可能是箐口村离新街镇很近，每一个赶集日到城里赶集的村民都比较多。今天也如此，按照他们的说法是只要是到了赶集日，有事和没有什么事都要到新街镇一会儿，好像成了一件不可缺少的事情一样，都会想着自然地往城里跑一趟。当然，多数人是有事，要不然考虑到钱的事情就不一定会去，钱对于箐口村的村民来说并不是一件说有就有的事情。在与一些人聊天的时候谈到过，一百八十多户的箐口村有十万元以上的人不会有几个，多数村民家都只是勉强解决了温饱问题。由于离城比较近，去一趟街上也花费不了多少钱，很多村民有点大事小事就往街上跑罢了。即便是像今天一样的冷天都会有。

今天上街的村民很多，可是由于天气的确很冷，村民都为了照顾自己家的牛，今天几乎还是没有村民放牛出来，都把自己家的牛关养在家里喂一些稻草或者其他的什么食物。

留学日本攻读博士的孙洁选择箐口村作为她的调查点以后，已经来过村里几次了，这次来已经五六天。同时，她的两个在北京的朋友又过来看望她，在村里留了两天后于今天上午离开。他们来的目的就不同了，她是做文化调查的，而她的两个朋友是来旅游、看望同学的。相同的是这次遇到了不好的天气，他们说北京有暖气，所以到了冬天只要不外出就不会冷，在村里虽然不下雪还是感觉到很冷。

由于箐口村一带的经济收入还是以打工为主，所以，无论是天晴还是天阴，都会不时地有人回来，也会不时地有人出去。今天就有张志荣、李永等带着一些人出去，说是要到一个叫建水县虾洞的地方打矿。从这一段时间来看，在那里打工的工时费要高于其他很多地方的价钱，所以箐口的年轻人有十几个都到那里去了。也罢，希望他们多赚一些钱回来。

2007年1月7日，星期日，农历十一月十九，属牛，阴，有小雨

今天的天气依然很冷，同样很少有村民到山上去放牛，也很少有人出来外面做事情。这个地方很难看到下雪，冬天里最低的气温也有七八度，可是人们都感觉很冷，加上如果是有雾的天气，村民一般就在家里闲着。年轻人会集中到一起打麻将，或者打扑克，当然就免不了赌一些小钱。今天就是这样，由于天气很冷，村民都懒得出去做事情。到菜地里摘菜的人都很少看见，或许是没有注意观察的原因。

李某某家今天一家人都到南沙做客，说是其妻子哥哥的儿子过生日，一家人要到他家去帮忙，要等第2天才返回来。从传统的观念来说，很少有家庭一家人一起外出的。一般情况都会叫一个人守家，要是家里养猪养牛的人家自然就更不用说了，再紧急的事情都会留一个人在家。

今天是星期六，箐口小学进行补课，说是元旦已经放过假了，要利用这个星期休息的时间给学生补课。这在箐口小学来说是第一次，以前是没有过的。

2007年1月8日，星期一，农历十一月二十，属虎，阴，有小雨

今天的天气还是有些冷，可是就是这样，其他事情很少的时候，可以来做一些零碎的事情，今天张明福家就在用水冲肥料。从调查的情况来看，箐口村还是有很多的人家田里施化肥，这些田绝对是不能利用水来冲肥的，他们只能买化肥去施，而处于寨子脚一带的人家，村民就可以利用水源，把家里的肥料拿到水源方便的地方，然后用水就着水沟把它冲到自己想要施肥的地方。这种因地制宜、既省力又省时的科学施肥法，应该是生产中的一项发明，如果谁都没有申请的话，哈尼族应该可以向国家申请专利，这项发明应该属于哈尼族所有。

在前面说过的，属虎的日子在箐口村来说是比较吉利的日子。或许是出于这样的考虑，今天李贵云家按照哈尼族的民俗规矩办理喜事。哈尼语叫作然朋，即按照箐口村的民俗，请自己家族的摩批做结婚的祭祀。他与李美英的姐姐是属于自由相爱结合的一对。从近期来看，村里年轻人结婚都趋于自由恋爱了，很少说谁与谁是父母包办的，这应该是一件好事吧。

今天，红河州旅游局调张楠来挂职新街镇副镇长。根据旅游局的安排，箐口民俗村管理委员会郭应忠、李学、张明华、卢世华到新街镇参加欢迎她的晚餐，迎接她的到来。有人说，"不会接待就不会做工作"，是吗？我认为还是有一定的道理，既然是做同一行的事情，为什么不能经常相处、经常交流呢？何况，她还是上级主管部门安排的，向她汇报这边工作情况，再通过她与上级取得联系，工作起来岂不是很好？

2007年1月9日，星期二，农历十一月二十一，属兔，阴，有小雨

上午，还是有点类似于昨天的情况，李贵云同样请他的朋友们到李家吃饭。因为本人工作的需要没有去参加，他们家办这桩事情的具体经过就不太清楚了。要是同其他的话，做新郎的他免不了被朋友们灌几杯酒，撑不住还要被灌醉的。

李永福到大鱼塘村里砍了一些竹子，说是要拿到新街镇给他的朋友。主要是他的朋友想拿来晒衣服，这该是一件不起眼的事情，为什么还提到日志上来呢？是想要说明一下箐口村的田相对要多一些，箐口村周围多数是田，很少有地，也就很少有村民家栽种竹子等。除了少数几户还相对够用，其他村民要是需要的数量多一些就得到其他村寨去找，今天就是一个例子。

2007年1月10日，星期三，农历十一月二十二，属龙，晴

箐口村的村民小组与管委会虽然同是管理箐口村，但是还是有一定的分工。村民小组主要管理村里的建设和其他政务事情，管委会主要管理门票销售和卫生情况。因为卫生的事情，管委会相对用消防水池的时间就多，而箐口村现有的消防水池是露天的，旁边是树木和杂草，还有人家在旁边挖地种菜，时间长了就积满了树叶、杂物，有时树叶、杂物等东西还会堵塞管道。眼看近期又有一大堆垃圾，管委会今天就组织人手去进行清理，清理过后的水池当然就要比清理前干净多了。

2007年1月11日，星期四，农历十一月二十三，属蛇，晴间有云

进入旱季了，水源逐渐减少，这几天连村民的饮用水也成了问题，就连消防水池都干了。昨天管委会对消防水池进行了清理。经历过箐口村火灾的人对消防就会特别在意，当然饮水更是一个必须解决的问题，由谁来解决呢？首先该是村民小组和管委会，他们今天就组织了人员到水源点查看，经过简单处理后还是来了一些水。

管委会接到县旅游局的通知，说是在短时间里上级领导要来箐口村调查工作，就召集在外人员回来。说明一点，箐口民俗村因为旅游工作的需要，组建了一个管理委员会，简称"管委会"，隶属于元阳县旅游局，为了演出需要，从外地招来几个民俗舞蹈老师，他们平时可以回家照顾家庭，有演出任务就回来。今天就如此。

2007年1月12日，星期五，农历十一月二十四，属马，晴间有云

今天，村里李志文的儿子举办婚礼。李志文一直在新街镇的酒厂上班，他的儿子也就在那里长大，他们的婚礼决定在元阳县云梯酒店举办，邀请了很多的亲戚和朋友，应该是村里第一个在云梯酒店举办婚礼的人家。另外，可能是出于哈尼族民俗的观点，他们早上就回到村里的老家，按照民俗的习惯举行祭祀仪式，之后再到酒店布置各种事情。本人也受邀请参加了，村里来做客的人还是有很多，因为路程也不远，村里的人用餐后都回来了。

从昨天检查的情况来看，村里饮用水源点的水少了很多，村民的饮用水还基本够用，可是消防水池里已经枯干了。池面要不是前天已经清理过了，会积满树叶和泥土，还有其他的很多杂物。为了防止有意外的事情，管委会还买了一些水管准备从旁边的水沟里引过来，这样的话消防水池就会保证随时有水，一旦村里出现什么样的意外都会管用。通过一天的忙碌，还算是把水引到了水池里。居安思危吧，以防万一。

2007年1月13日，星期六，农历十一月二十五，属羊，晴间有云

因为在前几天就接到通知说是国家文物局的领导要来箐口村，为了接待他们，发动全村搞卫生。管委会清理村里内部路面的垃圾，村民小组发动了全村去处理从箐口村到全福庄的小路，这是所谓的梯田精品线路，主要是砍掉路边的杂草和树枝，修补被冲垮的石头，打扫路面上的垃圾。为了这个事情，旅游局和新街镇政府的各级人员都来了，他们也组织工作人员参加清理，直到下午整理结束再返回去。这也难得，万事开头难，对于一个很落后的村寨来说，搞旅游还是一个新课题，村里的卫生村民不能自理，说来有点荒唐，搞得惊动镇里的工作人员来做！

通过昨天一天的工作，消防水池里已经积了很多的水，今天就可以用水冲洗村里的路面。今天他们就用水冲洗路面，还到寨子的外面他们有可能经过的地方捡塑料等垃圾，一天下来，村里的卫生基本上过得去（就现有的条件来说吧）。

2007年1月14日，星期日，农历十一月二十六，属猴，晴间有云

正如前几天的通知，今天国家文物局的领导来村里。和以往的情况一样，省州县的领导陪同着来，他们按照原计划从全福庄寨子走着小路过来到箐口村。为了今天的事情，旅游局、新街镇、箐口村民小组做了什么呢？

旅游局安排了管委会的人打扫村里的主要路面卫生。今天还安排了人员演示水碾、水磨、水碓、织布、编织等，还进行了文艺演出，还安排了演示磨秋和秋千。他们还拿出100元给村民组长，是用来祭祀磨秋和秋千的——村里的磨秋和秋千只在村里农历6月份过苦扎扎节时用，平常时间用了就要买一些牺牲来祭祀。

新街镇安排了100个人，分别是50个妇女和50个男的，要求身穿哈尼族服装，到领导们过来的白龙泉小路上迎接他们。答应分别给每一个来迎接的村民5元钱，这钱是新街镇政府支付的，主要是考虑到村民都要忙于农事，或者说不付一定的报酬请不了这么多的人。

村民小组做了些什么呢？一个是组织村民打扫自己家房前屋后的卫生，室内的也要求打扫；二是组织村民清理了从箐口村到全福庄村的主要线路。有人说，村民小组这次清理的所谓精品线路该由管委会平时管理和修补，要不，他们除了演出还做什么事情呢？按照有人的说法是，管委会只要来人时候演出，二十几人每月300元的工资就可以拿到手，而村民小组却没有一点经费，村里出了大事情又来求村民小组，这有些不合道理。比如，今天叫咪古和摩批祭祀就只给了100元，又要叫村民小组出面协调。村民小组事情是做了却拿不了一点经费。

今天的情况就这些，在他们没有来之前是有些热闹的气氛，到他们走了之后就清静下来。所以，我认为箐口村的发展最终还是要靠箐口村民自己，某个领导的来临指导只能是推波助澜，有的决策可能会加快箐口村发展的步伐几十年，甚至上百年，但是，箐口人民自己不醒悟，不进步，找不到适合自己的路子，那终究还是落后。

2007年1月15日，星期一，农历十一月二十七，属鸡，晴间有云

按照原来的通知今天红河州政府副州长陈霖要来村里，已经召集了人整理村里的卫生，全体管委会演出人员在陈列馆等候。可是，不知道改变了计划还是其他什么原因，到了下午六点都还没有来，大家就下班了，这样的事情有过几次。

"家丑不外扬"，这是咱们中国的一句老话。原本我也不打算提这事，但哪有不摩擦的唇齿呢？这几天，管委会内部之间有点舆论，主要是说李某的妻子卢某的闲话比较多，时常在背后说演出队员们的不是，使他们几个跳舞的队员都感到不满。今天早上队员就没有来打扫卫生，实行罢工似的。李某知道情况后感到相当不满，打电话说要除名其妻子，而主任郭某认为这事主要是在管委会内部，事情闹大了不便于管理，就在下午开会并请了管委会演出女队员们到新街镇狗肉店吃饭，意在缓和矛盾。这样的事情在内部看来似乎属于正常，可是，按照外面的人说来已经可以说是一个人的素养问题。如果正常的说，不应该出现这样的事情。

村里的年轻人主要做些什么呢？我看除了农忙时间回来帮忙之外主要就是外出打工。至于谁外出挣多挣少那是另外一回事。所以，村里每天都基本上有外出打工的或者打工回来的，今天看到回来的年轻人有李绍华、龙绍华等。

2007年1月16日，星期二，农历十一月二十八，属狗，阴

现在，村民建盖房子基本上都是从外面买材料回来，特别是主要的材料钢筋、水泥和砖等。今天就有正在建盖房子的卢荣贵家从建水县运材料回来。听说，现在的建筑材料价钱正在上涨，好一些的水泥每一包都上涨到 18 元或 20 元，说还有可能继续上涨。这就有点难为了准备建房子的人家了。

自从云南大学把"全国少数民族文化研究基地"哈尼族调查点建在箐口村以后，云南大学民族研究院的不少研究生和博士都来过，他们在箐口村或多或少做过调查，并发表了他们的调查报告，在圆他们学术之梦的同时也为箐口村建设提供了思路。今天晚上 8 点左右才赶到的孙信茹博士就是其中的一个。孙博士早上从昆明市出来，到晚上 8 点才到村里，十几个小时的颠簸，很辛苦的。在为他们有这样为学术不辞辛劳的意志而感到佩服和骄傲的同时，我要对每一个为箐口村建设做过调查的学者和专家们说"感谢"了，感谢你们！

2007 年 1 月 17 日，星期三，农历十一月二十九，属猪，阴，有雷雨

还是在凌晨的时候，今年春雨就起了，这很让村民们高兴，说是今年的雨水来得早，春天就会来得早，那么生产播种的时间就可以早一些了。或许是春天真的到来了，上午去村里打扫卫生时看见李文科家房子墙上就有燕子叫，叽叽喳喳，又给村里增多了一份热闹。

这一场雨水还为村民和管委会解了燃眉之急，正好灌满了消防水池，管委会也正好可以用水冲洗村里的主要路面。因为在前两天就接到通知说原来的省长徐荣凯要来村里，要是用水冲洗一下村里的路面的话就干净多了。村里即使安排了农户打扫卫生，但是很长时间没有下过雨，消防水池里都干了，人畜行走的路面看上去就比较脏，按照上级的说法有必要用水冲洗一道。而且镇里的工作人员都来帮忙打扫卫生，督促村民房前屋后的卫生工作，特别交代关养好猪狗。

也因为接到通知说明天原来的省长徐荣凯要来村里，村民组长李树华找一百个村民准备到路口迎接，他们要求村民身穿哈尼族服装，类似这样的情况已经有过好几次了，这几次都给每一个参加迎接的村民五元钱。从这几次的情况来说，由于只是一会儿的时间，村民也没有说给少了，只要是被叫到的都会来，毕竟村民们都不会也不能和钱过不去。

2007年1月18日，星期四，农历十一月三十，属鼠，阴

就如昨天通知的一样，今天有原省长徐荣凯来村里，一路来的有很多个记者。如同其他的官员来的时候一样，安排了村民操作水碾、水磨、磨秋、秋千、织布等所谓的哈尼族特色文化演示。文艺演出就不用说了，只要是接到通知人来就必须安排演出，所不同的是正如昨天说到的一样，今天村民小组安排了一百个村民穿着哈尼族服装出来迎接，给他们每个出来迎接的村民五元钱，这五元是新街镇出的。听说是新街镇和旅游局都有所分工，新街镇主要是负责村里的卫生；旅游局主要是负责演出和其他的演示。每次有上面的高级领导来的时候，新街镇和旅游局都要到村里做一系列工作，很多情况都有警车开道，今天也不例外，挺严肃的，小心为好，他们都生怕出什么意外。

下午，当省里的领导走了之后，县保险公司的人来村里看演出，意思是要叫管委会文艺队代表保险公司参加他们系统组织的全州保险系统年终文艺汇演，与管委会的人协商是否可行。当然，这个事情就不可能管委会说了算，这些年这里那里出事的也不少，他们哪敢自作主张前去呢？不出什么事情还好，出了事情谁负责呢？他们必要向县旅游局请示，他们都担心这边有临时的演出任务或者担心出什么意外的事故，也就没有达成什么协议，说好要与局里说一下就推脱了。

2007年1月19日，星期五，农历十二月初一，属牛，阴

这一段时间，村里的事情要相对少一些，除了放牛的中老年人，年轻的都出去打工了。按照他们的说法就是给过年的时候找几个钱，省得到时候没有钱用。比如，今天就有李世华、张庆贵等几个人出去。真是人为财死，鸟为食亡。孩子希望节日的到来，节日一到，他们就有肉吃，有新衣裳穿，而大人则为这些折腾死了，都自然地为每一个节日做预算，不知道有多少人是巴不得避而躲之。

也许是寨子的名声随着媒体的宣传而逐渐外扬了，来村里的人做什么行业的都有，有商人，有记者，有学者，有农民，有官员等等。今天是几个西南林业学院的师生来做调查，是西南林业学院一个叫唐雪琼的副教授带着其他的三个学生，他们主要是想调查旅游给哈尼族妇女地位带来的变化和影响。按照他们的打算，要在箐口村做为期半个月的调查。不知道他们会调查到什么样的结果。

2007年1月20日，星期六，农历十二月初二，属虎，多云间晴

或许是快到了过节的时候，这一段时间村里逐渐有一些村民家买家具回来了。这几天都是，今天不是张家买回来就是李家买回来，要是村里有谁能做家具可能生意会好。也可能是到了年底的时候，在外打工的他们都领到一些报酬，想在过年时花一些钱添置家具，今天李生文家买了一台电视回来，张宽家买了床和其他的家具回来。社会好了，经济条件也好了，是要添置一些家具，与时俱进嘛。

用一些游客的话来说，这一段时间是看梯田的最好时候。不知道这是做媒体报道的误导，还是一些游客片面地认为，或者是到了年终岁末的原因，来村里旅游的人明显增加了。今天有五六十人。而有人认为这一段时间梯田最好看，有人是不赞同的。收割完庄稼、放满水的梯田，犹如明镜一般，特别是在阳光斜照的时候，满山遍野，层层叠叠，流放异彩。这样的梯田很美，但充满着盎然生机的绿茵茵的梯田，以及荡漾着丰收喜悦的金黄色的梯田也不错。各个季节有各个季节的特点。当然，还应当有生活在这一方的百姓，他们在与自然和谐相处中创造文明。这里生产中的人民，这里节日中所展示的文化，还有这里人民的哈尼族服饰，还有特色的蘑菇式住宅，这些都是不可不看的美景。

2007 年 1 月 21 日，星期日，农历十二月初三，属兔，阴

前一天就到箐口村来做调查的西南林业学院的师生在村里做了两天的调查后，今天到附近的大鱼塘寨子做调查。虽然今天的天气不是很好，她们还是坚持着去了，准备在大鱼塘村里做两天的调查，与箐口村里做比较，之后又返回来箐口村里。

中午，州旅游局局长等政府官员来村里，按照前两年的做法，对村里推荐选出的五户特别困难的人家进行慰问。今年的慰问物品主要是每户人家两桶油，给了四百元现金，所给农户分别是卢家贵家、卢迁家、李庆亮家、李有福家、李以略家。因为土锅寨村委会特别是箐口村是红河州旅游局扶贫挂钩点，这几年快要到过春节的时候都有人来对所推荐选出的几户人家进行慰问，每年所获扶贫帮助的物资不一定相同，扶贫的农户也不一定相同。

晚上，听说村里的李绍华、卢建等几个年轻人吃过饭后到黄草岭等其他村寨玩（串姑娘），在横穿公路时，不幸被一辆面的撞伤了送进医院治疗。听说他们几个年轻人在家里喝了一些酒之后约好了到黄草岭串姑娘，当时因为有雾，司机视线不好，能见度低，还有一辆是准备来会车的外县驾驶员，出事后帮助把伤员送到医院才离开。人间处处真情在，好人将有好报。

2007 年 1 月 22 日，星期一，农历十二月初四，属龙，阴

因为昨天晚上的事情，早上卢建家和李绍华家的几个亲戚一起到医院看望情况。根据县民族医院的病情诊断，病情不是那么严重，县交通警察大队新街镇中队调解，双方当事人协商解决，卢建的病情可能要比李绍华的严重些，要求给予两千元的赔偿，而李绍华的病情则相对轻一些，要求给予赔偿一千元。而驾驶员声称自己是外地人，身上没有带那么多的钱而要求少一些，给予一些原谅。卢家和李家则拒绝减少，要求司机还是多想一些办法，最后以多观察一天病情为由，协议明天再进行协商处理。

在前面的日志中说到过，箐口村里拍过几部电影，有一部是名叫《诺玛的十七岁》。这部电影已经发行几年了，今天不知是来旅游还是来看望她成名的地方，在其中主演的李敏姑娘来到箐口村，还带着她的一些朋友，故地重游吧。要是我能在什么地方出名，我也会找时间去回顾的。

可能是在一些电视电影中看到村里文艺队民族舞蹈的演出情况，今天有十几个游客向管委会要求演出给他们看，说是既然已经付了门票款，而且有这么多人要求就应该演出一场，管委会以人手不齐为由而没有演出。这样那样的场合中就会遇到不同的矛盾，今天的游客和管委会就是一个。

村民总是喜欢选择集日赶集，做交易的人更是如此，谁也不例外，谁不愿意做交易呢？只是交易专业和业余之差而已。今天是新街镇的集日，李树华的妻子到街上卖茨菇，说是一市斤茨菇以一元五角卖，卖了一百斤。说是按照市场价的话卖便宜了，而且这些是自己栽种出来的，吃起来味道和营养要比外地的好。至于从建水县运出来卖的已经卖到两元一市斤，有时卖得还贵。提到这个事情，还想说一些的是，箐口村的菜地少，个别的人家连一块专用菜地都没有，就是依靠田边地角来栽种，绝大多数人家不要说有菜可以卖，就连自己家吃的都无法满足，很多时候还要到街上购买，过年过节的时候就不用说，像他家能有一点多余拿来卖的很少。当然，家里需要钱来交换其他的东西就不好说了，他家可能是缺钱要买其他东西吧，不然，100斤的茨菇也不至于到街上叫卖，自己一家四五口人一段时间就吃完了。

2007年1月23日，星期二，农历十二月初五，属蛇，阴

中午，读初中的学生们已经放假回来了。这样，学生的寒假生活就要在村里开始了。在村子里生活，除了他们能给家里做一些力所能及的事情之外，对他们主要的学习任务会带来什么样的益处呢？生活在农村的本人对这里的学生有所了解，多数学生会觉得单调枯燥，特别是本来学习成绩就不理想的学生，他们根本不会自觉地去找时间来学习，而是一天里想着去玩，多数的父母也不会去监督他们，或者说没有时间去督促。由此想，农村的孩子读书全靠自觉，原本缺少文化的父母劳累了一天，哪里有精力和能力来招呼你呢？农村的孩子们啊，读书不要依靠你的父母，要自觉地做好学习计划、作息时间，特别要培养自学能力，学习上的很多知识除了老师教导就要靠自己去攻克。

就前天说到的事情，村里李绍华和卢建被汽车撞伤之事，昨天一是要观察情况；二是双方当事人之间没有达成协议，他们就又在医院里住了一夜。解决的结果还是和昨天的一样，给了李绍华一千元，给了卢建两千元。从村民的观点来看，谁家出了这样的事情都认为不利他本人健康和有碍于以后做事情，下午李绍华家为他做了叫魂的祭祀，请的摩批是张正和，来的是一个速战速决，免得夜长梦多的做法。晚上到他家吃饭的人很多，有四桌人，仅年轻人就有两桌，包括中老年人和妇女儿童就有四五十人。由于做这种祭祀什么人都可以参加，谁家做这种祭祀都会通知隔壁邻居和亲戚，来参加的人自然就会多，他家就是这种情况。

2007年1月24日，星期三，农历十二月初六，属马，阴

自从梯田宣传出去以后，村里会不时有这样那样的单位和人来考察。今天又有一伙，说是云南香巴拉传媒发展有限公司，他们的汽车上喷着这样的字，并且观看了管委会文艺队的演出，有人说他们还要到县里与政府签协议，说是要承包元阳县内梯田景区。早在前两年就有人说元阳县的梯田景区已经被北京云星宇集团公司给买断了，要由他们公司运作五十年，可就是不见动静，现在说又有什么人什么公司要运作。这样的传言是传了一些日子了，不知道以后的梯田将由谁家运作。

昨天李绍华因为车祸而进行他的叫魂祭祀，今天接着卢建家做他的叫魂祭祀。他俩出的是同一桩事情，只是从观察的结果看来卢建的病情

要严重些，给他的补偿费用是两千元。也是为了速战速决，免得夜长梦多的原因，昨天是李绍华家做祭祀，他家今天就接着做了。同样地，来参加的朋友有两桌多。初步估计一下这样办一餐伙食的基本费用，请一个摩批付几十元，买一些烟酒支出一些，蔬菜方面开支一些，一桌饭菜下来也是百十元，四五桌子饭菜下来就五六百元，加上在医院里支付的一些，对方补偿的一两千元就所剩无几，甚至要提自己家的本钱。

中午，李绍新、李永贵、李学贵、李文祥他们一家族的人杀猪。他们一个家族几户人家为了过年搭伙买了一头猪，买回来以后养在家里。但是，猪一直不吃食，连续几天之后发现瘦了很多，考虑到现在的天气很冷了，可以把肉挂干了食用就杀了。不过，有点遗憾，猪为什么不多等几天再杀呢？让他们家到时高高兴兴地过个好年。

2007年1月25日，星期四，农历十二月初七，属羊，阴

有的人发牢骚说：现在的工程难干。做工要求严，质量要求好，速度要求快，还要施工中老板自己垫支，工程结束不能及时拨款，自己的钱用完，工人工资不能支付还要等一段时间才能分批付款。李永福说了一个例子，他在县交通局干了一个工程已经很多年了，工程款没有付完，领导又换了，找几次都拿不到手，来往车路费不知道花了多少。快要到过年了，总该给工人们付一部分。于是，他今天又去找了，不知道今年能拿到多少。希望他能了愿，免得在朋友们面前发牢骚。其他多数的工程总不该这样吧？否则，谁还要当老板，谁还敢去做工呢？

下午，咪古和摩批们祭祀磨秋房。这次是因原省长徐荣凯1月18日来的时候动用了村里的磨秋、秋千等而做的，旅游局出了100元给他们，说现在他们局里的经费很困难，要是以前做一般都会给200元或者是300元的，这次要求村民体谅，要求咪古和摩批们配合，买一点必要的祭祀品来解决。本人认为这应该不是体谅不体谅、配合不配合的事情，而是一个原则性的问题。既然箐口村是政府设立的民俗村，它的运作除

了政府和有关专家指导规范外由村民自己决定，而不是因为哪一天是什么样的官员或者什么事情或者又因为给了一些什么祭祀费用就可以临时做的，它的运作要有一定的规律性。学者们应该考虑这一点，哈尼族文化的专家们应该考虑这一点，无论是哪一级的政府官员也应该考虑这一点，不要把民俗的牌子挂着又在做不民俗的事情，这是在打自己的嘴巴，模糊了自己的品牌。

2007年1月26日，星期五，农历十二月初八，属猴，阴

李树华是村里比较务实的一个年轻人，他在很多年前就在自己的地里栽种树木和果树等，有些树木已经可以用作建筑材料了。在前两年他因为经济紧张而出卖了一些，今年自己家建盖房子用的木料都是从自己家的树林里砍回来的，给自己在经济上省了很多，二十多年的成绩还是让村民看到了。还有他试种成功的草果经济作物是村民有目共睹的，很多村民嘴上说这一带最适合栽种草果这一经济作物，可栽种的村民人家就是少。听说在去年底的时候，他妻子已经卖了几百元，可能是为继续推广栽种的面积，他今天中午的时候拿草果种子到自己家的地里育秧，说是已经到了育秧苗的时候，打算今年再育几百株草果秧苗。根据他的经验，说是当年育的秧苗不能在当年内移栽，要等过一两年移栽秧苗才长得好，才会结果。我是没有试验过，但愿如此。

中午，李正昌请了李庆五等朋友在家杀狗吃，一只狗的价钱一般是100元之多，在多数村民家都处于贫困的箐口村里，一家人吃掉一只狗属于少数，只是听说李正昌家的这只狗不吃食，就叫了他的朋友们来杀吃。在以前的时候，听说很少有村民吃狗肉的，主要是当时的卫生条件很差，谁家养的狗都到处放野，村里没有厕所等卫生设施，村民解大小便都是露天进行，而跑出来的狗免不了就要吃屎。这样，村民就认为是不干净的，自然就很少有村民去吃狗肉，要么就卖掉，要么就埋掉。而现在就不同，即使有老人不同意把狗肉拿到家里来吃年轻人也要想办法到其他的地方煮吃。现在是把狗肉当作一道美食，很多人是不能随时吃到的，除了有的姓氏人真的不吃狗肉，很多人是吃了。

或许是快要到过年了，这一段时候里打工回来的年轻人逐渐增多了，今天就有卢学锋、李永等回来，相信这些村民过了年才会再出门了。出门辛苦，但愿他们能过个好年。

2007年1月27日，星期六，农历十二月初九，属鸡，多云间晴

箐口小学今天开始考试了，一旦考试完毕就准备放假了，孩子们又可以玩个痛快了。

箐口一带的哈尼族对很多祭祀的树木，包括树林或者石头等物都要有意识回避，或者说是忌讳吧。村里说已经有几百年历史的大柳树倒了3年多了，就是没有人有意识去处理它，只有张龙候老人每天来砍一些背回家做燃料，倒在自己家田里的李树华原来也不愿意去动它，今天可能是考虑到可以制作成谷船，才开始准备动刀制作，用斧子修理木桩的四周。听说，还有几个村民也有这种想法，已经认好了要用哪一部分，就是不见他们来动手，说的人多了，人都会有所拘束，自然是不会有多少人来动用的。

早上，有一个在城里做米线生意的人用三轮车运进村里，交换的办法是一斤大米换一斤米线。我观察了一阵，出来交换的村民还是多，他们运来的三百多斤米线最后返回时没有剩余多少了。因为是朋友的关系，问他这不等于白做生意吗？原来是一斤大米可以制作成一斤二两的米线，他是这么说的。

这几天里，有人约了外面的人来村里砍大树，主要砍的还是五眼果的大树。也不知道是真的还是假的，有人说是专门为2008年北京的奥运会制作一种木碗。但是，他们用的是电锯子，整天锯声不断的确令人反感。难怪村委会白万福打电话叫人去制止，要求他们到林业站办理手续。不过，有人说过这么一句话是"打狗也要看主人"。要是他们真是为2008

年的北京奥运会制作碗而砍了几棵树，本人倒是认为可以做出一些牺牲，为国家做一点事情。但是，怎么也不要去动神林里的树。

2007年1月28日，星期日，农历十二月初十，属狗，多云间晴

上午，李学光家杀一头猪，按照他家人说法也是准备要到过年的时候杀的。而且，已经约了自己家的亲戚和朋友，只是猪已经病了几天了，就叫人杀了来卖，自己到过年的时候吃的肉现在就可以留下来了。有朋友知道这个情况以后，就也以买一些吃为理由从经济上帮补他，为什么这么说呢？谁都知道，到街上购肉，虽然贵一些，但可以按照自己的观点挑选，这病猪肉又不好吃。再说，他们卖的肉价又不见得比街上便宜。所以，谁家猪死了都只会有亲戚和朋友来买一些，认为这是一种帮补。其他的村民一般是不会来买的，除非肉价钱很低于市场。其余的只能是请亲戚朋友们吃喝了。

1月18日就来村里做调查的西南林业学院的几个学生前几天根据他们的日程到离箐口比较远的哈尼族寨子哈播村调查，今天下午返回到箐口村。他们在箐口村里就只做了几天的调查，或许是村寨与村寨，一带与一带的哈尼族做一个比较，或许是调查已经结束，她们准备明天就返回学校了。这样的各种学校的师生来村里做调查有很多批了，他们所调查的方向各有不同，宣传报道的也就有所不同。对于一个边远的村寨来说，能有这么多的学者调查村寨的事情已经很不错了。不过，调查时间最长，成果最多的要数我们云南大学的研究基地。箐口人民要感谢云南大学的关注，感谢云南大学民族研究院领导的坚持，感谢云南大学哈尼族调查点主要负责人马翀炜教授的不辞劳苦！

"到了年底什么事情就会多，特别是做客的事情更多。"一个村民是这样说的。我也发觉是有点，这几天，村民到街上宾馆酒店或者其他的村寨去做客的就是多，今天就有李树华、李永福等到街上做客，到了晚上八九点才回来。

2007年1月29日，星期一，农历十二月十一，属猪，晴

"房子做好了，里面的家具还是要添置一些，不然很不像家的样子"。马卫华今天买回来家具的时候这样说。虽然他家还没有完全装修好，但是考虑到快要过年了，就要添置一些家具，填补屋里的空间。他今天买了一台电视和一套沙发，说是再不准备一些，家里过年来客人都没有办法就座。谁让我们是人？谁让我们要吃穿住行？我们得想办法吃好、穿好、住好、行好。

或者是气候问题，到了冬天，箐口村看起来到处还是青山绿水，一片生机盎然的样子，但是，很多作物都不太生长了，猪和牛的饲料成了一个问题，田地多一些的人家可能还有点猪饲料，很多养猪人家就只有买酒渣、苞谷、淀粉等来维持，牛的饲料基本上就是稻草了。今天李学就用他自己的车运回来一车来卖，买的村民还不少，一会儿就落实完了，有的还要求他明后天接着运回来。

2007年1月30日，星期二，农历十二月十二，属鼠，晴

李正林家背回来一些木柴，这些背回来的木柴就是前几天说的有人要制作2008年北京奥运会专用碗的废料。他们把一棵树砍倒之后，还要根据木料的长短和直径做成圆柱形的，不符合他们要求的那些木料就可以叫主人家免费背回来做燃料了。有几户给砍了树的人家说，仅凭借卖给他们的价钱不一定划算，可是考虑到有些树用电锯锯倒得快，很省力，他们用不了的自己家还可以背回来烧柴火，要是这些树自己家去处理，既要付劳动又要开支工钱伙食等，特别是有几棵树以前被雷击过的，箐口村民一般是做了祭祀才会砍那一棵树，对于这个信这信那的民族来说更不想自己家人动手去砍了，还要做一种祭祀才能拿回来家里用。这样的生意人就不管那么多了，不知者不罪。

就在这一天，李树华从他家的地里用车运回来一些石头，说他家的老房子已经很旧了，很多的木头已经腐烂，屋面出现漏雨，要是在下雨的时候，家里的人都感到害怕了，准备在今年里进行拆建。

　　下午，李永福家里来了几个朋友，这些朋友是他在以前干建筑工程的时候认识的，在工地上的时候与他们来往比较多，结下了很深的感情。每当他们过节或者箐口一带过什么样的节日都相互之间通知，彼此间来往，关系发展如弟兄般亲密。一娘能生几个弟兄呢？人，要是敞开心灵的窗户，天下何人不是朋友，能混到同甘共苦的人何尝不是弟兄？

2007年1月31日，星期三，农历十二月十三，属牛，阴

　　今天的天气很冷，很多人都加上了平时不穿的外衣。包括有的房子也可能是感觉到冷了，今天就有李学光家和卢荣家拆建蘑菇房顶，给房子也取暖了，帮忙的亲戚和朋友不顾自己身体冷而一起拆建。不过，生于斯、长于斯的他们做这种事情是专家，是小菜一碟，再熟悉不过了，做起来都比较拿手，不到几个小时就完成了。之后，衣服一换，脸一洗，就到主人家吃饭喝酒了，二两小酒一喝就到自己床头取暖了，醒来再吃些晚饭又休息，一天的日子就这样打发了。

　　早上的时候，又有卢建忠家杀猪了，又说是准备到过年的时候杀吃的猪，因食物中毒提前杀，这样说来，到现在村里就有两三头猪是准备到过年时候杀吃而又提前杀吃了。我的朋友卢建忠也比较能开玩笑，说是他从小自己没有养这么大一头猪，硬是准备自己养的猪自己过年杀吃，原本是比较高兴的事情，现在只好提前一些日子，有点遗憾。但是，他的心情还是足够开朗的，60多公斤的肉只是把一半肉连送带卖地给了自己的亲戚朋友，其他一半说什么也不动，就留着自己家吃，晚上还煮了很多肉请朋友们来吃。我也在其中，带上几斤酒就可以美食一顿，悠哉，乐哉！

　　下午，李祥来向村民小组反映说县政府准备要征用村里拿安天旱地，是为了旅游事业的发展要在那里建盖什么样的广场。说那里有他家自己的一些私人地，包括几座坟，要是村民小组知道了就及时通知他们家人，

以免出现什么不愉快。

　　这座山地是有点特殊。在20世纪七八十年代的时候，为了发展乡村的经济栽种了很多茶树，而且已经生产了很多年，记得是2002年的一场洪水把村委会的集体茶厂冲垮了，茶厂就停止生产，随之而来的就是茶树也被偷砍完了。而后，村民就把它作为牧场放荒，而后，县政府一会儿说是要做万亩樱桃园，让游客们一饱樱桃开花的眼福，一会儿又说是要做梯田广场，要在梯田旅游节的时候在那里唱歌跳舞，可以让游客们既看梯田又看演出。基于这样那样的规划，工作人员前几天就在那里测量了，有人说这是一桩美事，引进外商建设家园。然而，有村民为了放牧，还是捏了一把汗。再说，箐口村的土地的确极其有限，有的人家说夸张点巴掌大的一块菜地都没有。2006年7月林权改革时，根据多数村民的意见，村民小组把这一块土地分到各家各户，希望解决部分村民缺少土地的困难。也罢，做大事哪有不伤及小利益的情况。

2007年2月1日，星期四，农历十二月十四，属虎，阴有雨

　　今天的天气很冷，在箐口一带可以说是数一年最冷的天气了。听在外面打工的朋友说，在个旧、昆明一带已经下雪了，难怪箐口都这么冷。在箐口村一带来说很少能看到下雪，中老年人都记得1985年下的那一场大雪，那年的雪很大，地上都积了两三尺厚，可以堆雪人、打雪仗了。除了那一年之外，即使偶尔地下一点也是一边下一边就化了。每年里最冷的时间也是一两个星期，最冷的气温都有三四摄氏度，村民也只要加一件毛衣就可以过冬了。对于气候来说，云南的箐口是四季如春，不会冷也不会热多少。

　　学校也开始放假了，今天学生们都领回来自己的成绩通知单，之后又要过一个寒假了。对村里的孩子们来说，假期除了玩还是玩，包括本人也是这样长大的，老师们安排的寒假作业绝大多数是完成不了的。这也是一个不可忽视的问题，应该引起家长们的注意，即使你不识字，每

天做农事很让你感到劳累，也还是要抽出时间监督孩子读书、做作业。读书，不一定让孩子成才，但是，不读书的孩子绝对出不了人才。读过书的孩子要强于未读过书的孩子。

今天是2月1日，根据旅游局和村民小组的工作，村民小组又安排了2月份打扫卫生的名单，这个月的组长是张文和，农户有15家。这样安排村民轮流打扫卫生已经几年了，谁家要打扫哪一个区域第一次都安排了，没有多少变动，只要通知到了他们都会自觉去打扫，偶尔监督也是常有的事。

2007年2月2日，星期五，农历十二月十五，属兔，阴

李永贵家死了一头小牛，说这也是养别人家的牛。按照有人的说法是他家基本上没有自己家买牛来养过，都是代养。村里有这样的一种养牛的方法，要是谁家有经济能力而又没有劳动力放养牛，而有些家庭又没有经济能力购买耕牛的话，就双方约好了一起来照顾，由有经济能力的这一家购买牛，让有劳动力的这家来放养，双方共同使用。要是养的是母牛，如果母牛产仔到两头或者三头，负责放养的这一家也可以单独获得一头。这样代养的人家村里还有几家。这种情况箐口村里的叫法是"牛贷"。李永贵家这样养了几家的牛，可是，母牛产的仔都不能正常养大，基本上都是没有养大就失败了。村民的说法是他家可能没有这样的福气。有的人家是养大了几头后自己家也可以相应地完全获得一头牛。据有些村民的说法和调查的情况看，很多的村民是没有能力购买一头牛的，或者没有能力来饲养一头牛，需要耕种的时候也是借用亲戚或者朋友家的牛。

可能是考虑到快要过年了，可能是党委的安排，去年下半年60岁以上党员的补贴于今天补发。村里60岁以上6名党员就可以一次性领到120元的补贴。对于一个比较贫穷的村子来说，一部分人能领到这样的报酬也可以解决家里的一部分困难，特别是一些没有劳动力，不能外出打工的人家来说。从现在的经济发展程度来看，每过一个节日要是能有100多元的支出也可以心安了。

今天从外地打工回来的村民有李世华等几个人。李世华从小就跟着老板们做建筑的事情，这么多年后自己学到了很多建筑的知识，也学会自己带着几个人单独做一些建筑队事情了，这次也是这样。可能是这一段时间做的活计做完了就带着他们回来。村里的经济来源，主要还是依靠打工。村里由于自然条件的限制，在家里没有大多的经济收入，村民只能依靠打工来获得收入维持家里的开支。也或者是村民都没有找到适合本地方的经济作物，从目前来说，村里有一点钱和建盖了房子的人家，多数是经常在外打工的人家，几乎没有一户就依靠家里的收入能建房子。仅有的一两户也是依靠上班中节约的工资来建设房子。相比比较发达的其他中国农村来说，箐口村依然属于贫困的乡村之一。

2007年2月3日，星期六，农历十二月十六，属龙，多云间晴

今天张明生家杀猪，主要还是因为他家养的猪食物中毒了，几天来不能正常地吃食，考虑到如果这样拖延时间猪可能一天比一天瘦下去，就在今天上午杀了卖给要买肉的村民。他们考虑到猪肉在价钱上要比正常杀吃的少，但也比死去或者瘦下去的损失要少。

上午，村民小组收集村民家的户口簿，主要是统计户主和户主的身份证号码。有消息是农民耕种田地的人家所得的补贴要直接做成银行信用卡来领取，这就要求户主的姓名和身份证号码相一致，如果有不符的情况，就会出现麻烦。

村委会计划生育宣传员到村里通知已经取得独生子女证的李国忠和卢正华可以到新街镇计划生育委员会领取所得奖金。或者是受国家法律知识教育，或者村民的意识有所增强，村里办理独生子女证书的也有几户人家了，这些都应该算是中国农村的一大新变化吧。村里有人也有多子多福的观念，可是，现在经济在发展，人们的观念在改变，箐口村民的观念也跟着改变一些，也会响应政策号召。

2007年2月4日，星期日，农历十二月十七，属蛇，晴

据说是制作2008年北京奥运会用餐的碗，老板们今天就到村里运已经背到停车场的木料。都是已经有多年的五眼果树，准备把这些木料运到专门的加工厂做成碗，提供给2008年奥运会用。要是这样的话，村里的五眼果树就走运了。按照多数村民的说法，他们给的价钱并不多，只是考虑到他们用的只是按照他们的要求削出来的部分，其他多数的自己家可以拿来烧火用，也不至于亏损到什么程度。

李永福是村里买福利彩票比较早的人，基本上每一期都多少要买几注。昨天买中的是3位数的一注，奖金是1000元，他说是买福利彩票以来中奖最多的一次，还要继续买下去，希望买到更大的奖。村里除了他以外还有不少的人买彩票，中大奖的没有听说，小奖的倒是常听说，希望他们早晚中大奖吧。

根据上级的通知，今天村里有退耕还林的人家到新街镇林业站领取补偿款。之前说卢文祥家的出现了差错，主要是因为在进行农村合作医疗保险时，有些人家用这次的退耕还林款来代替，所以就出现了一点差错，之后是村委会的人查实了情况再落实的。

国家的政策就是好。自己的地自己管理，自己栽树，自己可以利用，国家又有补贴，就是好。只是箐口村的地确实有限，属于人多地少的情况，加入退耕还林最多的人家也就是七八亩，按照一亩补偿240元的标准，能拿最多的农户可能就是一两千元。我听说有的地方有的村民家上百亩的地退耕还林，每年都要拿到上万元补贴资金，一家人就此也可以过很好的日子了。

2007年2月5日，星期一，农历十二月十八，属马，晴

这里的村民认为属马日是比较吉祥的日子，祭祀之类的一般都会选择这样的日子。比如，今天祭祀的人家有李学家、李四辉家、李惹木家等。

李四辉家可能是因为家里人身体不好，做了祭祀以祈求家人平安和健康。参加的有人李世明、卢荣，摩批是卢四才。

李学做的是"皮棒诉匝"，即祭祀祭坛。在箐口村里，每一户人家都有一个祭祀用的祭坛，每当过年过节，都要在祭坛上献祭。做"皮棒诉匝"主要是因为家里近期多灾多难，认为是自己家的祖先不保佑，惹祖先们生气之类的意思。李学家做的原因主要是他家人去看尼玛时算卦说，他在做祭祀的时候摆放碗筷的顺序不对，所以才这样做。因为存在这样的习俗，村民做祭祀的动作都比较小心，特别是一些常爱喝酒的人，在没有做完祭祀之前一般是不喝酒的，以防做祭祀时又出现什么样的差错，惹得老祖不高兴而又得做祭祀。

李惹木家做祭祀是因为他家以前新房子迁居时没有做祭祀。如同汉族的新房迁居仪式，或者是多数民族的习惯，做这样的一个祭祀，以祈求家人如同以前一样安康，人丁兴旺，六畜发展。从现在来看，无论是谁家做了新房子都要举行这个仪式，才算整个房子建设完毕，家人也才可以平安地居住到里面，他家也不例外。

2007年2月6日，星期二，农历十二月十九，属羊，阴，有雷雨

红白喜丧，人情往来是常事。今天有好几个村民家族的人都到黄草岭村民小组里奔丧。打听到的消息是黄草岭去世了一个已经九十多岁的老人，儿孙都已经有了很多代，村里李氏家族和卢氏家族在某种程度上与他们家有亲戚关系，他们就约了家族的人去奔丧。

今天有李国忠、卢祥等人打工回来，他们两个同样都跟一个老板出去打工，这次是因为工程结束了。有一种庆祝工程结束回来的意思，像是战场上凯旋一样。晚上，他们两个都各自请了自己的弟兄们吃饭，以表祝贺吧。

2007年2月7日，星期三，农历十二月二十，属猴，阴，有雨

"男大当婚，女大当嫁。"李世文家的姑娘十七八岁，今天要出嫁了，她是属于自由恋爱的类型，在新街镇打工的时候认识了现在的爱人，在几个月以前就已经生了一个孩子。可能是当时条件不具备，或者是日子不合适，他们没有举行婚礼仪式。要是按照汉族的说法，这就是一个典型的先生育后结婚的例子了。要是把话说回来，他们恋爱已经一年多了，双方都有所往来，关系都比较密切，村民都已经承认他们之间的这一层关系，谁都不会去干涉他们的交往，只是今天又再举行这个仪式，正式宣布他们的关系，有情人终成眷属，做过场而已。

到了这个时候，虽然说这里的冬天一般不会下雪，但是，只要是到了冬天，特别是下雨的时候，天气还是比较冷。今天就是如此，绝大多数村民家的牛都关养在家没有放养到外面。由于这一带人口多耕地少，放牧的地方就更少了，耕牛觅食的地方自然就少，冬天的牛基本上都是喂稻草过冬，晴天里放牧出去都吃不到什么东西，只是给它们喝一些水罢了。所以，这一带的牛到了冬天就要比夏季有青草吃的时候瘦很多，有些人家的小牛因为照顾不好而死掉，这是一直以来养牛的村民面临的难题，现在，有些人家像对待人一样，给一些瘦小的牛穿衣服以取暖了。

2007年2月8日，星期四，农历十二月二十一，属鸡，晴

昨天的时候天气有点阴，还下了一阵雨，天气也就变得很冷，或许是冬季雨水少的缘故，刚下了一阵就停了，今天的天气就变晴朗了。昨天村民为了不让牛受冷就基本上没有人家放出来，而今天天气适当变暖的时候就有很多的人家放牛出来，目的是给牛喝一些室外的水，也让牛出来外面取暖。

今天，李伟家迁移厨房，因为他家原来的厨房和就餐的地点有点远，不便于使用，今天就叫了几个人重新做一个厨房，在做厨房的同时也迁移祭祀坛。而迁移祭祀坛不是随意的事情，必须要做祭祀才能迁移，这样，

晚上的时候他家就做祭祀活动，请的摩批是张正和，请来吃饭的人也不少，挺热闹的。

2007年2月9日，星期五，农历十二月二十二，属狗，晴

中午，有一家五六个人来村里旅游，他们到了售票处之后说，要是进村里都要收门票就不进村里了，结果也没有进村里就返回了。类似这样的情况时有发生，有的游客说每人十五元的门票收多了，进到村里又没有什么好看的或好玩的；而有的游客说，十五元的门票收少了，这样好的景区，真是让人大饱眼福，应该提高门票的价钱，外地不如这里百分之一的地方都收七八十元的门票，认为这是一种损失，真是说法不一。"走自己的路，让他们说去"。管委会还是只能按照县里核定的物价来卖票。

下午，管委会杀了一只狗聚餐。或者是工作上的需要，或者是其他的什么原因，这些年到了年底，特别是过春节的前后，很多单位都有会餐的习惯，叫作"吃年饭"。记得管委会成立以来每年都好像有这个习惯，首先是在上午或者下午组织一个会议，一则总结一年来工作情况，二则对来年的工作思路做一个简要的部署。很多东西还是得学着点，还是得跟着他们走。

2007年2月10日，星期六，农历十二月二十三，属猪，晴

天气逐渐转晴了，整治秧田的村民多起来了，今天就有李志和家、卢祥家等。或许是考虑到快要接近育秧苗的时候了，村民都陆续抽出时间开始整理秧田了。是啊，上班的人时间就是金钱，一点也不能耽误，农民也是，时间就是粮食，往往耽误不得，要是耽误了就影响一年的收成。

云南农业大学的人，还有陪同的州植保站和县植保站的人来村里与张志荣家联系，说是要在张志荣家的房子顶上装一个捕虫的网，收集每一个星期能进入网里的虫，之后由农科站负责送到云南农业大学，他们

要对所捕获的虫加以调查研究。答应每一个月给他家一百五十元的补贴，要他家人看好不要让小孩或者其他的人弄坏了，农科站又安排一个农科员来经常检查并收集后负责送到镇农科站。由于张志荣外出打工不在家，只能用电话联系，从他们在电话中对话的情况来看，要是没有什么补贴就有不同意的想法，因为答应每月给他家一百五十元的补贴，还是基本上答应说可以。

之后，在村委会、村民小组的人参与下，云南农业大学和农科站又到农户家里落实要做试验的几块田，分别是海拔在一千三百米左右的李文光家田、海拔在一千五百米左右的李田明家田、海拔在一千六百米左右的李建生家田。同去年在李高才家的田里试验一样，田主人负责经常的管护、灌溉水等，至于补贴就按照当地的最高产量可以补贴粮食，也可以折成人民币兑现，用他们的话说：总之不会让咱们的老百姓吃亏。

2007年2月11日，星期日，农历十二月二十四，属鼠，晴

上午，李庆云家为他新生的孩子做满十三天的祭祀，这如同有的民族做满月的仪式或者说同汉族过周岁生日一样的意思，只是所做的方法不一样。在村里，新生婴儿所做的祭祀也一家不同于一家，多数村民家的做法有些简单，或者说不是那么隆重。而对于村里的小李氏家族（这个家族与村里的张氏结盟，互不通婚，合为一个大家族，云南大学做调查的人根据村里几个李氏家族的情况，通称他们为小李家族）来说，这个仪式就显得比较隆重些和特殊些，他们家族一旦某户生了儿子就要由女方家出一头小母猪，男方家出一头小公猪到他们所定的大鱼塘村的一座桥祭祀，回到家里再祭祀，还要组织家族的妇女砸碎很多的碗，即跳碗舞。这在村里就显得有些特殊了，这是他们家传下来的习俗。

根据村民小组的通知，张龙家到新街镇领取粮食补贴。到了过春节的时候，镇里或者县里多少要给一部分困难的人补贴粮食或者衣物等，今天张龙家去领取的也是属于春节期间粮食困难户补助。无论是真困难

还是假困难，对于今天去领取的张龙家来说，有些村民是有些意见的，有一种说法是他家的谁在某个位置上任职的缘故。什么事能十全十美呢？我看没有。只要不是高端科学技术性的，有的事情允许有所偏差，有所失误，只要不超过原则，不超过界限，那也是可以的。

下午的时候，听说李学光和他的妻子在秧田里挖茨菇，也不知道是什么原因，李学光突然倒下，是他妻子叫了人才背回家里来的。也不知道是什么病。他们都感觉很奇怪，他还只是四十多岁，平时都很正常，不生什么病，就是在做活期间突然倒下了，背回到家里叫了摩批和其他的一些人做了一些祭祀之类的事情后才慢慢醒过来。

2007年2月12日，星期一，农历十二月二十五，属牛，晴

上午，杨正明家做祭祀。其实，他的真名叫卢正明，是卢正学的哥哥，只是他还年轻的时候，做过一个姓杨的人的养子，从小与他生活，他的同龄人和朋友都习惯叫他杨正明。其他寨子的人自然也就叫他杨正明而不叫卢正明，村里的人或者其他外寨子的只要说出是杨正明就知道是谁，而不知道卢正明是他的真名，这也有些好玩。他年轻的时候与摩批和他的师傅们学了很多民族民间的歌曲，特别是一些重要的婚丧事中需要歌唱时，自然就会请他，参加的地方多了、次数多了，他的演唱水平也就提高了，请他演唱的人家就更多了。今天晚上也要到全福庄寨子办理丧事的人家中去歌唱，只能等到第二天天亮了才能回来。这样的情况经历多了，遇到的事情也就会多，为了在以后的角色中不会出现什么样的差错，每到一定的时间他家就要举行一定的祭祀，今天也是出于这样的一种情况下做祭祀。

农科站打来电话通知李文光家、李田明家、李建生家注意留神要准备在试验田栽种的秧苗，因为快要撒秧了，农科站已经决定就在他们三家的田里做试验。试验田的秧苗种子就由他们农科站自己育种自己栽种，为了避免这些田的主人家育这部分田的种子，他们特意打电话叫村民小

组的人通知主人家不要为这部分田育种了，可以省出来留自己家用，也算是省一点粮食吧。

根据村委会的通知，叫五个残疾人李略、卢正明、李文初、李四辉、李牛则到村委会，还有李才贵、张有福、张龙后、张志林带户口簿到村委会。快要到春节了，主要是向这些特殊人和家庭发放一点粮食或者生活用品等补贴。具体补发了什么东西本人没有做具体的过问，总之，只会是生活中用得到的东西吧。

2007年2月13日，星期二，农历十二月二十六，属虎，晴

上午，管委会开会，主要是春节快要到了，为避免春节期间工作上的失误，安排值班人员。要是管委会如同其他多数单位的话，到了春节这样一个中国传统的节日就要放假了，可是，旅游这个行业恰恰是要求在人们休息娱乐的时候要做好服务，这个时候恰恰是游客们趁着节日来旅游的最好时间，是旅游的黄金时间，工作人员更是要值班，更是要为游客考虑安全，做好服务，让游客们旅游愉快。

从箐口村的体育运动项目情况来看，箐口村的篮球在本地出过名，现在五六十岁的中年人都说很厉害。他们组织参加过全福庄寨子、麻栗寨寨子、罢达寨子、土锅寨子等村民与村民之间的比赛，甚至在新街镇都参加过比赛，二十世纪七八十年代是没有人能打赢箐口寨子队的。本人目睹过当时参加队员的球技，的确，他们老一代的球技球风在农村甚是出众，每年的春节他们都要按照以前生产队的情况组织比赛，年轻人各自捐款购买一些纪念品给予奖励。今年又复任村民小组之一的卢建忠就是一个典型的篮球爱好者，也是优秀队员，他为了培养年青一代的继承队员，甚是重视这一运动。便要求管委会主任郭应忠赠送一个篮球，希望在今年的春节期间也要组织开展这一运动。今天就组织了青年人修复部分损坏了的篮球球板，培养一些年轻的篮球运动员，让箐口村民之间互相交流，继承和发扬箐口村的这一优良传统。

快要过春节了，管委会今天补发两个月的工资。从今年游客的情况来看，旅游工作不是很理想，管委会员工的工资发放都不能按时，几个月的工资都时有拖延。现在是考虑到员工平时的辛苦，为了让他们过一个愉快的春节，领导们想了其他的办法补发他们的工资，希望他们稳定心情，继续做好工作，为县旅游工作服务，也为村里的建设出力。

2007年2月14日，星期三，农历十二月二十七，属兔，晴

快要过节了，有一位朋友叫本人买一头猪，在村里打听的情况是基本上都已经决定要做过年的猪，没有一家说是要卖的。或许是现在的村民生活水平逐渐在提高，从打听到的情况来看，村里还是有很多人家是准备杀猪过年的，要是在往年就没有这么多，或者说是相对少很多。现在社会好了，村民的经济能力提高了，就是要改善生活。村里打听不到就只好到攀枝花乡堕脚村以七百八十元买一头回来，也算是完成一个朋友的委托吧。无论是领导安排的还是朋友委托的事情要是能做好就尽量做好。

今天中午有一个团队来村里，他们决定在卢世华家吃饭。村里的旅游事业刚刚开发的时候，政府也比较重视，与一些政府人员的交往中知道还是投入了很多的资金，村里的基础设施也有所改善，这是村民都能看到和认可的事实，来的人多，有几家做简单的饮食生意也还不错。这几年游客就有所减少，村里做饮食生意即所谓的农家乐生意的人也少了，只有卢世华还在坚持着做。所以，要是偶尔来一些游客也只有在卢世华家就餐，要不就到附近的镇里或者县里去吃住。从今天来的这个团队来看，可能他们也听说有歌舞表演，他们就要求管委会演出让他们观看，至于是否还付了演出费就没有打听，说是如果不在他们演出的时间里演出，而是游客们要求演出的，是要付一定的演出费的，具体费用就看他们双方商量了。

2007年2月15日，星期四，农历十二月二十八，属龙，阴，有雨

村民要买东西一般选择集日赶集买。今天是过春节前的最后一个新街镇集日，或许是这样的缘故，赶集的村民很多，他们主要就是准备年货，还有购买蔬菜和其他生活用品，基本上每1户有1人。在家的妇女们主要是准备糯米和打扫家里的卫生等，从今天看来都有些过年的气氛了。祝愿村民过一个愉快的好年。

过两天就是春节了，李杰家还是卖了一头猪，在前几天打听的情况中就没有听说谁家要卖猪的了，都说是要做过年猪。问了他的家人才知道，原来来买猪的是他舅舅家，已经在几个月之前就说好了，只是今天才有时间过来，便叫了一辆车运过去。

卢宽亮家今天就杀猪了，这在村里有点不对头，杀过年猪通常是在大年三十那天。打听过情况也不足为奇，说是他家的猪这两天不像平时正常吃食，生怕它自己病死（过年时杀猪要献饭，而病死的猪不献饭）。再说，他家的几个亲戚在后天大年三十日时还要杀猪，到时候他一家人也忙不过来，就在今天叫了他家的亲戚来帮忙杀吃。

2007年2月16日，星期五，农历十二月二十九，属蛇，晴

早上，天还没有亮的时候就听到有村民用碓舂糯米粑粑的声音。糯米对哈尼族来说是一种特殊的食品。就箐口村一带的哈尼族来说，每当他们要过什么样的节日，或者是做什么样的祭祀，都几乎少不了糯米。过春节也如此，每家每户都多少要做一些，到了农历的正月初二或者初三还要给自己已嫁出去的亲姐妹和姑姑成双的糯米粑粑连同一些肉送过去。因为就村里的话，杀过年猪一般是在大年三十，到了明天村民男的要忙着杀猪，女的要配合烧水、打扫卫生，他们理所当然就在今天开始忙着做糯米粑粑了。

春节，对于游客来说又是一个长假，又是一个旅游的黄金时间了。村里列为民俗村开发旅游事业以来，每年都有很多的游客到来，特别是

这样的国家法定长假中，来村里旅游的游客很多，经常都有游客来去。正因为这样，游客们时不时发生这样那样的故事，例如，游客的东西丢失了，村民与游客吵架，游客与售票员讨价还价了等等。今天就有一个例子，有几个游客到村门口售票处以后，听说进入村里要买门票，每张门票是15元，他们就退了出去，说几张门票钱凑起来就是100多，省了就可以到饭店好好吃一顿饭。人各有志啊，有的人乐于吃，有的人乐于玩。三百六十行，行行有钱赚，就看你在什么样的地方赚什么样的钱。

晚上，已经是10点左右了，有几个从广州打工回来的青年在新街镇包了一辆车回来，说是到新街镇就已经很晚了，不得已就包了一辆车回来。在外打工的青年到了春节百分之八九十要回来过年。这几天回来的人数是一天比一天多，今天从省外赶着回来的就是一个例子，他们不顾路途的遥远，到了县里也顾不上休息就急着包了车回来，这样的心情他们最清楚，我们也可以体会。

2007年2月17日，星期六，农历十二月三十，属马，晴

大年三十了，村民的主要事情就是杀猪，准备过年的肉。从今天杀猪的情况来看，今年杀猪的村民要比往年多，有张正和家、张牛后家、张庆贵家、张正荣家、李宏家、马卫华家、李志学家、李平明家、李正祥家、卢志林家、卢正清家、张保祥家、张明福家、李洪亮家、李学华家、李平清家、李庆云家、李正林家、李祥家、李国忠家、李世忠家、卢保应家、卢新家、卢祥家、李万祥家、李永华家、李志得家、李建生家、李志祥家、李拥三家、张文学家、李贵祥家、李爱生家、张小明家、李志明家、李建国家等，或许是现在的村民生活水平提高了，很多村民都说往年没有哪年杀的猪像今年这么多，希望以后也是一年比一年多吧。

下午，妇女们有一个事情是做糯米粉，准备明天早上的汤圆，就像在前面的日志里说到的一样，糯米对于哈尼族来说是一个不可缺少的食物，特别是在这样的过年过节期间。虽然听说一些地方的哈尼族春节不

是很隆重，但是，箐口一带的哈尼族在这个节日是最隆重不过的了。他们要在明天早上用猪祭祀前先用煮熟的汤圆祭祀，男人们在杀猪的同时或者前后些时间要碾糯米，各家各户的妇女把泡过水又晾干的糯米用碓舂成粉。村里现在还没有这样的电器，只好手工来做。

2007年2月18日，星期日，农历正月初一，属羊，晴

今天是大年初一，一大早上就听见村民祭祀放鞭炮的声音，到处洋溢着喜悦的气氛。特别是村里的孩子们，整天拿着鞭炮在村里到处放，看他们高兴的样子，大人们也乐在心里。即使村里根据旅游事业需要，要求村民的房子全部做成了茅草顶，一定要注意烟火，到了这个时候也没有多少的办法，只有要求村民尽可能小心预防，谁叫中国在过年的时候有放烟火的习俗呢？

同往年一样，要是村里组织篮球运动会的话，应该是今天就开始了。原来村民小组是打算今年也同往年一样组织比赛的，管委会的郭应忠主任也给了村里一个篮球，可不知道什么原因，今天没有人组织，也没有青年人自愿到球场打篮球的，多数都约了自己的朋友喝酒、聊家常去了。村里的一个青年人说，现在过年过节要过足酒瘾，除了喝酒就是喝酒。早上在一个朋友家喝，晚上又要在一个朋友家喝，早上喝的还没有来得及清醒下午就要接着喝，人都有点像是泡在酒精里。对于中年人来说，还会控制着少喝一些，青年人就不同了。原本是过高兴的年，可是，晚上就有十七八岁的李文喝醉了酒，与他的朋友打架的事情，急得他的母亲半夜12点叫了李永福的汽车和一些亲戚送到医院里，送他的人回来已经是凌晨三四点钟了。习惯了起早的村民已经在生火，准备做饭煮菜了。送他的一些家属就直接说：真是有点无聊，平时从来不会喝醉的人到了这样大家都高兴过年的时候却偏偏醉了，打架的还是他们平时的朋友。

同前几年的情况一样,今天来村里旅游的游客很少,或许是大年初一的缘故,每年正月初一的游客是少一些,只有到初二初三才会逐渐增多,到了初五初六更多,到了初七初八又逐渐少去。

2007年2月19日,星期一,农历正月初二,属猴,晴

管委会通知外地寨子的师傅们回来,从今天开始就按照安排演出。因为从前两年的情况来看,正月初二之前不会有多少的游客来,到了初二以后游客会逐渐增多。鉴于这样的原因安排了其他村寨的人可以在正月初二以前回到自己家里过节,到了初二后要回到队里正常上班。要是来的游客多了,只要是白天就可能随时进行演出。这是管委会这几年来春节间的工作安排情况。创业难啊,县里为了开发村里旅游业,组建了一个村里的文艺队,给的工资又少,补贴之类的也没有,过这样的大年时还得值班,生怕影响了演出工作,不能与家人和朋友好好地相聚。

当村民们还在过节,特别是多数男人还在醉意蒙眬,陶醉在节日气氛里时,卢志明家上午就撒秧了,是今年的第一家。这说来就有点怪了,村民都在喝酒吃肉、闲聊,他却单独行动,像是半夜鸡叫一样,知道的村民是不高兴的,只是他人的事情不会管罢了,只能看在眼里记在心上。

2007年2月20日,星期二,农历正月初三,属鸡,晴

大年初三了,对箐口村民来说,今天就算过完春节了,各家各户就开始组织人给嫁出去的姐妹或者姑姑等女方家送糯米粑粑了。这是这一带哈尼族的传统习俗,到了每年的春节都是如此,只要是自己家的姐妹或者姑姑,即使到了七八十岁只要人还健在都是如此。一般是按照时间的长短来定数量,即要是出嫁的时间长,她的年龄大了,可以礼节性地少送一些,要是嫁过去的时间短,就可能相对的多一些,比如刚嫁过去的就多了,可能会是成背(他们有一种专门用来背这类东西的箩子)地送过去,要是当年才嫁过去就一般是这样。所以,当年村里嫁了几个女孩往往就能在这个时候看出。但是，讲究的必须是成双的，要是当年家里杀猪的话还要送一个猪脚。这是在这些地方能看到的一种习俗。要是在以前，这个习俗一般是在今天里完成，不过，现在的村民要是今天家里有客人或者忙不过来送，也可以推迟到明后天再送去，这是一个说小也不小说大也不大的变化。以前一旦过了年，年轻人就急着出门打工，现在就不同了，在家待的时间相对要长，往往过了小年再出门。

正如上面说到的，今天的游客就多了，村口的停车场都摆满了车，中午的时候可以说是爆满了，有几个小时连车子都不好摆，感觉村里的停车场是小了很多。管委会也按照原来的安排正常地演出，给游客们增加了一个欣赏项目。

2007年2月21日，星期三，农历正月初四，属狗，晴

正如前面说到的，现在社会好了，村民就是会享受。按照村里的一般习俗，过了初三就算是过完了年，可是现在，村民都学着周围的寨子或者说跟上现在的好社会，还要热闹几天，过节的气氛一点没有减少，都是在相互串亲戚和朋友。也难得啊，年轻人常年出门在外地，为了生活，人们四处奔波，而在家的人们也是各忙各的，哪有时间亲戚和朋友间相互来往呢？就让他们在这个节日里彼此交流好了。

村里的停车场大概一千平方米，要是在平时基本上是空的，显得有点宽而大，而现在这几天游客的车辆增多，摆不下时又显得小了。基本上一天要进来一百多辆车，管委会从中也可以收取一点停车费，中午车多时摆放都有点困难，真是矛盾，等以后村里经济发展了再做大一些。

什么事都要讲究时间，讲究季节，农事也不例外。按照村民的说法，冬至六十天左右就可以育秧苗了。可能是出于这样的考虑，很多村民开始泡谷种了，今天有张正和、张文和、卢正祥等。不知道前面的日记里说到了没有，村里多数人家还在栽种传统的老品种水稻，多数还是按照传统的育种方法做。他们先把所要育的谷种在水里泡上一两天，之后捞出稍微晒干一些就用热水浸湿盖上塑料、树叶等捂着，每天要换热水浸湿，两三天发芽出两至三厘米后再撒到已经耙平的秧田上。显然，村民都要陆续泡种育秧了，逐渐地进入春播的阶段。

2007年2月22日，星期四，农历正月初五，属猪，晴

今年的春节也和往年的春节一样，这两天的游客是比较多，村里卢世华家、李永福家、阿略家能让游客居住的几十个床位都已经住满了。从上午到下午，停车场都摆满了车。虽说元阳县的旅游事业刚刚起步，总的来看，发展的速度可能有些缓慢，但是就箐口村来看，仅就村里这样过年过节的情况，还是给村里带来了一定的收入。这几天就是一个比较好的证明，多少给他们这些人挣到一些钱，要是旅游业能正常发展下去，多增加一些村里的服务行业，多给村民就业的机会，箐口村发展也可能快很多了。在没有开创其他什么行业的情况下，箐口村的发展很大程度上要依靠旅游，依靠旅游带来的各种商业营作才会发展更快。

这一段时间的天气都比较好，按照村民的说法，今年的春天来得特别的早，所以，很多村民人家都拿着劳动工具开始整理田地了。很多村民带着一丝酒味整理秧田。虽然说箐口村男女在劳动上没有明确的分工，但是从箐口一带来说，妇女主要是忙于地里的活计，他们知道春天到来就忙着挖地，开始准备要在地里栽种苞谷和黄豆；而男的则开始泡谷种，整理秧田，清除秧田的草，接着犁秧田、耙秧田撒秧，只要你走到寨子边就能看到村民各自忙着整理的身影。

在箐口村来说，村民建盖房子都有时间选择，一般都喜欢在秋收和在春节前后建盖。村民张祥一直在开远市里打工，可能是赚到了一些钱，也可能是生活上的选择，他在前一段时间就准备建筑材料，过了春节的今天，他就叫自己的亲戚来动土了。

说到建房子，一种是赚到了钱而做新房子的；一种是老房子的确旧了、烂了不得不翻新的；一种是弟兄、子女长大要分家不得不建的。上面说的张祥家可能属于第三种，因为他的子女也长大了，原来的老房子住不下，或者说迟早是要建的，也不得不建了。当然，他们夫妇在外地也很多年，也该是找到一些钱了。所谓"树大分枝，人大分家"，是这样的总结出来的吧。

从一年中村民做祭祀活动的情况来看，过了年，进入新一年的这一段时间，村民主要是做求福保佑祭祀，今天是属猪日，用村民的话说是一个硬日子、好日子。今天就有张学贵家、张春华家、李贵云家等做这个祭祀活动。做这个祭祀活动的主要所指人一般是男青年，所必需的是一只能够打鸣的白色大公鸡，听说有些地方可以用其他的物品，但是，这一带的摩批选择的就是白色的大公鸡，而且一定是要会打鸣的。主要是认为一年过去了，新的一年又开始了，希望被祭祀的人来年里出门打工能够挣到钱、办事情都能够顺顺利利、平安和健康。要是做了这样的祭祀后都能好的话，我也愿意做一个。但这是这一带的一种文化，谁也说不清有没有效果，或者说是求得一种心理上的慰藉吧。

2007年2月23日，星期五，农历正月初六，属鼠，晴

正如前面的日志里说的，从这一段暖和的天气情况来看，村民都认为可以播种了，所以村民男主人们都开始忙着整理秧田，准备在秧田里育秧苗了，这几天的情况都是如此，只要走到寨子边就能够看到忙碌的村民；妇女们则忙着到地里挖地、除草，可以说是进入春播的农忙时间了。

从我们在村里和其他地方哈尼族调查的情况来看，哈尼族崇拜自然、天地、神灵等，他们想通过一些祭祀活动得到自然天地神灵的赐福，消灾祛病。今天做祭祀的张庆贵家、李红家又是一个例子，他们两家今天做的是同一种祭祀，叫作祭祀后院。这种祭祀一般是因为家里有人去世，或者多灾多难等出了大事情才做的。不过，打听他们两家的情况是有很长时间没有做这样的祭祀了，并不是说他们家里近期灾难多。其目的是做了这样的祭祀后，希望家里的灾难少一些，多一些平安和幸福。

云南省原省长徐荣凯带着一个团队来到村里。在此之前肯定给县里发了函，几天之前就有新街镇工作人员和旅游局的人到村里督促卫生工作，安排其他的接待任务和准备工作，每一项事情都有专人负责，上午就有政府的工作人员早早地来检查情况了。凡是村里有什么样的人员要来的话，政府和旅游局都会安排工作人员来检查卫生和布置工作，自然，村民就会猜测要有什么大人物或者官员要来箐口村了。还是如同其他官员来的时候一样，村里同样把卫生搞得很好，旅游局安排了人员演示水碾、水磨的操作，等他们到来的时候管委会组织演出，让他们观看哈尼族的文艺舞蹈，还安排了几家农户打扫好家里卫生，目的是预防他们会到农户看望慰问。不过，他们观看了演出就离开了村里，只是向几个来往的村民打听了一些情况，没有到村民家座谈就走了。

是的，在这样一个贫穷的山村里时常有这样的官员来是一种荣幸和福气，都希望通过他们的福气给村里带来一些好处，诸如建设水电、交通等，给村民带来生产生活上的方便，也给村民带来文化观念上的改变，经济上有所改善。然而，也免不了一些人员的埋怨，说什么这样的官员来了也给不了村里什么利益，反而给工作人员增加事情，给村民增添了麻烦，今天的一个游客如是说。我想，村民是没有这样的想法的，都希望多来些游客，多来些官员，无论是在文化建设上还是经济建设上多一点指导多一点贡献。

2007年2月24日，星期六，农历正月初七，属牛，晴

按照村民的估算是到育秧苗的时候了，今天整治秧田的人家也特别多，有李树华家、李得贵家、李志和家等，今天到秧田里撒秧的人家就有张正和家、张文和家、李拥三家等。

孩子总是有些顽皮，今天李四祥的孩子、张文学的孩子等三四个小孩子在寨子脚玩耍，到了下午一两点的时候，不知是谁带着火柴，烧了堆在寨子脚的李志和家的草垛，同时烧着了建在草垛下面的李文才家的

田棚。又因为风大的缘故,当大人们发现时已经全部烧完了。火灾是箐口村最要注意的一桩事情,孩子都四五岁了,还应要求家长多一些这方面的教育,以防大火灾的发生,多一些平安,多一些幸福,不出事情总比出事情好。

在箐口村来说,三十年以前由于交通、经济、建筑材料等种种原因,还是清一色的土坯房、茅草屋,燃料家家户户都是清一色的用木柴,正因为这样,火烧房子的事情常年发生。特别是每年的二三月份干旱季节,中老年人都会教育自己家的人注意用火,都说这一段时间是防火的季节。烧的时候有时是几户,有时是十几户,有时损失少些,有时就多,有时连人都烧死过。正因为这样,箐口村民就像是怕老虎一样害怕火灾。特别是一些中老年人,他们每当讲起火的事情就说那时的场景会出现在他们的眼里脑海里,仿佛还在昨天。他们都特别不愿意说起。改革开放以后,村民的经济收入有所上升,他们都把茅草换成石棉瓦作为第一要务似的努力,争先恐后地改换,即使墙体还是土坯的。到2000年村里开发旅游事业时已经只有为数不多的几十户茅草房了。当政府要求把所有已经做成的石棉瓦房换成茅草房的时候,他们的心里还是有解不开的疙瘩,只是不得已罢了。今天有人就说:幸好不是烧寨子里的房子!

今天的游客数量还是多,与前几天大致一样,县城建局还带着一个团队来,因为游客较多,管委会还是按照安排进行演出。不过,到了下午就没有人在村里吃住了,都已经全部返回了,看样子,今年春节假日的游客数量要比往年少了。

2007年2月25日,星期日,农历正月初八,属虎,晴

在村里来说,今天又是一个吉祥的日子,上午又有李永福、卢宽亮等人家做祈福祭祀,李永福请的摩批是张正和,卢宽亮请的摩批是张里保。他们两个都是四十多岁的中年人,都属于经常在外从事建筑业的人,同样希望做了这样的祭祀后,出门顺利,用摩批背的词意就是:求财得财,

求吃得吃；说话不要给打结，走路不要给跌跤。但愿如此吧，愿天下人出门人平安、得财。

春天来了，村民们开始忙着播种黄豆、玉米了。这几天每天早上都有村民很早就背着肥料到地里施肥，等返回来吃过饭又一家人到地里播种，看样子是到了春播的农忙时候了。

在春节之前，在外地打工的中青年人是回来过年，一旦过了年村民又要忙着出去打工了，今天就有李上嘎、李万祥、张排龙等人出去。

张农初清理已经倒了几年的大柳树。他已经分家几年了，一直苦于没有适合的地点建盖自己的房子，大柳树下面是自己家的菜地，有大柳树时不敢建盖，而前几年大柳树倒了以后，他选择菜地做建盖房子的地方并且建盖了起来。这棵大柳树妨碍他家人进出，并且又没有村民主动去处理这棵树，现在就只好自己家出劳力来清理，方便自己家出入。

中午，年纪八十多岁的李毛惹老人去世，和帮忙其他村民家一样，在家的村民又到了他家帮忙。他是孤寡老人，只生有一个嫁到团结村委会的女儿，她已有50多岁，由于直接亲戚不能照顾他，就由邻居李正明赡养，田地也就归李正明所有。说明一点，早上还有村民做求福的祭祀，要是死人在先，想做这种求福祭祀的人家就不能做了，说是做这样的求福祭祀反而会给死人带去，那谁还愿意去做呢？

下午，张志新老人又向村民小组反映说，他家地界与张小明家的地界又出现纠纷，要求村民小组尽快去调解。因为已经到了春播的时候了，要是错过了时间，就会影响今年的收成。造成他们两家有土地纠纷的主要原因是过往团结村委会的水沟倒塌，以致水沟下面的山体发生泥石流滑坡，他们两家之间土地接界线多少发生了变化，双方之间不能根据情况相互谅解劳作就自然出现纠纷，就希望村民小组做一个解决。

2007 年 2 月 26 日，星期一，农历正月初九，属兔，晴

李毛惹于昨天中午去世，他没有自己的亲生儿子，只有一个嫁到团结村委会的姑娘。早在十多年前老人就由李正明赡养，现在去世的事情自然就由李正明来处理。昨天是做了他的棺材，今天就通知他们家的亲戚来哭丧。村里到目前处理这样的老人的正常程序是，第一天一般是在其他村民的帮助下给死者做棺材，到下午的时候把死人送进棺材里，第二天再通知所有的亲戚来哭丧，之后按照村民的习俗选择吉日一天做各种祭祀，第二天再送到山上埋葬。一般都是这样的，要是出现不正常的情况就会有所变化，例如，死去的是婴儿就可能是当天就快速送到山上埋葬，以免让家人伤心过度。

按照村民的估计，已到了育稻种的时候，很多人家都连续下种了。今天也有李平贵家、李平发家、李平清家等撒秧。

根据省农业大学、州植保站、县农业局的要求，镇农科站的人来村里选定他们育秧苗的农田。他们观察了村里的基本情况以后，定在寨子脚李正福家的农田里，他们使用后的补偿标准还是按照村里当地亩产的最高产量来算，另外给一些秧苗的管理看护费，从他们商谈的情况来看，村民李正福家考虑到村里还有几户类似的情况就没有提什么意见便答应了。

从去年到今年初，村里新建房子的人家有张春华家、马卫华家、李扎卜家、卢荣贵家等，他们几户人家要么是没有粉墙体，要么是没有做茅草顶。基于这样大情况，今天上午城建局的几个负责人及新街镇土地管理所的人来下发通知要求他们五户人家对房屋进行改造，要求他们一定要按照箐口民俗村的详细规划来做，否则，城建局执法部门要对他们进行处罚。

2007年2月27日，星期二，农历正月初十，属龙，晴

到今天为止，村里多数人家的秧苗都已经撒到秧田里了，还没有把秧苗撒到秧田的人家为数不多，今天只有张明福家、张保祥家撒秧。有张明生家、李文才家、李平珍家三户人家在整理秧田，估计也明天上午

的时候就能把秧苗撒到田里。村民育秧苗的情况一般是这样，首先，他们把已经选好的稻种在水里泡两到三天，之后捞出来晾干，然后用热水拌匀，用树叶、塑料等捂住，一天基本上换一次热水并拌匀，到了秧苗长出来有一二厘米就撒到已经备好的秧田里。之前，还要把秧田犁好耙平，做出排水沟，让田里的水排干放置一个晚上，到第二天上午就把秧苗撒到田里了。可是，今天镇农科站人员育种的方法不是这样，他们把要试验的稻谷品种拿来以后，给田里施足肥料，然后把稻谷（未经过泡种）品种直接撒上去，然后再盖上塑料薄膜。他们是这样育种的。

前一段时间里黄草岭村民小组里去世的人是李学妹妹的公公，已经九十多岁了，在黄草岭村民小组来说是年纪最大的一个。按照农历的算法他是在去年的时候就死了，可能是根据他们家的算法，前一段时间没有适合的日子送葬，过了春节这么长的日子还没有办理完丧。搁置这么长时间的死人很少，村民都说是周围几个寨子这几年来搁置时间最长的一个。在此之前，村里李学家就说好了要用牛到他们家祭祀，这样，李学家还按照一般的习俗，今天晚上到他家"养老"。死的是老人，每天晚上都会有他们的儿孙、亲戚等人来陪同过夜，主要请一个会唱丧事歌的人，还叫一些家人和朋友，准备一些饭菜在死人家唱歌到天亮，晚上十点左右的时候由去"养老"的这家发糖果或者糯米等消夜给来陪同过夜的人们吃。

2007年2月28日，星期三，农历正月十一，属蛇，晴

和昨天估计的一样，今天上午只有李文才家和张明生家撒秧苗。到今天为止，村民家的秧苗基本上都撒到田里了。日后，村民就得经常看护秧苗，诸如，不让鸡鸭、猪牛等去破坏，还要经常看田里的湿度，清出树叶等，以确保秧苗的正常成长。

昨天只有镇农科站的人来试验育他们的稻谷品种，今天云南农业大学和县农业局的人也来了，他们选择的是寨子脚李正福家的田。他们的

人手多，可能是考虑到原来主人家是做稻田，而不是专门用来育秧苗的田的缘故，施的肥料也很多，施的肥料是从村民张正祥家和另外的一家一口袋（大约20斤）以5元钱买来的。他们把稻谷撒上去后还盖上塑料薄膜，其他村民没有这样用塑料薄膜育过秧苗，都是按照传统的方法来育秧。

今天有一个旅游的团队来，有30多人。可能是他们从什么地方知道了村里还有一个文艺演出队，就要求演出给他们观看，管委会也只好组织了演出，要是平时人员少的情况下，管委会就没有必要演出。

2007年3月1日，星期四，农历正月十二，属马，晴

今天撒秧的人家有张牛后家，从村里的情况来看，他家应该是最后撒秧的人家了。打听到他家的情况是第一次育秧苗的时候用热开水烫过，捂了几天都不能发芽，估计是因为水热得过度了。第二次捂秧苗时才正常发芽，撒秧的时间就比其他村民晚了。这么说来，捂秧苗还是需要一定的技术，听村民说，在捂秧苗时主要去操作的人还不能喝酒，要是让秧苗闻到酒气，秧苗的发芽率会大大减少，甚至全部死完，所以，捂秧苗时家主人都比较小心，很少喝酒的，要是不得已喝多了就叫其他人帮忙，而不轻易去操作。

今天是元阳县牛角寨乡的街天（赶集日），牛角寨离箐口村二十公里左右，也是箐口村一带赶集的主要乡镇之一，主要是到那里购买大小牲畜，比如小猪、鸡、牛等，特别是牛，村里谁家办丧事一般也会到牛角寨乡赶集日时去购买。在前几天去世的李毛惹就要在这几天办理丧事了，所以，主要负责赡养他的李正明家今天安排了人到牛角寨乡赶集，主要就是丧事用的鸡鸭等牲畜，在赶集日去购买这些东西选择机会多，再者有可能在价钱上节省一些。

晚上有人点泥鳅，根据村民的说法，晚上在水清的田里照泥鳅比较容易，用村民说的泥鳅晚上去捉比白天好捉多了。泥鳅是一道很好吃的菜肴，有趣的年轻人就会约几个朋友一起去捉，到了第二天又一起煮吃。说是这一段时间是最好捉泥鳅的时期，只要天气好就有不少的年轻人去捉。我也得找时间去一个晚上。

2007年3月2日，星期五，农历正月十三，属羊，晴

今天电力公司的人来李院和家安装电表，主要原因是李院和和李院明两个弟兄之间感情不和睦，以前有的一个电度用户表归他的弟弟用，两个弟兄一起也用过一段时间，只是后来两人发生一些不愉快的事情，他的弟弟就直接把线路剪断，不让他家用，要求他另外单独安装一个电表。这样，他就得申请一个电表，叫了电力公司的人来安装。听说现在村里安装一个电表需要预交五百元，电线、电表、安装员都必须是电力公司的人，五百元就包括材料费和安装员的工时费等，要是安装的线路长，需要的材料多，还得补缴，说是多退少补。

村民都已经育秧苗了，新街镇农科站的人也在村民李正福家的田里选择了一块做他们育秧苗的地方。他们也如同村民一样在前天就育种下去了，应该是为了保证他们的秧苗能够正常地发育，或者是来观察吧，他们今天也安排了人员来查看。什么事情只要做了都还是得付出劳力，还要用心去管理。

上午，管委会发放今年一、二月份的工资，因为从去年的冬节到目前来说，来旅游的人数不是很多，游客的门票收入不像前两年一样正常，他们发工资就有所拖欠。快要到过年了，旅游局用局里的钱来补发他们这两个月工资，对此，管委会的一些员工当然有所怨言，当然，对于一个旅游工作开展不久的地方来说困难肯定会有。

一百多户的村寨，九百多的人口，每天都基本上有外出打工的人，也有从外面打工回来的人。今天就有村民李贵祥等几个人外出打工，村里的确是缺少经济来源，村民的主要经济来源以打工为主，一般家里的年轻人都要外出打工挣钱来弥补家庭的开支。要是在附近，中年人外出打工也是常有的事，只是在农忙和过年过节时候回来。村里的经济发展速度仍然缓慢，村民的生活依然处于贫困阶段。找到一条符合箐口村发展的经济道路是箐口村民众所皆盼的，旅游是不是引致村民致富的道路箐口村民拭目以待。

2007年3月3日，星期六，农历正月十四，属猴，晴

上午，村民小组再次调解张小明与张金荣两家之间的地界纠纷。对于他们两家的地界纠纷村民小组已经调解了好几次，可是都达不成协议，主要是因为团结村委会的一条水沟冲垮了，水源都是由这条被冲垮的沟里流下来。几年来雨水过大的时候都会发生泥石流，两家之间的树木和地界就自然有所变化，而两家人之间又不能自行协商达成协议来管理，村民小组和村委会的调解意见他们又不同意，两家之间就一直僵持着。应他们的申请今天上午又一次到现场观看情况，做再一次的调解，而是否是最后一次还要看他们双方的意见了。

在村里来说，今天主要是办理李毛惹的丧事。用牛来丧祭的有两家，一家是在此之前负责抚养他的李正明丧祭了之后回的礼，是团结村委会的一个亲戚方，另一方是他的女儿家，由于他只生有一个自己的亲生女儿，而李正明又不是自己的亲生子，再说家里的经济也不宽裕，听主办此丧事的村民说，费用很大程度上由他女儿方承担。听说他有一个外孙子在单位上班拿工资，理应承担得多。而按照现在的习俗来说，自己家女儿方来丧祭一头牛也似乎是理所当然的事情。要不然的话，会有一些村民说这家没有什么亲人，觉得很寒酸。

今天有一个团队来旅游，可能是在什么宣传的报纸杂志，或者是一些人的交流中知道，哈尼族有长街宴会，他们便在卢世华家做了五桌的饭菜，拿到陈列馆的凉亭上就餐。由于他们的人多，还要求管委会演出给他们观看，演出的费用是否是额外再收取就不知道了。

2007年3月4日，星期日，农历正月十五，属鸡，晴

上午，李永得的妻子说卢学明不让她到他家门前的水龙头处接水，她就到卢建忠那里告状。之后，当卢建忠去问明情况时，卢学明又与卢建忠吵起架来，结果变成卢建忠与卢学明之间的事情，双方攀比家庭情况。不知道他们以前有什么恩怨，仅在这个事情上来说，他们两个就有点没有事找事情做的样子。有一点见识、有一点文化的人应该就事论事，不应该节外生枝，可农村的村民往往这样，会把一点小事情牵扯到其他的事情上，村民小组的人常常被双方的人所怨恨，所以有人常常把村民小组当成砧板两头砌——不好做人。

昨天主办李毛惹的丧事，根据村里送葬死人的一般情况，今天村民就自觉到他家帮忙送葬，特别是一些在家的年轻人都会自觉地出来帮忙。村里从目前的情况来看，送葬死人不需要像有的地方要请人，而是相互间主动出来帮忙，有些人讲究忌讳的日子除外。说到忌讳的日子，笔者是没有亲自见过，但是听有些中年人说，他们亲自见过拴着棺材牢固的绳子断裂，或者使某些人害病的情况，甚至说，要是选择的日子不吉利，就会给家人带来霉运，甚至再死人，也甚至会害参加送葬的人，或者其他过往的路人。他们是这么说的，至于是否会有这样的事情，等以后的调查中证实。

已经在部队服役了十多年的李红探亲回来，他是与本人一起于1994年冬季到江苏无锡参加服役的。他有幸学的是通信专业，根据他的技术和部队的需要，已经服役了12年了，现在兵役改革后叫士官，每月可以拿到两三千元了，相当于以前的志愿兵，所不同的是现在待遇上有很大的提高了。

2007年3月5日，星期一，农历正月十六，属狗，晴

李正明家请客接待村民，按照村里送葬死人后的一般习俗，家主一般要在送葬后的第二天买回来肉和其他的蔬菜请客，而村民一般也每户出一人甚至数人去吃饭，相应地给他家一点钱，现在一般是给五元到十元，有能力的可以多给一些就不限，或者给一斗谷子或者一斗大米，要看自己家的选择。当然，习惯上就要看主人家以前去别人家吃饭给了什么物资，比如说要是某某家办这样的丧事时他家给的是大米，这次他家办事，某某家一般也会给大米，这样的事情要请一个会记录的人认真做好记录，以备以后回礼。所以在很大程度上，这一带的哈尼族从办理丧事中往往可以看出他家的亲戚多少与为人的好坏，还有经济的能力。以这些情况来看，本人认为葬礼是哈尼族文化的重要组成部分，任何一个要做哈尼族文化研究的人应当重视葬礼的观察和分析。

上午，李学光家做"保热保灾"祭祀，本人参加中分析这种祭祀有保命延寿的意思。"保热保灾"这种祭祀并不是每一个人都可以随意地做，在调查的情况中，主要是一些家庭多灾多难，家人很不安康才做。特别是家里的男主人，是因为出了什么样的大事情才做。而且，这种祭祀是分等级的，要做这种祭祀就必须要邀请如下人员：一是代表寨子神职人员的咪古，二是代表官方人员的村民组长、支部书记、副组长，三是被祭祀人员的舅舅，四是他的姑姑，五是他们家族的一员。这五类人员必须得有代表参加，这些人员必须是儿女健全、身体健康的人。今天参加的有村里的大咪古李沙惹，村党支部书记兼村民副组长本人（现在所任村民组长的一个小手指已断裂，认为有所不健康，就没有邀请他而请了本人，或者说他与本人更友好些吧），他的舅舅李四文，姑姑方李生明，家族成员李后鬼五人，这次是初级的"保热保灾"，所用的主要是一只大红公鸡。这只大公鸡连同五人各自带来的米中各抓一把一起煮，必须要由这五个人吃完，除了骨头，鸡肉和所煮的米都要吃完，而且要求就座之前就解决大小便这些麻烦事，在没有吃完这一锅饭菜之前他们五人不能随意起身，当中也就不能去解大小便，这时他们几个人真有老大的样子，要喝水或者需要什么都可以使唤其他的人。至于整个过程的详细情况可以见调查组的"保热保灾"的个案。这次李学光家做这个祭祀的主要原因是前几天他与妻子一起到田里挖茨菇时昏倒了很长时间，认为是他的命有些短，需要通过这样的祭祀保他长寿、平安。

2007年3月6日，星期二，农历正月十七，属猪，晴

今天是惊蛰日，是什么意思本人不是很清楚，但是听一些村民说，惊蛰前后一个星期，这一带的什么样的种子都可以播种了，但就是不能在今天下种，有的人是这样说，是否属实以待考证。

今天是一个属猪的日子，在箐口一带来说又是一个硬日子、好日子，经常出门在外的年轻人又要为自己来年的平安和求财做祭祀了。这种祭祀在这几年中村里还比较流行，今天就有张明福家、张庆贵家、马卫华家、李爱生家等做。这几年只要在这个时候这样的日子就常常有很多的家庭会做这样的祭祀。

从旅游的情况看，今天有两个团队，主要是政府官员，没有买门票，从收取门票以来，这样的事情经常出现，也因为这样而出现过大小不同的问题。做一个事情哪有不出一点问题的呢？

2007年3月7日，星期三，农历正月十八，属鼠，阴

过节嘛，就是要会亲戚朋友，张会鲜就是一个，她在外地打工的时候认识了现在的丈夫，嫁到建水县的一个地方，到目前已经有了自己的孩子。在春节的时候回来娘家过节，这几天因为她的孩子生病而返回家去，希望他们路上平安，孩子早日康复。

李世文家为了建盖蘑菇房顶而准备木料。要补充说明的是，村里以前建盖房子都是就地取材，首先用石头把房子的基础砌牢固，之后用做成的土坯砌起来，中间用木料连接，人们居住的第二层是用木板铺成的，三层也是用木料和竹子以及茅草等物建盖成，就是所谓的蘑菇房。第一层主要是用来放生产工具和关养牲畜，第二层是人居住的地方，第三层主要是摆放谷物等粮食。今天李四文家抬木料也就是准备建盖茅草房子，

如果不是政府要求,现在的村民很少做茅草房了。

今天的雾比较大,能用人们的肉眼看到的几乎不及五米,这一段时间村民的牛主要是放到寨子脚的山包上,但是因为山上已经没有什么吃的了,又因为天气很冷,放出去的牛自己就往寨子里跑,要是看到菜地里的青菜就会跑进去吃,这个时候听说谁家的菜又被谁家的牛吃了是平常的事情。可还有牛踩到秧田里的事情,今天听说张明福家的秧田被张志学家的牛踩了,还有卢志明家秧田被李平明家的牛踩了,有村民就向村民小组要求用广播宣传一下,以引起村民的注意。

2007年3月8日,星期四,农历正月十九,属牛,阴

原来以为村民家的秧苗都撒到秧田里了,可是今天还有卢开亮家去撒秧,说这是糯米的秧苗。听村民说,糯米的秧苗比起一般的稻谷种难以育出,今天卢开亮家撒的秧是第三次育的,前面两次的秧苗都没有正常地发育,也就落后到现在才能撒到田里,说这次也不一定能够正常地发育。天气逐渐转暖,但愿能很好地生长吧。

中午,李文才的父亲赶着几只鸭子回来,不知道情况的人可能会问大白天里为什么要赶鸭子回来?而知道这个时候村民在育秧苗的人就会猜测可能是鸭子跑到秧田里啦。果然如此,原来是这群鸭子跑到他家育秧苗的田里,准备赶到它主人家直接交接一下,叫它主人家换一个放养的地方。听村民说,吃过秧田里秧苗的鸭子要是不换个地方的话,它们是会再次跑来吃的。往年,就出现过没有管理好鸭子而让鸭子跑到田里闹纠纷的事情。

本地有句话说:"人老癫东,树老心空。"或许是验证了这句话,或许是真的家人有什么对不住他,年纪已经八十多岁的张有福老人今天背着自己的行李到寨子外去,说是准备返回自己的老家"阿鲁真"(一个寨名)。之后由张志新(按照部分村民的分析,村里张志新就是与老人最亲密的人了)领回家去,包括他的行李。也不知道是否就是事实,按照他的说法，他的祖籍是叫阿鲁真的寨子，不清楚是他从小迁移过来的，还是他的祖父们就过来了，总之他家也是从外地迁移到箐口的。听老人们说，建立箐口村也就是几百年的历史，现在的箐口村民祖先都是从不同的地方迁移过来的，逐渐地才发展成今天的箐口村。

今天是三八妇女节，三八妇女节是汉族的节日，在哈尼族的史书上或者口传文化中是没有这个节日的。或许是文化交流的原因，也可能是考虑到离城比较近，或者是出于什么样的考虑，管委会还是请他们的女文艺队员过这个节日了，就在卢世华家请她们聚餐，由于门票收入少，她们这样聚餐的机会很少，只有到了这样的特殊时候组织才会这样做。

2007年3月9日，星期五，农历正月二十，属虎，阴转晴

按照主人家所选择的日子，李学家今天到黄草岭村民小组亲戚家丧祭，去的就是在春节前就去世的九十多岁的老人家。从这几年来看，老人去世后算是搁置时间最长的了，也就是因为他们要算日子。这样搁置时间长的人家办丧事比其他时间短的所花费的人力物要多很多，这是肯定的，所以死人还是要讲究时候、讲究地点。

黄草岭村民小组和箐口村像是两弟兄一样，哪一个寨子出现什么事情都要相互通知，特别是家族之间的事情就非通知不可。今天也一样，箐口村的张氏家族捐大米、组织家族人到黄草岭村民小组张氏家办理丧事。

李树华家正在建房子。日记里多次说到了，村民家选择建房子都要到外地运材料，水泥就不用说了，他家今天运了一些回来。要是村里也能生产一些那多好啊。

2007年3月10日，星期六，农历正月二十一，属兔，晴

求福祭祀有两三种，出门打工求福祭祀是两种，分为初次和再次等。为年轻人初次求福一般是用一只红公鸡，选择的日子也有所不同。从今

天上午张学文家做祈福仪式的情况看该是第一次，所选择的日子是属兔，如果是第二次，要选择的日子就是属猪、属马、属虎等这几天，用的是白公鸡。当然，所要念的词就可能有所不同了。

昨天去丧祭的李学家今天回来，晚上只要组织帮忙参加的人吃一餐饭就算完成一桩大事了。然而，他家准备明天请客，于下午买了一些菜回来。

今年村中基本上家家撒完了秧苗，接着就是经常招呼水、清理杂物、防止牲畜等破坏秧苗。镇里的农科站也是，他们经常来检查他们育秧苗的情况，今天也来了，说是用塑料薄膜更要注意天气变化，要是天气晴朗、阳光强烈就要注意烧苗，原来塑料薄膜育秧苗也要讲究它的规律。

2007年3月11日，星期日，农历正月二十二，属龙，晴

正如昨天说到的，这次去丧祭李学家准备请客，通知了他家的亲戚和朋友来。可能是很长时间没有办这样的大事，来的客人也不少。要是这样办大事请客的时间短次数多，来做客的人相应地会少一些。

一边在请客喝酒，一边又出事了。上了年纪的李永得的父亲去世了，村民们又得过去帮忙做棺材。在农村，除了生产，事情就是多，今天不是这家做事就是那家出事。要是不能愉快地面对现实，人都要被拖垮。

李清华的母亲赶着四头牛回来，她家没有养牛的，怎么会赶牛回来？我有点惊讶。打听了才知道她家的黄豆苗被这几头牛吃完了，她很生气，说要找到它的主人家算账。是啊，人们为了收获而辛苦地劳动播种，牛又不知道这是人们播种的庄稼，最好还是主人家招呼好自己家的牛，不要让牛去糟蹋庄稼。

2007年3月12日，星期一，农历正月二十三，属蛇，晴

凌晨，张祥家运回来两大车的砖，准备建盖房子。在以前，村里没有通公路的时候，村民建盖房子都是就地取材，利用当地的石头和土坯，还有木材。现在，村里已经建设了公路，再加上用砖砌筑房子比用其他

的材料要方便又省力,现在村民建盖房子多数都选择从建水县购买砖回来,做成砖混结构房子。现在的村民建房子都是这样选择。

村里于今天选出今年的新"龙突"(每年负责收取村里集体祭祀费用及购买祭祀物品的人),是李绍新和卢开亮。根据箐口村的惯例,每年的"龙突"要更新,必须要由没有担任过的人当选,而且是按照以前生产队的划分法来选择,即今年是一、二生产队中选出的两个来任,明年就要由三、四生产队中选出来的两个来任。他们的选择要求一般是家庭和睦、身体健全的人,而且要求是没有担任过的人。

今天,我国著名的影星导演张国立带着剧组来村里拍景,说是要拍一首名叫《长街宴歌》的歌。在我们国家,张国立该是出名的吧,箐口能有这样的导演来村里取景真是幸运。以后一旦宣传出去,箐口村的知名度一定会大大提高,要是多有这样的知名人物来村里做事情该多好啊!箐口村的发展肯定会大大地加快。

2007年3月13日,星期二,农历正月二十四,属马,晴

昨天,张祥家为了建盖房子运来两车砖,因为没有从停车场背回到家里,怕影响了拍《长街宴歌》剧组的车辆摆放,政府的人员就来督促他家尽快背回家。由于场子小,要是村民因为建盖房子而堆放了一些材料,进村来的车辆的确很难摆放,这样的事情是时有发生的,只能相互做好。

为了拍好这首《长街宴歌》,在陈列馆的广场由政府出钱每桌以一百五十元摆了一百桌饭菜,还请了一百个群众演员,穿着民族的服装参加就餐演出,每个群众演员的费用是十五元。要是刚开发的时候,请一些村民做什么演出都还愿意,可是,几年后请村民做什么事情都要付一定的费用才肯来了,这是一大变化。包括小孩子也一样,当时游客们拍一些照片他们都很乐意,有的游客有意无意间给了一些小费后,他们也知道要钱了。对此,政府官员是对村民小组或者在群众会上要求过了:

要求家长教育，希望孩子们在游客拍照时不要伸手要钱，怕影响村里的名声。怎么办才好呢？有兴趣者可以考虑一下。

今天属马，按照村里一年的祭祀进程，应做祭火神的祭祀。所参加的人和所需要的物品可能在以前的日记里提到了，今天就不再重复详写。希望今年村里火情稳定，不要再骚扰村民。

2007 年 3 月 14 日，星期三，农历正月二十五，属羊，晴

上午，李正林向村民小组要求解决卢学文与妻子之间发生的纠纷事情。卢学文的妻子是李正林的女儿，他们夫妻之间有事情不是一两天的事了。哪有不吵架的夫妻？他们之间的具体情况是怎样谁清楚？静观其变，让他们自己去解决吧，如果真是发展到严重的地步就让他们向更上一级组织申请解决——我也是村民小组中的一员，我们没有召集调解。

人都有去世的时候。前几天李永得家老人去世的时间就可能适合些。这几天就开始做祭祀。今天开始做各种祭祀，明天主办，后天送山。这样的情况，时间短，所投入的人力和物力就要相对少些。办丧事，如果死的是年轻的人，一般是第一天主办，包括做各种祭祀，第二天送山，第三天请客或者不请由家庭自己决定，而如果死的是上了年纪的老人，有的家庭是第一天做各种祭祀，第二天主办，第三天送山，李永得家做的就是这种。

做什么事情都得辛苦。文艺工作也不例外。中午，张国立导演带着组员来了，其目的是做得更好更全吧。从那么远的地方来，他们的事情又是那么的多，他们辛苦了。为了拍好他们的节目，这几天都来回在箐口周围转，衷心祝愿他们做好！

2007 年 3 月 15 日，星期四，农历正月二十六，属猴，晴

上午，张国立导演还是带着剧组来村里取景，不知道他们要到什么时候才能做好，箐口村民是希望他们做好的。

今天，村里主办李永得父亲的丧事，这样的情况，一般村民家都会停止劳动来帮忙，这是多年来形成的一种惯例。都认为他们家出了这样的事情而不去帮忙的话，自己家遇到这样的事情也不会有人来帮忙。

聊天中知道村里有个妇女"丢失"了，介于她日后的生活就不指名道姓了。现在社会进步了，妇女也可以出去打工，也可以在生产生活中认识一些朋友，包括男女朋友，之间就免不了产生一些感情。这样，也就免不了产生舆论。社会发展了，交流的人多了，好的事情会在村里发生，坏的事情也免不了。这也是一个例子。

2007 年 3 月 16 日，星期五，农历正月二十七，属鸡，晴

按照丧事的进程，今天要送葬李永得的父亲，一般村民都会停止劳作，特别是年轻的男青年到了下午三四点钟送葬时会主动出来帮忙，今天也一样。

村民上缴枪支弹药已经是很多年前的事了，村里基本上没有枪支了。而不知道是什么地方又出现了枪支弹药，村委会又通知村民小组在村里宣传村民上缴，否则要严重处理。

今天，土锅寨村委会成立第三届选举委员会，并在寨子中心的李宏家墙上张榜，其主任是现任土锅寨党总支书记张春华，委员孔祥文，张正明、杨学清、李松后。看来，又一次换届选举工作又开始了。

晚上，张庆贵等人打工回来，也不知道要发了财回来，还是失意回来，希望是第一种情况。

2007 年 3 月 17 日，星期六，农历正月二十八，属狗，晴

李永得家请客接待，还有李永忠家。虽然，李永得的父亲有四个儿子，但是，他们考虑到用牛来丧祭的也只有一家，也可能另外有其他的什么原因。反正没有像村民分析的那样有四个儿子就分四份，要看他们弟兄商量决定。一般情况是，谁家的最后一个老人去世，他们有几个弟兄就可以把剩的牛肉等分成几份，由各家去办请客的事情，各人接待各人的客。或者，有的就在一家统一办，之后所收的礼统一分配，所要回的礼再根据情况分担。他们家怎样商量决定具体就不知道了。

上午，红河州申报世界遗产主任张红臻到村里调查。几年来，可以这么说，为了打响哈尼梯田的品牌，州里县里的主要官员不知来村里多少次了，都希望把这一事情做好。

村民组长李树华到新街镇财务室检查村民名单，因为在上缴农村医疗合作费的时候，需要核对村民的姓名和身份证号码，到目前工作已经基本结束，为了不出现错误，要求村民组长到办公室核对。最好不要出什么差错，免得村民议论。

今天李志学家上坟，是今年村里第一家上坟。从这一带哈尼族来看，每年上坟的人家都不是很多，只有个别的几家才这样做。按照村民的说法是每三年可以上两次坟。可是很多人家多少年都不上坟，只有个别的人家时间长了才偶尔上一次吧。

村里建成民俗村以后，来的人比以前增加了很多，政府官员也经常地来，今天张宏县长带着一个团队来了。

2007年3月18日，星期日，农历正月二十九，属猪，阴

这一段时间是干旱季节，天气连续晴朗了一个多月，田里的水都快要干完了，村民着急起来了，都希望下一场大雨来灌溉田里。据今天的天气来看，天气有些变化，村民认为要下一场雨了，可是，到了晚上都还是没有下雨，甚是让人着急。

今天的日子属猪，做祈福仪式的人在今天上午就做了。今天李建华家做，请的摩批是李建国。他也是要经常出门打工的一个，其他人做了，管它灵不灵还是做一个，跟着感觉走吧。

昨天是李永得家请客接待。今天还有几个零散的客人到他家做客，这种丧事请客就是这样，要是谁有事或者没有时间当天去做客，也可以第二、三天做客。不过，多数还是当天就做客了，以免人家为你办伙食。

从省道到村里有九百米，很多游客的车子不能直接进入，他们只得把车子停在省道上走路下来，下来的时候是比较省力，而要从寨子上去到省道，因都是上坡，就要费劲了，很多游客就自然地需要坐车才能上去。所以，村里的李永福和卢世华就看好了这个机会，经常接送游客，有时候，一天里能挣到几百元，今天的李永福就是这样，在一天里就挣了一百多元。

2007年3月19日，星期一，农历二月初一，属鼠，阴

上午，村民李学家做后院子的祭祀，这应该在前面的日志里说到过，做这种祭祀一般是在家里送葬了死人封后院子的一个洞口时做的，这种祭祀是一个比较大一些的祭祀种类。但是，要是来年家里的灾难认为比较多，有必要做时也可以选择做这种祭祀。村里今天做的李学家就是出于后者的考虑，他认为这两年来家里的灾难比较多，做过了很多祭祀都时常有事情发生，他家才选择了做这种祭祀。

李树华家今天做拆旧房子的仪式，因为今天找不到亲戚和朋友来帮忙，只是在屋顶上拆了一把茅草而已，也准备要建盖新房子。按照他的说法是，老房子已经有很多年了，屋顶都漏雨了；再说，两个孩子都快要到二十岁了，家里的居住宿舍不够用，需要把老房子拆建了以后加几个房间，以方便孩子们的起居生活。

李庆祥虽然借用了李宏的初中毕业证书，当时也险些未能入伍（当时因为种种原因认为不能入伍就出去开远打工了）。到了要走时接到通知，要他半夜12点左右报到。当时一起入伍的元阳籍贯的战友说，到现在他是服役时间最长的一个。现任的新街镇镇长陈伟是他小学时的老师，应他的邀请陈伟镇长今天下午到他家里做客。

今天是新街镇的街天（赶集日），村里已经定了今年昂玛突节的时间，而且已经向村民收取了所需要的费用每户15元，他们两位龙头就在今天到街上购置所需要的小猪、鸡鸭等物品，都担心要是临时找不到所需要的物品就会误了村里的大事。也好，早准备早心安。

2007年3月20日，星期二，农历二月初二，属牛，阴转晴

在村里，从2000年开发旅游事业以来，出现了几个做生意的人。本人是说在做所谓的手工艺品和服饰的几户人家，也许来旅游的人认为是本地的人在做，其实，这几个都是外地大理来的，他们的工业品都是从外地带进来的。有几个眼看生意淡薄就到别的地方去了，可是今天又有个大理的人进来租李四辉家的门面，准备在他家的门口做。可以直言不讳地说，村里只有李长斗和卢伟的妻子还在做几件衣服，李得云的妹子不时做几件衣服在街上卖，村里很多商业还没有开发，显得村里的旅游业发展缓慢。

上午，李永得收到一张从成都邮汇过来的300元汇款单，他怎么会有那么远地方的朋友或者亲戚呢？搞不懂。

2007年3月21日，星期三，农历二月初三，属虎，晴

上午，做祈福祭祀的人家有李庆亮家、李正光家。正如在前面的日志里说到的一样，这几年村里一旦到了这个时候就特别流行这种祭祀，可能出门人一是求平安，二是的确一心想着发财吧。而由于村里的摩批少，再说年轻人出去打工急，所以要是谁家准备早做这种祭祀就要在春节前与摩批联系好，要不就得排队。他们算是排在中间的人家，估计在后面还有很多家要做。就这一段时间，做摩批的每隔几天就要参加做一些祭祀，做祭祀就少不了鸡鸭。所以，这一带流行有一句话："做摩批的不断肉，做官的不断酒。"

可能是村里的年轻人李林在外地打工中发生了什么事情，村委会电话通知村民小组，叫通知李林的家属到新街镇派出所。

也是在上午，在村民李宏家的墙上张榜公布村民的选民资格名单，

箐口村具有选民资格的共六百一十七名。

为了观察村里的昂玛突节，今天调查点的郑宇等几位学生到来，希望能对村里的昂玛突节做一个详细的调查。

村里今天举行叫寨魂的祭祀。按照他们的说法，今年把寨魂叫在咪古家，就没有男扮女装的事情。要是把所谓的寨魂叫到寨神林就要有一对男扮女装的孩子。

2007年3月22日，星期四，农历二月初四，属兔，多云间晴

今天，李四辉家在租给大理人家的房子上加茅草，从某种程度上来讲，村民是不愿意再建盖茅草房了，他们一是认为茅草不经用，每过两三年就要更换一次；二是村里以前发生了很多次的火灾，他们都比较害怕火灾再次出现。但是，现在根据旅游工作的需要，村民都不得不在石棉瓦上加一些茅草来应付。李四辉家就是如此，他们家用石棉瓦盖住了屋顶后又在上面加一些适当的茅草来应付。

李树华家拆旧房子，由于要拆出很多的木料等，今天他家还是叫了一些亲戚来帮忙。3月19日他只是做了一个仪式，就算从那天开始拆了。因为按照他们的做法，拆或者建房子都要讲究日子的吉利。听说是原来的老房子漏雨，要在今年里翻新。

李永得的父亲是在农历的前一个月去世的，按照民俗的规矩，翻过了月，就必须选择日子来做后墙体上封洞（家里死了人就必须打通一个洞口）的祭祀，他家就选择今天来做。

杨正明家做祈福的祭祀，他经常到死人处唱歌，翻过了年就做这种祭祀，希望来年也顺利、平安。

2007年3月23日，星期五，农历二月初五，属龙，晴，有一阵雨

李建华的母亲向村民小组反映说，她家地里的黄豆苗被卢伟家的牛啃青了，要求村民小组协调一下。她家要求赔偿四升的黄豆种子，卢伟家也承认说确实是被他家的牛啃吃了，双方都比较通情，考虑到现在栽种还来得及赶上收获，最后是卢伟家赔偿两升黄豆种达成协议。

村委会的乡村医生李燕和孔祥云来村里打少儿的预防针。但是，村民都知道他们没有进行过正规的培训，恐怕打了还会带来麻烦，就几乎没有人来打，村民宁愿多花一些费用到城里去打也不愿给他们俩打。

张祥家开始砌石脚了，因为在施工过程中没有石头用，就又到大鱼塘村里买回来一些，运到停车场之后又请了小工背到寨子脚的他家里，说是每车给小工背是16元，加上石头的材料费，每车（拖拉机的一车，一车有一个立方左右）石头的总计费用就是四十多元了。

2007年3月24日，星期六，农历二月初六，属蛇，晴

今天，州植保站的人来村里定捕昆虫的点，村里选择了3个，分别安排在海拔1000米左右的张里保家地里一个、海拔在1300米左右的李志宽家地里一个、海拔在1500米左右的张明福家地里一个。他们还安排村委会农科员李树华每周负责收网并负责送到新街镇农科站，然后由他们再送到昆明云南农业大学做试验调查。对于被选中的几家给一点适当的补偿。

上午，村委会选举委员会分点选举村委会主任、副主任候选人，来箐口村的是工作组李志勇和现任主任白万福，有的村民认为现任主任要是还要参加主任竞选，他就不应该参加选举工作的操作，认为政府这是有意违反选举组织法。但是，还是有很多的人员对这一情况不知道。从今天上午来参加选举人的情况来看，村民不是很积极。

2007年3月25日，星期日，农历二月初七，属马，晴

上午，村委会选举委员在村民李宏家的墙上张榜第三届土锅寨村委会主任、副主任候选人名单。根据得票的多少顺序，主任候选人有白万福、张明华、林海、孔德辉、李伟；副主任候选人有李高亮、李文忠、李文亮；

委员有林正芳、卢学明、李云芬等。

"树大分枝,人大分家。"李贵祥已经40多岁了,他的兄弟也是30岁左右,去年成家,已经有了自己的孩子。那么,他们两个弟兄就面临着分家。当然,也另有一两个主要的原因是,老房子建房的时间的确长,屋里的木料结构都腐烂了,出现漏雨;再者,李贵祥夫妇在外地打工多年,赚了一些钱。今天,正是为了建盖他家的房子运回来石头。准备过一段时间就开始建盖了。

传统的箐口村哈尼族昂玛突节到了,按照村里一直以来的过法,今天下午是进行祭寨门。这个祭寨门的做法,一般是选择在傍晚村民都收工回家完毕的六七点,村里的主要摩批李正林都不参与祭祀,只由咪古们来做。村里现在主要有两个地方:一个是朝东方向寨子脚的磨秋场下面,这个地方由小咪古张龙、李正亮等来做,用的是一只白色的大公鸡;一个是朝西方向的入村口停车场处,这个地方由大咪古李沙惹和李朝生来做。用的主要是一只大的红公鸡,这两个地方的两只鸡都要把它们的皮剥了之后拴到树上,连同已经做好的草绳,草绳上面还拴着用木头做成的镰刀、斧头等,其用意就是给寨子避邪,把寨子外不干净的孤魂野鬼挡在外面。

2007年3月26日,星期一,农历二月初八,属羊,晴

根据昂玛突节的进程,今天早上是祭祀水井,几个咪古都要叫村里的一些老人分头来祭祀村里的每一个水井,包括老的水井和新做的水井,他们都要把所杀的鸡肋骨拿回来,到昂玛突节的最后一天要在大咪古家的院子里由摩批占卜。而与此同时,卢新、卢明华、卢文华他们三个弟兄就要自己家出钱买鸡祭祀他们家的一片林地,其地点就是村里的陈列馆凉亭下面,村里其他人家都没有类似的事情,就他们一家,究竟为什么这样做?基地的学者和笔者都做过一定的调查,到现在都没有明确的说法,他们家都说以前都是这么传下来的。姑且以后再调查考证说明。

晚上，今年生得孩子的家长要到咪古家敬酒、发烟、发糖果等，到了晚上的时候，笔者与他们一起去观察了一下，今天晚上有李世明、卢上明等十几人，也就是说，从去年的这个时候到现在，村里新生的孩子有十几个。

今天，李贵祥家继续运石头。从现在箐口村民的基本经济情况来说，绝大多数村民都比较贫困，村民家分家分户建新房子或者拆建旧房子，多数还是要就地取材，利用寨子自己家或者亲戚家田间地角的石头和沙子，以减少经济上的开支。这两天李贵祥家就是这样，为了过一些日子后建盖自己家的房子而在自己家的地里挖了一些石头，这两天就找了拖拉机运回来，之后又在停车场请人背到建盖房子的地方去。以村民目前的建筑方式来看，的确可以减少家里很多经济上的开支，少则几千元，多则几万元，特别是这两年物价上涨的情况下，可以给家里节约很多。

2007年3月27日，星期二，农历二月初九，属猴，晴

今天全村到寨神林里摆桌子。按照历来的传统做法，每一户要做一桌子的菜，家长们背上烟酒，孩子们则背上箩蛋核桃，中午左右在咪古们的带队下排队进入寨神林。之后，按照以前摆放的位置放着，等待咪古们进行祭祀，之后，每户的村民家长向咪古们敬烟酒。一直到下午时返回来。每年的这个节日都很热闹，今天也是如此，除了参加的村民外，还引来了很多的外地朋友参加。

2007年3月28日，星期三，农历二月初十，属鸡，晴

今天，用哈尼族学者的话来说就是摆长街宴的日子，是哈尼族村寨中一年里最活跃的一天。用箐口村的话来说是到咪古家的院子里聚会，摆桌子要从咪古家院子开始，然后沿着能摆放桌子的路摆过去，100多张桌子摆起来还是有点长，如果再长一些，这场面就更大了。这也就可能是被称为长街宴的原因吧。

晚上卢开亮家运回来一汽车的砖，又在准备建盖房子啦。听说，他家的老房子建盖历史已经有六七十年了，原来建筑中用的木料等材料已经出现腐烂、屋面渗水等情况。没有钱则罢了，有了钱就要建房子，这是多数村民的心态。

2007年3月29日，星期四，农历二月十一，属狗，晴

为了调查箐口村一带哈尼族的文化，云南大学借这次一年一度的昂玛突节来了十几个师生，主要就是考察这个节日期间所进行的各种文化。到昨天，整个节日已经结束，于是他们在今天就返回学校了，希望他们能把所调查的情况整理后进行宣传。

李世荣再次要求解决与李正明家的地界纠纷，他们两家的这桩纠纷也是老问题了，什么时候能解决好还是一个问题。我是希望他们都相互有所让步，不要因为半尺寸地而将纠纷继续下去，免得事情闹大，伤精费神的，不能正常生活。

李贵祥家今天开始拆除旧房子，也是同多数村民家一样，今天请了很多亲戚和朋友帮忙。一般都这样，拆房子会有重材料，就会请亲戚和朋友来，而亲戚和朋友只要知道谁家拆建老房子也会主动地来帮忙。

2007年3月30日，星期五，农历二月十二，属猪，晴

属猪的日子，村里就有做求福祭祀的人家，今天李世荣家做，请的摩批是他的大爹李建国。因为他经常在外，村里的年轻人这样做，他也来试一个。

过了昂玛突节，年轻人就要外出打工了。今天有卢正学、卢祥等，做过箐口村调查的人都知道，箐口现在来说缺乏经济来源，现在的箐口村可以说是名声在外，但很多旅游资源都没有得到很好的开发，村民的经济来源基本上都是依靠外出打工。还是和以往的生产生活一样，年轻人一旦到了农忙都回来处理家里的事务，或者说是到过年过节都会回来，而其他的农闲时节就要出去打工来帮补家里。怎样来开发村里的产业？

怎样才能够稳定村里的劳动力？依本人浅见，在家而不出门就能够让村民过上好日子是最值得村民考虑的事情，各级党委政府和学者们都值得研究一下。

张祥夫妇在开远打工已经多年了，根据现在的情况，要求村民小组做一个证明，以到新街镇派出所办理身份证。笔者认为，各级党委政府号召和要求都是通过研究审核才下结论的，目前要求公民办理身份证都是出于一种好的出发点。

中午，李高才从建水县回来，是因为他的家人认为他酒精中毒了，让他在建水县疗养戒酒，他去建水县已经有两个月多了。其人还比较年轻，才四十岁左右，近年来与张有亮、卢四朝、卢建华等几个友好，他们似乎是酒友，经常在一起喝酒，用村民的话说是酗酒了，只要约好了在一起，即使家里没有什么菜都会喝得很醉，喝醉了不能做什么事情就睡觉，一年里几乎没有几天是清醒的。他的女儿又在上学，做妻子的很着急，硬是叫人送到建水县疗养了一段时间，情况好转了才回来。

2007年3月31日，星期六，农历二月十三，属鼠，晴

有人到村里来收购茶叶，说每市斤两元钱。听说，今年的茶叶销路很好，今天来村里收的都是村民从山上自己摘回来加工的，质量都很一般，但是隔几天就会有做生意的人来村里收购茶叶，相互间在价钱上有所竞争。仅就今年的情况来说，主要由箐口村茶地提供原材料的村委会茶厂是一大损失，对箐口村的经济收入是一大损失，估计一年要损失几十万吧，这在经济尚处于落后的地方是一个大损失！

李华的母亲说，她儿子在外邮寄两百元回来，因为所填写的名字和身份证上的字不同而邮电局的人不给取款，要求村委会或者派出所证明才能拿到手。这就是不读书不学习而造成的，要是多读了几年书，多识几个字就可能不至于这样了。

李贵祥今天从南沙运回来一车沙，"一个好汉三个帮"这是一句很普通的俗话，在很多的事情上往往是这样。今年李贵祥家建盖房子，他的一些亲戚和朋友都来帮忙。今天的这一汽车沙也是他的朋友送的。一是附近的地方政府不让采沙取石，二是在建筑过程中大家都知道南沙的河沙比较好，都喜欢用那里的沙，他就通过朋友运回来一车沙。

2007年4月1日，星期日，农历二月十四，属牛，晴

从现在开始，村民逐渐地进入农忙时间了，今天就有很多个村民到田里做活，他们有李正明、李则主、卢伟、卢正华等。他们几个忙着整治田埂和给田里除草，因为从秋收搭好田埂之后，这么长时间过去了，村民的牛或者田埂本身的土质问题，加上到了春天野草逐渐长出来，为了以后插秧下去田里能保持足够的水位，必须要把不好的田埂整治好，他们就开始着手整理了。卢志明今天在犁田，他家的田都在水源丰富的白龙泉下面。还有几家也犁翻了。从多数的村民来说，这几天还在干旱时期，一直没有下一场大雨，生怕犁翻的田又被太阳晒干就没有动手，就等着老天赐福雨水与人民再整理田。

今天卢建明家和卢开亮家拆老房子，准备翻新。他们都说是老房子旧了，房屋出现漏水的情况。卢开亮家为了以后做伙食，在下午的时候杀了一头猪。

到下午6点左右的时候，村里来了一对夫妇，大概是四十岁的年纪，还带着一个七八岁的小孩，每人手里拎着一个塑料口袋，是来村里讨饭的。用村民的话说，他们是到箐口来施展他们生计手段的，为什么这么说呢？村民反映说他们到了家以后要的东西是大米，或者是钱（当然要的钱少，村民一般也不会给），熟饭都会拒绝。要是在很多年前来讨饭的给什么都要，一般都是中老年人，穿着都是打了补丁的衣服。今天来的这对夫妇年纪都还在40岁左右，应该可以以打工来生活，现在不过是以讨饭来挣钱的骗子罢了。人的眼睛都长着，脑袋也长着，就会看，就会想，难怪村民都说他们不是讨饭的，而是施展他们的另外一种谋生的手段罢了。

2007年4月2日，星期一，农历二月十五，属虎，晴

今天属虎，在箐口村来说又是一个好日子，已经约好要做祈福法事的人家又可以在今天上午举行了，今天有李建国摩批为李春做祭祀，参加他法事的有他的兄弟李建华、他的叔叔李阿三，还有李志祥，一共是5人。按照他们的说法，参加这个法事的人必须成单数，一般是三人，或者五人，或者七人、九人，当然，三人到五人较多，原因有以下几个：一是用的祭品是一只鸡，人多了不够吃；二是家里可以带猪肉出去，但是带出的肉都不能带回来，吃不完也要倒掉；三是要求参加的人在没有消化完肉食品的三天内不能行房事；四是要求参加的人必须是健康的正常的人。

进入农忙时期了，很多村民只要没有其他什么特殊的事情，就要忙着整理自家的田了，今天有李学光、卢建忠、卢志明等犁田，还有李春做过他的祭祀以后又到他家的田里炸石头，主要是他家的田中间石头太多了，不便于耕种，他就趁现在有时间的时候炸开了从田里弄出来，以便于以后的耕种，理所当然，田里的粮食产量就应该随着提高。

张祥家今天拉直钢筋，是把钢筋从家里带到停车场旁边直一些的路上，利用拖拉机的力量拉直，他们这样做既省时间又省人力。

上午，新街镇农科站站长孟国成到箐口村来收集他们的试验品，他们先后在村里不同海拔的地方设了捕捉昆虫的网，每到一定的时间就来收集一次，把所收集的样品再送到昆明云南农业大学做调查。这些网都设在农户的地里，每月要给每个农户150元，平时由农科员李树华负责管理和看护。

2007年4月3日，星期二，农历二月十六，属兔，阴

云南大学哈尼族调查点，在读博士郑宇在村里做了十几天的调查之后于今天返回学校。为了做好这个调查点的事情，学校里经常安排师生来村里，对每一段时间中发生的事情做调查了解。在这几年来，他们基本上每一两个月就下来一些人，可以说对于这个调查工作是比较认真负责的，尽了他们的能力，都希望通过他们的调查宣传而对村里的经济和文化都带来一定的影响，加快箐口村各个方面的发展。

上午，在村里李宏家的房子墙上张榜公布这次村委会主任、副主任的最后候选人名单。主任候选人是白万福、张明华；副主任候选人是李高亮、李文忠；委员候选人是李云芬、卢学明、李佑生、林正芳等。不知道是什么原因，按照原来选举委员会的计划是再次在各个自然村里进行最后候选人的选举，但是，他们这次没有这样做，而是按照第一次选举得票的多少来划定最后的候选人。选民对这一事情的反应也不是很大，或者说都忙于各自的生产，对与自己无多少利害关系的事也就罢了，就看最后选举的情况了。

2007年4月4日，星期三，农历二月十七，属龙，阴

上午，村里有人来收购茶叶，到现在一市斤晒干的茶叶都到了二十元，有点像他们说的物以稀为贵。在前几年村里的茶树还好的情况下，听说一市斤鲜茶叶才几角钱，村里几百亩的茶叶没有给村里带来太大的经济收入，而现在因为村委会的茶厂倒闭了，村里的茶树也被砍荒了，茶叶的价钱就突然提高了很多，很多村民都感到很可惜。不过，有的村民又说，茶树被砍荒了也好，村民每家每户可以分一些管理栽种其他的副食品，在以前茶厂正常运转的时候也不见得给村里带来了多少好处，带来好处的还不是给了主要的负责人吗？

村民育秧苗已经一个多月了，秧苗有所长高。眼看很快就要到插秧的时候了，为此，有劳动力的人家开始犁田，整治梯田了，今天就有卢世华家等，都想着早做好梯田工作，整治好田间工作对以后秧苗成长也好。

2007年4月5日,星期四,农历二月十八,属蛇,阴

今天,村民张祥家对屋顶进行浇灌,他家采用的是请小工的方式。在以前的时候,村民家无论是谁家做房子,每天有很多的村民抽出时间来帮忙,直到房子全部做好了为止。可是,不知道是什么时候开始,什么原因,做房子都不会有多少人去帮忙了,特别是到了村民都选择做砖混结构的房子以来,除了浇灌这一天,平时除了他们最亲的家属外很少有人去帮忙。这是箐口村建筑中的一个改变吧。张祥家自己最清楚,这么多年来他们一家一直在外地打工,很少在家帮他人参加做类似的劳动,自然地,来自己家帮忙的人就会很少,也就只有请小工来做了。

上午,城建局、旅游局、新街镇等工作人员来村里调查村里新建房子的情况,他们按照上级的规划,重点是给正新建的李树华家、李贵祥家、卢落以家、卢开亮家、张祥家等做教育指导,要求他们一定要按照村里的详细规划来做,符合箐口村传统建筑的特色。明确地讲,是要求搭茅草顶,墙面要粉刷成土坯式样,保持箐口村里一致的建筑风格。

2007年4月6日,星期五,农历二月十九,属马,阴

虽然说"云南天天是春天",特别是云南的箐口村下雪是少有的事情。也就是说,箐口村的冬天也不会很冷,再冷的天气只要加一件毛衣就可以过冬了。但是,一旦天气变化,人们的心情就会变化,生产生活的秩序也会适当地改变一些。今天天气阴,有点冷,出门做农事的村民就要比平时少。写日记的我就想:为什么突然不冒出一个村民做点事给我记录呢?今天我又该记什么呢?当然,这可能是我信息不够畅通,或者忙着做什么去了。管它的,以后多注意些,要是我生病出不了门,村里发生什么天大的事情也不会去看,不会去理解和记录,要是以后有什么朋友说某天村里发生什么事情,就对照一下我注意了没有,记录分析了没有,再来补充吧。平静的日子村民还是要过一些。

2007年4月7日，星期六，农历二月二十，属羊，阴

嘴上说选举工作不能拉票等什么的，但是一旦选择了做某事，最愚蠢的人都会想办法尽力为之，都希望做得成功。被定为村委会主任最后候选人的我也是，不时地与朋友们打电话想办法。而白万福也是，箐口村卢小祥是他的朋友，下午卢小祥请了村里他的一帮朋友吃饭，其目的还是为了选举一事，商量怎么做，估计着能拿到多少票，至于请了什么人就不详细提名了。

2007年4月8日，星期日，农历二月二十一，属猴，阴

按照汉族的习俗，这一段时间是上坟的时间，我的表哥普灿是在箐口村长大的，后来到县里工作。随同其他民族的习俗，他们家每年都要去上坟，每年也请我去，还请了他的朋友李永福参加。原来因为选举一事我不想去参加，最后想想，镇里县里说不定有他的朋友，到时候说不定能帮助一点，我是这样想的，也就去了。

当然，最主要的是帮忙他们家做一些力所能及的事情吧。我们几个表兄弟从小一起长大，他们家有什么好吃的或者有什么事情都要通知我们家，而我们家也是尽力而为。

2007年4月9日，星期一，农历二月二十二，属鸡，阴

正如前面说到的，村委会主任选举工作要进入最后阶段了，本人随朋友到小水井村找朋友，目的还是希望能够得到朋友们的帮助和支持。这事耗费了我很大精力，影响我做其他的事情，包括记日记在内。

虽然说，一个村委会的主任在经济上没有多大的收入，但是现在进入这个阶段后，双方都像是在搏斗，希望把对方搏倒，这种心情我承认自己也有。支持我们的弟兄们这种心情更浓，似乎带上火药味一样。因为这事，我再也没有精力去想别的了，整天就与朋友们商量怎么办。

2007年4月10日，星期二，农历二月二十三，属狗，阴

上级通知说州旅游局的领导要来村里，村民小组，管委会组织冲洗村里的主要路面，好像这也成了惯例，每到上面通知说村里有上级的什么大官员要来时，村民小组和管委会的事情就是把卫生打扫好。由于村民养了很多牛，村民放养牛都要从寨子的主路通过，牛免不了拉屎，要是不打扫，路面就显得不干净、不卫生。

实际上，我向上级反映过，希望投资把人行主道和牛路分开，人行主道上不许牛来往，村里的卫生条件就要好很多。

2007年4月11日，星期三，农历二月二十四，属猪，阴

今天，求福的村民家有卢志华家，摩批是卢世才。用村民的话说吧，这一段时间摩批的生意是好，只要是所谓的好日子就有人家来请祭祀，卢世才已经六七十岁了，还是仍然有人来请。都像是赶潮流一样学着做，鬼才知道这样做灵不灵，我有时就是这样想的。

2007年4月12日，星期四，农历二月二十五，属鼠，阴转晴

秧苗长高了，快要到插秧的时间了，就会有村民家去整治梯田，今天犁田的就有李志和家等，可以说李志和是一个专业的庄稼汉。在村里，人们上了五十多岁后，基本上不离开家打工，就在家里养养牛，种种田地，用一个时间来定的话，五十岁以前是业余种田人，因为年轻人就是常年出门在外，除了农忙时间是很少回来的，而到了五十多岁后，家里的田地要招呼，村民与村民之间平时的事情要相互关注，很少有时间出门了，就可以说转正成了专业的种田人。

这里的哈尼族有一个习俗就是死了人亲戚间会相互通知，相互奔丧。今天李文才家到一个叫金竹寨的寨子奔丧，还准备晚上到那里发糖果，请人唱习俗民歌到通宵，村民叫作"养老"。

县城在南沙镇，南沙镇是一个傣族集中的地方，他们按照他们的习俗惯于过泼水节。文化是不分民族不分界限的，很多村里的年轻人去参加过泼水节了。

2007年4月13日，星期五，农历二月二十六，属牛，晴

就像前面说到的，既然选择了做某事就尽力为之。多一个朋友多一分力量。我约了人到土锅寨找一些朋友，至于谁就不说了，只是说本人也想向一些朋友说明竞选的目的，希望获得他们的支持，为以后打基础。实际上，我担心的就是土锅寨村啦，很多同学都已经很多年没有联系了，彼此间的感情不是很好，更不用说亲戚了，只能是托一些朋友说说，得票数估计是他们寨子选票数五百票的三分之一左右，或者可能会多一点。要是他们寨子能多得一些，当选的机会就大一些。

2007年4月14日，星期六，农历二月二十七，属虎，晴

前面的日记里提到过的，村里以前建房子多数是就地取材，做成的都是土坯墙木料结构茅草顶的蘑菇房。现在有所不同了，都希望做得牢固些，居住舒服些、卫生些，基本上都是做成砖木混合结构的了。正在建房子的李贵祥家今天是运回来一车砖，每块砖是四角多。

今天，求福的人家有卢永贵家、李江西家、罗金得家等七八户，前面的日记里提到了，这几年一到这段时间就会有人家做这样的法事，特别是常年出门的年轻人，都希望出门吉利得财。

上午，村委会进行村委会主任选举，镇工作组安排了人到五个自然村里进行选举，得票结果是主任白万福763票，张明华951票，副主任李高亮、李文忠、委员李云芬、卢学明等，由于在选票中黄草岭村民小组出现撕开票箱的情况，选举工作以本人的得票没有过半为借口，工作组讨论重新选举。

大家都知道了黄草岭村民小组出现撕开票箱的事情，而且撕开票箱的人是白万福的家人。据说主持选举的工作人员到了白万福家吃饭后才

出来。支持我竞选的弟兄朋友们很生气,有上百人到村委会反映,有围攻村委会的势头。去看了现场的我更是气上加气,如果没有在场的朋友们劝阻,失去理性的我会把票箱点火,甚至差点动手打了来看现场的新街镇党委书记徐文俊,如果没有朋友的劝阻,我相信真的会出事了。

果然我所意料的事情出现了,土锅寨村居然只有四票是支持我的,听一些朋友说原本是要支持我的,只是在选票时他们村里的老人说一旦我当选村委会主任,箐口村与土锅寨村之间的地界纠纷就很难解决了,原因是我担任箐口村负责人时,箐口村与土锅寨村出现过土地纠纷,这事已经告到新街镇,新街镇也安排人来调查过,就是没有结果。

2007年4月15日,星期日,农历二月二十八,属兔,晴

早上,李贵祥家请了村民背砖。这是村民建房子一直以来的一种沿袭,村民谁家建房子特别是亲戚都会主动去帮忙运材料砌墙的,一幢房子会很快做好的。这几年都是这样,只要谁家建房子运回来砖,只要他家在晚上通知隔壁邻居和亲戚在早上来背都会来帮忙的,之后,又可以根据自己家的情况去各自忙各自的事情。

今天,上级通知村委会主任要重新投票选举。对于这一情况,支持白万福的人是高兴的,而支持本人的人坚决要求撤销他的选举资格,增加其他人竞选也不妨。

2007年4月16日,星期一,农历二月二十九,属龙,晴

上午,重新投票选举村委会主任,支持本人的拒绝投票,要求工作组撤销白万福的选举资格,去参加投票的就只有支持白万福的少数人。之后,工作组到村委会草草数票就宣布村委会主任由白万福连任。

对此,支持本人的选民大有意见。本人也认为他们这样的做法很不符合村民组织选举法,想着在一定时间内到县里甚至州里上访,希望重新定位此事,本人与朋友们商量上访事宜。

选举一事，也误了我去关注村里的其他事情，一心不能两用啊。一个人的精力极其有限。无论大事小事只要选择了就必须做好。

2007年4月17日，星期二，农历三月初一，属蛇，晴

支持本人选举村委会主任的村民安排代表到县里上访，这样土锅寨村委会主任选举一事就在县里传开了，知道本人而不知道本人名字的人都问过我是否有这事，本人心情更是可想而知了，就是静不下来。对方在工作组不注意的情况或者是串通好故意撕破票箱，违反了村民组织选举法，上级还让他参加竞选，我认为是不对的。

村里从开放旅游以来，已经有很多领导来过了，今天也有省州县几级的领导来村里考察工作，我是因为选举一事而没有精力去管理村里的事情了。心情一时静不下来，一心只想找几个理由上访。

2007年4月18日，星期三，农历三月初二，属马，晴

为了选举一事，我应朋友的要求，一同到县选举办公室上访，并交了一份情况说明，要求工作组前来调查。

卢建华家打屋顶，是村民帮忙做成的。知道他们家打屋顶的村民都自觉地来，做好之后，下午就在他家喝酒吃饭。我的心有点烦，有点乱，没有去帮忙。

2007年4月19日，星期四，农历三月初三，属羊，晴，晚上有雨

按照村里习俗，今天村民们是要休息的，谁家要是出门做农事或者出门打工都要象征性地处罚一点，每户收一元或者鸡鸭蛋肉等。这事主要由咪古负责，大咪古在昨天晚上就通知明天是休息日，今天早上就安排人守在村里的主要路口，看到谁家违反了，就到谁家收取相应的费用，下午咪古和参加的人搭伙用餐。

张春华家的房子等姜文拍电影结束后就拆掉重新建设好了，因为政府要求村里要保持一致的土颜色的外墙体，他们家只好搭架子，准备给墙体粉刷，做成土坯样子。这样做是麻烦，但是政府要求的，村民也没有办法。

2007年4月20日，星期五，农历三月初四，属猴，晴

"事不宜迟。"支持我竞选村委会主任的朋友们今天又安排了几个到县里上访，希望通过正常的上访途径取得一线希望。或者说，白万福任主任时确实出现过过错，很多村民都希望他下台。希望能选出一个更合适一点的人来当主任，组织和带领村民建设好自己的家园。

再说了，张春华还是村委会的书记，上级要求的事他会尽力去做，现在，房子做好了，外墙要求粉墙就粉墙吧，只是人手少，不可能一两天搭好架子的。

2007年4月21日，星期六，农历三月初五，属鸡，晴转雨

我认为，这几年旅游开放以来，村民的眼睛是亮了很多，都想着住好、吃好，逐渐地都开始重建房子了。正在建房子的卢开亮家今天是做钢筋，过一两天就可以打屋顶了。当然，也进入插秧的农忙时间了，等他们家打了屋顶就要保养一段时间，人手又要进入田里劳动，只有插秧好了再返回来建房子。

就是进入农忙时间了，整治梯田的村民家多起来了，村民的主要精力在这一段时间基本都要放在田里。从正常的角度来考虑，村民都不想推迟插秧的时间，都希望尽快插好，有经验的村民知道，稻谷开花抽穗的时间要赶在七八月份最热的时候，要是错过了，会影响水稻收成。

正是需要牛的时候却听说有几户人家的牛又生病了，有李四得家、卢建忠家等。

2007 年 4 月 22 日，星期日，农历三月初六，属狗，晴

亲戚需要的时候就得去帮忙，全福庄姐姐家今年建一个房子，今天打电话过来说要打屋顶，我们几个弟兄又得放下手里的活计赶过去。因为是农忙的时间，他们寨子的亲戚也不会来几个，再说了一家人总得帮忙的。

李和亮请杨正明到麻栗寨唱歌，说是杨正明，其实他的真名是卢正明，只是小时候他与一个姓杨的老人一起生活，招呼着那个姓杨的老人，村民渐渐地就叫他杨正明。他是村里唱民俗歌曲的人，村里谁家需要唱歌都会请他的，现在唱这种歌曲的村民少，所以他也很忙，包括其他寨子的也会来请，他的生意有时确实不错。忙不过来他还得请其他外寨子的朋友来替他去唱。

2007 年 4 月 23 日，星期一，农历三月初七，属猪，晴

快要到插秧的时间了，村民就得忙着整治梯田，今天就有很多犁田的人家，有卢正明家、卢志明家等。

有村民家整治梯田，也有村民建房子，今天卢开亮家打屋顶，张祥家是拆木料，准备进入后面的建房工作。

村民小组调解李正安与卢家贵之间的地界纠纷，卢家贵家正在建盖房子，准备在与李正安家连接的后墙基础上砌直墙体，而李正安要求按照自己家的地界来做，两家出现了矛盾。村民小组看了现场后，要求双方尊重历史，自行协商。这么多年来，村民与村民之间发生这样那样的纠纷绝大多数是地界所引起的。

李绍新是今年村里的龙头，根据村里的咪古与摩批李政林的安排，他们向村民收取要祭祀山神的费用，每家是两元五角，准备明天趁着新街镇的集日到街上购买所需要的祭祀物品。

很好玩的，李院文已经是养了两个孩子的父亲，近期说从打工的地方带回来了一个女朋友，欺骗妻子说是姐姐的朋友，而露出破绽被妻子知道后，夫妻间难免一场战争。村民议论说：这也太凶了。男人出门在外地，偶尔交一个朋友也罢了，却胆敢带到家里，女方不凶也罢了，要是再怎样的话，夫妻的感情是要破裂的，家庭是要改变的。做夫妻，双方还是相互尊重些好。

2007年4月24日，星期二，农历三月初八，属鼠，晴

秧苗长高了，村民都准备插秧了，今天就有李学亮带着一把秧苗到田里，意思是今天对他们家来说是好日子，他家就算是今天插秧了，开秧门了。

正如昨天说到的，今天是新街镇的集日，李绍新他们两人到街上购祭祀山神用的物品。

要进入插秧阶段了，每天就有很多村民到田里劳动，张明福家就是一个，今天开始耙田，准备插秧了。

2007年4月25日，星期三，农历三月初九，属牛，晴

昨天张明福家耙田，今天就约了人拔秧了。他是今年的第一家，一共有七人拔秧苗。可能在前面的日记里说过，村民现在插秧一般程序是先把田整理好，之后是由男的拔秧，把秧苗背到田里，再由女的负责插秧，插秧就算完毕。这可以说是箐口村向来的程序，至于特殊的情况就要特殊处理了。

今年插秧的第二家应该是卢世华家了，今天他家也组织了人耙田，准备明天就要拔秧苗了。

应该说州县政府对箐口村的建设和发展是重视的，特别是建筑，所谓的蘑菇房，在几年前认为是箐口村保留得最好，很多领导都想把箐口村的建筑作为哈尼族建筑的一大特点来加以宣传美化，今天又有县政府和主管建筑的领导来村里视察村里的建筑情况，对近期建设的村民进行教育，责令他们停止施工，要求一定要按照政府规划来建设。

2007年4月26日,星期四,农历三月初十,属虎,晴

进入插秧时节了,昨天拔秧苗的张明福家今天叫了16个彝族妇女来插秧。这些妇女是离他家田最近的大新寨人,说是她们现在每天的工钱是12元,主人家中午供一餐饭。为什么他们家要请彝族妇女呢?主要是他们家的田离大新寨比较近,而插秧的时间又往往比他们早一些,可以说找插秧的妇女要比村里容易些。

是的,有第1家就有第2家,今天卢世华家拔秧苗,也是准备明天就要插秧了。

村委会主任选举出现了一些小插曲,选举党总支书记又会怎样呢?上午,召集土锅寨全体党员开会,选举还算顺利,得票数是张春华54票,孔祥文48票,白万福48票,卢光辉50票,李志祥40票,张正明57票,林正方47票。选举党总支委员中,最后投票由前一任书记张春华担任土锅寨党总支书记。下午杀了2只狗举行会餐。

过了昂玛突节,要到插秧的时节有一个祭祀山神的仪式,村里一般就选择属虎的日子,就像前几天准备的一样,村里今天正常祭祀。

2007年4月27日,星期五,农历三月十一,属兔,晴,晚上有雨

插秧首先要拔秧苗,今天有张正和家、李安三家。插秧的有卢世华家、张文和家,从现在来看,张文和是村里出名的能吃苦的村民之一,他已经五十多岁的人,但每天三四点就起床,简单吃一点饭就一直做事。也许他有什么家务事情没有做好,但只要他做了就会起早摸黑地做,谁知道他是整理田还是拔秧苗,今天就叫人插秧了。一个人能活几百岁,辛苦那么多为啥?

接到上面的通知,叫正在新建盖房子的人家明天上午到村委会开会。

2007年4月28日,星期六,农历三月十二,属龙,阴

村里已经进入农忙时间了,每天插秧和拔秧、犁田、耙田的村民都有所增加。今天插秧的村民家就有张正和家、李安三家、李四文家、李得贵家等,拔秧苗的李学亮家、李华家等,可以这么说,只要能做农事的就没有一个闲着的了,村民的黄金时间到了。现在的每一天对他们来说都比较珍贵,比较值得珍惜。

小龙虾是这几年庄稼里出现的一大害虫:一是能把村民的田从下埂打洞到上埂,打坏了田埂使田埂倒塌;二是田里的水容易从洞口渗出不易积水,田里养的鱼、泥鳅等要被晒死,不易发展渔业;三是田里龙虾太多,一旦它们没有吃的,秧苗还嫩的时候也会被咬死。村民都气死了,听说我们这里的龙虾是高某某从街上买来两只试养发展的,其繁殖和发展速度如此之快,几年后,村里的几百亩田到处都是,害苦了村民,都说"龙虾就是高某某培植的",意思就是高某某害的。目前,村民除害的办法一是掏洞砸死;二是放水捉了喂鸡鸭;当然,有的村民是捉回来炸香了做下酒菜,但会过敏的人不敢食之。到了插秧时节,有村民就放水专门到田里抓,今天的李扎卜家就是这样做的。

上午,正在新建房子的张文和、李爱生、张龙、卢开亮、卢朝生五户人家到村委会开会,会议有县旅游局和县城建局参与,说是要对这五户村民家进行处罚,每平方米处以五十元的罚款。就村民来说,他们不是有了钱而故意为难政府,应该是以前的房子的确坏了不宜于居住罢了,建房子所需要的很多材料自己找,所需要买材料的七八万元甚至更多的钱要多少年积累起来,或者要向亲戚朋友借一些才能把房子建起来,多数都是无奈之举。这五户人家建筑面积每户有五六十平方米,一户人家得被罚款三四千元,他们是不可能支付的,都会说没有钱给不了。

村里近几年来是来了不少游客,拍电视电影的也来了不少。今天又来了一批,车上写着《小巷总理》的长春电影制片厂的剧组。

2007年4月29日,星期日,农历三月十三,属蛇,晴

箐口村的管委会在元阳县旅游局管理下在村里负责管理各种事务,

这几年来国家法定长假日来村里旅游的人要多一些，叫作"黄金周"。过两天就是五一黄金周了，县旅游局局长高正福带工作人员来布置任务，希望在五一黄金周期间做好一切工作。

上午，村里选举村民小组组长、副组长、会计，因为前面选举村委会主任，副主任就出现了乱子，又正是农忙的时候，很少有村民来，或者说来的也根本不是来投票的，就各自出去做农事去了。

2007年4月30日，星期一，农历三月十四，属马，晴

插秧的村民就是多了，今天就有张学亮家、李杰家、李和亮家、卢学锋家、李庆峰家、李城家、张庆贵家、李志宽家等，拔秧苗的有李牛后家、李志和家等，寨子脚的田里看去都是种庄稼的村民。

昨天来村里拍《小巷总理》的剧组今天又来了。

2007年5月1日，星期二，农历三月十五，属羊，晴

这一段时间是农忙的时候了，村民们都为了插秧忙着整治田和拔秧，或者其他的农事。今天拔秧的人家有张明生家、李红家、卢学贵家、李跃家等。作为生产实践了多年的家主知道自己家里需要插多少秧苗，拔多少秧苗，拔多少秧苗又需要多少人手。按照当年的秧苗长势情况，他们的估计是不会有多少差别的，而自己家的田里需要多少个插秧的妇女也是了如指掌。今天拔张明生家秧苗的有三个人，可能是他的亲戚都忙着自己家的农事了，他家的秧苗一般由三个人是拔不完的，听有经验的人说，有的能拔的中年人一天里能拔一百七八十把秧苗，不能拔的人有时只能拔五六十把，正常的中年人一般一天里能拔一百多把秧苗。李红家拔秧的人有六个，不过他家拔秧的人中有几个年轻人很不能拔，拔出来的秧苗就肯定没有那些有经验的中年人的多，至于卢学贵家和李跃家有多少个拔秧的和背秧的本人没有去观察，但是按照他们两家的田面积来说，帮忙他们家做农事的人也不会少于七八个。

今天插秧的人家李绍新家、张庆贵家、李平清家等。听村民们说，这几天插秧妇女的工时费已经达到十四元一人一天，而且主人家要提供一餐中午饭，如果不提供中午饭的话，就要十七元一人一天。不吃中午饭给十七元是卢树云的父亲先说出来的，他请插秧的妇女给到十七元一人一天，有的村里人就说他给高了一些，会算账的人又说不怎么高，说是宁愿不吃中午饭给十七元也不愿吃了中午饭还给十四元。

这一段时间从村民的生产劳动情况来看，的确是到了农忙的时候了，只要天刚刚亮就有村民扛着农具出工了，而且有的是到了晚上六七点才回来。今天耙田的村民家是卢朝生家、李志学家等。李志学是退休的干部，他的两个兄弟都在外工作，他家的每次农事就只有出费用请村里或者他家的亲戚来帮忙了，今天也如此，还是请了常年帮忙整治他家田的人来做，还是给他们工钱的。

2007年5月2日，星期三，农历三月十六，属猴，晴

正如前面说到的一样，这一段箐口村是插秧的农忙时间，具有生产劳动能力的人不是忙着犁田耙田，就是忙着拔秧苗或者插秧了。每天从早上忙到晚上五六点才回家。今天拔秧苗的人家有张文和家、李志学家、李庆生家、李光明家等，插秧的人家有卢学贵家、李和明家、卢明家、李扎卜家。挺有意思的是，今天来李扎卜家插秧的六个土锅寨村妇女到了他家的田以后，说他家的田太大了，害怕进到里面就推脱。这块田是村里最大的一块田，她可能听到这块田有什么样的传说，说什么也不愿意插秧就返回了，气得李扎卜责骂她们不是人，说什么她们在回家的路上会生病。

生老病死是常事，哪管你是什么季节、什么时间。前几天一个大鱼塘村老妇女病故了，主持他们家法事的摩批是箐口村的张正和这一批人，他们前天就到那里主持这个丧事，今天才回来。这几天他们几个摩批就只有放下家里的事，或者让其他的家人来做，看样子谁都不希望在农忙的时候出现这样的丧事。

昨天就接到通知说有中央的什么督查工作领导要来箐口村，上级要求村民到十一二点在他们来时穿着民族服装来迎接，管委会还要演出让他们观看。可是，村民都忙着农事，有谁能出来迎接呢？有村民就说，他们这些做国家工作的人员，不管天阴下雨都有他的工资，而村民这几天的时间是耽搁不得的。也许是这样，村民组长用广播叫了多次都不见有几个村民出来，好像他们的到来对村民没有多少关系。也应该说没有多少关系，国家工作人员是拿着国家的报酬做事情，而农民则是依靠自己的田地生活着，除非是与村民商量什么与之相关的事情，村民才不得不参加。

2007年5月3日，星期四，农历三月十七，属鸡，阴，没雨

今天拔秧苗的人家有李正祥家、李正昌家等，插秧苗的人家有李光明家、李庆生家、李正林家、卢伟家、李志学家、李文新家等。今天拔秧苗和插秧的人家也比较多，在箐口村来说，这几天已经到了插秧的最高峰，请插秧妇女的工时费也是一天一个价，前天不提供中餐的费用是十七元一个。今天李志学家请的就是十七元一个，而且还要提供一顿中饭，他家今天请的是攀枝花乡多沙村的妇女，从这几年来看，只要村里插秧了就得请多沙村和隔壁彝族寨子土锅寨村、小水井村和大新寨村的妇女来，甚至其他村寨的妇女。也不知道是中老年人说谎还是真有其事，说是李文新家今天插秧的那块田比较显灵，以前每年要插那块田的时候就要鸣鞭炮或者土雷，而且每插那块田就会下雨，可能是巧合还是真会有点那个。昨天的天气还是好好的，今天一天里虽然没有下雨，但是的确没有看见太阳，整天躲在云里不愿与农忙的村民见面。

在村民忙着插自己家秧苗的同时，县农牧局和新街镇农科站也组织人来插他们的试验品种，他们今年利用寨子脚李正福家的秧田育秧苗，试验的田分别在河堤李文光家的田一处，海拔在1400米左右的李田明

家的一处，海拔在 1600 米左右的李建生家的一处，他们一共有二十几人，一直忙到晚上 8 点才返回到新街镇去。

早上，在寨子中心李宏家的墙上张榜公布箐口村的组长李树华，党分支书记兼副组长张明华，妇女会计马秀英。这一情况是选举的还是任命的，应该说后者的分量要多一些。现在用村民的话来说，村里没有什么经济来源，村民组长的工资每天才一元，何况村里的工作又很多，在处理一些纠纷上经常会与村民发生矛盾，甚至因公事而与村民积下不必要的恩怨，所以相当一部分村民不愿意挑这一担子，都认为是一桩受罪的事。说什么带领村民走社会主义道路，建设社会主义新型农村是一件大言不惭的事。他们用自己的经济基础来衡量以后多数是这么认为的。

2007 年 5 月 4 日，星期五，农历三月十八，属狗，阴，有雨

早上八点左右的时候，由于从凌晨就下着大雨一直未停，村民还在犹豫着出工与不出工，天还是下着大雨，卢学明家的蘑菇房却着了大火。起火的原因只有卢学明他本人知道，一是下着雨，二是来的人及时，只是烧了他家的蘑菇房，其他的没有烧着多少，损失不是很大，把火灭了以后，人们还是出去做各自的活计去了。

插秧有点不同于收割，要是秋天收割的时候，只要天下着大雨，人们就可能会在家里休息了。但是插秧就不一样了，除非雨下得特别的大，确实不便于人们生产，否则人们还是要出工的。原计划拔秧的人家还是要拔秧，插秧的人家还是要插秧，今天有卢正学家、李和明家、张志学家、张保祥家等拔秧，有李正新家、李正昌家、李正祥家、李得卜家等插秧。他们身上就得穿着防雨的蓑衣或者塑料，头上戴着斗笠等，依然还是生产着。今天，本人也到卢正学家拔秧，在拔秧的过程中，发现他家的秧田里有一种虫，会咬人的手脚，特别的痒，他们说到了这个季节有人家的田里就会出现这种虫，虫多时牛也不敢进田去。这种虫用核桃树叶泡到田里就能防治，有人家发现就会背核桃树叶去浸泡，前几天就听说李志和背着核桃树叶到他家的田里去了。

可能是下着雨的缘故，拍了几天《俄玛之子》的电影摄制组今天没有来，他们已经来了很多天了。我还是希望多拍一些，为箐口村多宣传一些，多引来游客和领导、专家、学者，提高箐口村的知名度，从各方面促进箐口村的发展。

2007年5月5日，星期六，农历三月十九，属猪，晴

无论是国家的大事还是集体和个人的小事，都有一个主次和侧重点吧，对这一段时间的箐口村民来说，的确是忙着插秧的事了。除了守家的老人和小孩，中青年人都要到田里做活了，这也是现在箐口村的主要事情。今天有卢迁华家、张志学家等拔秧苗，插秧的有张保祥家、卢正学家等，昨天一直下着雨，今天就好转了，干活的人们都不用带雨具，自然就比下着雨做活的时候好多了。

在这些地方来说，电力公司是效益比较好的单位，这几年已经多次来村里考察过了，有时邀请了他们的上级单位，有时是他们一个单位的来，村里主要是由李永福负责接待，他们之间自然就认识了。今天又有电力公司的领导来，到了李永福承包的林地里进行野炊，由于年轻人都忙着做田里的事情去了，想叫几个帮忙的年轻人都找不到，当然后来还是找到了，他们主要是吃烧鸡，还找了几个年轻人到林里摘樱桃，要知道这时也是樱桃成熟的时候，听他们说今年樱桃特别的多，只要到林里就能摘到很多好吃的樱桃。

2007年5月6日，星期日，农历三月二十，属鼠，晴

从这两天来看，村里主要还是忙着插秧，每天都有几十户人家忙着犁田、耙田、拔秧和插秧的。即使多数村民家的田都快要插完了，劳动生产的紧迫感也一点未减，村民还是早上就出去，晚上再回来，看样子都挺忙的。今天拔秧苗的人家有李正华家、李平珍家、李开亮家等，插秧的人家有李志明家、杨志宽家、张志学家、李永文家等。听李志明的儿子说，请插秧妇女的工时费又提高了一些。现在如果不提供一顿中餐的话就等于需要付二十元一人一天。今天李志明家请了二十几个多沙村的妇女来，那么仅插秧妇女的工时费就花去四百多元，加上拔秧的男人们喝一些酒，买一些烟，再买一些菜，他家这次少说也要花去六七百元。再加上秋天收割时候的支出也要三四百元，还有平时管理中付出的劳动人工，折成钱来算，现在的稻米市场价一斤也只是一元多钱，那是怎么也不划算的事情，特别是市场开放的现在。所以有个别人家的田就分成让他人栽种，栽种的人找不到的情况下还要出钱让人管理。只是情况不是那么的严重，多数村民还是自己管理自己的田，但有的村民（主要是中年人）又说，现在的钱不值钱，意思是说现在的钱容易花掉，他们还是要认真管理，即使找不到钱发财也不希望出现以前饿肚子的情况，谁也不愿回顾那饥荒的年代。现在中老年人与年轻人吃饭喝酒或者做活计的时候免不了说起以前闹饥荒时吃树皮、喝稀饭的故事。

今天犁田的人家有李树华家、李惹木家、李学光家等。做什么事情总得有个先后，李树华家有牛，只是今年他家的房子因为漏雨已经拆掉，到现在一层都没有打顶，前些日子一直都忙着建设房子就顾不了整治田，到了现在其他的村民都快要插完了，他家的秧苗也长高了才来犁田耙田，尤其是前一段时间里找不到插秧的妇女，他们家就只好推到其他村民的后面，这也是一种合理的生产安排。而李惹木家为什么会到现在才整理田呢？何况他自己还养着牛，主要是因为他从思茅地区单位上退休回来，自己不会操作犁，又没有安排人去犁一下，从去年收割谷子到现在只是把田埂搭了一下，自己宁愿用锄头一锄一锄地挖也不愿叫人来帮忙，他自己也承认是这样的。

村里开发旅游事业以后，卢世华就一直在家里做饮食生意，可能是这几年没有其他的村民与他竞争，他家的生意还能勉强过得去。或许是真的赚了一些钱，今天他叫了几个朋友到州府蒙自县买回来一辆面的。

他们到了晚上 12 点才回到家里，是一辆二手车，说花去了 18000 多元。这样，他以前用的报废车真的可以报废了。

2007 年 5 月 7 日，星期一，农历三月二十一，属牛，晴

　　从 5 月 4 日下了一天的大雨后，天气就逐渐地好转了，今天的太阳就比较大，似乎要把大地烤干。可是，村民无论天阴下雨还是晴朗无云都要出工做活的，所谓农忙吧，插秧、拔秧苗、整治田的人们还是忙个不停。今天整治田的有李树华家、李小明家、李庆亮家、卢家贵家、卢永贵家等。这几家中李庆亮家由于自己不会犁耙就请了卢学贵的父亲帮忙，其他都是自己家的人犁耙。今天插秧的人家有李平珍家、卢小和家等，拔秧的有李则主家、李国忠家，他们家安排人拔秧苗的同时安排了人把秧苗背到田里去。到现在来说，今年的秧苗长势有些缓慢，但是绝大多数人家的秧苗是足够的，而且还有很多人家有多余的。有些人说今年的秧苗长得有些细小，在秧苗长到五六厘米高时被天气冻了一些，有些秧苗叶发黄过，到现在插秧时绝大多数秧苗都恢复了健康，不像去年一样出现偷秧苗的情况。相反，担心自己秧田里的秧苗太多还要费几个人工拔出，秧苗很多的人说宁愿自己出几包烟钱请秧苗不够的人家来拔了去用，说是拔出多余的秧苗最费神。

　　前面说过，选举村民组长、副组长、会计时或者是农忙的原因，或者是其他的什么原因，那天早上来的人很少。之后按照村委会的意图张榜了出来，可是到现在新一届村民小组的会议没有展开过，就村里存在的村民小组报酬田怎样安排都没有一个明确的说法。而在插秧时，李志和整理寨子脚的一块村民小组报酬田，村民小组长李树华进行了干涉，说村民小组要怎样来管理都没有明确的情况下叫他停止整理，以免不必要的事情发生。

　　要是在前几年，五一劳动节期间来旅游的人很多，车子可以摆满停车场，门票每天可以收到几千元。可是今年就不一样，来的人很少，一周下来说不定过不了 1000 元，幸好有拍电影《俄玛之子》的人除了下雨的一天没有来之外还在村里捧场，给村里增添了一份热闹，也让几个给他们打工的年轻人赚了几个工时费。如果算一笔村里收入与支出的话，肯定是入不敷出。简单地算，插秧中每天要给外村来帮忙的人几千元，包括伙食消费，整个村里来说这几天的收入肯定是不足以负担支出的。

2007 年 5 月 8 日，星期二，农历三月二十二，属虎，晴

从今年第一家插秧到今天正好是十三天，箐口村基本上快要插完了，剩余的只有五六户人家了，到现在插秧和拔秧的人家已经为数不多了。今天拔秧苗的有卢永贵家、李小明家、李世华家，插秧的有李则主家、李国忠家、李平发家、卢倮应家等为数不多的几家。这些主要是缺乏劳动力，或者缺少耕牛，或者找不到插秧的妇女才拖到现在。当然，这种生产之类的事情时间上肯定是会有先后的，总不可能一起动工一起完成。

要说一点的是，能否赶在多数村民之前插秧还要看自己家秧田肥瘦情况，即使家里的劳动力和耕牛都具备，但是，如果自己家的秧田比较瘦，秧苗不能正常地生长，也没法早插秧。村里卢志明家一直是赶在别人家前面一些插秧，只是他家的秧田由于前几年建设学校的需要被征用了以后，他家的秧苗就只有撒到肥料不是很充足的田中央，今年里即使他家是第一家撒秧，而且是在春节没有过之前就撒到田里了，但由于秧苗长势不好就落到其他秧苗长得很快的人家后面一些，这种情况是很正常不过的事情。张春福家又是一个例子，他家以前的秧田被征用了以后的这几年都要在多数村民的后面一些才能插秧，今天他家耙田了，下午 6 点左右的时候，他妻子捉回来很多龙虾，说是在他家的那一片田周围繁殖了很多，最先是高正才家的田里繁殖起来的。对于龙虾的繁殖，有一部分村民认为这是一种新鲜的可食动物，味美，说不定还可以作为经济养殖物培养。但是，很多村民认为龙虾这东西会在田埂上打洞，会使田埂漏水和倒塌，浪费人们的劳动力，要求想办法消灭。哪一种观点可行些呢？

这几年插秧后又流行什么呢？应该要数叫魂吧，从这几年的情况来看，每到插秧完毕，就会有很多的人家举行叫魂仪式。今天下午有张保祥家和卢志明家。

2007年5月9日，星期三，农历三月二十三，属兔，晴

从箐口村来说，经过了十几天的忙碌后，没有插秧的人家不多了。在寨子脚观察了一下今天插秧的情况，主要有李小明家、李学家、李世华家、李科长家、卢永贵家在插秧。他们几户中李科长家的插秧人要多一些，有十二人，李学家有六人，李小明家有六人，其他两户人家的由于正在插转弯处的田就没有数清楚到底有多少人，不过，从田的数量来说也不会有多少人，只有七八个吧。

今天拔秧苗的人家有李树华家、张春福家、李正新家。昨天说到过，张春福家的秧田在建设学校时被政府征用了，为了能够使秧苗苗壮成长，他家借用了大鱼塘村其儿媳家的秧田来育苗，因为路途比较长，他家就叫了一辆三轮摩托车运到寨子的停车场，然后再叫年轻的人来背到田里去。

下午六点以后，李树华组长发放5月2日参加迎接仪式人员的务工补贴，还是和前几次一样，每个参加迎接仪式的人员补贴五元钱，具体来了多少人他也不是最准确，来的人多数是不能参加农事的村民，动员了几次后还是来了很多，包括十几个放假回来的学生也参加了。

这个五一黄金周来旅游的人很少，不用去查看统计的数据，仅从路上来往的人就可以看出来，估计门票收入也不会超过一万元吧。今天车上印有马来西亚广西总会主办"情牵广西四驱万里行"的旅行团队来村里，他们一行二十几人，驾驶六七辆车。

2007年5月10日，星期四，农历三月二十四，属龙，晴

村里插秧快要结束了，只有几户零散的人家在栽种，这几户人家都是因为某些原因而不能像其他的村民提前一些插完。比如今天插秧的人家有李树华家，可能在前面的日志里也说到，他家是因为翻新老房子，在其他村民整治田的时候就不能出工，只有等其他的亲戚人家插完一些的时候再叫他们来帮忙；还有张春福家，他家是因为以前好的秧田被征用了。

现在这几年张春福家做秧田的是大鱼塘村的一块田，那里土壤不肥，海拔比箐口一带高，气候又冷，培育的秧苗就长得慢一些，就只有拖到其他村民的后一些日子才能插秧了。

拍电影《俄玛之子》的剧组今天也到村里来拍戏，他们的景点从水磨、水碾处到了李上嘎家，说好每天给李上嘎家一百元钱，在他家房子周围也做了一些相应的装饰。他们还请了几个村里的年轻人（李小云、李小龙、李庆贵等）配合他们搬东西，每天的工时是三十元，请到村民做演员的是每天二十元，这给了一些村民打工的机会。同时有些村民要求村民小组向他们收取一些费用，只是很多这样的人员是与政府协调了才来的，村民小组根本没有说话的余地，有时候他们与村民发生矛盾，还要叫村民小组出来协调。

还记得多年前好像在这些地方没有除草净，只是这两年生产出来一种叫除草净的农药，使用过的村民说效果还是比较好，一包也能撒一亩田，一包有的卖五元，有的卖三元多的，算来价钱也不是很贵。这样，村里很多的村民到街上去购买，等秧苗插下去三五天后撒到田里，这样插秧的人手就可以减少，节省劳动力，听说对于某些草类效果更是特别的灵，一旦撒了除草净一年之内就不会再生长了。

无论做什么事情，总是要遇到一些麻烦的事吧，插秧中也是这样。他们身体辛苦，内心里辛苦的人也很多。比如，有的人家秧苗害病了，有的人家的秧苗不够了，或者秧苗被牛啃吃完了，或者中间出现什么大事了，或者秧苗过多了也是折腾人的事。今天就有一个例子，由于李国忠自己家的秧苗不够用，而到有多余秧苗的李平发家去拔，可是，当李国忠把秧苗背到田里插时，妇女就发现这一家的秧苗绝大多数都害有一种病，秧苗尖尖被一种虫啃过，她们就把这些秧苗全部丢出去，说这样的秧苗即使插下去也是不会好的。

2007年5月11日，星期五，农历三月二十五，属蛇，晴

在前面的日志里也说到了，村里的田快要插秧完了，只有零散的部分人家还没有插，今天拔秧苗的人家有李庆亮家、李永得家。可以毫不客气地说，这两个都是三十岁左右的青年人，是村里公认的懒汉，属于好吃懒做的人，他们家的秧田和稻田都是比较好的，只是他们自己不注意管理，每个农忙的时候都要他们亲戚来帮忙才能完成。不知是因为气候的原因，还是水源的原因，还是人为的原因，在这一带来说无论是种田还是收割，箐口都要早于土锅寨、大鱼塘村、黄草岭村民小组、麻栗寨村、全福庄村等，今年的这次插秧也如此，很多人家都插完了，自然地，有的人家就要到他们隔壁的村寨帮忙他们的亲戚家了。今天就有李宏的母亲和其他的几个人到土锅寨村里帮忙，他们说是人家在我们忙着的时候来帮忙了，现在就要转过来帮忙人家了。

箐口有一部分村民小组的报酬田，原来是让村民干部来栽种作为报酬，可是由于这几年粮食相对稳定，外出打工的工时费又上涨，很多当选干部的村民小组人员也不很好地管理，这样就有原来划分出来的人家或者接近他家田的人家主动管理。今天出现了一点麻烦的事，卢学贵家去管理他家原来划出来的那丘田了，前几天田就整治好了，今天他的母亲插秧，说那丘田原来就是调整田的时候从他家划出来的，现在如果没有人来管理就由他家去管理了。

村里做祭祀也要分时节，在过年后的农历二三月份流行出门打工的年轻人做祈福法事，他们出门之前就请摩批为他们祈祷出门吉利，身体安康，事事如意，能够发财。而到现在插秧完的时候，村里又流行叫魂了，希望他们的魂灵不要在野外流浪，能够安心地回到家里，或者附在他（她）

的身上，保佑他（她）健康和平安，今天就有张牛后家、李跃家等几户做。

2007年5月12日，星期六，农历三月二十六，属马，阴

昨天拔秧的李永得家和李庆亮家今天开始插秧，由于他们两户人家的田有点多，请的插秧妇女也相对要多一些。李庆亮家有二十二人，李永得家有九人，而且插秧的时间也长，到了晚上七点左右才回来。不过，这一段时间在八点半以前还能看得清楚路面。同时，今天管委会的人员为了不让村民的鸭子放到被征用的秧田里，他们也组织人员在那里插秧，这只是象征性的，他们的目的并非收割稻谷，而是过一段时间后他们要放鱼，不想让村民在田里放养鸭子或者不让不自觉的村民轻易进入田里。

早上，村民张天祥到医院住院，他已经是60多岁的人了，听说年轻的时候身体比较好，很多同龄的人背东西都比不过他，而且比较能喝酒，到了这两年还是同样喝，很多时候在路上见面他都是醉兮兮的。听说喝了酒之后又常常不吃饭，家里的活计又是一大堆，经常是饿着肚子干活，这样，身体就变坏得很快，经常生些小病就难免了。而家里的经济又比较紧张，不能很好地医治，这次听说在他的女儿逼迫下才到医院就医的，说是病情有些严重不得已了。

下午，做叫魂仪式的人家有李祥家、张明福家等几户，插秧祭祀最多的就是叫魂了，要是愿意也能吃喝的话，基本上每天都会有朋友来邀请的。

2007年5月13日，星期日，农历三月二十七，属羊，阴转晴

这一届村民小组是选举出来的还是任命出来的，应该说是后者的分量要大得多，因为选举的当天根本没有几个选民出来，可以说是农忙。特别是前面的村委会主任副主任选举出现异常后，也可以说村民对之没有什么兴趣，他们认为无论谁当选组长、副组长都没有什么直接的经济利益，或者其他的好处。在物价上涨的今天，他们认为外出打工反而是一件好事。可是，一个自然村得有一个组长、一个副组长，可能是出于这样的考虑，村委会张榜公布的是组长李树华，党分支书记兼副组长张明华，妇女会计马秀芬。根据上级村委会的通知，他们三人到村委会开第三届村委会第一次会议，其主要目的是动员林权改革问题事项，学习和认识这次面临的林权改革目的和重要性，希望各个自然村的组长、副组长、会计都做好宣传工作。

在昨天的日志里说到了，张天祥因为生病住进了医院，而他家的田还没有种完，村里其他人家的田是基本上插完了，这样，他家人就叫了亲戚来帮忙，想着尽快插秧到田里，以免耽误庄稼生长的时节。

凡是村里比较有特点的地方，拍《俄玛之子》电影都需要用到。前一段时间是拍水磨、水碾，今天说是要拍一个磨秋场的镜头，他们就找了李树华与咪古们协议，说是给三百元做祭祀。从严格意义上讲，村里集体祭祀的地方是不能动用的，但是这几年来政府或者有的单位，或者说村民不严格执行的情况下，已经被动用了几次；要做祭祀给的费用有的是100元，有的200元，有的是300元，等等不一。这在民俗上来说就存在问题了，按照原本民俗，磨秋场只有在农历六月份里择定的如同法定的日子里才能动用的，每年一次，不能多也不能不举行，与政府无关，而是村民自发组织举行的，这叫民俗。而这两年政府为了满足某一种场合，或者某一个组织，或者某一个人，他们利用其他的手段以达到目的——给一些费用做一种祭祀就可以动了。如果民俗神圣而不可侵犯，那么他们这样做就不合适了。本人认为，简单地想象，这样神圣的民俗一旦通过什么手段改变过了，其性质大家都只能说变了，而不能说动用过后恢复了其模样就说没有变，动了就动了，变了就变了，即使时间和人们可以逐渐地淡忘，但是某年某月某日某某做了什么这一点不能变。所以有部分村民提出，既然是村民集体公共祭祀的地方，不能动就不要动，即使他们给一定的祭祀费用，即使他们是不得已的情况也要找其他的地方做一些装饰来完成，现在的磨秋场能保存下来也是当年村民坚持了这样的观点才幸免被推平，包括寨神林出现了假的祭祀台（用石头围着，真正的村民祭祀不在那里）。

前面几天的日志里也说到了，通过这么几十天的农忙，村里多数人家的田都插完了。这样，村里的年轻人就可以外出打工了，陆续外出打工的人就增多了，今天有卢荣富、李世得、张小明等几个出去。

2007年5月14日，星期一，农历三月二十八，属猴，阴

接到新街镇农科站的通知，这一段时间里已经插秧下去的田里出现一种叫稻飞虱的虫害秧苗，叫村民小组向村民宣传到街上买农药来打。说有些县已经害死了1000多亩，希望我们提前做好工作，不要出现类似的虫害。正好今天是新街镇的赶集日，本人去交电费时买回来一些打到田里，这种药同时还要兑敌敌畏和水，一包药可以打一亩田。不过，有村民说暂时为了不让田里的鱼死去，他们有的故意把药水的浓度减低了一些，以保证到收割谷子的时候有鱼做午餐吃，除非虫害发展到不得已的情况。

上午，省州县的领导来村里，村委会就难免要演出，同时他们中有州申报世界遗产的人，这次来对村里翻建新房子的人提出了一些批评，翻建新房子人家的主要意见是以前老祖们建盖的房子旧了，多数木料已经腐烂，房子出现漏雨，到了雨水季节，家人不能在内居住，无奈之下才建盖的，建设部门和政府部门说的停止施工和要实行罚款不能接受。至于建设部门根据居住地面积和为了配合旅游事业做一些统一的装饰则可以接受。

插秧了，就得把秧苗从秧田里拔出插到稻田里，秧田就从此进入保养的阶段了。有鱼的人家可以用来育鱼苗。为了来年的秧苗生长良好，还是经常犁翻秧田，以保证土质松软。今天犁秧田的有李有福家、李国忠家、李贵祥家，还有为了保证土质肥沃，有的人家开始施肥了。这次多数施的是叫蒿枝的草本植物，说施这种草本植物对来年的秧苗生长比较好。如今天有卢世华的妻子和卢祥的妻子两个妯娌每人背着一背到秧田里。

下午，李国忠叫了李永福和李世忠到麻栗寨村里，到他妻子的哥哥家丧祭，用的是一头小猪。他们没有叫很多的人，现在是农忙的时间，不会有人有时间去。他说，今年他的困难比较大，仅今年就遇到了3次丧祭。

今天，拍电影的时间有点长，他们拍到晚上两点左右才返回到县里住宿就寝。

2007年5月15日，星期二，农历三月二十九，属鸡，阴，有阵雨

卢学贵、卢昌、卢荣向村民小组反映原学生地又被卢宽荣家栽辣椒进去，要求村民小组调解，说如果不能正确地解决，他们也有理由去管理。根据调查，多数的村民说三四十年前这块地是他们卢氏家族的地，只是后来归给学生作为公有地，每当星期五劳动日的时候学生到那里进行劳动课，后来学校取消了劳动这个课目后私人各自去管理，旁边地界人家每年圈一些地进去，这几年又有退休的卢宽荣老师家来管理，这样就引起村民的不满，说他作为退休老师有他自己的工资，没有理由来管理这些地，何况那里还是村民集体祭火神的地方。

村民与村民之间还是不时地出现这样那样的问题，下午又有李志文的妻子来说他家的秧田被他的哥哥李志祥家抢去管理，要求村民小组来调解，同时，请了原来的老干部李正祥、卢俅应、卢建忠、现任组长李树华等几个在卢世华家吃饭。作为副组长，本人观点是这样亲弟兄家的事情应该由他们家族来协调，只有不得已的情况下村民小组才出面协调。而且，鉴于以前村民小组的工作经验，像这种情况不能答应到哪一家吃饭，以免在处理问题上出现偏差，必须把双方的情况进行调查和调解后才一起用餐，或者在其他的场合下用餐，本人就借口到叫魂的李世忠家吃饭而没有与他们一起吃饭。

下午,张文学家买回来一拖拉机木柴,可能是因为他们两夫妇这一段时间都在外面打工,家里只有他的父母守家,父亲已经70多岁,而且身体残疾不能务事,母亲要放牛、喂猪,一个人顾不得多少。这次他们夫妇是回来插秧的,也就趁此时间给家里买一些木柴,以减少家里的负担,叫了几个人帮忙后,到晚上7点左右就已经背回到家了。

下午5点左右的时候,有几个建水县的人来村里停车场卖鱼苗,一尾鱼苗有指头这么大,说是一公斤鱼苗要卖11元,村里的人就嫌太贵了,相互怂恿着说大家都不要买,最后的确是没有一个村民买回去。

也是在下午的时候,拍电影的工作组在陈列室广场拍长街宴镜头,他们从帮忙他们做小工和管委会人员家里借来桌子和碗筷,每一张桌子上也只有几只碗几双筷子,这样的情况的确是假。打着保护民俗牌子的箐口村里这样做了几次,有些村民有意见了,他们都不知道是哪一家的单位或者哪一家公司。很多村民都说这一伙人很不讲理,他们拍电影的过程中看到谁家的什么东西不合场景,不与主人家协调好就动了。包括在用磨秋柱的时候没有很好地与咪古和村里老人们商量就用绳子把它和另一根柱子拴起来,村民认为这样做不吉利,对此意见特别大。

2007年5月16日,星期三,农历三月三十,属狗,阴,有雨

上午,村里召开群众大会,主要是就现在的政策,要把集体的森林和地划分到每家每户,除了集体的祭祀林和水源林不在划分的对象之内,其余都要划分。并且原来的自留山自留地都要确认后发放林权证书。从村里的情况来说,集体的林地主要集中在原来的茶叶地,可是在全部茶树已经被砍死的情况下,其他村寨的茶树地都无法辨认,只有箐口村要做牧场的两个地方除外,村民认为如果其他的村寨也只是来划分这两个地方,村民是不可能同意划分的,大会主要的目的是召集村民商量这项事情。

事有意外，这个事情还没有商量好，很多村民就提出这次在村里拍电影的事情来，特别是他们用绳子拴住集体祭祀的磨秋柱事情，村民认为这如同人犯了罪被手铐住一样不吉利，从来没有出现过一个磨秋场有两个磨秋柱的情况。这里是每年一次村民自发每户捐款杀牛来祭祀的地方，很神圣，这是民俗的东西。磨秋场和寨神林被全村视为最神圣的地方加以保护，如果没有出现什么事情就好，一旦村里出现什么大事谁都无法担保，谁都无法进行解释。这样的话，除了村里按照以往正常的时间祭祀之外，无论哪一级官员哪一级政府来都不要再动了，这叫民俗。如果又是因为某一级单位某一个原因而再动用再改变的话，就不再是民俗，不再是保护民俗了。村民要求他们给予补助，按照民俗必须要做祭祀活动。

这个事情僵持到下午五点左右，惊动了镇政府、县政府、州政府，镇政府安排了副镇长朱建国，镇派出所罗玉忠、杨磊，村委会的人来，最后协议是给三千元人民币的补助了事。他们这个剧组也于下午就把请的工人费用和其他费用结了离开村子。

今天的天气情况不是很好，但是，还是有一个团队来，根据原来的通知，文艺队在雨不大的情况下演出了让他们观看。

2007年5月17日，星期四，农历四月初一，属猪，阴，有大雨

按照这两年村里的情况，村务事情要及时地公开和张榜，特别是财务的事情。所以很多村民建议昨天罚来的3000元也要尽快处理，所以就建议并且在村里找到了要杀吃的猪，还有要祭祀的小猪和鸡鸭。分别是在高正才家买的一头猪是766元，李平贵家买的一头猪是760元，卢正华家买的一头猪是780元，在李平珍家买了一头小猪130元，一对鸡鸭是在卢荣家买的，是30元，一只公鸭是在张正明家买的，给了40元，其他的钱将用来买一些酒，或者其他蔬菜，为避免群众的舆论不让这次的3000元有所剩余。这个有前车之鉴，到现在为止，有的村民在开会时会问以前村里卖掉集体水管的钱在什么地方？有的村民提议今天就杀吃。可是，大家看着今天的雨比较大，干什么事情都不方便，就推到过几天天气好转的时候再聚餐。

在定了要卖的猪和鸡鸭以后，根据李志文妻子和儿子要求，村民小组李树华和张明华接着又协调李志文和李志祥两个弟兄秧田的事情。从调查的情况来看，他们家的弟兄李贵祥的父亲也说现在调解的那丘秧田李志文家管理了很多年，只是这几年觉得和其他的稻田在一起便于让其兄李阿三管理（在他的房子脚），而且，以前的老干部卢建忠和卢傈应都说当时是划分给了李志文家。至于李志祥说的以前有几个老人是他送终的和现在李志文建房子时占用了他家的路，村民小组认为是另外一个事情，应该按照其他的程序进行家庭协商或者调解，或者上诉，决定现在所争论的那丘秧田归给李志文家管理。

2007年5月18日，星期五，农历四月初二，属鼠，阴，有大雨

昨天下了一天的大雨，今天凌晨的雨水更大，是今年来雨水最大的一次。通过寨子水沟的水很大，一条路变成一条水沟流通着。前一些时候，农民担心没有雨水，现在却过剩了，冲垮了不少村民家的田埂，养在田里的鱼也冲出去不少了，特别是还没有来得及在出水口做篱笆的人家。要是在正常的情况下，在田里养鱼的人家会在出水口围一个篱笆，既可以让水流通又可以不让鱼顺着水出去，这是多年来村民的一个经验。基本上每户人家都或多或少做几个，养有鱼的人家就必须要这样做。除非到了谷子要收割时，为了不让倒伏的谷子泡在水里发霉要灵活机动地运用。雨水多了，农民的事情也多了，他们不得不积极地扛着锄头到田里查看情况，一则查看水沟里出来的水是否会冲到自己家的田里；二则要把积满在自己家田里的水想办法放出去一些，以尽可能地不让田埂被冲垮；这样的情况对于成年人、做家长的人是一桩愁事，他们发愁田地会倒塌，庄稼会毁坏。对于一部分小伙子来说却是美事，他们可以约伙到水多的地方捉被水冲出来的鱼，捉到很多的时候就可以美餐一顿了，

只是难说自己家田里的鱼还有多少。

到了下午的时候，雨停了，水少了。很多的村民就出来整理被雨水冲垮的田埂，毕竟不能让每一块田的水干了，倒塌了的田埂还要及时地修补，积足够的水保证水稻的正常生长。按照出工的村民说法是，没有一家的田埂没被冲垮，也就是说每户人家的田多少被冲垮了一些，本人看见的就有卢世华家、卢小和家、卢迁家、李平民家、李世忠家等出来修补，有的人是认为今天田埂的土还比较潮湿，不容易整理就没有出去而等明天再去整理。

前面说过，村里插秧过后流行的祭祀是叫魂。今天下午又有李科长叫魂了——这里暂时不说怎么叫和需要的东西，要说的是可以推断，他家有谁是属相鼠的这一天出生的，无论是叫谁的魂，都必须选择生辰的那天，可以单独地叫他（她），也可以叫他（她）魂的同时叫一家人的魂，这是一种祈求身体健康、家人和睦的祭祀活动之一。

2007 年 5 月 19 日，星期六，农历四月初三，属牛，阴转晴

从上午开始，天气就变得晴朗了，这样村民就张罗着要在磨秋场杀猪准备聚餐了。村民每户拿出来一些木柴，还有锅碗瓢盆，年轻的人出来了，没有去放牛的中年人出来了。既然是给村民吃的，村民的积极性也可以说相对于做其他的事情要高，从中午杀猪到下午，他们的积极程度可以适当地想象，就多数人的意见，把两头猪的肉按照村里的户数来平分，包括称为箐口小寨的黄土坡几户人家。从整个分肉的过程来看，有人是积极得有点过分，甚至带有一点抢的动作，在场的村民都看到了，此人在村里原本就是有点地位和名声的，这次更是让村民看到了他现场直播的精彩表演，以后的地位会更高和名声会更响吧。本人没有目睹，但至少有一百个村民说起他，他的表演会记在在场的一百多村民的脑海里。根据多数人意见，要把所罚来的钱一次性处理，他们除买猪以外，还买了一些花生和酒，到了下午五六点才吃罢散场。

今天与此同时进行的事情是祭祀，不，应该说祭祀要放在前面。因为这个事情起因是拍电影的人动用了村里集体祭祀的磨秋柱，使村民感到不满，罚了他们三千元来祭祀。摩批还是李正林，由他主持祭祀过程，参加的人是咪古们，他们所用的祭祀品是一对鸡、一只公鸭子、一只小猪，他们几个用的鸡鸭，包括猪肉，即使是吃了还有剩余都不能带回家。从意义上来说，这个祭祀活动是主要的，村民聚餐是与之同时进行的一个事情而已。

村民在磨秋场热闹，忙着祭祀和分肉，而村里卢清华家据说是死了一头牛，几个亲戚又不得不忙着处理牛肉，不过牛也不是很大，瘦肉一会儿就被村民买完了，只有一些零碎的肉留给他的亲戚和自己家人吃。或许是死牛的肉，买他家牛肉吃的人说不好吃。

2007年5月20日，星期日，农历四月初四，属虎，阴，有雨

在村里开着门面卖所谓的哈尼族服饰（包括手工艺品）的人家都是大理人，他们都是租着村民人家的房子做生意，而只有少数的货是哈尼族的，多数是他们从大理或者从昆明等一带邮寄过来的。上午，租卢学贵家房子的寸增全家又邮寄了一些过来，可能有一百多斤重吧，直接从邮电局就叫了一辆三轮港田车运到村里来。

这几天连续的大雨给村民带来了一点麻烦，冲垮了很多村民家的田埂。今天就有很多的村民去整理被冲垮的田埂，比如卢小和家，由于他家的田埂倒得大，就请了亲戚李爱生、李庆锋、李志祥，其他的还有张明福家、卢正清家等，从这个方面来说，雨水的确是给村民带来了一点麻烦。可是，本人认为这几天的雨在村里来说绝对是好雨，借他们的话说是叫作上帝保佑。记得是在5月14日的日志里说到，这一带出现一种叫作稻飞虱的稻田害虫，害死了很多村民的秧苗，村民着急了，政府也下文件要求各级政府做好防治措施。听说稻田在河底的李永福家更是被害得多，已经重新插了一百多把秧苗，差不多是第二次插秧了。有的人家田少一些的根本就只需要那么多的秧苗,其他村民也要到稻田查看被害死的情况,包括本人每天都去观察情况,已经准备不顾田里的鱼而要打药了。从这几天观察的情况来说虫害已经是明显减少了,如果不再重复出现的话这绝对是好事,是村民拍手称快的事。

再者,雨水给缺少水源而有旱田的人家带来了丰富的水,比如村里的李平珍家,他家的旱田这几天就可以趁着有水整理好了,还安排了人拔秧苗,准备明天就插秧了。

2007年5月21日,星期一,农历四月初五,属兔,阴,有雨

上午,管委会主任召集村民小组人员讨论箐口村2006年门票收入的百分之三十提成事情。第一是说2006年的门票收入的百分之三十要在这个月底兑现,说要兑现给箐口的是23100元,要求村民小组讨论决定分配方案,比如该分给村民多少?奖励谁?惩罚谁?村民小组的公款要留出多少来?第二是就村里建盖房子的问题提出讨论,说以前的老房子旧了,漏雨了,木料腐烂了,政府是可能给予批准建盖的,只是建盖房子的村民不按正常的程序进行申请,不认真按照详细规划来建设,以后怎么做是管委会和村民小组的工作难点和重点。第三是根据这两年的门票收入情况和员工的工资,以及建设设施费用等问题,提出箐口村门票要实行承包计划,说这一计划可以在群众中进行宣传。

在昨天的日志里说到,李平珍家整治旱田,而且安排了人员拔秧苗,今天正式叫了妇女去插秧。与此同时,李院文家今天也叫了亲戚一边犁田耙田,一边插秧,他家的田在长寿泉旁边,水源绝对是最方便的地方。然而,李院文在打工的前一段时间里有了外遇,而且居然是以朋友的名义带回来家里,与妻子争吵了出去之后一直未回,同时照顾着老幼的妻子哪有这个能力支撑起来呢?他家亲戚商量后过来帮忙,由于来帮忙的人比较多,田相对不是很多,今天就全部插好了。

今天下午做叫魂祭祀的人家有李建生家、卢荣家,在这种祭祀中同家族的人都可以过来吃饭喝酒，而且主人家会去请，每家只要做这个祭祀一般就会有三四十人参加吃饭，喝酒的男青年和中年人两三桌，吃饭的小孩和妇女一两桌。常常有人喝醉了，今天晚上卢荣家喝酒的人也好像比赛一样，到最后是卢学贵等两三个人喝多了一些。

下午来了一辆车门上喷着"泸西县"字样的农用车，他们与村民小组人员商量说晚上要在停车场进行晚会演出，不需要村民出什么，是免费的。只要借用一下电就行了，叫他们到时候通知村民来观看，主要想向村民推销他们的产品（歌曲和舞蹈，观看了的人说，其实是用音响放那些流行的歌曲，根本没有什么是他们自己的产品）。通过了解分析以后，村民小组人员认为这些不过是王婆卖瓜似的自己推销自己的人，看他们的人就只有四个，长得不帅也不漂亮，而且也不是政府行为，自己的事情就多得头痛，又没有什么好处，协助做了还要担心出事，就没有协调他们。就因为这些原因，反而使他们长了必须搞下去的志，即使只有几个小孩来观看，天还下着雨，他们也坚持搞到晚上10点多，收完他们的道具离开箐口已经11点多了，有点像是落水的鸡群，他们也挺辛苦的。

2007年5月22日，星期二，农历四月初六，属龙，晴

上午，根据村委会的通知，村民小组的人划分地界．参加的是村委会五个自然村的村民组长、副组长、会计，箐口妇女会计由于生病而未能参加。五个自然村干部，还有村委会的干部，包括林业局派来的两个负责人到齐以后，分成两个小组去认清村委会的地界。在认领的情况下，地图上的界线也不是很清楚，而参加的人员中又说出来一些新的情况，特别是村委会与其他村委会之间的地界很模糊，还有原来种茶树的地方情况很多，意见分歧最大。工作人员就安排五个自然村的干部认真分析和认清，没有总结什么意见就回家吃饭了。村委会安排村民组长们吃饭已经是下午两点左右了，他们在吃饭时也争论了很多，到下午五点左右才各自回家。

今天，卢学明家做蘑菇房，因为在5月4日早上的时候，他家防火不严，烧着蘑菇房的草，前一段时间村民都忙着插秧了，根本没有时间去过问情况，再说他家着火纯属自己管理不当，损失的也不多。他本人向村民小组申请过，要求每户出一些物资，可是村民小组从箐口村的基本情况考虑，不久前村民出现类似的困难也没有帮上什么忙，比如卢家贵的房子自然倒塌都没有帮忙，还有其他的人家也困难重重，何况他今年已经选举为村委会委员，自己身体也很好，在损失不大、问题出在自己身上的情况下要求他自行解决。

下午，做叫魂祭祀的人家有李世和家，我以他姑姑的代表身份参加了这个祭祀的全部过程，基本上做了详细的记录：

下午四点左右，李世和就打电话通知说快些回来，就等着我一个人。因为我母亲是他姑姑中的老大，我哥哥早上就出去做活，他去找的时候没有找到，我的其他两个弟兄又都在外打工，他知道我在家，这个角色自然就要落到我头上。为了早些吃饭，他就催我快些回来。既然我是核心人物，那肯定就要有什么事情做了，我得回家问问老人。就这样我到了老家，母亲给了一些大米和几根白线，我带着母亲给的大米和白线到了他家，他们都已经全部准备好了。主持这个祭祀的摩批张保祥（他是李世和最小的姑夫，这次是承担摩批的角色）见我来了，就叫我用箩子装着一对鸡，一只鸭子（母鸭，主要叫的是他，就用母鸭子；如果主要叫的是女的，就要用公鸭子）缭绕一下李世和，而他也同样拿着桌子缭绕了一下李世和和他的妻子，我拿着装着鸡鸭的箩子，摩批拿着桌子就出发了。到了李世和家主要挑水的水井时，他把桌子放到水井的一角，原来桌子上面放着的是李世和的一件衬衣和李世和妻子的一块头巾，还有一个瓢，几只装水和装酒的碗，一个用饭盒装着糯米和一个鸡蛋，他手里拿着一根点燃的布绳子，有三四十厘米长。之后，他拿着一个饭盒和水瓢，以及点燃着的香，我提着鸡鸭到李世和家的田边（献饭的地方，必须是不经过别人家的田而能直接进到自己家田的地方）。他在田里舀了一点水就开始念词了，其大意就是我们来叫你（意指灵魂）了，请你跟着我们快快回来，不要因为野外的什么事情而迷了路和着了神，你要听我们的话等。念词时，我听见了他叫到李世和妻子和儿女的名字，原来这个祭祀可以只叫一个人，也可以同时叫一家人。只是一定要选择主要被叫这个人的生辰。之后，我们回到水井处，他把鸭子杀了，把鸭子长一些的毛插一些在水井边上，接着再念词，再在水井舀了一些水，之后又回来，再在家门口念词，再到家屋里。回家屋里的同时，他家人准备一张桌子添一碗饭一双筷子放在堂屋中，还有一张凳子，之后他把这一对鸡杀了，特别交代这一对鸡不能与鸭子同时煮，献祭的是这一对鸡，鸭子则不用。此时，他们已经把其他要吃的都做好了，就等着鸡先煮好了献祭，再煮鸭子。摩批拿着舀回来的水叫李世和和他妻子喝了，叫我把白线每人一段拴到他们的左手上。煮熟了鸡鸭，献祭，摩批烧一点鸡肝背一段词就开始吃饭，男的则喝酒比赛了。饭罢，他家送了一些已经煮熟的糯米给摩批和我，就算是这个祭祀全部完成，听说，原来的摩批要带走一些鸡肉，现在多数是不带走了，今天的摩批也没带走。

2007年5月23日，星期三，农历四月初七，属蛇，晴

上午，卢氏家族捐大米和钱，每户捐两升大米和两元钱。他们要到大鱼塘村里，那里有他们卢氏家族的一个老人去世了。在以前的日志里也说到过，箐口村、大鱼塘村、黄草岭三个自然村，无论哪一个自然村里的谁家做什么大事情都要通知其他两个自然村里的人。因为无论从姻亲还是从血亲来说，这三个自然村都最亲近，用村民的话说是如同蜘蛛网，一家与一家之间多少还是有一定的亲戚关系。特别像这样的丧事，家族的人每家都要么是男的参加、要么是女的参加，像是法律规定的一样，除非哪一家也在办理什么大事，原则上是要每家安排人参加帮忙的。所以经历过的人会说这一带的哈尼族办理丧事时人员特别集中。

根据旅游局的通知，村民小组召集了村里卫生安排的十二个小组长开会。主要是讨论 2006 年门票收入的百分之三十的提成问题。从来的情况来说，他们不是很积极，或者说对这一事情的严重性认识不足，来的组长只有几个，多数已经出工或者办其他的事情去了。原本村民对这一事情就看得最重，意见特别大，本来是要在去年底或者今年初就要兑现的事情拖到现在才说拿出方案。我认为旅游局是有困难的，而村民的意见不能统一也是一个问题。所以只能按照上午来的几个人的意见：第一，去年村里应该提成 23100 元。第二，全村是 185 户，每户应该分 124 元 2 角 1 分，12 个组长多加 10 元，即组长发 134 元 2 角 1 分。考虑到村民集体公款没有 1 分的经费，将每户的 4 元 2 角 1 分扣下留作集体经费。第三，由安排卫生工作的村民小组造花名册报交旅游局，由旅游局来发放。第四，对检查卫生时放猪出来的卢小和家扣发 50 元，对检查卫生时倒垃圾出来的卢学明家扣发 50 元。去年门票提成方案就基本上这样确定了。

同时，今天的会议中，村民小组宣传并要求村民尽快复印身份证或者户口簿，将复印件送交到村委会，以免耽搁时间而错过了办理有关农民负担监督卡的填写或者其他的事情。对这一事情，村民比较积极了。很多守家的妇女根本不知道什么是复印件，只是她们问过年轻人就知道了，即使她们不能亲自到街上办理，也会叫其他上街的青年人帮忙办理，而且很多人就是这样做的。

2007 年 5 月 24 日，星期四，农历四月初八，属马，晴

早上，听说李四荣家又与李正明家发生纠纷了，还是发生在寨神林下面。我为什么用"还是"这两个字呢？主要是他们两家发生在这个地方的事情已经不止一次了，在村民小组和村委会调解不成的情况下，新街镇司法所和政府也调解过，而且做了书面的调解书。之后两家人也没有到更高一级的法院上诉，大家以为是双方都认可了那一次调解，而前不久的一次是因为双方要划清地界，双方又发生了口角，各说各的理，我说的地界是这样，你说的地界是那样。看来，问题又要出现了。但是，这次不是双方直接产生的，而是因为卢学明在前天建盖自己家的蘑菇房时砍了一棵竹子，问的是李四荣家，砍的是李正明家的竹子，这样就引起李正明家的不满，硬说是卢学明偷了竹子而要求处罚他。

今天，卢建明家打第二层的屋顶。就今年村里建盖房子的这几家来说，县里已经做过几次调查，并已经下了通知要求正在建盖房子的几户人家立即停止，要求他们办理手续，并要按照民俗的有关规定处罚他们，要求他们在办理手续后严格按照箐口民俗村的有关规定建设。或许是要忙着插秧的原因，或许是其他的什么原因，他们是停止了一段时间，这几天他们又都开始建盖了。他们的说法是：既然房子已经不能居住而拆了，一家人饮食起居都带来不便，始终还是要建盖起来的，至于怎么建盖，如果政府为了保持箐口村的特色，也要尽快地拿出可行而有力的措施和方案。否则，有人认为仅凭一个办法和几个工作人员的游说似的通知是无法达到预期目的的，今天就是一个例子。

根据昨天村民小组的会议决定方案，管委会主任今天到旅游局报领箐口村2006年门票收入的百分之三十提成部分，无论每家能有多少的分成，也是村民的一个心愿，他们已经等待了几个月，议论了几个月，还是兑现了为好。

2007年5月25日，星期五，农历四月初九，属羊，阴转晴

上午，按照前几天落实的情况，箐口村召集村民在陈列室广场领取2006年门票收入的30%。根据旅游局的通知，2006年箐口村应该提成23100元，村里统计有185户，每户应该分成124元2角1分，12个组长每1个加10元，即12个组长是134元2角1分，根据会议把每户的4元2角1分扣留了做村民小组的集体经费，还有两户人家因为在检查卫生中违反有关箐口民俗村的规定，卢小华家是放养了猪出来，被罚50元；卢学明家是在检查卫生时故意将垃圾倒到路边，也是罚款50元。

这样村民小组的集体经费就有878元8角5分。从今天参加会议的情况来看，90%的村民同意这样的分配方案，有少数人对收入提出疑议，也有少数人对每户提留4元2角1分作为集体公款提出一点争议，只是争议不大，就以此来兑现。总的说来，还是解决了一桩村里的大事。

还是在上午，农科员来观察他们的试验田。主要的原因是他们知道今年的稻田中出现稻飞虱，在其他的地方害死了不少的秧苗，许多新闻媒体和政府的文件上以及会议中都提到了，而且已经下文件到各个村委会，要求他们做好宣传工作。在箐口村里也害了很多秧苗，天气晴朗的那些天更是厉害，有的人家已经重新插了不少的秧苗，现在主要是被咬死的秧苗发黄、枯萎。有些村民说那几天天气晴朗的日子特别多，这几天稍微少了一些，而今天来的农科员说现在这一段时间虫子已经产卵了，能飞的已经到了其他的地方，要求村民随时观察并注意打农药。而且，要求一个寨子的村民统一起来成片地打药，仅一两家打药是不起效果的。

中午，刚刚发放完村里2006年门票收入的百分之三十部分，李琼又来找村民小组的人说她六岁的兄弟李忠在偷李以略家的李子时被李以略的女儿砸伤了，说是昨天下午被砸到了后脑部，现在情况比较糟糕，从早上一直呕吐，饭也不吃，叫了摩批做了个祭祀都不见好转，要求到医院检查，要她家人陪同去看看。村民小组把她的意思传达给李以略家以后，根据她家的情况，说是如果情况的确严重就未必要她家的人参加，检查孩子的病情为第一要务，至于调解则可以在把孩子的病情检查好以后再说，这样，他家就领着孩子到医院去检查了。

2007年5月26日，星期六，农历四月初十，属猴，晴

医生应该说是病情的第一诊断人。在昨天李琼说是她的兄弟被砸伤了，情况很严重。而李以略的女儿说她并没有砸到他们几个小孩，只是吓唬了他们几个小孩一下。这样的情况在村民小组来说是没有多少的事实和依据的（特别就我的意见）：第一，我认为如果是真的被砸伤得很重，

那么伤者的情况不言而喻，村民小组根本不需要讲什么话，直接由上级调解。第二，考虑到都是一个寨子的村民，在没有出现第一点事情的情况下，应该说是一桩双方能协调的事情，要求双方自行协商，建议李以略的女儿或者派代表去看望一下，不管是从人情的角度出发还是从当事人的角度出发，或者即使不是当事人也要把情况说明清楚。村民小组是这样建议的。从今天检查的情况来说，伤情不是很严重，在医院给他透视了一下，并给他打了几针就回来了。

在以前的日志里可能多次提到了，箐口村民绝大部分的经济来源是打工，有时候被选举为组长或者村委会的委员都是不得已的事情，毕竟给的津贴实在是太少了。特别是一些年轻的人，都会考虑外出打工，基本上一天的报酬可以拿到三四十元。被选举为村委会委员也是如此，听他们说根本没有什么报酬，就好像是有其名而无其职。当然这样说并不是对政府有什么意见，只是说明这一带政府的经济也确实困难，根本不敢想象给予委员什么补贴。也正因为这样，今年刚刚被选举为村委会委员的卢学明今天带着他前一段时间才娶的妻子出去打工了，说是要到个旧市的一个地方当保安，并且还带上了家里的一些日常用品。

下午，卢朝贵带着几个红河州民委的人来村里，说是他们又来拍戏了，叫管委会的人员配合拍几个舞蹈的戏，以及一些民族民间生产生活的习俗。晚上的时候，他们请管委会的人员到阿略饭庄吃饭。

2007 年 5 月 27 日，星期日，农历四月十一，属鸡，晴

张毛芬已经是 80 多岁的老人了，年轻的时候是村里比较有名的草药医生，救治过很多村里的病人，包括其他寨子的人也很多，特别是生活比较困难的那个年代，被她救治过的人很多，名声传遍了周围的寨子。只是这几年随着年纪的增长，她的身体也 1 年不如 1 年了，她本人主动声明说不再给病人医治了，来请她治病的人就自然也少了一些。不过，也不是说到了没有人请她的程度，偶尔还是会有人来请她的。今天上午就有一个，是黄草岭村民小组里的人，他们夫妇牵着一头母牛，说是因为难产就到村里来请她，硬是把她从家里请到停车场来做手术，老人家只好尽自己的能力了。结束后，主人家再把她送到家里，说是要给她20元和1瓶酒，还有一个什么东西我没有听清楚。

晚上，李则安向村民小组反映说他的小儿子李院明拔死了他家的秧苗。说是被拔死秧苗的这些田已经在几年前给他们两个弟兄分配的时候划分给了他的大儿子，这些不属于他小儿子的，要求村民小组给予协调，在这几天内查看现场情况并做出解决。这几天，村民小组的事情是多，每天不是这家与那家发生矛盾，就是张家与李家发生争吵，村民小组人员跑来跑去的，报酬低，事情多，自己的事情根本没有时间去做。他已经找了村民小组的人多次了，但是村民小组的人考虑到他已经是七十多岁的人了，他的大儿子又没有在家，即使有什么情况也要他们两个弟兄都在家的时候来调解。再说，农村的情况有一种特殊性是弟兄之间和夫妻之间的事情希望在家庭内部调解。因为村里出现过这样的事情，即在村民小组中解决了，之后在家庭的生产中又推翻他们解决的方案，弟兄或者夫妻之间又和好了，村民小组的人比较难堪。这样，村民小组在弟兄与夫妻之间事情的解决上就有了一些微妙的变化。

在前一些日子就听说了，有些村民去放牛的同时到私人或者集体的林里偷砍树木。其实，他们都知道事情的严重性，只是明知故犯。今天下午，新街镇林场的护林员就通知马志文交270元的罚款，说是他砍了27棵刺竹，要罚他每棵10元，一共就是270元整，如果不在这几天内来自觉上交就要叫林业公安的人员来了。

2007年5月28日，星期一，农历四月十二，属狗，阴，有雨

如昨天说到的一样，马志文知道事情的严重性以后，早上就叫了他女婿李生明到护林员张正明家协调，最后罚了100元。可是，从他与其他村民的谈话中，我认为他的认识态度不是那么明确，他的意思是对着护林员本人，而不是针对这个事情。我认为他应该把事情放到护林员是针对这样偷树偷竹子的人进行处罚，而并不仅是就针对他个人来做这个事情，或者说两者兼有。

早上的时候下着蒙蒙细雨，这样的天气是养鱼的好时候。或许是因为这样，今天早上有几个石屏县的人来村里卖鱼苗，价钱是10元1市斤，来买的村民也比较多。不过，听他们说原来的秤不对，后来有人发觉了以后再补了一些。只是这时的人已经不多了，用他们的话说，要是在人多的时候被发觉，他们几个人就可能要被村民揍了，或者他们也受到一些相应的处罚，他们不可能就这样轻易地离开。

上午，村民小组还有事情做，他们要调解李文光儿子被李以略的女儿砸伤的事情。从了解的情况来看，李以略家认为并不是故意要砸伤谁家的孩子，只是吓唬性地砸了一些小石子，或许是跌倒了，估计伤势不会很严重。而李文光家认为孩子已经会说话了，知道事情是怎么出的，既然出了这样的事情，李以略家应该来看望一下，至少要道歉，何况他家还在背后乱说这样那样的，这使他家人也比较恼火。这样，村民小组征求他们处理的意见。李文光家要求赔付他家到医院检查的费用以及打针所要的钱300多元（因为他们到医院时已经说明是被人砸伤的，李文光家即使办理了医疗合作手续也不能报销一部分了），至于多余部分和其他祭祀和来往的车费都不算，就赔偿300元。李以略家也没有说什么就到家里找了300元来，这件事情就以此告一个段落。

2007年5月29日，星期二，农历四月十三，属猪，阴，有雨

早上，还是在天气比较凉快的情况下，李建华去犁自己家的秧田。在以前的日志里提到过的，箐口村一带的村民秧田是专用的，它一般都不可能被用来插秧，目的是让秧田保持足够的肥力，让来年的秧苗长势良好。也出于同样的目的，这一段时间只要把秧苗拔出去了，多数人家都把秧田犁翻过来，让土壤保持松软，只要是作为秧田，每一个农户从拔秧到来年撒秧都要犁几道和耙几道。李建华是今年才与他大哥分家的小伙子，才二十几岁，可能是犁田的水平不是很好，路过的李四华见了有一种不舒服的感觉，就帮忙李建华犁完那丘秧田。

自从箐口村列为民俗村开发旅游事业以来，箐口村这样那样的事情是经常的。今天又有旅游局陈副局长带着云南理工大学的几位专家来，他们说是来调查村里的蘑菇房的建设问题，其目的是就现在的这种建筑设计一种既耐用又美观的材料来统一箐口村的建筑风格。

2007年5月30日，星期三，农历四月十四，属鼠，晴

从现在来看今年村里新翻建房子的有五家，前一段时间县政府的一个副县长来检查工作时强调在没有办理好手续之前不准建盖，一则有了政府这样的命令，二则主要是三四月份大家都忙着插秧的事，他们几户人家中间都停了一段时间，这一段时间他们又开始动手建盖了。比如李树华家，他这几天的脚就是一拐一拐的，说是在建盖房子时被钉子戳了脚。或许是旅游事业刚刚起步的原因，梯田扬名于世不可否认，而与之相应的人民的经济、文化、建筑、民俗、生产、生活等，要怎样保护？怎样发展？应该是政府、专家、农民等集中共同讨论的大事情，而并非某一个人说了算。是的，蘑菇房的建筑要保留，与之相应的民俗文化要继承和发扬，类似这些传统的东西要保护；历史总是向前进步的，人民的物质文化生活水平总是要提高，那么在保护的同时怎样来发展这一带人的经济和文化是摆在现实面前的一个课题。具有特色的蘑菇房要保留，人们要生活在里面，建筑木料腐烂了要更新，人民的卫生条件要改善，那么怎样保留？怎样更新呢？的确值得考证。

张春华家的房子去年就做好了，当时考虑到以后的卫生和起居的方便，把原来的一点路面占用到房子的建筑面积中，今年他堂哥张祥家又建盖房子。这样，他叔叔家的秧田就只能把水放干改做成院子。为了来回方便，前几天叫了几个亲戚把院子的墙体支砌起来，今天又叫了几个亲戚用水泥灌注院子，以后来去就方便多了。

在前几天的日志里也提到了，今年稻田里出现了一种叫作稻飞虱的虫子，相当的多，害死了不少秧苗。这引起了政府的重视，已经下文件到各个村委会，宣传和督促村民打药，箐口村有几块是农科站试验的田，他们就经常地来，经常地跟村民组长们说。村民也比较担心，多数人家纷纷到农科站或者土产公司购买药物，特别是虫害比较明显的一些人家，如张明福家、李平民家、李平清家、李正新家等。今天李平民和张明福家打药了，听说效果还是比较明显，就是如果农药浓度过大就会使鱼类死亡，秧苗死得多也就顾不了那么多了，毕竟不能吃着鱼过日子，先救了秧苗后再养鱼也不迟。

2007年5月31日，星期四，农历四月十五，属牛，晴，有阵雨

今天，李贵祥家打第一层屋顶。由于这一段时间是相对的农闲期，来帮忙的人比较多，不要说是在家的妇女，包括很多没有出去打工的青年。现在无论谁家翻建房子，还是新建房子，平时除了比较亲近的人以外来帮忙的人少，不像以前那样只要有人家建盖房子主动出来帮忙的人多，现在一般的村民来帮忙就类似这样需要人手多的时候会来一些。像今天这种情况，只要主人家没有声明请了小工来做，来帮忙的人就会很多，而且有老人，有小孩；有正常的人、有特殊的人，都不会说不让他（她）来。而且他家要请他们吃饭，吃饭时也会带上小孩来，这么大的一个寨子来的人就会很多，从经济的角度来说是一笔不小的开支。所以有的人家要是建筑的面积不是很大，就会请小工来做，或者说请小工只为掩饰，只通知自己最亲近的人家来帮忙，这样在伙食上节省一笔开支。当然在这样的农村里，不能仅仅以节省开支来算账，做一个大事情往往带着很浓的感情色彩，有的人家只要有能力就会杀猪宰羊，把伙食办得不说很好也要过得去。

就今天李贵祥家建筑房子来说，只要到他家帮忙的人就看得出来，原来是一家人的宅基地，这次就把宅基地拓宽了一些，中间用墙隔离就分建成他们两个弟兄的房子。这样，原本一个100多平方米的房子一家人就只有四五十平方米了。

上午，马志文说他们这个组的卫生打扫已经到期，多数人家都能够认真地打扫，只是在没有把去年的卫生费拿到手之前有些不好说。他们这个组应该扣除张有亮家的提成部分，理由是给他说了几遍叫他来打扫厕所都没有来。

在前面的日志里说到过这一段时间每天都会有人家做叫魂祭祀，今天下午又有李永福家做这种祭祀。做这种祭祀除了亲戚，朋友也可以用餐，到他家来做客的人就多了，数了一下有4桌的人，隔壁邻居每一户的人都来了。当然，不会是一家人都来，像是派代表一样，一户人家一般只会来一两个人，或者是出于尊老爱幼的习俗，一般都会请老人们来，这是每个家族都有的传统。

2007年6月1日，星期五，农历四月十六，属虎，晴

今天是六一儿童节。上午的时候，趁着晴朗的天气，箐口小学的师生们一起到土锅寨小学参加活动。可以说与往年进步了一些的情况是学校里统一了学生的服装，上着白色衬衣，下着黑色裤子，胸前佩戴着鲜艳的红领巾，统一来往。他们回来的时候每位同学手里都领着一些零食，那种兴奋、活泼的样子，似乎收到了很多的希望回来。看起来人们心里都比较舒服，下午的时候学校里自己组织活动。

根据村里原来的卫生安排情况，今天又是6月的第一天，又开始安排6月的卫生打扫户了，经过这两年的情况，这个组的组长调换为张保祥。主要目的是要搞好村民卫生工作，而且在前面的一段时间里发放2006年门票收入提成款时已经给12个组长多增加了10元的补贴，其目的是明确组长的职务，带领各自组户的人家搞好卫生。这是今年开始实施的方案。

下午，村里来了省州县镇四级植保站站长，还有县农牧局副局长，他们来考察试验水稻老品种基地的同时察看了几处农户水稻田里的情况，发现每户人家的秧苗上都有一种叫作稻飞虱的虫，而且害得相当严重，影响了秧苗的正常生长。每一株秧苗上有成千只稻飞虱幼虫，很多田里的秧苗都已经枯萎了，少数的几块田已经到了可以点火的程度，田里的水都是红色的，水里挤满一层浮萍似的稻飞虱幼虫，让所见的人感到十二分的惊讶之余还感到恐怖，这些幼虫一旦成虫了如何了得！"这是人民的命啊，一定要尽力抢救，尽快在村里宣传好。"红河州植保站站长范金祥如是说。

2007 年 6 月 2 日，星期六，农历四月十七，属兔，晴

一定是在昨天调查中看到了农民的庄稼被害得极其严重，不敢想象后果，今天村里就接到了县农牧局的通知说，为了以防农药打到田里后伤害养在田里的鱼，要求村民小组的人通知村民尽量把养在稻田里的鱼捉回来放到秧田里，说是后天就有省州县里的人带着外地的技术人员来箐口村的田里打药，牛在打药期间也不要到打过药的地方放养，蔬菜也尽可能不要到打过药水的地方摘吃，以防药物中毒。

2007 年 6 月 3 日，星期日，农历四月十八，属龙，晴

早上，卢建忠家叫了摩批到田里做祭祀活动，主要是因为他家已经插秧下去的田发现被牛打过滚，压死了很多的秧苗。这一点，本人在牛角寨乡果统果期村委会一带也曾经见过。打听了一下那些老人，说是凡是被牛打过滚的凹塘里它会拉一泡屎在那里，要不是这样就更不吉利。的确，从各种各样的祭祀活动中不难发现哈尼族崇拜祖先和神灵，对一些村寨和自己认为神圣的东西不能有一丁点儿马虎，要是有什么变动都会认为是不吉利而举行一些相应的祭祀，认为这样才稳妥一些，合理一些。

新街镇计划生育小组今天到村里来，他们这次来没有与村民小组打招呼，未必是来办工作的事情，只是与村委会张书记联系以后一会儿就离开了箐口村。提到这一事情，要说的是村委会新一届班子成立后，新的村委会计划生育宣传员也给换了，小组上任村委会计划生育宣传员的是小水井村的李建福。即使不是专门为了工作的事情而来，也是他上任宣传员以后第一次来箐口村，也有着一定的目的性。

为了达到宣传目的，今天县农牧局又到村里来，要求村民小组早晚都要向村民宣传通知尽可能把养在稻田里的鱼捉回来放到秧田里。今年的稻飞虱害虫的确很多，村民都说历史上从来没有遇到过，村民家的稻田被害死了很多，已经到了不打药不行的程度，而有的已经到不可挽救的地步，除非把被害的拔出来再找新的秧苗插上。

2007年6月4日，星期一，农历四月十九，属蛇，晴

总的来说，村民还是听话的，他们还是会按照党委和政府的要求，或者说是根据旅游事业开发的需要而配合建筑。今天就有卢建明家开始对外面墙体进行装饰，把墙体做成土坯的式样，这一点他们是自觉的。在前一段时间的日志里也说到这个事情。县政府、县建设局、县旅游局的人来到村里，专门对村民建设房子的事情做过调查，并且下过文件责令村民停止建设，并且还说要对他们这几户正在建设房子的村民根据有关规定进行处罚，这几户村民每户都有可能被处以四五千元的罚款，这一笔对他们来说是过重的罚款是不可能一时拿得出来的（到现在一家都没有去交纳），他们也把这个文件发到他们家里之后就没有来过了。而村民的观点是既然自己的房子已经到了人不能居住的情况，就必须要想办法修复好，至少要到达人能居住的标准，这是可以理解的事情。做成什么样子，则要看有什么材料。房子坏了必须要修复，人没有住处必须要建房子，这是一个很简单的道理。箐口村要保存传统的建筑，根据旅游事业的开发要统一建筑，要按照规划建设，那么就得有专门的管理人

员，包括设计人员，把箐口村的详细规划和有关模型放在村里，让村民按照规划和模型建筑，本人有这样的一种想法。固然，各级党委政府还有很多的事情要处理，村民既然选择了建设房子，他就会想办法用最快的速度建设好，他们也同样要做其他的很多事情。所以本人认为，各级党委政府怎样规划，村民怎样来建设，两者是结合的问题，而不存在要罚款和被罚款的事情。党委政府怎样规划，应该根据当地的建筑风格、村民生活的需要来设计，也要具有旅游观光的价值，村民也要根据现在旅游事业的需要，建设成有自己特色的建筑群，一则保持了原来的建筑风格，二则自己的房子也建设了，应该是一件两全其美的事情。

中午 12 点左右，村民小组到村委会开会，主要就是州植保站和县农牧局请来的弥勒县机房队到了，中午的时候就在阿略饭庄吃饭。他们共有 12 个机手，有一个是推销德国拜耳公司中国有限公司艾美乐农药的人。今天的天气很好，他们说只有天气好的时候，打的农药才会起效果，中午他们到了之后都没有让他们喝酒，休息了一会儿就到了箐口寨子脚的田里打药了。一个下午就打了寨子脚的 100 多亩田和白龙泉下面的 50 多亩田，速度很快。打过药的稻田里面的虫是基本上被打死了。不过，他们今天早晨就坐车出来，一路上比较辛苦，到了下午 5 点 30 分就回来休息了。考虑到吃住的方便，都安排在村里卢世华的家里。

2007 年 6 月 5 日，星期二，农历四月二十，属马，晴

早上，考虑到下午天气很热，打药队伍从麻栗寨河底开始，因为河底的海拔只有一千米左右，到了这个季节，特别是天气晴朗的时候，河底的气温就很热，在八点左右的时候开始打药，是不可想象的。很多人家的田已经被害得发黄了，机手们都说这样的秧苗不可能复活了，需要重新找秧苗插。特别是李伟家的田，打药下去，稻飞虱虫满天地飞舞起来，让人感到十二分的恐怖。特别是以食为天的人民看到这个情况更感到着急。值得赞扬的是，这些来自弥勒县远方的机手朋友们工作也比较认真，

稍微大一些的田由于在外面打不到中间，他们就主动脱了鞋进到里面打，配药水的村民看到这种情况就说他们都是吃饭长大的，意思就是说的确认真。

下午，停车场摆满了建盖房子的砖，都是今年正在建房子几户人家的，分别有李贵祥家的两车、卢开亮家的一车、卢家贵家的一车。他们说今年的物价还在上涨，也可能就是考虑到物价的事情，他们几户人家都是到建水县去购买，而且在购买砖的同时也把需要的钢筋都购买回来了，有几户人家还把门窗都购买了回来，看样子他们都在用钱的时候考虑着把钱用好，用到自己最想用的点子上来。

2007年6月6日，星期三，农历四月二十一，属羊，阴，有雨

早上的时候，天气情况还比较好，按照安排，打药的工作人员都到了入村口的广场，打算今天上午把入村口的这一片田先打完，以挽救这一块连片虫害不太严重的秧苗，这一带的梯田很容易被来村里旅游的游客看到，包括来村里调查的官员们。再说，为了达到宣传的目的，今天上午邀请了相关记者和电视广播局的人，把这一事情向全镇、全县、全州等宣传出去，希望得到各级政府和各界人士的关注，特别希望引起人民的重视，及时挽救遭虫害的秧苗，保证来年的丰收。不愉快的是，今天老公不太作美，没有打多少药就下起雨，师傅们说下了雨打药也不会起多少作用就回来休息了。而下午也是如此，没有打几个小时又下雨，最终没有达到预想的结果。

还要说一点的是，在上午刚去打药的地方都是黄草岭村民小组的田，有几个村民说他们家的田里放养了鱼，说要是打了药会闹死鱼的话就不用打了，这主要是他们家的秧苗还没有被害到发黄枯死的原因。要是他们注意观察的话，可以看到每株秧苗都有成千的稻飞虱幼虫，用手一拍，一片都是，如同浮萍浮在水里，一旦成虫如何了得。要是他们见过被害得发黄的秧苗，我想他们是不会说出这样的话来的。

从这一段时间来看，来旅游的人很少，特别是 5 月份以来，今年的五一黄金周门票收入都没超过 2000 元，该是这几年中五一黄金周门票收入最少的一年。今天又是没有游客的一天，加上又有雨水，村寨里显得有些冷清。

2007 年 6 月 7 日，星期四，农历四月二十二，属猴，阴，有雨

早上下雨，从弥勒县请过来的机防队离开村里返回他们的家了，他们的意思是原来只说好花一天的时间，而现在已经有三天了，看到这里被害得如此严重的情况，他们都着急了，说他们也要回家照顾自己家的田地。再说，这样下着雨打药也起不了什么作用。要求村民小组多做一些宣传工作，带动全部村民积极行动起来，把稻飞虱消灭干净，挽救人民的庄稼。同时，州植保站站长范金祥叫了县植保站财务管理员朱波楚到县里买回来八台手动喷雾器，一方面叫村民自己领药去打，一方面又叫县农牧局副局长从南沙调两台机器来继续打。回来后的朱波楚说，今天赶集日最拥挤的是卖农药的门市，购买农药的老百姓挤满了街上卖农药的几个门市，往年冷清的农药门市连续在几个赶集日爆满了。

从多数被害庄稼的情况来看，可能最严重的要数麻栗寨河底李永福家的田了。6 月 5 日早上去打药的时候就已经枯黄完了，看过去没有一点绿色，而虫却很多，药一打满天地飞舞起来，令人着实恐怖，机手们都说恐怕打药也起不了多少作用了，需要重新找秧苗来补栽。他家也可能是出于这样的考虑，今天就叫了 5 个妇女找一些秧苗去补栽了，是今年到现在补栽秧苗最多，用去劳力最多的一家。

2007 年 6 月 8 日，星期五，农历四月二十三，属鸡，晴

与很多年前相比，建盖房子仅从来帮忙的人来看都有一种明显的变化。要是在以前，只要谁家建盖房子都会有很多的亲戚和邻居、村民会主动地来帮忙，只要主人家准备好了材料，做一间房子是几十天的事情。

而现在就不同了，谁家做房子一般也只有自己的亲戚来帮忙了，现在的年轻人多数都出去打工，家里只有中老年人和小孩，来帮忙做房子的人更是相对少了，似乎是一种年代形成的气候。或许是这样的因素，李树华家第一层的房子已经做了很长的时间，今天才打顶。他是村委会的农科员，原则上是要求他去的，只是不得已，他请了假做自己的事情了。

听村民们说，以前也出现过稻飞虱害秧苗的情况，只是被害得不多，大家都没有在意。在前一段时间里，庄稼被害的情况也不是那么严重，只是少数几户人家的要相对严重些，有部分村民还满不在乎地说不用打药，这几天却可以看见连片庄稼发黄的现象，特别是害得严重的人家都着急了，纷纷来要求去打药。很多村民都要求给药后自己去打，比如李正新家、李文贵家等。政府也不是不关心，从弥勒县请过来的机手们回去了，今天县农牧局的人又租来两套机器，安排了村里前两天参加打药的卢俫后和李生学，再加上两个配药的人继续去打，主要打了连片的胡故跑一带。由于只是两台机器，今天打的估计只有三四十亩田，被打过药的人家就高兴了，而没有打过药的人家有的来要求去打一下。

2007年6月9日，星期六，农历四月二十四，属狗，晴

可能是老天也良心发现了，今天的天气很好，早上就没有一点雨水，安排的卢俫后和李生学两个机手，包括配药的卢迁等几个人也比较积极，为了挽救被稻飞虱伤害的秧苗，他们都起得很早，不顾身体的疲劳和药水对身体的刺激，早上6点半就出发了。今天主要是就寨子脚活马安天一带的田进行打药，到下午6点多的时候，完成了从李扎卜家田到打碑寨水沟的六七十亩田。本人参加了，感觉是很累的，累得很实在，一天到晚除了休息的片刻，其余时间都在田里转来转去，还背着四五十斤的药水。不过，今年这么多的稻飞虱虫令人的确感到恐怖，深深刺激着每一个了解情况的人。村民们都说这是在箐口村历史上从来没有出现的事情，难怪有一些村民说只要过一些日子就会好的，不知道及时采取什么措施。但是这些天的情况告诉每一个箐口村的人，小小稻飞虱虫一旦成群是如此的厉害，长势还好的秧苗这几天一天比一天发黄，有的已经到了枯萎的程度。有的村民在聊天的时候说不要拿着打火机到谁家的田边去，意思是他主人家会说是被他（她）烧了秧苗。的确，有的人家的秧苗是被害得严重，已经接近死亡了，按照多数村民的说法是糯米品种和名叫红脚老梗的品种害得严重，有一种叫小谷的品种抵抗力还好些，虽然秧苗上长满了稻飞虱虫，但看起来还是绿绿的，没有其他的品种枯萎得厉害。

我作为负责组织配药的村民参加了这次消灭稻飞虱的整个行动。我害怕极了，第一天到河底一下药，稻飞虱真是满天飞舞，田里基本没有一株秧苗是青的，全是黄的了，一旦真的害死了，今年收什么呢？

不知道是来考察他们试验的稻谷品种，还是专门来看稻飞虱害庄稼的情况，今天又有省植保专业学校的师生来村里。他们首先是到试验的几个地方查看了情况，以后又来看几个打药的情况。他们说今年其他的很多地方都有稻飞虱害庄稼的现象，到目前对红河州来说害得最严重的是金平县的，已经有一千多亩田收获无望了。其他各个县、地州市的情况也经常在电视上播放，已经引起各级党委政府和人民群众的重视。

人是有感情的。村里张祥的父亲生病已经多日了，已经到几个医院检查治疗过，就是不见情况有好转。听他家人说，到目前已经花去了五六千元，他们还想在医院治疗，而且是他大儿子打工的开远市里，只是医生说不一定能够治疗好转，家人就把他领回家来休养。这样的事情村民是很容易知道的，包括他们家的亲戚和朋友，这样，来看望的人就很多，远方的亲戚朋友白天里拿着水果和鸡来看望的也有（箐口一带的哈尼族看望病人一般都是用鸡，而忌讳用鸭子），晚上也有很多的村民到家里看望，连续这几天都是，听说这几天的病情有些严重，来看望的人更是多。

2007年6月10日，星期日，农历四月二十五，属猪，晴，有阵雨

或许是村委会的安排，或许是新街镇农科站的安排，今天的两台机动喷雾器和机手都转移到小水井村寨子脚的下面，那里也有几百亩的田，稻飞虱同样也害到了那里的秧苗。公路横穿而过，游客们或者是官员只要从此经过，就肯定能看到。为了不被他们看到害死秧苗的情况，必须首先挽救这一部分容易被看到的庄稼。不然的话，箐口村如果按照两个机手的速度打药，可能还要打2到3天时间才能完成，很多没有被打到的田的户主都纷纷来要求去打药了，看他们也挺着急的。本人要说的是这样的一部分村民实在是愚昧，明明是自己的庄稼，还要等着别人去打药，要不是有关单位给予箐口村这些人力物力的帮助，就要等着庄稼被害死完不成。特别是从这几天的情况来看，稻飞虱害庄稼的速度是令人难以想象的——原本长得很好的秧苗几天之内完全可能变黄。想不通这一部分村民为什么自己不找喷雾器去打呢？即使是手动喷雾器也好呀。除了箐口村，周围的村寨哪里有这样的好政策呀？他们怎么就不明白这已经是够特殊关照了。

自从县镇植保站在箐口村不同海拔设了几个稻谷品种的试验基地以后，各级有关单位的人都经常来箐口村查看他们试验的情况。今天也有镇农科站的人带着省农业大学的人来村里，主要还是到他们试验的田里去观察，至于稻飞虱的情况他们没有过多进行调查。

下午，红河州民族研究所的黄绍文带着中央民族大学的杨京彪、杨婧，还有美国的马歇尔到村里来，想要在箐口村里做一些短期的调查。

2007年6月11日，星期一，农历四月二十六，属鼠，阴，有雨

在以前的日志里提到过一些，箐口村一带的秧田主要是用来育秧苗，一旦秧苗拔出移栽到田里，秧田就犁翻了泡水保养。当然，还有重要的功能是用来育鱼苗，村里很多有鱼的人家就是因为自己家里不仅有很好的稻田，而且有很好的秧田。所以，这里的村民比较重视秧田的管理，一则把秧田施肥了对秧苗有好处，二则是养一些鱼，自己就不用到其他的地方买鱼，多养出几尾鱼，一则自己家可以多美餐几顿，二则是亲戚或者朋友来时接待的最好佳肴。或许是这样的原因，到目前为止，有牛和劳动力人家的秧田都基本上犁翻了。除此之外，还要经常除草和施肥，多数人家不是施农家肥，就是施蒿枝草（本地一种植物，可以当药止血，味臭。这一段时间会有很多村民砍这种草放到田里腐烂，作为肥料）。听说蒿枝草对秧田比较好，要是施一次蒿枝草，来年的秧苗就会比往年好。另外，还要经常清除秧田里的杂草，今天早上就有李志宽清除他家秧田里的杂草，目的还是一个，就是要保养好秧田，让来年的秧苗长得多好些。

昨天的时候，两台机动喷雾器到了小水井村里打药了，今天又转移到黄草岭村民小组一带来打，因为原来安排的6月6日下了雨，没有能够正常地施展工作，黄草岭村民小组和箐口村接界的十几亩田没有打完。今天就接着6月6日没有打完的部分打下去，只是因为有一台机器出现故障以后只能用一台机器了，勉强打到箐口寨子边。

这几天每天都有农科站的人来村里调查稻谷害病和打药的情况，他们在村里时遇到了在村里做调查的中央民族大学学生和马歇尔几个人，他们想找农科站的人了解情况，约好了下午到办公室会见，主要是了解今年的稻飞虱害庄稼的情况，以及农科站及村民采取的防治措施。可是他们后来又借口说有事情变化就推脱了，说是有一年的一个记者报道了一篇名叫《植保人员到哪里了》的文章给他们添了一些麻烦，想着除了政府安排来做工作的人员之外尽可能地回避。

今天是新街镇的赶集日，也不知道是什么时候就开始，箐口村里也有几个妇女开始做服装买卖，她们几个每到新街镇的赶集日就到街上去做买卖，今天也如此。在今天，可能是张祥的母亲卖了四五百元，在与他们坐同一辆车回来的时候，拿出她的四张一百元的人民币问是否有假的？检查中这四张是没有假的，可是即使有又怎么追回来呢？别人是否会承认？这次是没有，要是自己都不具备一些辨认真假币的能力，以后是否会受骗呢？

2007年6月12日，星期二，农历四月二十七，属牛，阴，有雨

上午，有一个其他村寨的人来村里买牛，通过协商，以1800元买了卢小和家的一头牛。前面的日志里说过的，村民养牛主要是用来耕田，但是，有个别的人家养着母牛，每两三年能养大一头牛的话也以经济为目的来出卖，基本上谁家都没有能力养活三到四头的牛。当然，还听说过有的人家是以祭祀为目的来养母牛的，只是为数不多。绝大多数是以耕田犁地为目的，以其他目的养牛的人家很少。

自从箐口民俗村开发旅游事业以来，要求村民关好养的猪是一件从来没有间断过的事情。不管有什么样的官员来还是平时，村民小组和管委会都严厉督促，对一些屡禁不止的村民群众都进行批评，而且，被罚过款的也有很多家了。然而，还是会有人家的猪不时地出现在路上或者菜园里。今天就是一个例子，李宏家母亲赶着一头母猪到李志明家，说是他家的母猪把地里的菜都吃完了，责怪他家没有把猪关养好。

通过这几天的调查后，来村里做调查的中央民族大学学生和马歇尔决定这次主要就稻谷品种做问卷调查。下午到了李有福家和李正明家等几户，可能是做生物多样性与传统知识方面的调查，这次调查的主要内容也是今年栽的品种以及品种的来源，还有以前曾经栽过的品种。李有福家今年栽的是小谷和早谷，还有一些糯米，李正明栽的是红脚老梗和红毛糯米。为了表示对他们的谢意，在做调查的过程中给每一户村民十元钱，现在是准备做五十份以上的问卷，今天刚开始，只做了四五份。

下午，旅游局到村里与管委会会餐，他们杀了一只狗，可能是慰劳五月黄金周吧，今年进入五月份以来旅游的人明显减少。

2007年6月13日，星期三，农历四月二十八，属虎，阴，有雨

今天李四辉家杀一头猪，肯定是他家的猪有病才杀的，估计有四十公斤左右，杀了之后以略低于市场价卖给村民一些，留一些在家里煮给来帮忙的亲戚和朋友们下酒。今天来帮忙他家杀猪的有李建国、李四忠、李国忠、李志明、卢学文等几个，这些都是寨子里他家最亲的人家，每遇到什么事情都会首先请他们。

下午，有一个土锅寨村民开着拖拉机来村里爆米花，可能是很长时间没有来的缘故，今天的生意比以前都要好。小孩们知道后带着自己的家人来，这时候是小孩带着家人来，而不是家人领着小孩来，他们拎着口袋，提着大米，说是加工1斤米用1元钱。从下午3点左右就有很多的小孩和大人围着排队，一直到了晚上7点左右才返回家去。

今年建房子的几家都是选择用砖混结构的，本人认为这也是一种时代的选择。为什么这么说呢？要是在很早以前，这一带的交通不方便，人们只能就地取材，用的是当地的石头和土，以及茅草，建造成现在所谓的蘑菇房。而现在一方面这些材料缺少，一方面生活水平明显提高，很多在外打工挣到一些钱、见过一定世面的村民想要生活得好一些舒服一些，他们就学习外面的建筑方式来做。也可能是他们平时在外打工也经常做这样的事情，他们建造起来也很快，卢开亮家十几天就砌好了第二层，今天开始做钢筋，叫了一辆土锅寨村的拖拉机，把钢筋拴在树桩上用拖拉机拉直，这样也省了很多的劳力。

2007年6月14日，星期四，农历四月二十九，属兔，晴

李贵祥的妻子是从阿挡寨村嫁过来的，这一段时间他家正在建盖房子，今天就有很多阿挡寨的亲戚来他家帮忙，到了下午又回去。

这几天村民要做每家每户的四至界线的落实。村委会工作组说只要做田的界线就行了，至于地的界线和树林的界线已经在以前的图纸中明确了。说是按照所在地形的情况，从海拔低的地方看，以上下左右来填写，要求尽快在这几天内做好。目的是再次明确承包的期限和田的界线，之后要填写到合同书上，以政府的名义颁发到每家每户，让农民也心里有数。

早上的时候就发现停车场有一辆新型可以载人载货的三轮摩托车，打听的结果是昨天张牛后到开远买回来的新车，是以6200元购买回来的，到家已经是晚上12点左右了。与他一起去的有李学、卢世华等几个，他准备学会驾驶后营运来往街上的村民。中午的时候，他就来学习驾驶了。以前的他对于驾驶一窍不通，今天刚上车连发电都要别人指点，不过可能是这种驾驶技术不是很难，通过别人指点以后他还是自己能慢慢地在停车场驾驶。

2007年6月15日，星期五，农历五月初一，属龙，晴

用机动喷雾器打药在6月11日就停止了，他们把多数箐口村的田都打过药了。但是，还是有很大一部分没有打过，就把药和八台手动喷雾器留在了村里，要求村民自己行动起来去打。这几天都如此，每天早上和下午都有很多村民来拿药，利用晴天的时候去打，今天就有张志学家、张明福家、李志和家等，有些人家因为没有喷雾器就领了药后到田里等正在打药的人，生怕又被别人在自己的前面拿走，给自己的田拖延了时间。还有的是，卢正新家处于锈水田的张龙家田背后的秧苗估计不能复活了，他家又找了一些新的秧苗今天去栽种，远看过去的确没有哪一家的秧苗比他家的死得多，加上田的土壤问题，成活的更是少，只有稀疏的几株还带有一丝绿色。只是田的面积小，只有一到两分。他家人是比较着急了，在此之前就自己已经打了几次药，就是不见好转。

今天是农历的五月初一，是属龙日，也是新街镇的赶集日。而农历的五月初五是家喻户晓的端午节。说来也奇怪，箐口村过端午节是选择农历的五月初四。为什么是选择五月初四这一天过节呢？长辈们都没有确切的说法，只是有一些人含糊地说要不是箐口村先过这一系列的哈尼族节日，村里就会发生火灾和水灾等情况。而新街镇赶集日是五天两头赶，即十二生肖中的属龙日、属猴日、属鼠日，周而复始。那么，如果要等到下一轮赶集日就要到农历的初五了，箐口村就是已经过了日的，所以今天有很多的村民到镇上购物，主要是买鸡，到街上的村民说今天的鸡比往日要贵。当然其他蔬菜也买得多，还有主要买的是粽子叶，箐口村自己栽种粽子叶的也很少，每年到了端午节，包粽子的叶子也要到街上购买，好在下半山热的地方，人们到了这个时候都会背来卖而比较便宜。

2007年6月16日，星期六，农历五月初二，属蛇，阴，有雨

在前一段时间的时候，元阳县党委政府是责令村民不要自行拆除传统的蘑菇房旧建筑物式样而建盖成砖混结构的房子，还要求房屋的确漏雨和木料腐烂的主人家马上写申请到县城建局世界文化遗产申报办公室来，统一由城建局审批。村民的申请是写了，可他们就是没有审批下来，也没有来设计。时间就是等不得，无论你是工程师，还是农民，决定了的事情还是要做，这几家已经拆了房子的村民，他们就相继不约而同地建盖起来，卢开亮家也如此，前一段时间中又砌好了一层后，今天对第二层进行打顶。

在村里调查稻谷品种的中央民族大学学生和马歇尔他们一行人今天到全福庄去，他们在村里调查了几天后，基本把村里的稻谷品种掌握了，就利用时间到周围的其他几个村寨做调查，希望还能从其他的村寨中找到更多的品种，这样对他们"生物多样性与传统知识"的调查更有价值，有更多的知识和材料做说明。

今天中午，管委会文艺队的人又在进行演出，停车场摆满了高级轿车。原来是北京中信公司的领导们来了。听说北京中信公司在元阳县还是做了很多贡献，包括箐口村小学也是中信公司和巴西矿冶公司合作建盖的，就来箐口的人数来看，他们对箐口村还是比较重视的，只要他们来村里，就有省州县的领导陪同。

2007年6月17日，星期日，农历五月初三，属马，晴

今天张明生家杀猪，从观察的情况来看，全村就他家杀一头猪。不过他家杀的这一头也是他的亲戚和朋友们约好了杀吃的，就是因为箐口村明天就过端午节了，多数村民的肉食还是到街上购买，从过年开始村民们都说今年的肉价从来没有下跌过，而是持续上涨。到目前为止，好一些的肉已经上涨到8元多9元一市斤，一般的都是7元一市斤左右。村民养有猪的都说好卖，就是怪自己养不出来，但科学养猪，一是不懂知识二是没有成本。当然，有一种说法是用饲料养出来的猪肉没有自己土生土长用野生植物喂养出来的好吃。

为了明天的节日，今天村民主要就是忙着准备，妇女们则忙着碾米、泡糯米、煮粽子叶等，年轻的少女们则可能要忙着编织染线、做香包之类的，有的可能做好了以后送给自己的恋人，或者染一些线让小孩们佩戴在手上，说是具有一定的避邪作用。要说男人们的话，更多的可能就是找烟酒、买肉了，到了过节就要三五成群地吃喝。免不了要喝倒几个，这样算来，每一个节日里，仅烟酒都要消费到上万元。

昨天，北京中信公司的人来村里观看了演出，并在村里查看了一些基本情况后离开，今天上午的时候又一次进来，说是对箐口村再进一步调查，希望能在箐口村找到能做的事情，进一步改善箐口村的面貌，特别是针对旅游这一块的设施。

2007年6月18日，星期一，农历五月初四，属羊，阴，有雨

咱中国端午节就是在农历的五月初五这一天过，就没有听说是在初四这一天过节的情况吧，箐口村就是一特例，也可能就仅此一例。从早上起，箐口村就杀鸡、包粽子，在今天里过节了。在村里过了这么多个端午节的本人也不知道是什么原因？可以这么说，至今仍然是个谜。按照村民的说法，提前过是为了避免火灾和水灾等情况的出现，包括其他的昂玛突节、苦扎扎节等都要提到其他周边寨子前面过。此说法可不可信呢？等待以后考证吧。

就这个节日来说，有一种说法是秧苗已经播种完了，人们也应该休息一段时间了，特别是牛，作为对人们贡献最大的牲畜之一，从此让它休养一段时间，今天要拿家里最好吃的给它吃，包括放牛的人也要享受最好的待遇。当然今天也不会动用牛了。难怪村里有一种说法翻译成汉语叫作五月休息月或者牛休息月，主要还是因为人们的确已经把主要的稻谷都插到田里了，人们的休息时间相对多了，用牛耕种的基本上没有了。

因为是过节，大家一般在家休息，只有放牛的人们依然赶着牛到山上，正如上面说到的，尽可能不让牛劳动了。其他的人们就相互间来往串门，年轻人就来往着吃喝。生活是大比以前好了，至少从过节日的情况来看。

2007年6月19日，星期二，农历五月初五，属猴，阴，有雨

这个节日只有一天的时间，而昨天的日志里说过，箐口村就已经在昨天过了这个节日，周围的其他村寨是统一在今天里过。

在这两个月里，李祥发现自己家的电费有些偏高，就在前几天把情况反映给电力公司的人，他们今天来检查情况时发现，原来是卢开亮家拆建房子时把两家的电度表和线路接错误了，李祥家原本就只是照明和看看电视，而卢开亮家在建筑中还用了动力电，用电量就自然高了，工作人员来之后把线路和电度表更正了，至于已经用过的电度电费问题本人忘了去过问一声。

2007年6月20日，星期三，农历五月初六，属鸡，阴，有雨

中央民族大学来的学生和美国的马歇尔为了稻谷品种的问卷调查要

做一百份，今天还在继续做，到今天为止就已经有 80 多份了。从调查的基本情况来看，这几年村里栽种稻谷品种主要有小谷，这一品种引进的时间不是很长，只有七八年，来源多数认为是卢建忠从阿挡寨村里拿回来的，特别是这两年栽种的人家多，主要是认为这种品种抗病力强（今年稻飞虱害情最轻的一种），颗粒饱满，米质好，在遮阴处栽种能有一定收成，不好的一面是不易脱粒，易倒伏，母株和分株长势参差不齐，在土壤不肥的地方会减产。其次是红脚老梗和爱者车（谷名），这两种品种栽种的人家也多，他们认为这两个品种容易脱粒，一般都不会减产，虽然米质不是很好，但是为了产量的提高，解决家人的肚子问题而栽种的人家也多。不过从今年稻飞虱害病的情况来说要数这两个品种最严重。还有少数栽种旱谷和月亮谷，认为旱谷要栽种在肥力充足的田里，便于早收，青黄不接的人家就可以栽种。月亮谷被认为是米质中的佼佼者，不过田里的肥力要充足，而且自己家的粮食要能保证够吃，它的抗病力差，产量也相对低。所以栽种此品种的人家不是很多，只有少数几家。其他零散栽种的有些是新品种和主要用于祭祀活动与过节的糯米。糯米栽种多的是慢车红糯（谷名），这一品种产量相对稳定，其次是红毛糯，米质好吃，产量低，其他还有少数的丑谷、冷水谷、建水红谷等十几种，这些尚能在村里找到。据老人们说早在几十年前有慢车（谷名）、旱谷等几十种，但是因为种种原因这些品种在村里被淘汰找不到了。前几天到其他村寨调查的时候他们在全福庄找到一种，在胜村乡黄草岭村民小组找到一种。这是在这次调查中他们了解到的基本情况。当然，要是到更远一些的地方去寻找肯定会更多一些了。他们在这次调查完成一百份的问卷后每一个品种收集一定的样品到北京实验。

  他们在调查的这几天中，谈到一个话题，就是马歇尔要求把收集到的谷种带一些回美国，村民或者说这里的绝大多数人都认为无所谓，可是中央民族大学的学生与老师认为有所不妥，如果他带回去后把谷种的基因转换了就对以后我们国家的科研不利，想办法说服或者就直接制止他。

上午，有一对黄草岭村民小组的夫妇赶着一头母牛到村里停车场，他们夫妇到了之后由妻子看守牛，丈夫则进村去了。不到半个时辰的工夫，丈夫扶着张毛芬老人出来。原来是他们家的母牛遇到难产了，肚子里的胎盘还没有完全地产下，就赶着牛来村口叫张毛芬老人做此手术。周围村寨的中老年人都知道张毛芬老人对民间的医药懂一些，是民间的医生，早几十年时候，由于农村里没有钱到医院而来她家治病的人很多，只是现在她已经上了年纪，特别是她老公去世后几乎没有出门来给病人治病了，去年她独生女儿去世后她更是拒绝治病。今天她也是拄着拐杖来的，是否这几个寨子只有她能做这个事情？在旁边听到的工钱是1升大米、1市斤酒和20元钱，合起来就是25元左右。从她唠叨的说话声来看是不得已才来的，从走路的情况来看都力不从心，难怪平时都很少出家门了。

2007年6月21日，星期四，农历五月初七，属狗，晴，有小雨

中午，卢家贵家运回来一车砖，是从新街镇运回来的。原来为了省钱，他家的砖是直接从建水县砖厂买回来的，连同钢筋和门窗，现在是因为在建设过程中发现还少了一些，就只有从新街镇零售商家买回来，单价肯定就要比厂家贵，听说今天买回来的每一块砖已经到三角四分了。

中午，县消防队的人员来村里检查消防设施情况，箐口村为了保留传统的蘑菇房建筑，把已经建成的石棉瓦房都统一改建成蘑菇房草顶。这样的建筑从旅游和保存的角度来说是一种文化，而从经济和火灾的预防来说是一种负担，每几年拆换蘑菇房村民都要花费很大的精力和劳力，以木柴为主要燃料的农村对它还要严加防范，特别是到了每年的二三月份干旱季节，村民包括关注箐口村的每一个人都提心吊胆，生怕什么时候又要出现火灾，管委会和村民小组，包括村民随时都注意着消防设施、水源。同样无论是新街镇还是县消防队都十分重视，每过一个季度或者定期不定期地来检查情况，今天也是如此。

寨神林下面李正明与李世荣两家之间的土地纠纷一直是村民小组最头痛的事情之一。在村民小组和村委会都不能解决的情况下，镇司法所的人来进行了调解。前几天又是因为界线不明确的原因两家人发生了一些纠纷，今天请了当时调解这一纠纷的镇司法所所长来，按照调解处理书划定界线，以最西面的竹子棚南侧到李世荣家鱼塘的北侧斜线划分。参加今天划界的人有李世荣、李四辉、李世荣母亲，村民小组张明华、马秀芬，村委会张春华、白万福，镇司法所长邹伟，李正明原来答应可以到现场，可后来以李世荣家会打人为由拒绝不来。

2007年6月22日，星期五，农历五月初八，属猪，晴

今天，本人又跟随中央民族大学的稻谷品种调查组到胜村乡黄草岭村民小组取慢车（谷名）这一样品。按照他们的介绍，这一品种抗病力强，米质也比较好，所以多数村民都栽种了此品种。有的人家一直栽种这一品种，只是按照多年的经验，同一品种栽种了三五年之后要与其他人家更换品种。这一品种在很多年前箐口村也栽种过，长势也不错，只是村民们认为此品种成熟比较晚。要是栽种此品种，只有等其他的村民都收割完了自己才能慢慢收割。所以，箐口村里找不到这种品种。

2007年6月23日，星期六，农历五月初九，属鼠，晴

为期一周多的中央民族大学的调查稻谷老品种的人于今天离开。他们这次就箐口栽种的稻谷老品种做了比较全面的调查，包括品种的来源，以及每一个品种的性能、抗病力、产量、使用肥料与否等都从农户的问卷中做了了解，以及以前栽种过的品种问题、换种的原因等一系列的生产知识都做了调查。应该说，这不仅是稻谷品种的调查，而且还是生产知识的学习，因为他们本身就是在生产中学习、在学习中生产的实践者。他们最有说话的权利。从他们的调查中了解到什么样的海拔什么样的气候栽种什么样的品种，什么样的土壤肥力栽种什么样的品种，包括留种

与换种的事情。即使是同一品种也要到一定的时间年限后与其他人家换同一品种，这样才有利于产量的稳定，这些都是生产在第一线上的农民们亲口说的。

箐口小学期末考试了，除了林老师因为身体原因留在村子监考，其他的两位老师都到了其他的村寨。有一件事情比较例外，就是张源同学因为生病，中途没有考完就送回来了，要求家人带他去医院看病。

2007年6月24日，星期日，农历五月初十，属牛，晴，有雨

今年稻飞虱害稻谷的确严重，按照老人们的说法是前所未有的事情。不过箐口村是托福了，有省州县植保站买来药，请了人进行了大面积的控制，只有少部分没有打过药，不过还是留了很多药要求村民自己去打。可能是到目前为止，有的人家的田还没有得到控制，今天上午还有村民来领药，说是自己去打，只是村民组长和村委会农科员说新街镇农科站的人不让发，也就没有给他们药了，这就有点怪了。有些村民的田明明是没有打过药，村民主动要求说给一些药后自己去打，为什么药被控制了呢？要是他们家的稻谷病情得到控制了，他们还会来拿药吗？

今年村民小组的事情多，自从4月进行了村委会的选举到5月村民现小组领导班子的选举，到了6月又出现稻飞虱害庄稼的事情，从今天开始又根据上级的林权改革政策要求做农户耕田的四至界线统计。箐口村有180多户的人家，900多人口，村民小组的人又只有3人，除去一个妇女会计，她不识字，不能做统计之类的工作，2个人做180多户的统计工作是有些费力。不过，还是相信能够按照要求做好。

管委会是一个集体组织，他们上班都经常在一起，有时也根据工作的需要在一起吃饭。或许是好长时间没有在一起吃饭，或者是娱乐，下午他们十几个人在一起会餐，说是每人拿出10元钱。

由于寨子大，人也多，收入又以打工为主，所以要是注意观察的话，每天都基本上会有年轻人出去打工和打工回来。今天也有打工回来的李世文、李明等七八人，因为他们是一起做活的。

2007年6月25日，星期一，农历五月十一，属虎，晴

箐口小学到今天上午就考试完毕了，从今天开始就放假了。

自从云南农业大学和新街镇农科站在箐口村里做了几个稻谷试验点以后，他们都经常地来检查情况。特别是做了几个捕昆虫网后，他们包括农业大学的师生们都经常来。今天也来了，到他们试验的地方去检查情况。要是他们不来的话，就由农科员把一周内所捕获的昆虫送到农科站，再由他们托人送到昆明去。

今天下午，村里打工回来的有李庆文、卢正学等人。

按照昨天的说法是今天上午要召开群众会议。可是临时来了一个通知说只要叫一些群众代表参加就行了。是因为上午有红河州申报世界文化遗产办公室主任，以及州县城建局的人来，包括县镇政府的人，带来他们设计的新式蘑菇房建筑模型让村民们观摩。从他们带来的六幅模型图来看，众多村民欣赏的是一三六，欣赏二四五的要少些，都说能这样的建起来就好，要求政府尽快来做好，箐口就会好，箐口人民就会好了。

可是，有几个识字和会看图的人看了以后说，有些建筑还是要到现场来设计，这些不过是地平线上的模型，真正要改观一个寨子，得从实际出发，得请土专家来设计，至少要他们出一些主意。民俗村前几年的一些建筑就是一个实证，有些建筑明明就是由专业人员设计的，结果不适合这个地方的气候、条件、环境等情况都出现了。所做的一个30几万的所谓生态厕所，1个月要花费1000多元的电费，3个月后花费上万元的修理费，200米之内臭气冲天，每月还要花费一定数目的报酬叫人打扫卫生，这样的事情应当避免，既然是把事情做在箐口村里，多数的事情应该对得起900多的箐口村民，要是向来观光的游客说这是用三十万建成的厕所，有谁会相信呢？"30万的厕所还不如一个3000元的厕所。"箐口村民朴实地说。当然，到目前因为意见的确大，到现在没有用电，只是用水将粪便冲到水沟里去。

2007年6月26日，星期二，农历五月十二，属兔，晴

李贵祥家今天打屋顶，还是和多数人家一样，他们家准备了一些饭菜后叫村里的人来帮忙。从这些年村民建筑的情况来看，为了保持民俗村的特色，保持民俗村传统的蘑菇房，真正要把箐口民俗村建成哈尼族文化的窗口，给红河哈尼梯田申报世界文化遗产添砖加瓦，那么政府和人民的发展思路还是要进行磨合，还是要进行统一。为什么这么说呢？第一，要说建传统的蘑菇房，村民传统的建筑是就当时的条件，就地取材，首先基础用石头把墙脚砌稳，之后用当地的土做成块状的土坯，类似于砖，然后一块一块地支砌上来；里面是用木料做柱子，为了防潮最底部用石头垫着，这些柱子中又相互用木料连着，而且立柱子时是有先后顺序的，且分为公柱与母柱，最主要的一根柱子底部还要压一块金币（一般是用银币），以求吉祥和发财之意，建筑中立柱子的当天还要杀鸡以求顺利和赐福；最上层就是用竹子和茅草搭成，用来挡雨和堆放谷物，形似蘑菇，文人们便叫作蘑菇房。最基本的说法就是第一层用来关牲畜，第二层人住，第三层堆放谷物等。当然，里面住人的、祭祀的，都有着它们独特的文化含义，这里不做详细的介绍，待有兴趣者以后去探究。第二，现在的村民建筑基本上是利用砖混结构的材料，他们认为土坯难做，木料难找，而且寿命又不长，就采用砖混结构的了，里面的祭祀用品都由象征性的东西取代，这两年建盖的蘑菇房不过是为了统一而统一的装饰品罢了。这就是"水泥构建""穿泥衣戴草帽"，解决一时之需，弄巧成拙的建筑。从长远看，必须研究设计适合当地生活又不失哈尼风格的民族建筑。这是一道时间难题，但极富挑战性（见《第四届国际哈尼阿卡文化学术讨论会论文集》秦臻《文化生态环境与哈尼梯田旅游开发》第27页）。

村民小组继续做农户耕田的四至界线，根据这次林权改革的政策，要求对于农户的耕田也要重新明确四至界线，申请合同书。村委会原来要求填写在信纸上，说的四至方向是上下左右，可是这与实际的东西南北不符，也就又要求重新落实，要求在6月30日之前完成，村民小组就抓紧时间来填写了。

2007年6月27日，星期三，农历五月十三，属龙，晴

早上，土锅寨村里的李正明到箐口张志光家买鱼苗。村里有几户人家一直有鱼种，如张正和家、张明生家、张志光家、李志和家、李正安家、李平清家、李庆亮家等。全村可能有一半左右人家自己留着鱼种，因为他们具备条件：一是他们家的田便于看管，至少有几块是比较大的，不容易被小孩或者大人偷掉；二是秧田要大一些，便于鱼种产卵；三是有人经常看护，不让鸭子等放进去。要是不具备这样的条件是留不住的。张志光家就是这种具备条件的家庭。如果当年产的鱼苗比较多，就可以卖给其他没有留鱼种的人家，从今天的情况来看，他家的鱼苗有瓜子大，说是1元钱以30尾买来。

上午，有红河州植保站站长、元阳县植保站站长、新街镇植保站长等人来观察前一段时间稻飞虱虫害预防情况。从查看的情况来说，打过药的稻谷明显要比没有打过药的好，应该说这一次消灭稻飞虱害虫行动最大可能地挽救了箐口村稻谷，挽回了箐口人民的损失。在陪同他们的时候，本人代表箐口人民感谢他们，说箐口人民不会忘记你们。在这里再次说一声"谢谢"，谢谢红河州植保站、元阳县植保站、新街镇植保站对箐口村的关照，箐口人民永远会记住你们，箐口人民的历史中有你们的一页。本人日志就是一个见证，将把你们的功德记载在里面，以供参考。

村民组长到新街镇开会，说主要议题是万亩樱桃园的事情，要求各村宣传不能让村民破坏了公路两边的樱桃树，而且还要继续栽种和管护好，目的是绿化环境的同时美化梯田。

2007年6月28日，星期四，农历五月十四，属蛇，晴

早上，箐口小学的几位老师都来了，说是来发考试卷子，从今天开始，学校就正式放假了。

中午，李四辉家买回来一些砖和水泥，说是准备在他家的阳台上重新建盖一个厨房，觉得以前的厨房有些小，再说因为是在楼底下，家人来去都不方便。

近一段时间里经常有村民说谁家的树又被偷了，谁又偷人家的树回来了。应该说，只要是中年以上的人，村民之间谁的为人是什么样，谁的为人又是怎样，大家是清楚的，特别是关于这类偷鸡摸狗的事情，只是没有确实的证据或者说不关自己的事就不愿意说。就这一段时间来说，因为田里都插了秧苗，村民放牛就到山上，有心人就以放牛为借口，同时砍一些别人家的树木来做燃料。特别是有几个人，每天都会扛着树回来，很明显他是不会砍自己家的树，而是到别人家的树林里砍回来，或者是集体的林里砍回来。放牛的同时又砍到了燃料，真是一举两得。今天就有李某某扛着一棵树回来，他可能还以为别人不知道，别人只是不愿告他的密，要是不收敛些，他迟早要被护林员逮住的。

2007年6月29日，星期五，农历五月十五，属马，晴

有耕耘就有收获，春天的时候播种下去的黄豆又转眼到了收获的季节。今天就有张志学的妻子收获她家的黄豆回来了。这里的气候是垂直立体变化，要是在海拔比较低的寨子脚河谷，这些庄稼就比海拔高的寨子头上的要早成熟得多，河底的气温明显要比山上的高。今天张志学的妻子收回来的是河底地里的黄豆，山上的部分估计还要等十天八天收回来。

中午，李志和请了摩批李正林到他家的树林里做祭祀，同时还叫了李国忠一起去。想一想做什么祭祀呢？原来他家有一棵五眼果树被雷击倒了，倒在自己家的地里，现在趁农闲时间准备把它砍回来烧火，但是只要是被雷击打过的，会被认为不吉利，就叫了摩批，家里拿出鸡鸭做

一个祭祀，认为这样就会消灾避难。

2007年6月30日，星期六，农历五月十六，属羊，晴

在昨天的日志里说到李志和家有一棵五眼果树被雷击倒了，为了砍回来做燃料，他家昨天就叫了摩批和李国忠他们几个人到那里做了一个祭祀。他家人今天就去砍了背回来，还叫了几个年轻的亲戚来帮忙，包括李国忠也去了。

明天就是七一了，箐口党分支部已经接到党总支部的通知，明天全体党员要在土锅寨总支部开会，要求全体党员参加，并交纳党费。

2007年7月1日，星期日，农历五月十七，属猴，晴

今天是七一建党节，根据土锅寨党总支的通知，箐口党分支部全体党员参加总支组织的会议，从今天的会议中知道箐口党分支部预备党员李庆云已经延期，李宏的预备党员身份没有批准，预备党员张崇祥同志和罗美珍同志已经批准为正式党员，今年申请加入党组织的有卢世文同志、李树华同志、马秀芬同志。根据他们本人的申请和调查的情况，今年60岁的党员有李平清同志和卢僳应同志，这样，箐口党分支部60岁党员就有8人，他们每月享受20元的津贴。

从今天的情况来讲，会议主要是宣传近期的林权改革事情，严肃党的纪律，纪念党的生日。参加今天党总支会议的箐口分支党员有18名，其余几个党员因打工外出而未能参加，并且全部党员的党费在今天内上交，部分没有参加会议的党员党费由分支书记张明华垫交。会议后，参加的党员在总支部会餐回来。

在以前的话，听老人说只有男的出去打工，女的留在家守家，而现在社会好了，工种多了，只要家里父母亲健在，就可以夫妻一起出去打工，这几年这样的情况已经很多了，今天就有李生学和他的妻子一起出去，把他们的小孩留在父母身边由他们的父母照看。

2007年7月2日，星期一，农历五月十八，属鸡，阴，有雨

今天，李贵祥家买一车砖回来，说是建盖第三层的砖没有用的了，就在新街镇以零售价买回来，要不然的话，以前是直接到建水县砖厂购买，这样价钱上就比本地买得便宜很多，再说还可以找到烧得比较好的砖。新街镇因为没有砖厂，一是价钱上要贵一些，二是没有挑选的余地，家里又等着用砖，只好将就买回来这些砖解决。

或许是因为这一段时间雨水比较多，或许是因为树老心空了，今天有咪古来向村民小组反映说寨神林里的一棵树倒了，而且是倒在过路的中央，与村民小组商量处理办法。问题是这事情不能就让村民小组来决定，摩批还要对此做什么祭祀呢？只有村民小组、咪古、摩批三者一起来商量处理的办法，要是真的要做什么祭祀的话，就得由今年的龙头来向每家每户收取一定数目的钱来祭祀，要是不做什么祭祀，由什么样的人来处理都要三者决定。

2007年7月3日，星期二，农历五月十九，属狗，晴

这两年来，村里几户人家都买了车，这样很大情况下方便了村民，很多人就可以直接打着他们的车到新街镇，或者有什么急事都可以叫他们帮忙，有时要是几个人外出打工也可以包他们的车。今天就有卢正学、李文科等因为要到南沙镇打工，考虑到新街镇还打他们的车，就包了卢世华的车一起出去，这样就直接从家门口送到工地上了，省了一些钱也省了一些麻烦。

根据村委会的要求做的农户耕田的四至界线已经上交了，今天又因为有十几户的不明确而重新再做，他们有李正学家、卢荣祥家、张明德家，这些都主要是因为人不在家，或者是弟兄之间要分家了，需要把各自的耕田和自留地明确出来，到时候就各自有各自的合同书，是这样的，就这次林权改革的机会做好合同登记，在以后的生产中尽可能地减少不必要的纠纷，或者出现纠纷也尽可能地以合同为准来解决。

2007年7月4日，星期三，农历五月二十，属猪，阴，有暴雨

凌晨四点，箐口的天空突然下起了一场特大的暴雨，到6点左右天亮起来的时候，有五六十厘米宽的村内水沟都积满了雨水，平时没有一滴雨水的道路都变成了水沟，哗哗地流淌着。人们不得不纷纷跑出来到自己家的田里察看情况，生怕雨水冲到自己家的田里，特别是陈列室背后的倮果果马小河一下子汇积不少的雨水，夹着泥沙奔流直下，稻田被雨水淹没是一个大事，而村里现有的危房人家呢？那可是关系到人命的事情。没有雨水，对于庄稼、对于人们的生存是个问题，可是这样大的雨水也使人感到害怕。下了这样的暴雨，田里的水满了流淌出来的同时就会有很多的鱼随着雨水跑出来，察看田的人就可以在水沟里捉鱼，今天就有很多的村民捉回来鱼做自己的美餐。很多小孩等雨停了就跑出去捉鱼，多少还是会捉到一些，这也是农村孩子的一大乐趣。

上午，根据村委会林权改革会议精神，村民小组召开村民群众大会，主要是讨论把现有的集体林地划分到个人头上承包的事情。现有集体林有李永福承包的大鱼塘背后一处（村民小组集体没有收一分钱的承包费用）。原来的茶叶地拿安天一处、伙马动伙一处，总的有三个地方。会议用广播通知后，还说没有来参加的农户家要处以20元的罚款，所以绝大多数的村民家都来了，会议点是在陈列室凉亭。大家同意首先划分拿安天一处，伙马动伙一处有少数人要求如果能作为牧场的话暂时留下，因为箐口村200户左右的人家，至少有100多头牛，没有一个牧场恐怕不要说牛吃草的问题，就连一个休息的地方都没有是行不通的。会议决定：于明天首先划分拿安天地，至于伙马动伙和大鱼塘背后的林地等划分完拿安天地以后召开群众大会再来决定。

下午2点左右，已经通知过的电力公司的人来安装卢毛以、卢落以、卢伟等几户人家的电表。主要是因为在建盖卢落以家的房子时，为了安全起见，需要把表箱移到其他农户家的墙上，没有哪家农户同意安装到自己家的墙上，这样就被电力公司的人拆除了，告诉他们以后需要安装

就出 500 元的安装费用，在没有付清 500 元之前就没有来安装，他们几户人家的电已经停了很长一段时间了，没有办法的情况下，他们几户人家还是只有交了 500 元之后于今天来安装。

2007 年 7 月 5 日，星期四，农历五月二十一，属鼠，晴

根据昨天群众大会的决定，全村每家要求出一个劳动力到拿安天划分地界，今天主要做的事情是全体村民明确箐口的地界，村民小组划分到各个小组中。为了便于管理和划分，村民小组把整个村又划分成五个小组，按照家庭的坐落划分成大李氏家族的、卢氏家族的、二李氏家族的、张氏家族的、小李氏家族的 5 个小组，全村按照打扫卫生的户数，一共是 185 户，每一个小组就有 37 户。这样，在 5 个小组中又几户为一组或者以户为单位来划分。从今天的情况来看，有人提出来说要承包（李永福原来就以不正常的渠道承包了集体的林地，今天就又提出来说他来承包，有人就提出来说没有承包经费的承包谁都可以来承包），接着李志学又说他可以来买，在与一些群众的讨论中开价到 30 万，这样在个别的村民有了几点不同的意见，打乱了原来的计划。可是本人和李树华在此之前就分析到了村里的一些情况，村里自从土地大调整过后，人口增加了不少，但村民栽种的田地没有改变过，或者说土地正如公务员的办公室，或者说是农民的工资，考虑到很多的家庭因为人口增多，以后连一块几分大的菜地都没有，不要说牲畜的喂养有问题，就连家庭人口副食都成问题，根据多数村民的意见，特别是妇女们的意见是承包到各家各户，她们的出发点是栽种副食，如苞谷、黄豆、红薯或者木材等，村里还是决定分到各家各户来承包，让他们来栽种自己所需要的生产生活资料。虽然因为地势的不平整可能每组划分得不是很平均，但是用抽签的方式来抽取后，每一个组都没有什么意见，即使个别的人有些怨言也在所难免了，今天划分到 5 个组之后就回村了。考虑到地势的问题，村民小组把上面平整一些的分为 5 份，其他的陡坡又分为 5 组，即分为2大块划分给5个组中，目的是让平整的土地和陡坡都搭配一些，不至于全部是平地或者陡坡。

另外，原来就有争议的李志宽家、李阿帮家因为在此之前就自己圈了一块管理，几次全村出来收回，他们家仍然又去管理。这样他们两家就不再划其他的出来，仍然管理以前的部分，至于或多或少就不再去管了。还有一个事情是说杨志宽家的，说是在建盖箐口公路入村口的停车场时调换过来的，虽然还是有很多的疑问和不合理处，但是还是让他家继续管理，其他的也不再划出来了。

大鱼塘村人听说是箐口村人划分拿安天地，他们的村民组长就打电话来，说是在今天箐口村民划分的地中有一部分是他们村的，要求箐口村民小组带几个中老年人到他们村里谈判，而箐口村民小组的意见是不去谈判，既然很多中老年人说那是箐口村的地，就没有必要与他们商量，以后有什么事情发生就到村委会调解。

2007年7月6日，星期五，农历五月二十二，属牛，早上大雨后转晴

继前天早上后，今天早上又下起来一场暴雨，和前一天的情况差不多，田里都灌满了水，养在田里的很多鱼都随着雨水跑到沟里来，很多去田间的村民都捉了鱼回来。当然他们主要的目的是察看自己家的田里雨水是否过大？田埂是否倒塌？自己家的鱼是否也跑出来了？村里多数人家都在田里养着鱼，只要雨水过大就会跑到沟里，过路的村民就可以在沟里捉拿了。有时候，跑出来的鱼还会特别多，有这种捉鱼特长的人会捉到很多。

这次林权改革给人的感觉是严肃的，就这两天箐口村划分拿安天的情况来看，用一位村民的话来说：以前生产队合作社就如同这两天的情况。185户的人家每一户出来一个人，那种队伍除了以前的生产队合作社，或者部队的集体行动，平时是很少见到的，这两天就能看到了，从早上通知他们出来后就出来了。只是今天上午下了一阵雨后，村民出发的时

间有点晚，到了11点左右才出发，而到了山上以后，有的组能够心平气和地按照不同的方式划分，有的组因为各种意见不同而没有进行划分，只有到了明天再来划分。如第一组的卢氏家和第二组的二李氏家族的就直接划分到每家每户，分成37份，只是今天没有能够全部划分到每家每户上，第三组小李氏家族和第四组的张氏家族又以5户或者6户为一组再划分，然后5户或者6户之间又继续划分；第五组是大李氏家族的，他们组意见不太统一，到了下午5点半以后都同意明天来划分就回家了。今天的基本情况就是这样。

2007年7月7日，星期六，农历五月二十三，属虎，阴，有雨

今天村民还是接着昨天继续划分拿安天地，根据昨天的情况，第一组到第四组到下午就基本上已经划分完毕。第五组的方案是首先测算总面积，之后按照户数以每户多少平方米来划分，之后又抽签来决定，结果是今天没有划分完，明天还要继续进行。

在昨天到山上划分拿安天地的时候，李伟的爷爷去砍树桩时被蜂子叮咬了。说是有一窝蜂子在草丛中，而这种蜂子是可以拿来养的黄蜂，很多人找都找不到，正好又是可以拿来养的时间。这样，他告诉了邻居李绍新，告诉他在什么位置后于今天晚上拿回来，拴挂在李绍新家的屋檐下养着。但是要说明的是，养蜂子还是需要一定的技术，如果是在地下面，则可以用导火索熏一会儿后再拿，不然的话成蜂飞出来叮人，很多人叮了都会过敏，本人也不是行家，一般人不懂则不去养好了。

李四辉家今天打厨房的屋顶。在以前，李四辉家的厨房是设在一楼的，按照他们家人的说法是设在一楼用水方便了，但晚上吃饭，或者来去都有些不便，就决定在屋檐上搭一个，这样估计会实用一些，也就请了村里会做泥活的年轻亲戚来做，有卢学文、李世忠等，原来打算前几天就可以打顶了，只是这几天雨经常下，请来做活的人有时还要去做其他的活计，再说建筑面积又不大，根据建设的进度，就在今天里又请了几个亲戚来打顶。即使是村民小组要求每一个农户都要去参与划地，就有他家的人没有参加，而是委托其他人参加。

2007 年 7 月 8 日，星期日，农历五月二十四，属兔，阴，有雨

正如昨天说到的情况一样，大李氏家这个组不知是认真还是在一些思路上出现差错，今天他们还在继续划分，到了下午才算是基本上划分完了。当然，他们所抽到的地相对其他的组要多，根据他们大概的估计每户应该有一亩左右，只是他们之间不能很好地统一意见，最终是按照土地肥瘦每户划分 5 份，所在的位置不同。这样看来，由于土地不集中，管理就有些不方便，倒是总算划分到每家每户了，在以后的生产中应该会自行调整吧。

事有不巧，原来就有肾结石的李贵祥妻子今天突然发作，还在建盖房子的他家不得不放下家里的事情把她送到医院检查。这对他家里是一个打击，原来打算第三层的屋顶在这几天之内建设好，可是偏有家人生了大病，又怎么能够施工呢？"如果病情可以商量的话，怎么又不在施工完了或者就在没有施工时就病起来？"这是他家人与其他的人说的。事情就是不能商量。

下午，村委会给村里运来一车红薯秧苗，准备到拿安天山上实验。在分的时候，直接在村民小组分，每户大概有 4 斤，分的时候有些乱，很多不太听话的妇女拿得多，而有的妇女又没有拿到。村民的事情就是麻烦，有的妇女就是不听话，总要给你添一些乱才好。

2007 年 7 月 9 日，星期一，农历五月二十五，属龙，晴

也许是一种热潮，也许是到了这个时候，地里没有其他什么可以栽种的了。现在正是栽种红薯的最好时候，从昨天分红薯苗到今天去栽种的情况来看，村民都比较积极。当然，也因为一是有了新的地，二是红薯是没有收取什么费用，说是县糖厂免费提供，要是收取费用，也许很多的村民就要考虑了。

　　上午，李志学的妻子又来反映说，她家的秧田又被李志祥管理了，要求村民小组最好写一些材料，以备以后调解时用。在村里这么多年发现，村民与村民之间，弟兄与弟兄之间出现纠纷最多的要数土地。

　　夜里又运来一车红薯苗，大概已经是九点了，李树华考虑到放在停车场不方便，就用喇叭通知村民来领取。这样使管委会的李学感到有些不满，打电话干涉李树华说又不是村民小组的办公室，怎么想什么时候用就什么时候用，而李树华认为他是一个村民组长，村里有事情借用一下喇叭有什么大不了的事情，这些都是出现在管委会与村民之间的一些矛盾。想必在一个小小的村里有了两套管理机构免不了产生一些矛盾。本人曾经试图避免这样的事情出现，可是到头来挫伤的是自己，这是题外话。人，有的是为了公事公办，将自己与公事连接在一起，严己奉公；而有的人是以公借私，将公事连接在自己的私事上来，以公谋私。这是做人的不同吧。

2007年7月10日，星期二，农历五月二十六，属蛇，阴，有雨

　　村里基本上和昨天的情况一样，多数村民家都到拿安天栽种红薯苗，从出来的情况来看，基本上每家每户都出来了，一个山头都站满了人，除非个别人家有其他的事情而没有来。可是没有想到原来也说是箐口村的山那边（南方）五六亩的地，今天有大鱼塘村人出来说是他们寨子的，他们也是每户出来一个人。双方原来是打算到村委会调解的，只是村委会的意见是双方先协商。这样考虑到历史以来大鱼塘村和箐口村的关系，双方协商把那一片地就划给大鱼塘村，而其他的大鱼塘村也不许干涉，箐口村民组长（李树华）就答应拿一片地由大鱼塘村来管理。

　　划分拿安天到户承包，原本应该是一件好事，给一些没有菜地、苞谷地的农户了此一愿。正因为是这样的缘故吧，原本决定按照打扫卫生的农户来划分，可是到了划分地的时候，有些自认为有理由的人家站出

来说话了。例如，李小祥从小丧父，与母亲和养父一起长大，家由姐姐和姐夫照顾，现在到分地的时候也申请给予一份；还有卢绍明，与父母兄弟今年初分家自立，但是因为去年没有参与卫生组，他家也不在名单中；卢学昌就不用说了，十多年前就外出打工，村里的什么事情都未曾参与，但是在今天运来红薯苗分时，他的哥哥卢同则无理取闹，说为什么没有一份卢学昌的，他根本没有按照正常的渠道反映情况就说村民小组怎么怎么的，双方在分红薯苗时吵架起来，差一些就动手脚了。

一边是忙着分地，一边是忙着栽种红薯苗，一边又忙着收获黄豆。很多村民家的黄豆熟了，就又不得不忙着收获。今天有李志和等人家，他家是上午栽种了红薯苗后，于下午再去拔黄豆，连黄豆秆一起背回来。

2007年7月11日，星期三，农历五月二十七，属马，阴，有雨

今天，卢家贵家的房子打顶了，为了帮忙他家，很多村民都放下家的事情，没有栽种完红薯苗的人家也抽出人手来帮忙。毕竟他家的情况特殊，他已经是七十多岁的人了，妻子又是腿残疾的人，即使两个儿子都已经十七八岁，但毕竟还是不那么懂事，他家是以前的生产队办公室，很旧了，前两年就因为下雨倒了房子东侧的一个墙体。没有办法，向村民申请也帮忙不了多少，向政府申请也没有帮忙多少，这两年节衣缩食，加上亲人们帮忙，就今年开始建盖了，大家知道这样的情况就都来帮忙。

下午，李树华参加县里组织的县、乡(镇)、村三级干部林权改革会议，以及卫生工作安排会议，主要是介绍近期在县里和乡镇出现的林权改革事情和处理办法以及其他相关的一些事情，还有近期卫生工作的事情，要求各个乡镇做好卫生检查的事情，做好州里检查前的准备工作。

晚上，村里又运来两车红薯苗，考虑到已经到了晚上，再说在前面就已经发放了两车给村民，基本上每家每户都领到了，而且有的人家已经基本上栽种好了，没有必要赶在夜间发放，以避免出现什么意外的事情，就下了车以后摆放在停车场。

2007年7月12日，星期四，农历五月二十八，属羊，阴，有雨

如果注意观察的话，箐口村100多户的人家，每天都基本上有祭祀的事情，或者说每隔一两天就会有，或者说整个哈尼族热衷于祭祀活动呢？祭祀在他们的生活中是否有很大的意义？在他们的时间、空间、生活、生产、经济、文化关系重大？本人在观察中是有这种感觉。因为他们遇到什么样的事情都基本上要做不同意义上的祭祀：生病有生病的祭祀，祈福有祈福的祭祀，葬礼有葬礼的祭祀等等。今天又有张正荣家做一种祭祀，他们主要是到寨子外来做这个祭祀，具体的也不明确是因为什么，从村里来说，李正林和张正和两个大摩批基本上是依靠祭祀所得来的报酬生活，他们很少有参加生产或者干其他事情的时间，一年365天中可能有三分之一是参加祭祀活动的。

昨天说到了，昨天下午村里运来两车红薯秧苗，为了能够尽快让村民栽种到，于今天早上就发放给村民，这样，绝大多数的村民就到山上栽种红薯苗了，看他们的样子的确是积极。

2007年7月13日，星期五，农历五月二十九，属猴，阴，有雨

早上虽然下着雨，但是，为了加快林权改革工作的进展，便召集村民开群众大会，讨论这次林权改革的政策和村里存在的一些情况。主要就是再次向村民宣传这次林权改革的重要性，以及讨论村里现在存在的集体林地（李永福以不合法不合理的方法承包了）和原来栽种茶树前两年又砍荒了的伙马动伙一带地，最后群众的意见一致签字按手印。同意在近期全村一起去划分，可以说这是一次比较重要的会议，基本说全村每一户的人都出来参加了。

县财产保险公司与村民小组取得联系，要求村民小组与箐口小学的老师联系，把箐口小学的在校学生的名单拿到县财产保险公司，要让在校学生全部加入保险。由于学校已经放假，只能与任教的林老师联系，林老师答应会与主要负责人卢老师联系后把名单在这一两天内拿过来，而保险公司说可以在下一个星期一把名单送交到公司。

前一段时间村里李贵祥向县保险公司申请房屋已经倒塌，家里经济困难后，县财产保险于今天给予5吨水泥的资助。

2007年7月14日，星期六，农历六月初一，属鸡，阴，有雨

早上，张正祥家找回来昨天晚上没有找到的鸭子，他们家的鸭子放养在自己家的田里，平时还能够在自己家的田里，昨天不知道怎样跑出去了，找了一个晚上都没有找到，今天早上又接着找才从离自己家田两公里的别人家田里找到了，好在一只都没有少，以防今天又丢失就赶回家关养一天。

上午，本人从邮电局取回来中央民族大学杨京彪同学寄过来的相片，6月份他们在村里做调查的期间，他们给提供稻谷品种及来源的村民每人拍了一张照片，并承诺一旦冲洗出来就给村民邮寄过来。对此，他们也比较在意，把相片冲洗出来就邮寄过来了，收到相片的村民都说照得不错，效果很好，可以把它保存在家里了。

中午，水卜龙小学（新街镇中心小学）的校长、教导主任等很多老师都到卢荣贵家做客，卢荣贵也是任教多年的小学老师，原来是在攀枝花乡的一个寨子里教书，在前年就调到新街镇中心学校管辖的热水塘村，现在学校已经放假了，就请他们来家里做客。

李永新也是村里任教的老师之一，他可能是考虑到村里每年的雨水季节会有很多的鱼跑到水沟或者河里来，就自己买了一个捉鱼器，一旦雨水多了，知道田里的鱼跑到水沟里或者河里就叫一些朋友去捉拿。听他说，有时候可以捉拿到五六公斤，自己家里吃不完就可以拿来卖，这两年中捉回来鱼叫他妻子卖的已经有两三百元了。今天，他觉得闲着没有什么事情就到沟里去捉鱼，还捉住3公斤多，一部分拿到公路边上的林老师家（风景缘饭店）卖掉，留一部分请朋友吃。按照他的说法是，可以给家里改善伙食，还可以给家里挣一些盐钱，得闲之余也可以用来消遣。

2007年7月15日，星期日，农历六月初二，属狗，阴，有雨

前天晚上张正祥家的鸭子没有找回来，到昨天早上才找回来。而昨天晚上又有张文和家的鸭子没有找回来，也是到今天早上才找回来，原本这一段时间里，谁家养鸭子都在田的一角围一个围栏，只是可能时间长了，围栏坏了就会有鸭子跑出去到其他的田里，一旦跑出去又跑得远，而谁家去赶鸭子回来的时间又只会在傍晚六七点以后（想着都会在围栏里），要是晚上找不到就只有在第二天早上继续找。张文和家的鸭子也是今天早上才找回来。

或许是这几天连续有雨，冲垮了路或者电线杆，这几天的电有些不正常，有时候是白天停，有时候是晚上停，有的用电煮饭的人家都有怨言了，他们说"又不是没有交电费，这几天的电怎么这样！"当然，主要是从电网改造后基本上没有停电的情况，所以，这几天停一段时间都让村民感觉不自在。

根据村民群众大会的决定，今天村民小组带领五个组长和其他几个群众代表到集体林里查看基本情况。在全村出来之前拿定一些方案，目的明确做起来就快了。他们分别有李树华、李世文、卢志华、李庆文、卢荣、卢迁、李正学、李平珍、李文光、李平清、李文新、李贵文等，他们围绕林地走了一圈后基本明确了划分的方案，在回来的路上，村民小组请他们这些代表在大鱼塘仙居楼吃饭。

2007年7月16日，星期一，农历六月初三，属猪，阴，有雨

今天从早上就下雨了，但是为了能够尽快地完成林权改革的事情，村民小组还是发动群众到集体林进行划分。基本上按照昨天的测算和估计，村民小组先把地划分到各个组中，并要求群众按照划分的线路把草砍除，明确界线，然后由各个小组长抽签决定，所抽签的结果是第一组

是卢迁华，第二组是李小生，第三组是卢荣，第四组是李世文，第五组是李正学，顺序是从北到南（第一组到第五组），由于下着雨，各个小组之间没有进行划分就回来了。

生病了多日的张天祥同志于今日凌晨过世，与他生活了62个春秋的故土说"再见"了。他是一个喜欢喝酒，酒后常爱开玩笑、讲笑话的人，他从不得罪人、说别人的什么不是。他走了，走得很静。用他平时的朋友们的话说是少了一个喝酒的朋友。

这样，即使是其他的村民都到林里划分集体的林地，他家人就不能去了，有的村民向村民小组反映说，要是能够推迟一天就好些。可是已经决定的事情又不能轻易地改变。不过，由于他家以前就准备好了所需要的东西，来他家帮忙的人还是多，包括他的棺材都做得很快，到了晚上还是如期进殓，只是不知道他家是什么原因，没有在今天晚上把棺材用钉钉死，还要等明天才能钉死。家人把所有要入殓的东西都装进去后，到了明天谁也不能拿开棺材上面的一块大板，只等着师傅最后钉钉子就完事了。

2007年7月17日，星期二，农历六月初四，属鼠，多云间晴

现在有了电话就是方便，要是在以前，谁家死了人通知其他村寨的亲戚都要人亲自出去，而且必须是两个人。现在的话，只要知道他们寨子里某一个人电话就可以了，这次的张家也是这样，基本上都是用电话通知，没有必要再派人出去，今天来哭丧的亲戚，如全福庄寨子的、陈安寨子的、棕匹寨的、麻栗寨的等都是用电话通知的。

原来是以林权改革政策为主要目的而进行划分林地的事情，也可能是某一些村民在砍界线上的草时砍死了一些小树，承包林地的李永福就告状到新街镇政府。于是新街镇就派了朱副镇长和林业站彭站长来调查情况，他们骂箐口村民小组的人说："就是你们组织干的吧，砍死了这么多树，你们要负责的。"于是，村民小组的人就说："你问群众吧。"

（张明华跟随着到现场看过，李树华召集了群众在村里，来了一百多个村民在停车场等他们来。）大家都说没有砍，只是砍了一些草用来明确界限。朱副镇长和彭站长说："这是退耕还林区，他已经是签了合同，这是合法的，要是认为不合理就该在前2年说了。"村民就说："以前就是集体捐谷子派护林员守的森林，哪来的退耕还林区？哪一个村民知道？召开过群众大会吗？是谁签的合同？有退耕还林款怎么就让他一个人享受？"这样的你一句我一句讲到12点左右，最后是朱副镇长和彭站长都以向政府去汇报为理由离开村里。

2007年7月18日，星期三，农历六月初五，属牛，阴，有雨

早上，杨正明向村民小组反映说，他家已经栽种管理了20多年的苞谷地，今年李平发家来栽种绿豆，要求村民小组到现场查看情况并给予调解。他说：二三十年前的事情他是不知道，可就他分家以后的这20多年这地是他家管理的，而且是按照父母的安排，就不知道为什么今年李平发家突然插手来栽种？

原本是可以调查一下杨正明说的情况，可是张保祥又说他哥哥张天祥的丧事今天就开始办理了，叫本人和他侄儿张祥（张天祥的大儿子）赶快去找一头猪。杨正明和李平发家之间是什么情况就没有去查看了。

按照原来的打算，张天祥的丧事只准备做两天的那种，可是，考虑到他已经62岁了，已经是做了爷爷的人，临时又说做3天的这种，这样，从今天开始就准备做了。今天的主要事情是摩批们准备他们所需要的东西，如立竹子、挂白布，给来家里的家族人发白布条（等于戴孝的一种），杀一头猪做伙食用。晚上再召集家族的中青年男人安排明天的事情，如某一个地方的人来丧祀要安排在谁家落脚等这一系列的事情。

2007年7月19日，星期四，农历六月初六，属虎，阴，有雨

按照原来的预定，今天就开始主要办理张天祥的丧事了。第一是安派十几个张氏家族的青年人背砖到坟山上（因为昨天下雨就没有背出去，又主要考虑到坟山上石头已经很难找到，再说也只需要三四百片砖和几包水泥，沙又可以在山上找到）；第二是安排两个人统计家族捐来的大米（每户两升大米，在此以前就这样），一斤黄豆（此次起实施），五元钱（村里卢氏家族和大李氏家族已经由家族人捐款购买了这种情况下需要的锅、桶、盆等一些工具。这次张氏家族也购买这些东西，村里以前有的集体的东西都找不到了，只有自己家族想办法解决）；第三是统计村民捐来的柴火，这个事情由村民小组来做，只要谁家办理丧事，到了主办的今天，村民小组的人就通知村民来捐柴火。在十几年前，谁家办理丧事都可以组织人到集体林里砍伐，之后没有了大树，就改变成每一户村民捐一捆（大约5斤）柴火来解决，早上的事情基本上就是这些。

有一件事情可能值得一说，正因为今天是主办张天祥的丧事，就安排了两个人到他妻子家去，哈尼语译成汉语通俗地叫作"背背箩"，分析他们的说法是他们小时候没有按照民俗的规矩办理结婚的事情，到现在临终时还是要补办。今天早上是李正昌的母亲和张春福的妻子两人去的，到了中午就回来了，具体背了什么回来就没有过问。

下午的事情主要是杀牛和接待外来的客人。从今天的情况来看，用牛来丧祭的人家有他（死者）妻子方的一家，这家原来没有说是用牛来丧祭，临时有所改变，大家就开玩笑地说"猪头一夜之间就变成牛头了"；他儿媳方一家，在张庆贵家落脚；还有他二女婿方一家，他二女儿嫁在本村里就在自己家了；其他还要求用牛来丧祭的，考虑到他家的实际情况后一一回绝了。至于用猪来丧祭的有30多户（本人忙着帮忙处理其他的事务，没有一一统计）。

可能是农闲时间的缘故，来吃饭的人也比较多——村民都可以来吃，这种情况通俗地叫作"照面子"，来的自然就会多。

晚上是发糖果、"哈巴惹"，摩批则背词直到天亮，几个人轮流着，因为他（死者）对于八九十岁的老人来说还年轻一些，没有用杀两头牛的那种祭祀，也就少了"斯批几登"仪式（到了深夜大摩批手抱一只公鸡一边念词一边让鸡从桌子上到棺材上打鸣再抱下来），今天主要就这些。

2007年7月20日，星期五，农历六月初七，属兔，阴转晴

昨天主办了张天祥的丧事后，今天的事情主要就是送葬了。

早上，张氏家族还是安排十几个年轻人到坟山上挖坑，准备一些沙，以备到下午的时候用，再从地里砍回来抬棺材用的两棵竹子。其他来丧祭的可以在各自落脚的家里煮饭吃，吃过饭只要把一包小生菜送到死者家门前就可以返回了，当然有特殊的几家还要办理一些事情，如儿媳一家、舅舅一家等，要等送葬时随带一些东西，这里不做详细的介绍。有一点要说的是，所有来丧祭的人家原则上要在今天里返回各自的家。

在吃中饭时，张氏家一定要派代表到亲戚落脚的家里敬烟酒，给他们磕头，饭后，可以适当地休息一段时间，到了下午四点以后才送葬出去。

2007年7月21日，星期六，农历六月初八，属龙，阴转晴

昨天办理完丧事，他家今天就请客，一则答谢帮忙此次事情的村民及亲戚朋友们；二来要在今天中午把所接待来的财物统计出来，到中午左右就要派一些人到坟山上修理坟墓，最后一次给死者献饭。

今天中还有卢荣家接待，他的二女儿嫁给了卢荣的二儿子，互为亲家，这次也就用一头牛丧祭，他家也做接待。或许都是人缘比较好的原因，或许是寨子大的缘故，到两家里做客的人也比较多，每家早晚都有三四十桌。

在这次丧事中，由于是一个家族的人，很多事情本人都亲自参与，内部的事情都比较清楚地经历了，只是很多事情比较繁杂，不能一一记录。而且，从某一种意义上来说，做一个丧事往往包括了其他众多的哈尼族文化，不可能这样三言两语就能说得清楚的。在此表示歉意，有意者可找机会自行调查。

2007 年 7 月 22 日，星期日，农历六月初九，属蛇，阴，有雨

县交通警察大队的很多人到李永福家做客，他们平时都经常来往，是比较好的朋友。今天在李永福家杀了一只狗，有两桌的人，从下午 6 点左右喝酒到晚上 12 点多才散席。

正如俗话说的，"家家都有一本难念的经"。晚上的时候，李庆生与他的父亲吵架，李庆生发火之余把家里的碗筷都打烂完了，也或许是他喝多了酒的缘故吧。

2007 年 7 月 23 日，星期一，农历六月初十，属马，阴，有雨

今天新街镇党委书记徐文俊带着二十几个人来村里，车子有六辆，他都没有买票了。

李庆生叫了堂弟李小龙到街上去买碗筷，因为在昨天晚上他说是喝多了酒与他的父亲吵架，结果他把家里的碗筷砸烂了很多。这使他早上醒来后感觉很惭愧，即使家人说他什么他都只回答一句："我什么都不知道。"他就叫了堂弟李小龙带着 200 元去买碗筷还给他父亲。他因为已经在去年的时候就分家了，没有和父母在一起生活，昨天晚上是他父亲说了一句刺他耳朵的话，再主要是他也喝多了一些酒，就与他父亲吵架了。

2007 年 7 月 24 日，星期二，农历六月十一，属羊，阴，有雨

中午，村里又运来一车红薯苗，多数村民因为这次分山而得到了属于自己的地，现在又是栽种红薯的最好时候，红薯苗又是免费提供，总的来说，多数村民还是比较积极的。但是，就是有少数的村民不自觉，特别是晚上运来的时候分的那一车，使村民小组的人都发火了，不想再给村里调红薯苗来，可是又有很多村民强烈要求，就又在今天调来一车。

这次是由村民小组分到各个小组中，秩序比较好，没有发生什么不愉快的事情。

　　快要到过苦扎扎节了，很多在外打工的青年人都相继回来了，今天下午六点左右的时候，李庆五、李平贵、李绍云夫妇等几个一起回来，是与小老板李庆五一起打工的，他们在街上就包了一辆车回来。

2007年7月25日，星期三，农历六月十二，属猴，阴，大雨

　　昨天给村民分发了一车红薯苗，基本上每一户都分到位了，再说前几天就已经发放了不少，又是因为雨天有些人家还没有栽完，现在面临过节了，大家都比较重视，今天就有很多村民冒着雨水去栽种。挺辛苦的，这一段时间一直都下着雨，十几天了，前几天发放红薯苗的时候有人还说到天气好转的时候再去栽种，可天气就是一直不见好转，过些天又是节日了，到时候又忙不过来，只好趁这两天把领到的红薯苗栽到地里去。

　　今天是新街镇的赶集日，是村里过苦扎扎节前的最后一个新街镇集日，所以绝大多数人家都有人到街上买东西，主要是买菜，特别是买鸡，除了少数几家养着鸡以外，多数都要到街上购买，可以毫无疑问地说，只要到了传统的节日，每户人家至少要杀一只鸡祭祀，这是主要的一点。当然，可以选择在这个集日里购买。

　　对哈尼族村寨来说，一年里最大的节日应该数昂玛突和苦扎扎，再过一两天就是苦扎扎节了，村里在外打工的人就回来得多了，今天下午有高正才、卢学明等，特别是当家做主人的男人一般都要回来，到时候他们还要到祭祀房分牛肉，抬桌子到磨秋场，如高正才这样的人。卢学明是两个月前到个旧打工，当时听说情况很好，就把他的妻子和小孩子都带了出去，今天他们回来的时候已经是晚上10点多了，是包了一辆三轮港田车回来的。

2007年7月26日，星期四，农历六月十三，属鸡，阴，有大雨

这几天连续下着大雨，像是倒了墙的水库，一直在下，有百姓开始在叫骂了，说是抽穗的谷子都要发臭了。今天还是在下，从早上开始一直不停地下，也可能是这样使农科站的人都慌了，即使下着大雨都跑到他们的试验田里来观察了，云南省植保学校的师生也来了，他们冒着大雨一起到田里去观察。

到今天为止，在外打工打算回来的都应该到家了，今天回来的人还是比较多，有李世华、李祥和等。李世华是从事建筑业的，平时带着几个弟兄给那些大老板做活；李祥和属于残疾人，通过朋友的介绍，他到了一个企业做临时工，在春节的时候就出去了，这次过节是请了假回来的，过完节就要返回厂里。

2007年7月27日，星期五，农历六月十四，属狗，阴，有大雨

箐口村的苦扎扎节就从今天开始了，各家各户杀鸡祭祀就从早上开始。集体的事情主要是搭磨秋、搭秋千、换祭祀房。雨一直很大，村民组长李树华多次用喇叭叫村民出来搭祭祀房都很少有人出来，都想着雨估计会停一会儿，可是就连半个小时的时间都没有停过，事情还是要做，只有比较自觉的人披着雨衣出来，总算把该做的都做好了，包括搭秋千、搭磨秋都是在雨中进行的。磨秋柱由于多年没有换过，再说看起来已经腐烂了很多，就从寨神林里砍回来一棵树换了。搭秋千的四棵竹子是用捐来的钱购买的，每一棵是15元，由于雨水大，很多有竹子的人家都不愿意去砍，最后安排了卢才生、卢小和等几个人家各砍一棵，同时还叫他们搭磨秋和秋千，这样他们在拿到竹子钱的同时可以分三只牛脚和牛头的肉。是这样的，参加搭秋千磨秋的人可以分3只牛脚和牛头，包括大咪古。大咪古另外单独可以领到一只牛脚（肢节的下部分，没有多少肉）。

过节了，有的村民考虑到到时候如果有朋友来可能肉不够吃，到时候还要到街上购买，这样就有村民约好了组织杀牛、杀猪，今天里杀猪的有李宏家、李文才家，都是与其他的村民约好了杀吃的。杀牛的有李才生、李世忠等20几户，他们是搭伙到小水井村里买回来一头牛杀吃的。

今天雨一直没有停过，在今天应做的所有事情都在雨中进行，包括上街的村民都打着雨伞。

2007年7月28日，星期六，农历六月十五，属猪，阴有雨

进入过节的第二天了，今天的主要事情是杀牛。按照以前生产队时候的传统做法，今年轮到杀牛的是第二生产队的。其他的多数生产和生活，包括村民小组的选举都改变了，就唯有这一习惯是按照生产队时候的顺序进行。大家吃过中午饭后，龙头把牛牵到磨秋场，原来生产二队的人就相互通知了出来（一家一个，主要是男的，女的都不能参加这些祭祀活动），有几户不知道什么原因没有来。在准备杀的时候，由于绳子没有很好地拴住，差一些让牛给逃跑了，在杀的时候也没有注意好，结果把主刀的咪古也弄倒了一下，可能是咪古上了年纪（已经80多岁），也可能是杀的位置不对，牛没有出多少血，让年轻的李生明捅一刀后出来一些血才死去。牛是二队的，分肉的当然是二队的，两个龙头只要按照名单点好份数，分好后叫名字来领取就行了。

按照他们的统计，今年有183户（除黄土坡八户人家）以外，新增了13户，为什么会有增加呢？主要是前一段时间在划分山地的时候有村民提议，只要分到林地的，他就应该参加村民的一切集体祭祀活动，该出钱就出钱，该出义务就出义务。同样地，有什么好处就要享受，如果不是这样的话，他没有理由分到山地，也就不是箐口人了。所以自然有理由的人家就参加了。如李小祥、张祥等。

从分到肉的情况来看，每户分到的肉有一市斤4两，不包括骨头和肠子。所有这些除了给咪古和搭秋千、磨秋的人之外都一律平分，而且不能少于一份，特别是牛肝，必须每一份里都不能少。这样，今年每户所收的二十元还剩余五百多元，当天决定在以后的祭祀中用。

今天除了杀集体的这一头牛之外，还有卢建忠等他们约伙杀吃的一头牛。还是和昨天一样，一天到晚都下着雨，一切都在雨中进行。

2007年7月29日，星期日，农历六月十六，属鼠，阴，有雨

今天在磨秋场摆桌子，有人可能要用摆长街宴这一称谓。本人有一些不同的见解，因为从今天的整个过程来说，主要是由咪古们带队到祭祀房里祭祀，抬桌子出来的只要摆在比较平整而且在附近的周围就行了，没有规定说必须要怎么摆放。

在咪古的带队下，村民来到磨秋场，咪古们进入祭祀房里，其他人在外面等。咪古们按照顺序祭祀磨秋、祭祀秋千，祭祀完毕之后就又进入祭祀房，龙头按照名单点名，让每户村民的代表来向咪古们敬酒。

2007年7月30日，星期一，农历六月十七，属牛，阴，有雨

李祥回来，约了一些朋友在家里喝酒，李祥早些年的时候在外地打工，这几年回到家来，自己贷了一些款买来一辆从新街镇到胜村乡的公交车，要是到过年和过节，时常也会回来，也就会叫一些朋友在他家里吃饭，今天也是如此，与他的朋友们喝了一些酒后就没有去开车了，他们从早上喝到下午三点多才结束。

李上嘎与卢同则打架，李上嘎被打伤，送到医院。节日到昨天才算结束，过节的气氛在村民的身上还应该说没有完全地散去，不急着出去打工的青年人还要相互约了吃几天饭菜，然而村里卢同则与李上嘎打架了，说是卢同则用一块石头砸伤了李上嘎，李上嘎家人只好把李上嘎送到医院去住院。在今天里他们双方当事人都告诉了村民小组的人。

2007年7月31日，星期二，农历六月十八，属虎，阴，有雨

相比这几年的情况，村里的事情今年给人的感觉是特别多，回想4月换届选举工作，6月是稻飞虱害庄稼的事情，7月又是林权改革的事情。

关于李永福占林地的事情，村民小组不得不利用上午时间召开群众大会。之后大多数的村民每一户一人上访到村委会要求他们来调解，只是他们没有更多的办法来说服村民，只好把事情汇报到新街镇，要求镇里安排人员来调解，或者委派几个村民代表到镇里反映这一情况，只是希望到镇里的人要少一些，把情况汇总了以后由几个代表去反映。

下午，按照上午村民的意见，安排了村民代表李正祥、李文光、李才生、李贵文、张排龙等到新街镇，这一情况反映给政府后，镇长答复于明天上午到村委会来调查了解这一情况，几个村民代表才回到村里。

2007年8月1日，星期三，农历六月十九，属兔，阴，有雨

上午，村里每户人家都出来一个代表到村委会，同时也通知了李永福，老干部李和明、李学、李平清等人。希望双方通过调解的方式达成协议。可是，李永福却以有与村民小组的协议为由不做一点让步，或者说让得很少，讲的话很硬，刺激了有的人，使有的人就不愿意与他谈判或者协议了。双方都不欢而散，关系进一步闹僵。

因为本人有点事情，叫了好朋友卢正华驾驶他的三轮港田车到牛角寨乡找一个朋友借些钱补贴家里的开支，在那边吃了饭喝了酒，路不好，车也不好，回来得晚一些，车也被颠坏了一些。交通不好，没有自己的交通工具就是麻烦。

2007年8月2日，星期四，农历六月二十，属龙，阴，有雨

因为昨天好朋友卢正华的车部零件有所损坏，新街镇没有所需要的零件，今天又一起到南沙买零件，又是下午才回来，一天的时间就这样过了。

听村民说，今天李永福到新街镇上访。他的理由就是有与前任的村民小组的协议，认为自己是很合理的，到现在都没有一点让步的意思。而同时长舌妇的舌头又伸出来了，传到一些人的耳朵里，原本打算留一手的人此时就不会再以感情用事了。"骑虎难下"——不死就是活。

2007年8月3日，星期五，农历六月二十一，属蛇，阴，有雨

"速战速决"，没有钱就得想办法。上午，召开村民小组群众大会，主要就是商量与李永福之间的这件事情，因为村里没有集体的经费，既然认定要干这件事情就首先让村民每户凑十元，以备村民小组和参加调解的村民路费等。像是出弦的箭没有回头的路一样，村民还是积极过来凑，一个上午就凑了1700多元，基本上都凑齐了。当然，李永福的几户亲戚是不会来凑的了，他们认为他们有理，可以与村民小组闹到底。

根据上午的会议情况，下午，村民小组组织了人到新街镇政府反映村里的事情，有李树华、张明华、李文光、张庆贵、李平珍、卢荣祥、李贵文等。我们的理由是当时没有开过正式的群众大会，协议不合法，要求就现在的林权改革精神请政府部门或有关单位来调查核实，我们认为这一片林地是箐口村有史以来每户凑谷子安排护林员维持下来的集体林地，在此之前，村里谁家老人过世需要的柴火都是安排村民到林地里砍回来的。退耕还林的政策来了，他以个人的关系与镇里领导沟通形成如此的冤假错案，我们认为是不对的。

2007年8月4日，星期五，农历六月二十二，属马，阴，有雨

村民小组昨天接到通知说今天有人来检查村里的卫生，包括学校的卫生都要检查，就通知了正在放假休息的老师都回来，要求他们把学校区域的卫生也处理一下。

卢开亮家打第三层屋顶，建筑面积不多，只是叫了亲戚和隔壁的朋友来帮忙就打好了。

夫妻吵架应该是一件很平常的事情，可是带着儿女离开就好像有点过头了。前一段时间，卢学文夫妻吵架，说是妻子带着儿女离开，不知道谁做了工作，或者他们自己想好了，她于今天带着子女返回自己的家。

是应该返回家，没有什么过不了的坎，家里有什么天大的事情都可以商量。"家和万事兴"，这是古话，都被很多人认同了，要是没有一定的道理是不会被众多的人接受的，还被很多人作为家训挂墙上勉励家人。

过年过节，我的出发点有两个：一个是继承和履行了我们先辈留下的传统文化；二是亲戚和朋友之间可以加强联系，年节是亲戚与朋友之间加强来往的一条纽带。6月24日，就是彝族的火把节和哈尼族苦扎扎的时间，听说攀枝花乡阿挡寨村子又过苦扎扎节了，我看见的就有卢小华、张学亮、张文学等到那边去过节了。

2007年8月5日，星期日，农历六月二十三，属羊，阴雨转晴

因为是七八月份的天气吧，雨水比较多，上午又下了一场大雨，到中午十二点以后就转晴，村民才可以出去做农事。

到雨下过之后，李庆明把他父亲李上嘎与卢同则打架的事情反映到村民小组，村民考虑到事情的严重性，就打电话征求村委会的意见，村委会说这种事情按照程序是由新街镇派出所来解决，村民小组就告诉李庆明这一事情到新街镇派出所反映，要求他们解决。

下午，李某某从新街镇派出所回来，他说他早上六点半左右就到新街镇了，是拿着家里的一段水管准备到镇上做一个梯子，被派出所的人看见后抓去问话，直到下午3点左右才准予回来（李某某已经50多岁了，年轻时经常会出去偷东西，劳动教养都已经很多次，已经离过几次婚，大女儿已经20岁左右了，去年又生了一个儿子）。今天的情况属于哪一种呢？是属于他说的，还是他去偷东西了，在这里就不再详细去说了。

2007年8月6日，星期一，农历六月二十四，属猴，雨后转晴

早上，李庆亮的母亲赶着他家的母猪从外面回来，听村里其他的老人说，他家的母猪可能到了发情期，因为村里没有一家养着种猪，就到其他的寨子养着种猪的地方去配种回来，听说现在每给一头母猪配种都需要 20 元钱。

今天的天气还是和昨天的一样，上午有雨，下午就出太阳了，而且还特别的热。

说是今天大鱼塘村的年轻人组织摔跤运动会，应大鱼塘村青年协会的邀请，今天有村民卢世华、李学、李永福等一些人参加，每人多少还是出了一点礼金，我和李树华也以箐口村民小组的身份在报到处交了 100 元。

2007 年 8 月 7 日，星期二，农历六月二十五，属鸡，晴

一年一度的彝族火把节又到了，隔壁的彝族村子土锅寨村就自然地会有人到村里请他们的朋友过去做客，今天有李小生、李爱生、卢志林、卢同沙等人过去。土锅寨村和箐口村只相隔几百米，平时生活上都有所往来，经常会在一起做工，之间产生了比较亲密的感情，这样，无论是土锅寨彝族寨子过什么节，还是箐口村哈尼族寨子过什么节，都会有所往来。之间也产生了几桩婚姻关系，如张志学的妻子就是土锅寨村里的，而卢忠四又嫁到土锅寨村里，听说有一些箐口村和土锅寨的家族只隔五六代，早几代以前是同一个祖宗，所以，之间来往的人比较多，特别是过节和办理大事情的时候。

哈尼族的祭祀比较的多，有祭祀房子的、祭祀死人的、祭祀老树的、祭祀石头的、祭祀水井的等。这个苦扎扎节间是祭祀磨秋和秋千，村民私人家是要祭祀梯田的进水口，叫作"恩嘿说扎"。"恩"就是水，"嘿"是处，或者口，"恩嘿"就是进水处，或者进水的地方；"说扎"就是祭祀。祭祀用品是一对鸡、酒、米饭。记得我的祖父是这样祭祀的，小时候每年都会带我去，只是长大了就不曾去过，自己分家了嫌麻烦也没有去做，这就造成各家与各家不同了。

2007 年 8 月 8 日，星期三，农历六月二十六，属狗，晴

李贵祥家开始建盖房子了，前一段时间由于他的妻子生病而停工，

把主要的精力放到看他妻子的病。是这样的，家里建房子本来就是一件大事情，家人生病原本是身体出问题，是一件很正常的事情，可是村民就不这么认为，会从另外一种角度去考虑是不是又犯了什么？这样，他们就会停工，就会去占卜算卦，等恢复身体又重新开工。李贵祥家就是这样。

早上，大咪古家把村里过节用的秋千绳子和磨秋架都收了起来，这就说明今年的苦扎扎节就结束了，村民都不能打秋千和磨秋；要是谁在村民祭祀的场所还打秋千和磨秋，都要被议论甚至处罚的。这就是前几年政府有关人员来打秋千和磨秋而要交钱做祭祀的理由所在。村里认为打秋千和磨秋只能在过苦扎扎节期间进行，其他时间是不允许的。

今天是农历的六月二十五日，按照传统的节日，新街镇一带的彝族同胞们过"六月二十四"节日了，根据以往的习俗，新街镇会组织民族摔跤运动会，村里去街上的人很多，村里的张牛后、卢世华、李学开车营运上街的村民，他们几个今天是赚了一些钱。

2007年8月9日，星期四，农历六月二十七，属猪，晴

像昨天说到的一样，可能是李贵祥的妻子的病情有些好转了，他家从昨天开始又继续建盖房子了，今天他家开始运水泥等建筑材料回来。

人有生老病死，亲戚有相互往来。今天李和明、李志和等几个亲戚到团结村委会一个自然村亲戚家用小猪丧祭，今天下午出去的话，就到明天中午左右回来。

又可能是团结村委会另外一个人去世，村里大李氏家族的人去哭丧，今天去的多数是男的，有李世忠、李志明、李光明等。

2007年8月10日，星期五，农历六月二十八，属鼠，晴，有阵雨

上午，李某家做婴儿诞生的祭祀事情，他家做的这种祭祀不能有其他外家族的人参加，请的摩批是大鱼塘村的张某某。因为张某与他家有一定的亲戚关系，很多祭祀的事情都是请他来做，这次也不例外。李某的事情有些特别，他与前妻离婚后，所生的女儿与离婚的前妻生活，考虑到年龄的事情，特别是考虑到民族的很多习俗后，他们下定了决心再生养一个，最好是女儿，这次也是了了他们的心愿。

今天做祭祀活动的人家有卢开亮家，他家做的是新房迁居的祭祀，请的摩批是卢四才，做的场合不大，也只是请了自己家最亲近的亲戚和朋友，没有请更多的人。

中午，昨天到团结村委会的一个寨子丧祭的李志和、李和明、张保祥、张明生等人回来。

张文学家运一些水泥和砖回来，说是当时建盖他家新房子时由于经济不足，没有建盖一个保存粮食的仓库，现在要给房子加建一层保存粮食。

今天比前一段时间多一些游客，国外的游客也有20多个。

2007年8月11日，星期六，农历六月二十九，属牛，多云间晴

李某某来向村民小组的人反映说想再生一个孩子，主要是考虑到他的第一个孩子有些智障，从农村的角度出发，想要一个健全的孩子，说他的妻子怀孕已经五个月了。可是这种事情村委会有宣传员专门负责计划生育，村民小组基本上没有权利答复。

李贵祥家打屋顶，今天打的是第三层的屋顶，由于占地有限，建筑面积小，不能横向发展就只能纵向发展了，都是请自己的亲戚朋友做成的。

村里没有什么产业，每户仅有的几块田地用不了多少劳动力，生产出来的粮食基本上只够维持家人的肚子，再也产生不了什么经济效益。村民的主要经济还是打工为主，消费最大的年轻人的经济更是要靠打工，所以除了农忙他们不得不在家，其余时间都会出门打工。前几天过苦扎扎节，有的年轻人回来，现在过了节就得出发了，今天看见的有高里发、李小云、卢永贵等，估计他们收割的农忙时间才回来。

2007年8月12日，星期日，农历六月三十，属虎，阴，有雨

也许是到了天气变化的时间，人们的身体都会发生变化，今天李国忠、李院文等带着孩子到街上给孩子打针。按照他们的说法是村里近期孩子生病的人多，基本上每一家的孩子都生病了，每天都有父母带着孩子上街打针的。

接到新街镇派出所的通知，叫村民小组通知卢同则和李上嘎，就两家打架的一事于星期一到派出所进行调解。这年头，动手打架的事情是少了很多，但不是说就没有了。年轻人力壮，火气盛，打架还算有点正常，可是中年人打架就应该不是那么正常了，卢同则和李上嘎都是一把年纪的人了，都已经当上爷爷了，可是，有时候就是刹不了车，村民小组的劝解不听，就让他们到上面去告吧。

2007年8月13日，星期一，农历七月初一，属兔，阴，有雨

村民与李永福之间发生的林地纠纷已经到了比较激烈的程度，都快要到动手打架的地步。没有办法，作为村里的组织人员，就好像已经骑到虎背上一样上下都难，不得不继续走下去，而且是已经下定决心走下去。今天，我和张树华又叫了群众代表李文光、李小生两人一共四人到县政府、信访办、林业局、法院等不同单位，咨询和反映村民和李永福之间的事情，要求有关部门前来调查并处理。

2007年8月14日，星期二，农历七月初二，属龙，阴下午有暴雨

早上，村民已经通知卢同则家和李上嘎家到新街镇派出所调解他们两家之间的纠纷，两家都叫了自己的几个亲戚去派出所，要是在村里解决的话可能会有火药味，到了新街镇派出所该不会有火药味了吧。

上午九点左右，我们村民小组召开群众大会。在会议中，第一选举出群众代表，旨在为了处理好这次村民与李永福之间的林地纠纷事情。第二是选举出护林员两名，一名是李上嘎，一名从大鱼塘村里选出，主要是考虑到林地与大鱼塘村比较近,管理起来要方便多了。决定护林员的报酬如同以前,每户凑谷子,比以前有所提高,每户每年凑一斗谷子,箐口村180多户每户出一斗谷子,两人平分,护林工作即日起开始。会议决定,私自在林地里放牛,每一头牛处罚50元,抓到偷树木的人每一个处罚100元等,所处罚款的一半归护林员,一半归集体。第三是不允许其他寨子的死人埋到此集体的林地里。第四是于今天上午安排群众代表李贵文、李小生、李才生、李生明、李平珍、张明华、李树华等通知李永福家在8月17日之前把鱼塘里的鱼、林地里的房子等私人的东西都收回,村民要在8月17日到林地里植树,以免到时出现冲突,双方又要闹矛盾。但是,看样子他家是不愿意拆回的。

下午,张永福家做后院的祭祀,因为张永福父亲是前个月去世的,按照农历现在已经是新1个月了,就要按照民俗的规矩封后墙上打开的那一个洞,就要做这个祭祀,就要请张氏家族的人来吃饭喝酒。

下午五六点的时候,下了一场暴雨,雨水很大,灌满了田里的水,使田里的很多鱼都随着田水跑出来,李永新用捉鱼器在水沟里捉回来很多。到田里观察水势的村民也捉回来很多。

2007年8月15日,星期三,农历七月初三,属蛇,晴

今天是8月15日,是一个月里规定的最后一天交电费的日子,本人去交电费。从电网改造以后,电力公司规定电费要在每一个月的15日以前交清,否则就要把他家线路剪断,到接电线时又要出工时费,包括剪断电路的一个工和接线路的一个工,每一个工以60元计算就是120元,要是移动表箱需要材料还得付材料费。

村民小组和群众代表到大鱼塘村里找一个护林员,就如群众说的一样,两名护林员中必须要有一个是大鱼塘村里的人,按照有些村民的说法是他们必须属相是虎的人。请到一个李氏家的人,基本还是同意参与管理。

2007年8月16日，星期四，农历七月初四，属马，多云间晴

今天是属马的日子，对于箐口村的村民来说是一个比较吉利的日子，又是过了月的时期，张永福要去找尼玛算卦，从早上六点左右的时候就驾驶着张春华的车子去了。因为附近没有这种人，要到离村二三十公里远的胜村乡一带寨子里去找。很好玩的，主要是向尼玛打听过世老人情况，比如，他为什么会过世？在阴间的情况如何？具体的就不懂。

今天云南省农业大学的师生和日本京都府立大学的师生在村里做调查，主要是他们听说箐口村开了几户农家乐，他们要调查箐口村开农家乐的具体情况。很不好意思，这是一个会议上本人设想的一个模式，具体的在村里还没有开展，只是他们对本人设想感兴趣，便到村里来调查了。

2007年8月17日，星期五，农历七月初五，属羊，多云间晴

不知道是什么原因，李世明家死了一头小牛，村里死了猪牛这样的牲口，多数就是请朋友们来吃，基本上舍不得丢掉，这可能是都经过了高温处理，吃过的人没有出现意外的原因。所以村民就不用害怕，除非是真的不吃牛肉的人就不好说了。

下午，有一个叫高玉玲的云南大学教授来到我们哈尼族调查点，他要在村里做几天的调查，具体做什么调查尚不明确。

云南农业大学和日本京都府立大学的师生仍然在村里做调查，原来是要我陪他们一起做调查的，只是我事情过多，他们也没有说一定要我配合他们做调查，也就没有来得及配合他们做调查，由他们自己去做吧。

2007年8月18日，星期六，农历七月初六，属猴，阴，有雨

今天，村民小组发动全村每户来一人到林地里，第一是挖开鱼塘出水口命令李永福家来捉他养的鱼；第二是砸烂李永福先前做好的棚子，我们不承认这是合理的；第三是搭建一个新的棚子让护林员们休息用。

这个时候就真的动真格了，既然不合理就要推翻，一定要得到合理的解决。

云南农业大学在我们箐口梯田里做了一些水稻试验，每过一定的时间都有师生来观察，今天他们学校的校长亲自来村里调查他们在村里的水稻试验情况。搞科学试验也是这么辛苦。

2007年8月19日，星期日，农历七月初七，属鸡，阴转晴

家电慢慢普及每一个家庭，很多人家逐渐使用电磁炉电饭煲，使用柴火的家庭逐渐地减少，可是停电时就只有用柴火了。养猪的家庭使用柴火的也多，办大伙食也只有使用柴火，所以每个家庭都多少还准备着柴火。我觉得我家老人会过日子，记得每要到农忙前就要提前准备柴火了，因为到时忙于生产就忙不过来找柴火了。也许，有的年轻人也学到了，卢树云就是一个，他今天到地里砍树，说是作柴火用，快要到秋收了，到时忙不过来找柴火。

大李氏家族的人到团结的一个叫上广坪的寨子做客。

张志芬搬她的行李等东西回来，原来她在新街镇租了一个房子做服装生意，她可能是看到服装生意有些冷淡，或者有其他好去处，说是要出去外面了。

2007年8月20日，星期一，农历七月初八，属狗，晴

根据上级的通知，我们村民小组参加村委会会议，由新街镇副镇长卢宝昌主持调解箐口村民与李永福之间的纠纷。李永福一方的说法是：当时的村民小组向村民做了工作，就是召集不了群众，八年的退耕还林期间由李永福管理，之后交还给箐口集体村民，并有六个人签了所谓合同协议书，分别是李和明、李学、李平清、李永贵、李清华、卢学明六人，合同有一定的合理性。而现在的村民小组方则认为，当时的村民小组成员还有李世华，妇女会计张会芬，杨正明都没有参与，这是一份不合理的合同，而且承包金等都没有涉及。这一片原本就是箐口村民祖祖辈辈每户每年都要交谷子安排护林员管护的林地，根本不是什么荒山荒地，怎么到了他们这一届村民小组就变成是他李永福一个人管理的事情？处理这样的集体经济的东西需要集体的合理的程序来办理。根据有关的法律文书规定，必须有三分之二的村民同意才能通过。而且，他还有一份是五十年管理经营权证书，这分明是以合法的形式掩盖了他们其他非法的目的。村民小组与群众代表坚决要求一定要收归集体管理，解除这些所谓的合同。一定要变更林权证书。并且，已经决定重新安排护林员进行管理。

2007 年 8 月 21 日，星期二，农历七月初九，属猪，晴

早上召开群众大会，主要是全村每户自愿凑一斗谷子作为给两位护林员每年的报酬，并在会议上决定于明天到林地上堵住已经挖开的鱼塘缺口，准备所有鱼塘连同林地划分到各家各户由村民管理，并且在明天内要求村民自愿拿出些材料做一个护林员的棚子。让他们在遇到风雨时休息用，我认为李永福一方说话过硬了，老婆娘的舌头太长了，说出来的话刺耳极了，聋子都听到了。这就是"病从口入，祸从口出"，礼尚往来，人家会还礼的。

下午，村民小组成员李树华、张明华，以及群众代表李文光、李生明四人到新街镇人民政府反映情况，坚决要求处理这事，要是处理不了也要给予答复。

2007 年 8 月 22 日，星期三，农历七月初十，属鼠，晴

早上，村民小组通知卢同则家与李上嘎家双方当事人到新街镇派出所调解两人之间打架的事情。因为是打架的事情，涉及社会治安之类的事情，这样的事情属于派出所调解，就与村民小组没有多少关系，这一桩事情就基本上没有村民小组的事。

根据昨天上午群众大会的决定，今天吃过饭后，全村每户一人到集体林地里搭棚子，也好让护林员们休息用，再是堵塞已经被挖开了的鱼塘。从今天参加的人员来看，除几户只有小孩在家的人安排了小孩参与外，李志明是他的七十多岁的母亲参加，考虑到来去路上行动不方便，就特意叫她返回了。

下午，今年担任龙头的李绍新和卢开亮收取普龙迥的费用，因为在苦扎扎节日时还剩余一些钱，这次就每户只收了1元钱。由于今年的猪价高，两位龙头征求了咪古和摩批的意见后准备买狗。根据绝大多数村民的意见，从这次普龙迥开始免收李永福、李永、李进三弟兄的一切村里集体的祭祀活动，因为在处理这次集体林地的纠纷中，李永福抵触情绪大，没有正确看待事情，而且肆意侮辱村民小组的人和参加处理这事情的群众代表们，有些话使听到的村民都到了忍无可忍的地步。这样就触怒了绝大多数的村民，相互讨论并做出了决定，不让他们三弟兄参加村里的一切祭祀活动，从某种意义上讲等同于开除了他们三弟兄的村籍。不知道以后的事情将会发展到什么程度？

2007年8月23日，星期四，农历七月十一，属牛，阴，有雨

昨天晚上，张庆贵家运来一车砖，听说现在的砖价已经升到每一块三角五分。他家昨天晚上运到村里后就及时通知了村里的亲戚和朋友，于今天早上就开始背。而且吃过饭后，很多的亲戚都继续背，直到把所有的砖都背回完毕。

下午的时候，张志荣的妻子背了一箩苞谷回来，说是他家在亲戚家的地里栽的，那里是新街镇下去几百米的热地方，海拔相对箐口村要低，土壤肥，所栽的庄稼好。他家一直都这样栽种，同时还栽了一些花生，它们的长势都很好。她说：栽种下半山土地的村里人家是少了，就只有几户，而且栽的土地面积都很少，要是在以前闹饥荒的年代，村里很多的人家都要到那些地方栽种如苞谷、黄豆、花生等作物来过日子。

下午，村民小组接到通知明天上午要在村委会开会，具体的内容还不知道。

2007年8月24日，星期五，农历七月十二，属虎，阴，有大雨

上午，村民小组的人到村委会开会，会议的主要议题是林权改革。会议上负责村委会林权改革的县级领导小组说，林权改革问题将要进入尾声，向参加这次林权改革的村委会和村民小组的人交代最近要注意的事情，以及所要做的事情。会议中没有提及箐口村民与李永福之间存在的问题，涉及箐口村事情提到的有原来的茶地之事，因为从整个茶地来说，除了箐口村的还没有划分到户，依稀有几棵还未砍死的茶树，其他四个自然村原来所栽种茶树的地已经明确到户管理，有的已经找不到茶树的踪影，箐口的村民小组就不愿意听到他们说起茶树地。特别是我，原本属于箐口村的地上栽种出来茶树，生产了茶叶，箐口村里多少应该有点利益。现今没有利益不说反而被人家说闲话。我坚决不同意其他村寨的人来插手我们箐口村的这片茶树地。

今天有大雨，从早上到下午基本上没有停顿过，而正好今天是村里集体做"普龙迥"祭祀的日子。因为从早上就下雨，他们只有在下午两点左右稍微停了一会儿雨的时候才出发，到下午6点左右才来通知村民可以出来吃饭了，这主要是雨水造成的。不过今年与往年有所不同的是，由于猪的价钱贵，只有五六十公斤的一头小猪居然花去了280元，而狗价相对便宜，就买了两只狗，一只狗是110元，一只狗是70元，和几十年前一样。听村民们说做这个普龙迥和二月份祭祀火神的时候都要用一只狗，正好和以前的接轨了。几十年间因为狂犬病而把狗全部打死完，在找不到狗的时候他们是用狗毛或者其他的代替了祭祀。今年就是用了狗，而且是一公一母。在杀狗的情况下，有不吃狗肉的人（摩批和其他特殊的人不吃狗肉）参加的，就让他们集中了吃猪肉。今年的集体祭祀活动就完成了。

2007年8月25日，星期六，农历七月十三，属兔，阴，有雨

下午，李上嘎家举行叫魂祭祀，就是因为与卢同则打了一架，调解的结果是卢同则家补偿了李上嘎家200元人民币，今天就做这个祭祀。

李得云家砸碎石，又是准备建盖房子了。

2007年8月26日，星期日，农历七月十四，属龙，阴，有雨

我打听说草果是一种经济药材，在向朋友学习与考察后，育了近千株草果苗。说是近期正是移栽的时候，便叫了朋友李国忠、卢正学，大哥张明生到自己家林地里栽种草果苗，看看以后的情况吧。

已经听到信息说，今年村里参加高考的张程同学没有达到录取分数线，已经在几天前就到了昆明复读，希望来年成绩有所提高。

2007年8月27日，星期一，农历七月十五，属蛇，阴，有雨

上午，根据新街镇人民政府的通知，村民小组和群众代表以及李永福一方的代表都到新街镇政府调解之间出现的纠纷。村民小组参加的人有李树华、张明华，群众代表有李文光、李正祥、李生明、李小生、李平珍、李才生、卢荣祥、李正学、李贵文；李永福一方参加的人是李永福、李和明、李学、李永贵、李永、李伟。以副镇长卢宝昌为组长的调解小组了解了双方的情况后做出的调解意见是：第一，在后三年的时间里，李永福每年给集体村民一万元人民币的承包金；第二，村民要组织人员把已经损坏的李永福棚子搭建起来；第三，此调解意见是否同意，要在五天之内做出答复，双方可以在收到新街镇人民政府的调解意见后向上级县政府要求调解或者向法院等有关单位上诉。

对于此意见，村民小组和群众代表回答是不能在今天内答复（实际上参加调解的人都是不可能同意的，只是过一下程序罢了），要在所限的时间内召开群众大会后答复；李永福一方则答应同意此意见。

为了村民与李永福之间的事情，村民和李永福一方的人，这一段时间来都没有安宁过。很多村民知道今天上午村民小组和群众代表到新街镇参加调解此事情后都不约而同地出来，准备一个寨子的人都出来，考虑到这样有碍于事情的调解，村民小组做了工作后许多村民才停止了脚步。而李永福一方以为有合同协议在手，就认为说得通，有理在手，就拒不做让步，而且肆意在其他场合诬蔑村民小组的人和参加这次事情调解的群众代表。

2007年8月28日，星期二，农历七月十六，属马，多云间晴

上午9点左右，根据昨天新街镇调解的意见，在陈列室凉亭召开群众大会，向全体村民说明新街镇的调解意见，并向所有来参加会议的村民征求意见。从来参加会议的群众（来了140多户，每户一人的代表）意见来看，大家都不同意此调解意见，村民要求向县一级人民政府或者法院等司法机关上诉。

下午，云南省农业大学的校长和其他单位的人来村里，晚上在卢世华家吃饭。

2007年8月29日，星期三，农历七月十七，属羊，多云间晴，有阵雨

上午，村民小组把昨天上午召开群众大会所得的意见用书面的形式递交给村委会书记张春华，要他们向上级人民政府说明情况。

上午，李文贵家的狗死了一只，叫了亲戚和朋友们杀吃。

下午，村里有省州级的领导来。

2007年8月30日，星期四，农历七月十八，属猴，晴

今天是新街镇的赶集日，李爱生家到街上卖小猪，一般情况就是这样，村民要买卖鸡鸭或者小猪都是选择新街镇的集日去买卖，不是集日生意就不好做，所以，集日里上街的村民要多于平常时候。

又到了秋天，村民又要栽种青菜、萝卜了，今天看见张春华家等人家到地里栽萝卜。

2007 年 8 月 31 日，星期五，农历七月十九，属鸡，晴

过了一个愉快的暑假，初中生又开学了，有很多家长带着他们的孩子出去报名，他们又要接受新的知识，又长大了一岁。

李树华家运来一车砖，打算拆建老房子了。一是考虑成本问题，做土坯的成本要高于买砖；二是考虑牢固程度和使用寿命，土坯应该没有砖耐用；三是施工时师傅们都用惯了砖。所以现在的村民建房子都不再使用原来的土坯了，都是去挣钱买砖来建。

张明生家今天约了几个人砍树，也是打算拆建老房子，解成木板建房子时用。人的眼睛总是往前看，很少有人看后面的，很少有富人看得起穷人，这是我眼里的看法。落后就要挨打，总是要被人说的。穷富的标志是什么？我不知道。但是，你住得差，吃得差，一般人就会认为你穷。我也是这样分析的，村里到现在没有改建老房子的人家是有问题的。张明生是我亲大哥，他把前半生的精力都放到培养孩子们身上（大儿子和小儿子已经大学毕业上班了），是村里培养了两个大学生的父亲，精力已经耗尽了，这几年孩子们长大了缓过来一点劲了，也准备跟上其他村民，也准备拆建老房子。

2007 年 9 月 1 日，星期六，农历七月二十，属狗，晴

箐口小学今天也开学了，又招收一批新的学生。

村民小组安排 9 月份卫生情况，根据他们的申请，增加了新分家的张祥家和李贵祥家。

昨天李树华家运回来一车砖，准备拆建老房子，今天组织了人力背回完了。

2007 年 9 月 2 日，星期日，农历七月二十一，属猪，多云间晴

今天学校的老师们都到了，原来的老师已经调走了两位，小学说是只能办到二年级，从这个学期开始三年级就要到土锅寨村里就读。对此，我们村民是有点意见的，孩子们还小，到土锅寨村上学需要过一段公路，孩子们不安全啊。再说能够在村里多办一个年级，多留几个学生也可以多一点人气，等孩子们再长大一些，懂一点事，自理能力稍微好一点送出去也不迟。我是这么想的，一定要跟上级汇报一下我的想法。

卢世华家运回来钢筋和水泥，准备打第四层屋顶。他们家原来就准备建四层的，可是，村里刚开发旅游民俗村的时候，县里统一了规划，要求村民房子只能做两层半。现在，看着政府盯得不紧了又来加建第四层。

2007 年 9 月 3 日，星期一，农历七月二十二，属鼠，多云间晴，有大阵雨

李学亮的妻子是百胜寨村委会如意大寨的，这两天那边有老人过世，今天叫了家族的人到如意大寨奔丧去。

卢世华家打第四层屋顶，基本上是用来堆谷物的，原来想一次性盖好，只是政府官员看他家的房子比其他村民的房子高，看起来不太协调就不允许他家建盖。现在，政府的风声刮得小，他家就找了时间来建盖。

2007 年 9 月 4 日，星期二，农历七月二十三，属牛，阴，有雨

寨子脚村民的谷子都变黄，都要成熟了，就是昨天夜里下了一整夜的雨，很多村民家的谷子都倒伏了，那些人家都不得不为了收成而冒着雨水捆起倒伏的谷子。

下午，有一个土锅寨的人来爆米花，"物以稀为贵"，孩子们觉得爆出来的米花好吃，都争着来爆，他的生意很好。看来生意不在于大小，而在于好不好。生意再小，只要好做，也可以做大。

2007 年 9 月 5 日，星期三，农历七月二十四，属虎， 阴，有雨

早上八点左右的时候，村里又召开群众大会，主要有两个事情要向村民宣传：第一是要村民及时去更新身份证，从去年 7 月开始，国家更新居民身份证，要求经常外出打工的年轻人及时更新，方便他们的来去。再是现在国家实行农业粮田补助等各种政策，要求身份证要对号，以免产生不必要的麻烦。第二要求每一户村民出 2 元钱，准备购买鱼苗后放养到集体林地的鱼塘里。所谓李永福承包的林地里有很多个鱼塘，在村委会和新街镇都无法解决的情况下，村民已经通知他把所有放养的鱼都全部收回，决定之后由村民集体放养，这次为了购买鱼苗向每一个农户收两元钱。

李贵祥家打屋顶，就他家的建筑来说，已经是第四层了。没有办法，箐口地势陡，宅基地有限，有些弟兄分家都只能分老房子了，只能分隔开来建盖，李贵祥两个弟兄就是这样，不能再加宽了，只能加高一些来住。

2007 年 9 月 6 日，星期四，农历七月二十五，属兔，阴，有雨

就是因为与李永福赌气，村民把集体林里面的鱼塘水都放了，鱼已经没有多少了。前几天，村里每户凑了两元，要买鱼苗放到鱼塘里，今天我和李树华就到黄茅岭乡购买鱼苗，12 元一市斤，买了三四十斤回来，每个鱼塘里放了一些鱼进去。

现在是办理第二代居民身份证的时间，要求十五六岁到七八十岁的老人都要去办，所以今天有很多村民出去办身份证。

下午，李树华家运回来一车砖。

2007 年 9 月 7 日，星期五，农历七月二十六，属龙，阴

今天是新街镇的赶集日，到街上的人很多，一是有人趁这个集日去买油盐，一是去办新身份证，当然也有做其他事情的。从这一段时间议论的情况来看，近期的肉价比较高，好一些的肉卖到 15 元 1 市斤了，一般的都卖到十一二元，很多人家都说买不起猪肉了，就有很多的村民都买食用植物油，今天就有马志文等买了植物油回来。

上午，村民小组收到法院的应诉状和新街镇的调解意见书，其具体内容是："调解意见书（书页正中间），甲方：新街镇土锅寨村委会箐口村民小组，法定代表人：李树华；乙方：李有福，男，哈尼族，初中文化，住箐口村。二〇〇二年九月，根据县委政府安排部署，镇政府在土锅寨组织实施退耕还林，镇工作组在箐口村多次召开村小组及群众大会，反复做群众思想工作，但村上均无人出面组织实施退耕，村小组及群众代表最后商定，将村集体位于多沙丫口老路至大鱼塘村荒山隔界土地承包给乙方实施退耕还林，并签订了承包协议书，承包期限为八年，承包期限内退耕还林优惠政策由乙方享受。八年期限满后，连树木、土地及护林设施一并归还村小组。甲乙双方签订协议后，乙方按退耕还林的要求和规格，在退耕地内种植进了树木，并管理了五年。2007年甲方以签订的协议书不是村民群众的意见为由，要收回承包地，并于8月18日组织群众到退耕地内乙方房屋处将房屋毁坏，三十个鱼塘水放干，给乙方造成了一定的损失。甲乙双方纠纷发生后，镇政府及时组织工作组进行调查，并于2007年8月27日召集双方在镇政府五楼会议室进行调解，但甲方坚持要收回乙方承包地。因此，双方达不成一致协议。鉴于此，镇政府做出如下调解意见：一、乙方在承包期后三年每年补偿村小组10000（壹万元整）元。二、乙方被甲方毁坏的房屋由甲方给予修复。三、甲方在纠纷未解决清楚前，不得到承包地里毁坏、砍伐树木。须通过司法程序来解决。此调解意见书一式三份，甲乙双方各执一份，镇人民政府留执一份。新街镇人民调解委员会，2007年8月30日"。

他们的基本意见是李永福同意承包期后三年每年给村民小组一万元，之后一并归还。这个调解意见书明显偏向于李永福，从表面看似乎没有什么问题。但是，就在问题出现的那一天，有的人就已经查过有关法律文书，没有一点把握的事情有的人是绝对不会去做的。这个时候，有的人不会同意，村民也不会同意的，只是过一下程序。只有召开了群众大会以后才会给他们明确答复，实际上当场就可以答复这样的意见是不同意的。

李树华家安排了人背砖，从早上到下午6点左右就全部背回完毕。

2007年9月8日，星期六，农历七月二十七，属蛇，多云间晴

李生亮家今天收割谷子了，是今年里收割谷子的第一家。听他家的人说，他家栽种的是从本县大坪乡引进来的一个品种，名字叫作"百日收"，如分析它的名字就是栽种下去一百天就收割。从今年来看，村里栽这个品种的有两家人，另外的一家是李正学家，他们两家的品种是从黄草岭村民小组他们亲戚家里拿来的，而黄草岭是从本县的大坪乡拿回来的。从这两年他们栽种的情况来看，成熟得的确要比村里其他人家栽种的稻谷早差不多一个月，去年栽种的几户人家的谷子是比较饱满，不过今年的情况是这种品种抽穗时雨水过多，造成了这种品种的秕谷要多一些，产量听说也没有其他的高，村民都很不喜欢栽种。

下午，张立新家买回来钢筋和水泥，准备建盖房子了。

2007年9月9日，星期日，农历七月二十八，属马，阴，有雨

李四文家今天收割谷子了，是今年村里收割谷子的第二家，用比赛场上的话来说就是第二名（亚军）。他家栽种的是村里传统留下来的老品种，叫作早谷，哈尼语"车着"。名副其实。这种品种从村里现有的老品种来说成熟最早。

村里的老房子老化现象严重，很多人家的都到了要拆建的地步，只是村里经济收入来源少，绝大多数的人家都属于困难户，根本没有能力来拆建，都是修修补补地过着紧日子。再说近两年来政府为了开发旅游事业，要求村里保持传统的建筑。但是，从现在的情况来看，有些村民的确需要建盖房子，但写了申请不能审批下来，不能根据已经做过的详细规划来建设。这样的确需要建盖房子的人家也只有冒着有关工作人员的干涉按照自己的思路进行建设。这一段时间还有几户人家准备建盖房子了，李贵文家就是一户，今天买回来一车砖，准备在去年建盖的基础上加盖第二层。

今天是9月9日，明天是9月10日，是教师节，正因为这样的缘故吧，从今天开始箐口小学校就放假了，学生们是这样说的。

当然，主要今天还是星期日，学生是休息日而回来正常休息的。

2007年9月10日，星期一，农历七月二十九，属羊，多云间晴

今天是9月10日教师节，所以，箐口小学都放假了，老师们去过他们一年一度的教师节。从村里来说，可能是老师太少，或者是他们到其他的地方过节了，学校只是给学生放假，没有举行什么活动。

李学亮的妻子是离箐口村有十几公里的百胜寨村委会的一个寨子的人，前几天她家的一个亲戚死了，关系比较亲密，在主要办理事情的今天，他家买了一头牛去丧祭。因为他家不想做请客的大事，在今天去的时候也就没有通知寨子的所有人，只是通知了比较亲密的人去帮忙。要是想办请客的接待，在村里除了因为某种原因与他家不来往的人家之外是要通知到每家每户的。这次他家就没有这样做，所买来的牛也是比较小的一头，听说700多元买来的，用今年的市场价来推算，牛肉都只会有几十斤，不过现在市场灵活了，只要有能力，主人家可以到市场上购买回来。

2007年9月11日，星期二，农历八月初一，属猴，阴，有雨

早上开始，李得云家就搬出家里的东西，准备拆建他家的这幢老房子了。村里的老人说，他家的这幢房子原来是生产队合作社时的办公室，推算时间的话应该有上百年的历史了，是村里现有最古老的房子之一。到现在已经是木料腐烂，墙体也有所变形了。我这样说不知道得罪了一部分另有想法的人没有？的确是到了该拆建的时候，人又不是猴子，别人能住现代化的好房子，箐口村民怎么不能住呢？怎么一定要住已经破旧了的老房子？既不卫生又不安全。什么文化不文化？危房还要人住着，发生事故怎么办？箐口的村民是不愿意住的了，都想着一旦有钱就要改造自己的房子，别人家都改造完了，自己家还没有改造，就是因为能力问题，没有办法而已。嘴里不说，心里肯定想着这人穷，这人无能力，都要被人说的、被人笑的。要是妇人之间因为什么矛盾发生就会伸出长舌头揭你的短，说你的子女怎样，房子怎样，总之就是揭你的短，让人的尾巴怎么藏都藏不住。

我们很清楚，由于历史的原因、人的原因和条件的原因，目前的箐口村贫穷落后是事实，这不是我们这一代人的错。人的发展总是会有先后。有的人说哈尼族的茅草房"冬暖夏凉"，是"原生态的建筑"，"是人与自然和谐相处的景观"，我认为那是"王婆卖瓜——自卖自夸"。全世界有那么多人，人家能坐飞机，住高楼大厦，哈尼人为什么不能？就是因为你无能。你只有站起来奋斗，你才不会落后，才不会挨打。谁都知道"天上不会掉馅饼"，只有去努力、去拼搏。

李学亮家今天从棕匹寨丧祭返回来，就是这样，村民家丧祭是主办的那天过去，出殡的那天返回来。哈尼族丧祭很费人力物力的，有的年轻人是想改变的，但是，都说以前就是这样，一时是难以改变的，恐怕还要坚持一段时间。

2007 年 9 月 12 日，星期三，农历八月初二，属鸡，多云间晴

上午，受村民的委托，村民组长李树华和张明华到新街镇向原来的法院民事庭庭长打听有关集体与李永福之间的纠纷事情。为了这事情，双方都准备上诉，看样子不可能坐下来谈判，只有通过法律的途径来解决了。

下午，县人民政府徐副县长和旅游局高正福局长来村里与村民组长和几位村民代表召开会议，讨论和宣传关于村里建筑的事情，他们上级认为保持现有的建筑风格，可以作为保护对象来保护；而村民不这样认为，他们认为这样的建筑不卫生，建筑结构不合理，到现在社会发展还不能拆除重建，那是很难启齿的事情，谁都想一旦有了钱就要拆除重建，何况村民的土地有限，在建筑面积更是有限的情况下，都想改善一下，好好居住，好好过日子。

2007年9月13日，星期四，农历八月初三，属狗，阴，有大雨

上午召开群众大会，县政府徐副县长和旅游局高正福参加，主要还是向群众宣传不准再拆除老房子，希望保存这样的建筑。可是，一是村民的土地确实太有限了，私人很少有可以重新搭建房子的地块了；二是从民意调查的情况来看，村民认为这种土房子真的不安全、不卫生，里面又黑暗又矮小，出过门的年轻人很多已经不习惯了，都想着一定要拆除重建，改善自己的家居条件。这是很多年轻人的想法，政府与村民的想法是相反的，估计很难取得一致的意见。

所以，近期每年都有很多村民家拆建老房子，购买建筑材料的村民很多，寨子里到处都是建筑材料，难怪政府的主管人员会前来宣传开会，已经引起政府的重视了。可是，村民一时是不会停止的，都想着不可能从天下掉馅饼，自己的房子只有自己来做。今天李贵文家买来一车砖，叫了一些亲戚以后，今天一天就背回完了。

李国忠与他的大女儿关系不好，李国忠与女儿的母亲离婚以后，女儿随她母亲到李氏家过日子，现在到了可能会做事情的年纪了，有可能要外出需要办一个身份证，女儿就向他要户口簿，打算去办身份证。可是李国忠不愿意给，本是自己的亲生女儿，到了这个时候，心里却出现了疙瘩，都板着脸说话了。

2007年9月14日，星期五，农历八月初四，属猪，阴，有大雨

可能是近期村里没有上学的孩子有点多了，或者说有的孩子都被他们的父母带到他们打工的地方去就学，上午学校统计去年到今年村里出生的孩子，没有上课。

很多村民都有一种做大事喜欢算日子的习惯，恐怕今天打屋顶的张庆贵家也算一下了，认为今天是好日子，至少不会下雨。可是今天的雨从早上下到下午，一天到晚都在下，来帮忙的人都淋湿完了，都与他开玩笑说："你家真的很会算日子。"

2007年9月15日，星期六，农历八月初五，属鼠，多云间晴

张庆贵家原本打屋顶在当天晚上要加砂浆，还要请几个弟兄当天晚上再压紧一道的。可是，昨天夜里都在下雨，无法加砂浆，只有今天又请几个弟兄等雨水稍微停了再做。

今年不知道是什么好年头，建房子的有点多，今天又有张立新家运来一车砖，又准备开始拆建了，就在农忙前把材料准备好，等过了农忙就可以拆建了。

2007年9月16日，星期日，农历八月初六，属牛，多云间晴

到了这个时候，栽种早谷的村民家是可以收割了。今天收谷子的人家有李正学家，听说他家品种名叫"百日收"，名副其实，就是栽下去一百天左右就收割了。还有李有福家，品种名叫"早谷"，和它的名字一样，正常的就要早收于其他的谷种。这种品种听栽种的村民说虽然颗粒饱满，但是减产很多，所以，没有几户村民喜欢栽种，都是栽种了一两年左右就放弃。

做事情也像是赶时髦一样，今天拆房子的人家有三家，他们是李得云家、张立新家、张排龙家。都认为进入这个时候，雨水就会少了，合适建房子之类的事情了。想一想，有的官员就是喜欢看村里的老房子，难怪前几天县里的政府要员亲自来村里召集村民开会了，要求村民不要拆建老房子。可是村民都认为老房子老了，一是矮小，不够采光；二是设计不合理，不够家人居住，要增加卧室，三是土坯做的，不好用水，不便于打扫。总之，出门经常做建筑的就会比较了，都希望自己家也要改建一下。

草果也是一个引进品种，栽种最早的可能要数李树华一家，最多的可能也是他家了，可能有个一两亩，村民的地少，栽种的就少。再说了，草果栽在潮湿有水分的地方才合适，本人也栽种了一些，很明显就是潮湿的地方要好于干燥的地方，有的可能太干了，到二三月份雨水少的时候就要被晒死了。所以，一定要找潮湿的地方栽种才适合，而且，也是要雨水多的时候栽种才适合，听说这一段时间栽种也行，李树华有可以移栽的苗，就在今天移栽了几十棵，好不好就等着看吧。

2007年9月17日，星期一，农历八月初七，属虎，多云转阴雨

今天收谷子的人家有张明福家，从这两天收谷子的情况来看，基本上都是成熟比较早的谷种，今天张明福家的谷种名叫月亮谷，对箐口村来说，月亮谷也是成熟比较早的品种。从调查的情况听说，月亮谷在米质上来说都要比其他的谷种好吃，可能是出于这样的考虑，张明福家一直都是栽种这一品种，除了中间换种的一两年之外。只是我觉得月亮谷可能变种了，抗病性差，栽在本人的田里就是得病，减产，不敢栽种，换种已经几年了，为了首先解决肚子问题，得栽种一些增产的品种。听说谷种要三五年更换一次，即使是同一个品种，都要与他人两三年交换一次。这样，谷子的抗病力要好些。

看样子，村民与李永福之间的林地纠纷是不可能在镇一级解决了。听说李永福早上就到了县司法局请律师了，作为村民代表的我们也得有所准备，得跟着打官司了。我们到司法局咨询情况，希望通过法律的程序解决此纠纷。

2007年9月18日，星期二，农历八月初八，属兔，多云间晴

从早上的天气情况来看，天气不是很好，怕是收不了谷子了。但是

到了中午后，天气情况有所改变，兄弟张明福家还是出去收割谷子了。反正，早晚都要收，能收好一家就是一家，不然过几天更要忙的。

按照传统的习惯，明天村里就要过新米节了，对于箐口或者这一带的哈尼族来说，新米节也是一个比较隆重的节日，到时很多村民都要请自己的亲戚或者朋友们来做客，停车场每年都要停满车子。正因为这样的缘故，村里今天就有很多的人家为明天准备伙食了。就这个节日来说，村民主要是以吃鱼为主，所以很多的人家都到田里捉鱼去了，等着自己的亲戚或者好朋友来吃喝了。

明天也是村里集体过得龙伙祭祀（主要是老人参加，保佑寨子平安）的日子，今年的两个龙头到下午里向每一户村民收取一元五角的费用，得去买鸡鸭跟摩批李正林他们做祭祀去。

2007年9月19日，星期三，农历八月初九，属龙，晴

按照传统的节日习惯，今天村里过新米节了，村里请来了很多亲戚和朋友，平时够宽的停车场都停满了，需要人指挥才能摆车了。从了解的情况来看，今年周围的哈尼族村寨都是在今天过新米节。

过新米节的同时，村里今天又要做得龙伙祭祀，由于村民们都忙着在自己家里过新米节，只有叫了一些年纪比较大的老人和他们几个咪古出去做这个祭祀，他们几个在那儿吃喝了回来就可以了。

2007年9月20日，星期四，农历八月初十，属蛇，晴

昨天过了箐口一带的新米节，按照传统的习俗，在没有过新米节之前是不能收谷子的。但是有的人家因为各自栽种的稻谷成熟的早晚会有些变化，今天就有张明福家收谷子，他家主要是考虑到过了新米节之后就会有很多人家都收谷子，到时收谷子就来不了这么多朋友或者亲戚。所以有些聪明的村民生产时都要根据自己家的劳力来安排，要是自己没有劳力，选择品种或者栽种的时候就要么提前要么推后，这样就会与多

数村民家错开了，就可以请到足够的劳力一次性完成。

　　李志学家就是如同上述说的一样，一家人都做不了这样繁重的体力劳动，每年都会选择早熟一些的品种栽种，这样就可以在其他村民之前请到工人，解决他家收谷子或者是插秧的农忙事情。今年也是，今天就安排了三只谷船的人手去收割，忙一天就差不多了。

2007年9月21日，星期五，农历八月十一，属马，晴

　　今天是属马的日子，按照村里传统的民俗，今天村民要做一些糯米粑粑，等吃过饭后要每一个农户出一个劳动力去修理路，就是村民进出的主要的道路，特别是去田里从麻栗寨河到村里这一条主路，从原则上来说是在收割谷子的时候方便行走，用村民通俗的话说是好让谷魂回家。

　　按照严肃的意义来说，今天村民是不应该出去劳动的，可是还是有人家因为天气晴朗而出去收割谷子了。如卢学贵家、张庆贵家、李志学家，到他们家帮忙的人手有十几个，特别是李志学家多数请的是小工，除了几个自己家最亲密的人。李平发家也收割谷子，他家收割的是亲家李正林家的田，由于李正林家没有劳动力就叫李平发来管理，路过的村民看他家收割的谷子认为很难脱粒，路过的村民对他家开玩笑说要是没有吃的就到别人家拿一些，何必没有到收割的时间就收呢？之后他家也感觉实在不能打掉谷子就收工回来。

　　这几天是天气晴朗了，在前面已经收割了谷子的人家可以把谷草收回来了。今天就有张明福家、李生亮家他们两户收谷草，收谷草要比收谷子赶时间，一旦下了一些雨，谷草潮湿了就收不成了。

2007年9月22日，星期六，农历八月十二，属羊，晴

　　今天有很多人家收割谷子，如李树林家、卢正学家、张正和家、李高才家、卢毛以家等。对于农民来说一年中最忙的时候可能要数春播的时候和秋收的时候，为了尽快秋收完毕，张正和家打电话招回来在外打

工的儿子们，希望在适合收割的时候收回来。这老人也很固执的，子女们要是不听他的话，他是要说骂的。

2007年9月23日，星期日，农历八月十三，属猴，晴

今天收谷子的人家比前几天就有所增多了，从寨子脚能够观察到的就有张明生家、卢学文家、卢学贵家、李正云家、李正明等，基本上每一个农户家都有十几个人出去。

天气连续晴了几天，有几个农户就可以收谷草了，他们是有李志学家、张明福家等。从多数村的情况来看，收谷草比收谷子更关注天气，因为谷草只能等天气连续晴过几天，基本上把谷草晒干了才能收起来保存。谷子呢，只要天气稍微好一些就可以出去收，天气晴朗了又拿出来晒，要比谷草好管理些。

2007年9月24日，星期一，农历八月十四，属鸡，晴

今天的天气还是很好，正因为这样的缘故，今天出去收谷子的人家更是特别多，如有李正祥家、李文才家、卢宽亮家、张春福家、李青华家、李文新家等。每年的9月下旬到10月上旬就是秋收最忙的时候，村民都忙，基本上都要到田里收割。

张明福家是谷子收得比较早一些的人家，这几天连续的晴天让他家里的谷草也收完了，今天就把家里的鸭子放到已经收完谷草的田里，目的是在于让鸭子吃掉到田里的谷子，鸭子也能在冬季到来之前下蛋，一是可以自己家人吃，二是可以做买卖。而现在听说一个鸭蛋可以卖到一元钱了，要是家里有十几鸭子就可以赚到一些钱，补贴家里。只是在我观察下来，由于没有放养的地方，特别是插秧后的夏季里，没有一点经济实力是养不了多少只鸭子的，所以，村民每家养的也只有五六只，没有大量饲养的人家。村里，李志学家饲养过近百只吧，养了一段时间后觉得也不适合就放弃了，只是养几只玩玩而已。

2007 年 9 月 25 日，星期二，农历八月十五，属狗，阴，有雨

今天的天气不是很好，还下了一阵雨，因为不能及时把雨水晒干，没有村民出去收割谷子。村民开玩笑的说法是给村民一个星期天，而对急于收割的人家来说就耽误了一天，特别是那些准备在今天里收割的人家，就搞乱了他们的计划，也就不得不选择其他的时间了。而同一个镇的热水塘村寨一带只要是决定哪一天到谁家收割就不管是雨天还是晴天都要出去收割，以免耽误第二天其他人家的计划。而箐口村就不同，只要是早上下过了雨，看着谷穗上的雨水不能及时晒干就一般不出去收割了，除非把庄稼放在田里会腐烂才不得不收回来。从目前这一段时间来看不至于到达那个程度，也就没有人家出去收割了。

村民集体与李永福之间的纠纷看样子是不可能在新街镇一级解决了，作为村民小组代表，我和李树华根据李永福的起诉，到法院咨询情况，得请律师打官司了。

今天是传统的中秋节，记得以前村民都很困难的时候，基本上不像过中秋节，都是简单地过，现在有点不同了，都学着其他民族买水果买糕点，即使是农忙的时候也早些收工回来，早一些做饭菜，一家人或者约了朋友一起来过节。而今天又是阴雨天，村民就很少出去干活，多数都是直接到街上买过节用的物品。

2007 年 9 月 26 日，星期三，农历八月十六，属猪，阴，有雨

今天的天气还是和昨天一样，从早上就有雨，虽然下得不是很大，可雨就是下个不停，收谷子的农活是做不成了，也就没有村民出去收割，像是要让村民再休息一天，天气也会照顾人们的。

根据天气情况，以及村民小组的人到县律师事务所咨询的情况，上午召开群众大会，讨论这次面临的官司问题。根据律师的预算需要 15000 千元左右的费用，那么就得每户出 80 元左右，我们决定每户暂时收取 80 元。看样子，这场官司是注定要打的了。

李树林家卖猪肉，主要还是因为家里养了一年多的猪不吃食了，就杀了在村里中心地点李志学家门前来卖。他们家也不可能到街上去卖，而是以便宜于市场的价钱在村里卖。

2007年9月27日，星期四，农历八月十七，属鼠，阴，有雨

今天的天气还是和前两天一样，从早上就一直有雨，村民还是不能出去收割谷子。到了这个时候，村民还是有点着急了，因为不能及时收割回来，谷子会倒在田里腐烂的，一年的辛苦都会付诸东流，这不是浪费吗？

然而，在村里的三户人家的田里试验的云南省农业大学和植保站的工作人员冒着雨来收割他们试验的品种了，他们是赶着时间，要在他们的实验老师来的时候收割完。

张小明家到多沙寨子丧祭，他们可能是没有准备要给村民请客，也就没有通知更多的村民，只是通知了他家比较亲密的家人和朋友。

2007年9月28日，星期五，农历八月十八，属牛，多云，有阵雨

上午10点钟以前，天气还是和前两天一样下着雨，正因为是下着雨，原来打算今天出去收割谷子的人家只好改变计划。比如说卢永贵家，原来是打算在今天去收割谷子，可是到了上11点左右都还下着雨，他家主人就说下了雨不能出去收割了，他就多喝了两杯酒睡觉了。然而，过了12点之后，天气又好转了，这样，又有很多人家出去收割谷子了，比如有张春华家、卢落以家、李永贵家、李庆文家、李庆光家、李祥家等。

中午，张小明家丧祭回来，下午，就请帮忙他家去丧祭的人吃喝一餐，一次大事就算办好了。一边是忙着收割，一边又有亲戚过世，要给他们过礼，又得请亲戚朋友帮忙，又误工又费钱的，只是人活在这世上，就得矛盾着过日子。

2007年9月29日，星期六，农历八月十九，属虎，晴

红河州申报世界遗产办公室工作人员张红开来，在箐口村由村委会主办歌舞文艺会演，参加的是土锅寨村、小水井村、箐口村的文艺队。下午，他们都在村委会会餐。村民忙着收割，有的人就觉得这也是演出，还请了演出队来。

村里正在农忙的时候，很多人家都忙着出去收割谷子了，哪里还有时间配合你们演出呢？我们农民的演出才是真的，是实实在在的梯田里的演出，要看要拍摄都由你。

2007年9月30日，星期日，农历八月二十，属兔，晴

只要天气情况稍微好一些，村民都要忙着收割谷子，今天收割谷子的人家有李庆生、卢伟、卢祥家、张东家等。只要天气好，村民就要赶着收割了，都害怕像前几天一样的坏天气会误了收成，必须在天晴的时候赶着收回来。

中午，派出所的两个人来村里调查，说是一个游客的手机丢失了，是一个州里当官的女儿的手机，价值4000多元。有人告状，说可能是在李得云家的沙土上丢失的，有可能被李得云拿走，他们就把李得云带到派出所问事，下午就放回来。具体事情不明白，听说也没有罚李得云的款。只是我们村民都认为这样带人过去有点冤枉，好像确实是他偷了似的，给村民一个不好的印象。

2007年10月1日，星期一，农历八月二十一，属龙，晴

这一段时间村民的工作主要是收割谷子。今天的天气情况还是比较好，村里出去收割谷子的人家就特别多，据不完全的观察，就有张明生家、卢文华家、李正和家、卢少明家、高里发家、张正和家、李学亮家、卢永贵家等，从上午9点左右起，一路上都是背谷子的青年男女，用村民的话说是像"赶街"，即赶集一样，村民的时间和精力放到收割上来。

因为李永福与村民集体的纠纷问题已经上告到县法院了，双方已经请了律师，为了取证，村民委托的李万明律师今天下午约了村民小组长李树华到现场集体林里调查情况。要我们对情况做一些说明。请律师是要收费的。可是，谁也不愿打没有把握的仗，既然打了谁都希望结局好些，正所谓"知己知彼，百战不殆"。所以，被我们请的李万明律师来了解情况也是必要的，我们真的希望对情况了解得如实些。

云南大学哈尼族调查点的调查人员今天有潘春梅、唐本玲、聂子楠三位到来。他们是在这个长假来观察村里的秋收情况的。当然，他们还有其他要调查的事情。

2007年10月2日，星期二，农历八月二十二，属蛇，晴

可能是因为学校里也放假了，可能是来检查他学生调查的情况吧，今天又有云南大学哈尼族调查点的主要负责人马老师来，同时还带上了他的家人。上班族天天在办公室上班也会感到累的，利用长假出来走走，身心可以得到放松，外面的生活也可以见识一下。

这几天村里的基本情况都差不多，主要都是忙着收割谷子，只要天气晴朗，多数村民都出去收割谷子了。今天也有李树华等人家收割谷子，同时还有李世和、李小明他们两家就已经忙着铲田埂了，这里所说的铲田埂并不是说把田埂铲除掉，而是按照这一带的生产方式，在谷子收割完毕，又把谷草收回来之后，村民接着就要除去田埂上的草。一则把草弄到田里腐烂用作肥料；二则是把田埂上的草除净后可以防止牛来践踏和田鼠打洞；三则把草除净后再搭上一层新的淤泥，即搭田埂，就可以保持水源不会从田埂上渗透出去，保持四季都有水在田里，再加上犁耙之后，田里的土壤就松软些，庄稼就自然要好些，耕作起来也省力得多。

从昨天开始就是一个长假了，昨天的游客少些，今天就有所增多，管委会文艺队进行了演出。他们的领导是这样要求的：只要是来的游客多，文艺队就要给他们演出，还要解说；来的游客少，可以不演出，只

要人员在职随时准备好就行的。

2007 年 10 月 3 日，星期三，农历八月二十三，属马，多云

这几天可谓是农忙了，收割谷子的人家有李正明、李院生、李和明等人家。估计村里的一半以上人家谷子是收割完了，只要再连续晴朗几天，谷子可能都会收完。

今天收谷草的人家有张正和家、李生明家、张保祥家、杨志宽家、卢正和家等。因为天气已经连续晴朗了几天，早几天收割谷子的人家的谷草晒干了，已经可以收谷草了，他们就忙着收起来，今天收草的村民家就多。从某种程度来说，收谷草要比收谷子着急，因为谷草一旦被雨水淋湿就要等几天晒干了才能收，不像谷子只要天气稍微好一些随时都可以收割，所以收谷草要比收谷子赶时间。

2007 年 10 月 4 日，星期四，农历八月二十四，属羊，阴，有小雨

上午，李永亮的妻子与一个来村里卖豆腐的彝族妇女吵架，说是她的儿子被这个来卖豆腐的妇女打了，要求她赔礼道歉。从她们吵架的说话中可以听出，这个来卖豆腐的彝族妇女的豆腐可能被村里的几个小孩打烂了一些，之后这个彝族妇女就出手打了几个小孩，而打烂她豆腐的人跑了，最后错打了李永亮的小孩，而李永亮的妻子就不服气，就赶来讨回公道。

从箐口村里来说，正是到了收割谷子的后面阶段，还没有收割谷子的人家眼看着今天的天气有些小雨，可是他们还是约了自己家的亲戚和朋友们出去收割了，不完全统计下有李国忠、卢永贵、李绍新等人家。按照箐口一带的天气变化，收谷草可能要比收谷子赶时间，在前一些日子没有被大雨淋湿的情况下，今天还是有人家收谷草，本人看到的就有马志文家。他说今天还能勉强收谷草，担心要是过几天被雨淋湿了就不好了。

今天还是十一黄金周期间，可是今天的游客比较少，文艺队就没有举行演出。他们说的黄金时间就是因为这是一个长假，来的人会多些，门票收入也会增加一些，也就可以保证他们的工资了。

2007年10月5日，星期五，农历八月二十五，属猴，阴，有雨

在箐口村里来说，正是农忙期间，但是因为今天早上就一直下着雨，不可能收割谷子了，村民就没有出去收割谷子了，他们只能做其他不受天气影响的活计。

从今天来的游客情况来看，是比昨天的多了一些，到下午停了一阵雨的时候，文艺队举办了一场演出给游客们观看。没有办法，人家领导安排了，要不然的话，文艺队队员很多是村里的，这时应该去帮忙家人或者亲戚收割的，只是上面安排就只能尽量上班。

2007年10月6日，星期六，农历八月二十六，属鸡，多云间有雨

今天的天气不是很好，可是对于收割谷子来说已经到快要收完的时候，有个别没有收割的人家就还是出去收割谷子了。比如李国忠家、李庆亮家、李光明家、李小生家、李宏家等。

可能是受社会的影响，村民总是爱在吃饭时喝一些酒，特别是每当家里办什么事情的时候，总是约一些亲戚或者朋友吃饭喝酒。很自然地，小孩就学着大人喝酒。当然，小孩可能是出于一种好奇而学着喝吧。今天有李贵文的孩子，10岁左右；李志祥的孩子，也是10岁左右；李世文的孩子，只有6岁，说是他们几个孩子躲着家里人喝了一些酒，结果给李世文的儿子喝醉了，睡在磨秋场旁边姜文他们拍电影时用的房子里，到了下午6点左右的时候他的奶奶才找到了背回来。孩子的好奇心就是这么大，大人们要办什么事情聚到一起吃饭，喝一两杯酒，抽抽烟，孩子们就会学。

2007年10月7日，星期日，农历八月二十七，属狗，阴，有雨

在调查点做了一个多星期调查的潘春梅和唐本林于今天返回学校，这次他们来主要是调查传统的哈尼族建筑结构和妇女在日常生活中的生产情况。

郑宇和张明华受马老师的委托，于下午到隔壁的彝族村寨调查有关彝族摩批的祭祀事情和所参加的活动。

2007年10月8日，星期一，农历八月二十八，属猪，多云间晴

为了了解哈尼族尼玛的文化，郑宇、张明华、杨正明等几人到倮铺的一个寨子算卦。从早上6点左右就起床出发，所拿的东西主要是一个鸡蛋和一升大米，到时给算卦的尼玛一定的报酬（多数时是成双的，如2元、6元，多一些的可能会给10元、20元）。到了下午再返回来。

今天的天气情况是有所好转，村里卢小和家出去收割谷子，可能是他家的谷子成熟得要晚于其他村民人家，或者是他们家先帮助他们家的亲戚了吧，今年他家属于收割比较晚一些的人家之一了。就他家的劳动力来说是足够的，以前都是收割比较早一些的人家。

2007年10月9日，星期二，农历八月二十九，属鼠，多云间有雨

昨天夜里下了一场大雨，导致箐口村入口处上方的水量过大，冲垮了很多的地，包括进入箐口村的公路都冲垮了，公路上积满了沙石，黄草岭村民小组出来一边排开路上的沙石一边收过路车辆的小费。

有的人可能会对这样的事情不太满意。可是，这是天灾人祸，昨天还好好的公路，因为晚上一阵暴雨，冲垮了路边的山地，导致车辆无法通行。又是乡下，县交通局又不能及时安排车辆来开通，附近的黄草岭村民小组组织了几个人出来排通石头和积在路上的泥土，让车辆能够通行，他们也多少收一些费用，每辆车10元、15元，有的大方的，给20元也有，之后他们几个平分。他们也辛苦，付出了劳动，为他人服务，给他们一点劳动报酬也是应该的。

根据日期的安排，郑宇于上午就返回昆明了，他的博士论文就要在箐口村做，所以村里发生什么事情他都要跑过来，特别是村里的葬礼，他是要参加观察并要访问的。

上午十点以后，天气逐渐好转，今天还是有收割谷子的人家，比如李学亮，不过，他家没有收割的谷子也不多了，多数部分在前几天就收好了，只是前些天雨水时有时无，没有能够正常收割而耽误了时间而已。

2007年10月10日，星期三，农历八月三十，属牛，阴，有雨

昨天下了一场大雨，这样河里的水量增多，同时从山上冲下来很多的沙，准备建盖房子的人家就会来河里淘沙，这也似乎形成了一个习惯。但寨子旁边倮果果玛河里淘沙取石会造成村里的地基不稳定，等于是挖自己的墙脚，有的村民家的房子已经裂开了很多，举行神圣仪式的寨神林也有很多部分被冲垮了，很多树木已经被冲倒。可是有些村民还是不自觉。今天就有张立新家，他家也是准备过一段时间就要拆掉前两年做的房子，开始建盖新的房子，就到河边淘沙。以前立过村规民约的，说是不能在寨子旁边挖沙取石，那是有一定道理的，村民应该认真执行才对。

今天虽然有些小雨，可还是有很多村民出去做活计了，比如搭田埂的人家有李宏家、卢荣福家；锄草的人家有李正新家、李永贵家、李平清家等。都希望赶在冬季冷天到来之前把田里的事情做好。

2007年10月11日，星期四，农历九月初一，属虎，阴，有雨

箐口村民的谷子是基本上收完了，只有几户人家的田因为干旱或者栽种晚成熟就晚而没有收回来。今天李万祥家收割谷子，他家收割的也是在寨子旁边干旱田里的谷子，因为平时没很好地管理，再说栽种的谷子品种也是成熟较晚的一类，他家的劳动力也缺少，只有他家的亲戚都基本上收完了又转过来收割他家的。所以有些缺乏劳动力的人家要不栽种成熟比较早的谷种，要不栽种成熟比较晚的谷种，可以与自己家的亲戚调整劳动力，时间上有所差别就不怎么忙了。今天到他家帮忙的都是已经收割完毕了的他亲戚家。

在前天的日志里说到了，因为10月9日早上的一场大雨把进入箐口村里的公路冲垮了，车辆行走很危险。旅游局与张保祥达成了一个协议，今天上午张保祥带着他的一些亲戚和朋友去修理。他叫的是李正祥、李学光、李成、李其沙等。听说今年的石头价钱又上涨了，一辆农用拖拉机运过来一车（基本上有一个立方）就收30元，加上是从其他的地方运过来的运费20元，一共就是50元了，比往年是上涨了很多。

下午，李得云与李得贵两个弟兄吵架，事情的起因主要是作为大哥的李得贵喝多了一些酒，就吵着说你兄弟建盖房子，那我也要开始建盖房子了。这是旁边听到的人说的。至于吵架的真正原因只有他们家族的人知道了。

2007年10月12日，星期五，农历九月初二，属兔，阴，多云未雨

上午，云南省农业大学植保学院的人来村里，他们是来云南农业大学和农科站试验的田里取谷穗的，又还要像前面他们做的那样装捕虫网。在今天要背他们的谷穗时叫了村里的3个妇女，答应给每个妇女20元的报酬，在农业大学和农科站试验的田里，每一个品种取了30株谷穗，说是还要带到昆明他们的学校里。装的捕虫网中所捕获的样品也同样要在每一个星期一的时候由农科站负责送到昆明，至于给农户所占用地的报酬是否和农业大学和农科站他们的一样就不知道了。

中午，由村民集体安排的护林员李上嘎逮住了一个来偷刺竹笋的妇女，他来向村民小组要求出面处罚她。村民小组的人和另一个护林员都一起到了全福庄村里询问，经过调查证实，她自己也承认摘了6棵，而且与护林员发生过口角，主要还与以前李永福安排的护林员有一定的亲戚关系，与现在的另一个大鱼塘村的护林员也有一定的亲戚关系，这个护林员在某种意思上不想怎么为难她，再说村民小组的人考虑到目前与李永福的纠纷还没有了结，就以批评教育为主，没有处罚她。李上嘎个人因为与她发生了一些口角，对这个处理结果还是有些不满意，只是其他的几个人也认为这是第一次就免了，不处罚。

在今天里，根据多数村民的意见，箐口村民小组的人从全福庄村回来以后，还特意到大鱼塘村村民组长李佑生家里交接他们村以后死人也不要在划分到箐口村的这一片林地里安葬。主要是因为箐口村有人提议，现在死人用土葬的办法，箐口村里现在有这么多口人，而平地又这么少，为以后的考虑，不希望有其他村寨的人来插手。再说，现在已经划分到各个自然村了，就应该是物有其主，等待与李永福之间的纠纷解决以后还要分到每家每户，让所分得的主人家也有经营的权利，不能因为埋葬了死人而无法在其土地上栽种林木或者栽种其他的副食品。

2007年10月13日，星期六，农历九月初三，属龙，阴

上午，本人与李国忠到小水井村里找现任村委会宣传员李建福咨询李国忠女儿的事情，李国忠与前妻已经离婚，女儿应该由他来管理，可是就是一直不回来，跟着她母亲过日子，有时出去打工，有时回来，就是不回来他李国忠家，只好找了个时间问问宣传员怎样处理好些。

收谷子的有李小生家，是旱田，因为插秧时缺少水源，没有能够正常地插秧，时间有点晚，水稻成熟就有点晚了。

搭田埂的有李永文家，他家的田块不多，又是在寨子旁边，随时可以过去干活，也可以随时回来，一个人两三天就可以做好了。

2007年10月14日，星期日，农历九月初四，属蛇，阴，有雨

今年的谷子成熟得或许早了一些，到了这个时候基本上都要收完了，只有少部分的村民家还没有收，今天收谷子的有李树华家、张永福家。

很多要出门的年轻人或者收好谷子连谷草都收完的人家，已经开始搭建来年的新田埂了，今天有李志学家搭田埂，他家人都外出很不会种田了，每年都是请村里的年轻人来做，都害怕冬天来临田里的水着凉，便收好谷子收完谷草就搭田埂了。

一边是农忙时间，村民都忙着做田里的事情；另一边是像过节一样，说是在村里的陈列室广场摆了三十桌长街宴，由卢世华来做，每桌饭菜补助了160元。

2007年10月15日，星期一，农历九月初五，属马，阴，有小雨

前一段时间村民的主要事情是收割、收谷草，而到了这段时间，又要进入搭田埂的阶段了。今天有卢世华家，他经常要忙于其他的事情，所以今天还是请了几个朋友一起去，有卢建忠、卢新、卢迁华、李绍新等，他们分工，有的搭田埂，有的犁田，田块不多，今天都做好了，以后只要管管水就行了。

搭田埂的村民还有卢同则家，只是这些能做的人家就不一定请朋友，他们只要有空去搭好啦，谁家的田又不多，都能在冬季冷天到来之前做好的。

听说做摩批也是一个辛苦的事情，很多年轻人都只愿意到外面打工，而不愿意去学做这一行，所以附近几个寨子都只有几个摩批，他们几个几乎每天都要做祭祀的。今天到黄草岭做叫魂祭祀的张正和就是其中的一个，看他们很忙的，还有张保祥、李建国、李正林，都是很忙的，有时候，我们觉得他们的小日子就是好过，参加祭祀有时可以带肉回来又可以带钱回来，一家人的生活确实被补贴了不少。

2007年10月16日，星期二，农历九月初六，属羊，阴，有小雨

下午，又有张牛则家做叫魂的祭祀，说是他的儿子在个旧施工中掉过，生怕他的灵魂也掉了，而自己家就是张氏家族的大摩批，请来一个摩批做一个祭祀完全有时间。

李国忠是我的好朋友，我知道他的一些事情，认为他很不幸。他的女儿就是一个例子，明明有外地的人资助她上学，她却与她妈妈跑到外婆家寄居，他也没有办法，今天他叫村民小组与她妈妈说说，叫她回到他身边来，继续去上学。等长大了出去做事情也不晚。

2007 年 10 月 17 日，星期三，农历九月初七，属猴，阴，有小雨

卢建忠是村里出了名的劳动能手，体力好，又能干，村民经常请他去犁田，根据当年的劳动价钱给付费用，今天是到李小明家犁田。

村里的水源经常要村民小组的人员去检查和修理，雨水多了就会冲垮或者堵塞了，这几天村里的水又少了，村民小组还得放弃其他事情去查看了。

天气变化了，动植物最清楚了。最近听说可能村里又发生鸡瘟了，李文光的鸡死了两只，其他的还没有听说，要是真的是鸡瘟，得向村民宣传并注意防范，要是在全村里流行起来了，可是一场大灾害，就有点麻烦了。

云南农业大学植保学院和元阳县农业局植保站在村里几户人家的地块做了昆虫网，答应每年给占地的农户 300 元的费用，今天是来兑现今年的费用的。有张庆贵家、李志宽家、张明福家，所占的地块不多，只有两三平方米的空地，只是平时需要农户看管好网箱，不能让人破坏或者被牛给撞坏了，要正常地逮住昆虫，之后每一个星期需要农科员收集一次由客运车送到昆明，再送到实验老师的办公点。

2007 年 10 月 18 日，星期四，农历九月初八，属鸡，阴，有小雨

法律或者文件是规定农村土地不得买卖，可是正如城里的房子，有的人根据自己工作情况的变动会进行买卖一样，农村也是有自己生活的需要，有的人有的地块就需要，有的人有的地块就要放弃。李文贵家和

李门角家可能就是这样，李文贵以 8396 元买了在他家下面的一块大概一亩左右的李门角家秧田。李文贵有两个儿子，现在已经到了该分家的时候，大儿子的房子要在什么地方落脚都没有落实，要是能在这块田里落脚是最好不过的了。他认为，两个儿子在一起过日子，虽然日常可能会发生一些不愉快的小事，但是遇到什么大事都会有所照应，这是他们一家的想法。而李门角也只有这块秧田才属于他们家的，他们家其余的田地都在其他地方，这块秧田旁边都是建筑群了，做秧田已经不再合适，做菜地也由于孩子们会丢杂物进去，砌堵墙还要投资一笔资金，两家协议之后，同意以 8396 元转让给李文贵家。都是一个老祖的后代，相互之间能够商量就是最好的了。

县旅游局以政府名义买了白龙泉附近的几块秧田，搞得人家村民到别处去育秧，而旅游局一会儿交给开饭店的茹海燕养鱼，一会儿交给管委会插秧，今年是管委会插了一些秧苗，又养了一些鱼，现在是收割的时候了，他们管委会今天收割谷子了，邀请村民小组与他们会餐。可是，村民小组的人考虑到管委会的李学与李永福是朋友，造成这个林业纠纷主要就是当时的村民小组李学偏向了李永福，心里有疙瘩就没有去参加。人可能都是这样的，都是自私的，都是在为自己的利益着想，要是与自己的利益冲突的话应该知道回避了。

2007 年 10 月 19 日，星期五，农历九月初九，属狗，阴

收完谷子、搭好田埂的村民家开始进入下一步种田程序，就是犁田，今天有李树林家犁田，他家与兄弟分家后就那么一块两亩左右的田，种起来都不需要多少劳动力，所以，一般情况都会在别的村民之前种好田。

村委会开会，主要是宣布原来的胜村乡和新街镇合并，土锅寨村委会要重新选出党代表和人民代表，要参加选举新一届新街镇党委书记和镇长。

2007年10月20日，星期六，农历九月初十，属猪，阴

可能稻飞虱对糯米水稻品种更敏感一些，刚分蘖返青的时候，张明生家的糯米没有注意打药保护好，打了药之后再返青又分蘖，成熟得就要晚了，今天才去收割回来。

原本几个寨子的地界都分清楚了，听说前两天大鱼塘村里去世的老人要安埋到我们箐口村的地界上，我们认为这样是不行的，需要双方说好才能这样做。于是，箐口村民小组人员到大鱼塘村商量这个事情，希望双方的村民干部和村民都有所认识，以免以后产生不必要的纠纷。

2007年10月21日，星期日，农历九月十一，属鼠，阴

大鱼塘村去世的老人是卢氏家族的，箐口村的卢氏家族又凑大米一起到大鱼塘村里帮忙。就黄草岭村民小组、大鱼塘村、箐口村来说，只要哪一个寨子有某一个家族的老人过世，都要有其他两个寨子的家族人来帮忙的，村民与村民之间是一回事，家族与家族之间是另一回事，特别是红白事情中，几个寨子之间的关系显得比较融洽。

根据昨天的商量意见，大鱼塘村卢氏家族的人和他们村民干部和代表来村里商量安埋老人的事情。箐口村民小组也尽量找来一些老人协商这事，意见基本上都一样，就说既然两个寨子之间的地界都做了划分，希望以后都尽量选择在自己村的地界上安埋。特殊的情况做特殊的处理，以民俗的说法，这次既然已经选择了，就希望箐口村民体谅一些，之后，他们几个派来的代表才松了一口气回去了。我们做村民干部的也似乎放下了一个包袱，轻松了一些，要不然，自己的土地上让其他村民来做事，如果不向村民公开的话，也许还会成为历史的罪人。

是的，一个村民干部，是中国最小的官，到现在一天一元的工资还不到的情况下每天面对他的群众，他的父老乡亲、兄弟姐妹，大家共同商量，共同处事，肩负的是一代历史的重任。挑好了这个担子，会把村寨带到社会发展的前沿，让人民享受幸福的荣光；反之，则会使村民滞步不前，甚至让村民的发展后退几年。（当然，不用担心，特殊情况特殊分析，一般情况是正常发展的。）

2007 年 10 月 22 日，星期一，农历九月十二，属牛，多云间晴

早上，李德贵家拆建房子了，说是准备重新建盖了。以前生活困难，只能简单地建盖一层，房间少，现在两个儿子都长大了，需要有自己的房间，一家人商量以后决定拆建了。

到了这时候，都希望把田尽早犁好，否则再过几天天气冷下来，田里的水冷了人们都就不愿意进田里劳动了。今天看见李庆峰家犁田。

我和李树华到元阳县林业局申请变更集体林林权证书，事情办得还算顺利。

下午，我们张榜公布箐口村选民名单，因为原来的胜村乡和新街镇要并起来开展工作，村里要重新选举出代表参加选举会议。

根据昨天谈判的结果，今天大鱼塘村里去世的老人安埋到我们箐口村的集体林里，箐口人民退了一步。我发觉这样关心集体利益的村民少，而在乎自己事情的村民就多。

2007 年 10 月 23 日，星期二，农历九月十三，属虎，多云

根据村委会的通知，要汇报对箐口选民名单村民有没有意见。因为在农村，识字的人少，这种选举的工作不影响自己的切身利益，村民基本上不会去看那样的张榜公布内容，缺少一两个名额也不会说什么的，就汇报说箐口村没有人来提意见。

到大鱼塘村做客的村民还是多，因为谈判失败，我的内心是受到刺激的，我不想去，就没有去做客了。

2007 年 10 月 24 日，星期三，农历九月十四，属兔，多云

其他村民家的田都逐渐整好了，我自己家的田没有整理好，村民都看得见，我觉得像是自己得了什么病似的，心里就是不舒服，今天就赶着去整田了。今天是锄草，还是有点累，没有记录其他村民的事情就休息了。

2007年10月25日，星期四，农历九月十五，属龙，晴

自己的几小块田，没有必要叫上朋友的，又都在寨子脚，像是上厕所一样，早晚锻炼身体，想起来就干一阵，想休息就休息，悠闲得很。但是还是要抽出几天的时间把它整理完。所以今天还是去整理自己的田，还是和昨天一样锄草。据老人说，要是整天锄草的话，分给我的田两天就可以把草锄完，只是，我也是玩的心态慢慢整理，锄了两天的草还剩两三天的，感觉不是那么急。

还是可以看到田里都是整田的村民，今天搭田埂的有张文和、李光明等。

看见犁田的有卢忠文，他们一家原来还没有分家的时候，田地还算多一点，可是，自从分家以后，三个弟兄每家的田地都只有一两亩左右了，干一两天就完成了，所以，卢忠文的动作就快了。

2007年10月26日，星期五，农历九月十六，属蛇，晴

天气晴朗了几天以后，村民家的谷草基本都可以收了，看见今天收谷草的村民比较多，有李宏家、张志新家、杨文亮家等。

我还是去整田，不是那么急，反正这两天又不去什么地方，像是锻炼身体一样，一天做一点，最多一个星期就做好了的。

2007年10月27日，星期六，农历九月十七，属马，晴

今天收谷草的村民还是多，看见有卢朝生家、李文新家、李正林家等。

整理自己家的田已经两三天了，还是累，回来之后吃了饭就休息，其他的事情都没有精力做了。

2007年10月28日，星期日，农历九月十八，属羊，晴

这一段时间村民的主要事情就是收谷草，而收好谷草的村民家就是给田里灌溉水，以防田里的水都干了下一道工序不好劳作，灌溉水的村民有前两天收谷草的李宏家、张志新家等。

2007年10月29日，星期一，农历九月十九，属猴，晴

连续几天的晴天以后，村民家的谷草基本收完了。之后村民就要给田里灌溉水，以方便锄草和搭田埂。今天是李志学家、卢正华家等给田里灌溉水，因为这些人家的田块稍微大一些，他们家都养着鱼，即使是收谷子的时候捉了一部分鱼，也会有捉不到的鱼还剩在田里，有必要灌溉水之后保证它们生存，等以后长大了还可以捉吃的。

2007年10月30日，星期二，农历九月二十，属鸡，晴

天气晴朗，村民都要出去劳动的，朋友李永福也在锄草，他家的田有点多，都是一个人劳动，这次要是他一个人整理自己家的田，再锄草、搭田埂、犁田，怕是要一个月吧？像他这样田块多、劳动力少的村民家有五六户，一次农忙下来，他们的脸色都要变化一点的。

锄草几天后，我就要搭田埂了，希望在冬天冷季节到来之前把田里的事情做完，到时候就不用进田里辛苦。

2007年10月31日，星期三，农历九月二十一，属狗，晴

李明家收草，他还没有成家，只有堂兄李文科夫妇招呼着他家的事情。今天也是这样，他们几个人一起劳动，一边收着一边堆到一起。

我还是在自己的田里劳动。既然是自己家的田，还是得认真做，锄草时认真把田里的石块能挖出来的尽量挖出来，这样以后劳作的时候就方便多了，又可以用来支砌田脚和倒塌的地边，要是一年挖出来几方石头，自己的田界就可以全部用石头支砌了。

2007年11月1日，星期四，农历九月二十二，属猪，阴，有雨

在前一段时间里，天气连续晴朗了好几天，村民的谷草都已经收回来了，大家下一步的农事是给田里灌满水，之后是铲除田埂上的草和搭修新的田埂。但是多日的晴朗天气为难了村民，村民急着给田灌水的时候，天公作美，从昨天晚上就下起了雨，而且直到今天一天都下着雨，刚好灌满了田里的水，解决了村民没有水灌田的事情。可以说这一场雨下得很及时，了却了村民的一大心事。因为下雨，今天村民是不能出去做活了，原来李有福家等人家打算今天搭田埂，还有张明生要去修理水碾房子，以及李宏打算修理水磨房子，雨从早上就下得很大，他们都不得不改变了计划，即使旅游局为了赶在红河州州庆之前做好这些事情，大家都没有办法。

当然，有些像以前的日志中说到的一样，箐口村很多人家做大事情都要选择在他们说来是比较吉祥的属虎日、属马日、属猪日。张立新家今天打房子的第一层屋顶，即使下着雨，他们家还是同样进行，由于建筑面积也比较小的缘故，下午三点左右就做好了。

从箐口村里开发旅游事业以来，每一个月都要安排一定户数的人家打扫村里主要路面的卫生，今天是11月1日，今天安排11月的卫生打扫情况。根据这几年来的情况，这个月的组长调整是卢俅应。今年又增加了卢绍明和卢荣贵两户人家，这两户要求参加村里的一切事务，这样，一年里增加了11户，就是说今年村里新增加了11户，箐口村就应该达到190多户了。

李美华是前两年嫁到全福庄村里的，在一年前生了一个孩子，前几天回来娘家，今天她的丈夫带了几个朋友来串亲。说起这事情并没有什么意思，只是在哈尼族的村寨，有一种不成文的习俗，即嫁去时间不长的姑娘们要是回到娘家几天了，作为丈夫的就会带着一些食品来走门，其主要目的是叫妻子回家。她的丈夫今天带着一只鸡，还有其他的一些，同时来的有他的三个朋友，应该说他们要在她家吃了饭才会返回家了。

今天下午，李贵祥家举行叫魂仪式，主要是他的妻子前些年一直在外面，今年里建盖他家的房子时又经常生病，到现在他家里的房子已经基本上建好了，就举行这样的一个仪式，也算是用民俗的办法求平安的手段吧。

2007年11月2日，星期五，农历九月二十三，属鼠，阴，有大雨

上午，天气情况依然和昨天差不多，还在下着大雨，村民们都不能出去做活。可是到了中午后，雨停了，村民还是可以出去做一些适当的农活。可以这么说，村民也在赶时间抓速度，不用说县乡各级的政府部门为了红河州州庆而来督促村民尽快做好田，希望州庆的时候能够让来旅游的人看到光滑的梯田。村民比他们更担心冬季来临，到时候水变冷了谁都不想进到水里种田，谁都想赶在水变冷之前做好田里的事情。这几天算来还不是那么冷，但是村民都感觉到一天比一天变凉了，谁家都在想着办法尽快干好。不用说，就是出于这样的考虑，今天中午后，李树华还是赶着牛出去犁田了。当然，因为他是村民组长，很多来督促的工作人员第一个就是叫他带头尽快做好田里的事情。在前几天，他不得已叫了亲戚出去突击把田埂上的草除去，又把田埂搭好，前天就从全福庄寨子的亲戚家借过来牛犁田了，昨天是因为雨水过大而不能出去犁田，只有到今天中午雨停了之后才出去犁田，到下午6点左右就基本上把他家的田犁完了收工回来。

为了在红河州州庆到来之前做好村里的蘑菇房建筑和墙体土色的式样，旅游局也是比较重视箐口村的工作。卢开亮家是今年才拆建的新房子，因为他家是砖混结构的房子，传统式样的蘑菇形茅草也没有建设，他家又坐落在入村口地方，旅游局下属的管委会就特意交代他家尽快做成传统的式样。今天，他家的人都从地里扛回来竹子等搭桥，准备明后天要给房子粉墙了，做成传统的土色和土坯式样，还要给房子加建茅草，做成蘑菇的式样。

上午，寨子中心的李宏家的墙上张榜公布土锅寨村委会箐口选区参加新街镇人民代表的候选人名单，有张春华、马秀芬；土锅寨村委会候选县人民代表是李建福、李正亮。

2007年11月3日，星期六，农历九月二十四，属牛，阴，有雨

早上，张宽家运回来钢筋和水泥，准备过一段时间就建盖房子。他在开远市车辆检测站工作了很多年，或许是赚到了一些钱，不然的话，他家的房子建盖还不到十年，在生活居住中可能感觉不是很好，到现在又重新拆建。因为平时都在单位上上班，很少回家给村里的人帮忙，背回他家运回来的材料都是请了小工，付他们的工钱才请来的，要是厚着脸皮去找亲戚可能会来一部分，只是谁厚得起那脸皮呢？他们又不是付不起那几个钱。

李宏组织他家的亲戚去做水磨房的蘑菇顶，张明生家也组织人去修理水碾房的茅草顶，作为景区景点之一的水碾水磨，在没有电的时候村民就是用它们碾米、碾苞谷等，可是有电之后村民都慢慢不用它们了，村里开发旅游事业时的2000年左右就只有水碾还能勉强用，水磨和水碓是为了旅游事业的需要重新建造的。鉴于平时维修的需要，就聘用具有一定维修手艺的张明生来管理，每月还是给他一定的工资，如果自然损坏严重就只有旅游局拿出经费来修理。在张家管理了四五年后，李家借地基费没有得到补偿为由说平时演示或者大面积的修理就要他家人参加，这样这次的水磨修理旅游局自然就只有安排他家人了。

听说有一个广东的团队来村里旅游考察，中午饭菜定在卢世华家做，之后到陈列室的凉亭吃饭，一共有24桌，还邀请了管委会文艺队演出。

中午，有一个卖猪肉的人到村里来买猪，今年的猪价上涨特别高，村民和市场上的人都这样说，也是实际的情况，很多村民都不买猪油而是买植物油了。今天卖了卢树云家的一头猪，价钱是1480元，卢迁华家一头，价钱是780元。

2007年11月4日，星期日，农历九月二十五，属虎，阴

到现在，村民家的谷草都基本上已经收回来了，准备拆换蘑菇房的人家都逐渐开始拆换了，今天就有卢学锋家、卢开亮家、李生明家。卢学锋家是传统的蘑菇房，是因为自然的损坏而进行拆换，而卢开亮家和李生明家是根据旅游事业的需要，特别是今年红河州州庆和红河哈尼梯田旅游节的需要而进行建造，是属于政府行为，说是要给每一户建造蘑菇房的村民家一千元的补助。还有属于管委会管理的水碾、水磨等都已经进行了拆换，目的在于让村里保持传统的蘑菇式的建筑风格，让游客观光。

上午，卢明因为他的母亲生病住院而到医院看望，他的母亲已经是五十多岁的人，近几年来一直生些小病，不像以前年轻的时候健康，特别是今年已经花费了几千元的医疗费，农村里这几年收入不高，这几千元还是会为难一些人家的。

上午，土锅寨村委会党总支召开会议，选举产生新街镇第一次党代表。为什么说这是第一次党代表会议呢？按照上级的说法是今年新街镇和胜村乡合并成一个镇，所以要在近期内首先选举产生镇党代表和人民代表，之后又要产生新一届的党委领导班子和人民政府领导班子。今天上午通过选举的结果产生了土锅寨村委会党总支部的代表孔祥文、李高亮、李艳、李志方、张春华、张明华。其中，箐口村党支部的代表就是张明华和张春华，两人将参加新组织成立的新街镇党代表会议。

2007年11月5日，星期一，农历九月二十六，属兔，阴

为了迎接红河州州庆的到来，作为重点梯田旅游景区的箐口民俗村，根据县政府和旅游局的要求，村里这两年建造不符合详细规划的村民家这两天进行改造。村民家有的在准备建筑材料，有的已经开始动工了，今天有李开亮家、卢祥家等，要求他们在近期内尽快完成，绝对不能在州庆和红河哈尼梯田节日两个节日来临时抱佛脚。

集体村民与李永福承包林地纠纷的事情在此之前就已经上诉到县法院了，双方都在调查和取证，今天又因为情况的需要，村民小组李树华和张明华到南沙镇元阳县司法局找到李万明律师递交材料。我们的主要理由是他们做的承包程序不合法，没有按照正确的承包合同进行承包，是以合同的名义掩盖了其非法的目的（这里暂时不详细说明违反的法律条款）。

2007年11月6日，星期二，农历九月二十七，属龙，多云间晴

许多村民都在忙着做蘑菇房，特别是这两年还没有加茅草顶的村民家。县政府和旅游局为了迎接红河州州庆和红河哈尼梯田节的到来对此都很重视，要求村民抓紧时间做。再者，村民又忙着做农活，这也是政府重视的一个重点，新街镇政府和县政府，每一两天就有人来催促村民小组的人和村民，要求尽快整理完毕，让来的游客或者考察的官员们能够目睹梯田的壮丽景观。当然，村民们谁都想着尽快整理完好，谁都不希望到了冬天天气寒冷的时候再进到田里做农事。再说或许这是这一带的生产生活的规律，都习惯到了这个时候就把田犁了泡水，让田里的土随时都处于松软的状态，一则在以后的生产中操作方便和省力；二则保养了水源，要是经常保持有水，田埂不容易倒塌；三则把田犁过之后放水到田里就可以养鱼（一是自己家人或者亲戚朋友们生产时可以做美餐；二是养得多就可以给家里带来一定的经济收入）；四则要是经常保持有水，来年的粮食产量不说增多也会稳定。这些是在生产时听到村民说得多的一些话语。

在今天里做蘑菇房子的人家有李文新家、张正荣家。也是根据各级政府的要求，李春在对墙体进行粉刷，因为他家前年建盖房子用的材料是砖，可能是当时经济上的原因，或者其他的什么原因而没有把墙体做成土坯的样子，现在旅游局根据上级的要求也要求村民们改造，李春家就是一户，还有其他的几户人家也在准备改造中用得到的材料。

正如上面说到的一样，房屋建筑不符合旅游形象的人家都忙着改造房屋，而同样地，村民们真的担心天气变冷，到时候去做田里的事情就相当吃力，所以没有忙着做房屋的人家就忙着去做田里的事情，今天有李跃家犁田，具备劳动力的人家是肯定比较重视田里的事情的，除非不得已。

2007年11月7日，星期三，农历九月二十八，属蛇，多云间晴

　　从生产的情况来看，村民家的谷草是基本上背回来了，这一段时间村民事情主要是根据旅游局和政府的要求做蘑菇房，给墙体进行粉刷，做成传统的建筑式样，再者是集中劳动力做田里的事情。同时，即便不是政府和旅游局要求，要是村民家的房子，主要是指传统的茅草房屋，屋面出现漏雨的情况，该换草了，自己就会主动找亲戚和朋友拆换，这样的情况今天就有两家，是李院文家和李开亮家，李开亮家房子是新建的一层楼上加的茅草房子，而李院文家是传统的茅草房。要是这两年建成新的建筑而又不符合旅游局的要求而改建的，听说是每一户人家补助1000元，而今天的这两家不属于补助的对象，说是他们自己家建盖的。这样有村民就有一种说法是，有钱新建房子的做茅草房子会给予补助，而没有钱做不了新房子而老守茅草房子的人家是什么实惠都得不到，有政府人员说的以后每年给每户人家保护费也不知道能否兑现？

　　上午，村民小组的人员到水源点查看情况，不知道是什么原因，村里的饮用水池里已经多日没有水了，刚开始几天的时候，村民还没有多少的话说，村民又主要是忙着做田里的事和旅游局要求的房屋改造的事情。而且从目前的情况来看，村民小组和管委会两个组织不是能够紧密地协作；管委会主要是负责景区的门票收支、陈列室的管理，以及文艺演出，人多，还适当有些经费；村民小组的人员少，没有什么经费。而村里出现这样的事情应该是谁来管呢？有了水，他们共同来用，没有水，却没有人来管，同在一个村里或者说一个景区里却有两个组织，却因为他们的职责不明确有所混乱。检查的结果是，前两年建的水源池的池底渗水，水管也有所损坏，水源不能正常地集中到引下来的水池里，水源就自然地少了，这是今天检查的情况。

上午，新街镇的工作人员和村民小组的人在村里调查篾桌（用竹子编织而成的桌子）情况，主要是为了州庆的时候，说是要在新街镇摆长街宴，需要用带民族特色的桌子，就在寨子里找，为了预防不够用，新街镇还安排了人到大鱼塘村和黄草岭村民小组里调查统计。调查箐口村里的情况是基本上每一户都有一张，就是所用的有大有小，有圆的有方的，有新式的有老式的，尺寸有一种是长宽都五十厘米的，有一种圆形60厘米的，有的是专用祭祀的，长宽四十厘米。工作人员说这种情况可能会偏小，到时候可能要摆十几样的菜，有的人家的桌子可能是因为时间太长了，看起来有些旧，统计的情况是村里有一百五六十张。

还是在上午的时候，可能是9点左右，有一个拍电影《朱家花园》的剧组到村里来拍摄，要求在陈列室广场摆五十张桌子，菜由卢世华家做，主要是拍长街宴的镜头，而且在陈列室的广场做了磨秋和秋千。这些事情都没有经过村民小组同意。

2007年11月8日，星期四，农历九月二十九，属马，晴

从收割完谷子后，村民每天都有人到田里做农活，现在是搭田埂和犁田的时候，大家都担心到了天气冷的时候不敢到田里。这几天一样，每天都有村民出去犁田，今天有杨文亮等。

李永福到建水县查看朋友介绍的工地，他早些年就是带着人承包一些工程，也当然从中赚到一些钱，自己的房子也建了起来，是村里相对有能力的人。这几年因为找不到事情做而在家休息了一段时间，听说这几天找到了一个建水县的朋友，并介绍了一个工程叫他来干，今天他带了几个人出去看了。

早上，大咪古的妻子去世了，她到今年是79岁，在此之前也没有

听说她生病。村民一听到有人去世，就相继出来帮忙，特别是与他家在一定程度上有亲戚关系的人家都会出来帮忙。今天的主要事情是给她做棺材，村里做棺材的师傅主要是卢正学的父亲，而今天可能是他外出的原因，今天负责做棺材的师傅是张明生，从观察整个过程的情况来看，他还是有一定的技术，不是每一个人都会做的，其他来帮忙的人主要是给他做助手，帮忙他做力所能及的事情，画线等主要事情是由他来做，从整个过程来看，还是能够顺利地完成。

下午六点左右，大咪古的妻子的棺材刚做好不到几十分钟的时间，就又听到村里年纪最大的李才生的母亲去世了，她今年是 98 岁，100 岁还差 2 岁。由于天已经黑下去，他们家的人和来帮忙的人只有借灯光做她的后事了，特别是棺材，村里一般情况是要求一天内做好棺材到了晚上要入殓的，不能等到第二天天亮。

一个寨子里在同一天里去世两个人，或者说在一个去世的人没有送葬之前又有一个人去世，村民都认为这是一件不吉利的事情。至少在现在的箐口村来说，每当遇到这样的事情全村每户会出一点钱做祭祀。人总是要死的，谁也不敢说做了祭祀就不会再发生类似的事情了。可是或者是民俗文化延续的原因，或者是科学文化极其落后的原因，总之，每当村里或者家庭里发生一些灾难，村民就会把灾难的来历推责任于一些不同平常的事情中，比如，今天同一天里死了两个人，有村民就怀疑说是不是因为昨天旅游局在村里的陈列室广场架了磨秋和秋千，还说在昨天里他们架的磨秋柱还断过，是否那就是不吉利的预兆？当然，他们这样做也是为了满足导演的角色需要，也是为了吸引更多的游客到来。可就是为什么不尊重我们的民俗？不能做的为什么要做？为什么要在一个寨子里出现两个磨秋场？为什么不择时令地过节呢？这是民俗村，还是旅游村？这些是真民族还是假民俗？这是民族的真文化还是假文化？是否还要民族的这一资本？他们撇开民族的、村民的，还能在箐口做什么？有很多的村民对昨天的事情感到愤怒了，越来越对旅游工作感到不满了。

有的村民直接对村民小组的人说：他们到底是想干什么？（主要是指政府和旅游工作在箐口村里将会怎样的发展？怀疑这样做反而把村里的名声搞坏。）

2007年11月9日，星期五，农历九月三十，属羊，晴

早上，李清华的儿子过出门的仪式，按照他们家族的传统仪式，由他的妻子方买来一头猪，还有他们自己家买来祭祀用品一起到大鱼塘寨子脚的一座小桥那里祭祀，之后再回来在自己家里做。他们通知了自己家的很多亲戚来，来的人主要是送了一些鸡和蛋等，根据他们家的做法，他们家还要请妇女跳碗舞，故意砸碎一些碗筷，祈求孩子以后健康成长。

昨天，李才生的母亲去世的时候已经是晚上了，她的棺材只有等到今天来做，因为棺材还没有做好，他们家也就没有通知亲戚来，为了做伙食买了一头猪杀吃。

村里同时死了两个人，村民都忙着帮忙他们两家，可是隔壁寨子的人又死了一个，是李有福家的亲戚，李有福家又不得不叫了他们家族的一部分人出去奔丧。

李志和母亲是昨天凌晨过世的，她的棺材从昨天早上就开始做，到了下午就做好了，到晚上入殓以后，他们家就通知所有的亲戚来奔丧。现在很多年轻人都有了电话，通知类似这样的丧事也比以前方便多了，只是有特殊关系的人要派人出去通知。从他们不完全的统计来看，他家应该要到六个寨子里通知，可是除了有一个地方是亲自派了人去通知外，其他的都是用电话联系的。今天来的人也比较多，下午吃饭的时候就有四十多张桌子的人，除了村里帮忙的有十多桌的人，其他的都是其他寨子的人。

下午，张春华返回寨子来。他在本月3日就出去考察学习了，按照他的说法是参加全国村级干部会议，代表哈尼族的干部出去，他们到了井冈山、南昌等革命老根据地，很有意义的。一个农村干部能参加国家

级的会议、能到国家革命老根据地学习也是很荣幸的事情。

2007年11月10日，星期六，农历十月初一，属猴，晴

由于李才生母亲的棺材昨天才做好，他们昨天就没有通知亲戚来奔丧，在今天里才通知，或者他的母亲已经是九十多岁的人了，或者是因为他家的亲戚多，几天来的人也比较多，可能是考虑到来的人会多，他家今天也买了一头猪来杀吃。

今天正好是赶集日，村民还是像平常那样到街上赶集的人也很多，而村里办丧事的两家也都趁集日到街上购买鸡鸭等平时不能买到的东西，准备好需要的物资了。

哈尼族的丧事我有时也觉得比较烦琐，而改变又不是一两个人的事，也不是一两代人的事情，可能要经过几代甚至多少代。这两天村里同时过世了两个老人，村民已经是够忙的了，而今天又有张正和家到团结村委会金竹寨村丧祭，我们张氏家族的人又得去帮忙了。

2007年11月11日，星期日，农历十月初二，属鸡，晴

根据他们两家的意见和摩批选择的日子，离送葬还有几天的日子，李志和家就叫了几个年轻人到他家的树林里砍一些木柴，准备在这次丧事中用。

今天中午，昨天到金竹寨丧祭的张正和一家回来了，不准备请客，下午就请帮忙的人吃喝了一顿就算完成一桩事情了。

上午，土锅寨村委会分三个片区投票选举县人民代表和新街镇人民代表，选举委员会最后产生的县人民代表是李正亮和李建福，箐口村选区的镇人民代表是马秀芬和张春华。通过最后计票唱票选出的县人民代表是李建福，箐口选区中的镇人民代表是张春华。

2007 年 11 月 12 日，星期一，农历十月初三，属狗，晴

从历来的情况来看，村里无论是谁家出了大事情，比如像死了人这样的大事情，村里的村民都会来帮忙，特别是有一定亲戚关系的人家，都会停止家里的事情来帮忙（除了不得已的情况）。这一段时间是村里忙着整理田里事情的时候，可是村里同时死了两个人，很多与他们家关系亲密的人家都停止了田里事情而去帮忙。但是由于这两天不是最忙着办理丧事的时候，有些村民就趁着这两天出去做田里事情，如犁田的人家有卢小和家、张明福家，搭田埂的人家有张明生家、李永忠家等。说到犁田、搭田埂的事情，今天有卢志明犁田，他今天犁的是干部报酬田，因为前几年在选举中干部（村民小组）发生变化时，有的干部没有重视所有的留出来作为干部报酬田的事情，有的放荒了好几年，有的被原来的主人家耕种，这样他家也想着收回来自己耕种（有村民说这一块原来是他家的田），包括卢学贵家也如此，他家一直耕种的田在前一段时间就做完了，这一块留了一段时间，眼看着这种情况的有几户人家已经搭上了田埂，他家也就出去搭了。就不知道这部分干部报酬田将会怎样来处置？

在几天里，死了人的两户人家都因为还没有到时间，村民多数都忙着自己家的事情，只有他们家的亲戚还尽可能地帮忙做一些没有做好的事情，白天里可以各自去做事情，但是，到了晚上，村民都会到死了人的两户人家里玩，聊天，打牌，甚至有中青年人会赌钱，大家都认为不是赌博。还有他们家的亲戚都说好后轮流来养老，即守灵。每一天晚上有一两户，或者三四户，他们一般都买来一些糖果，到了晚上 10 点或 11 点左右就发给来的所有人，每人一份，他们多数还会请上能够唱民俗歌曲（有一种是专门在死了人的时候唱的）的人在堂屋里摆上饭菜后唱歌到天亮，再热了饭菜吃之后才去休息，这些饭菜主要是来养老的这一家出，今天夜里负责李志和家的是张保祥家。

听说红河州州庆的时候，县里也要组织举行旅游节，而箐口村是县政府开发的民俗村，正因为这样，到时候就会有很多游客和官员到村里考察，县里和镇政府就要求村民的民居要按照详细规划统一建筑，有部分村民家的建筑由于前两年没有按照要求来做，现在就只有赶着建做了，如李建国家等。

2007年11月13日，星期二，农历十月初四，属猪，晴

今天是胜村乡的赶集日，就箐口村民来说，主要的赶集还是在新街镇，但是要是购买蔬菜或者牲畜等之类的话，有时还是到胜村乡的集市来，村里死了的两个老人已经定于在几天后的属虎和属兔日办理丧事，主人家包括要用猪牛丧祭的人家就在今天到胜村乡集市里购买猪牛了。今天早上张保祥和张明福的父亲等就急着赶往胜村乡赶集了，以把需要的东西现在就准备好。因为今年的猪价特别的高，随便一头小猪都要两百元以上，他们是到集市里看小猪的价钱是否比新街镇的要便宜一些，希望能省则省。

虽然还没有明文规定说箐口村民的墙体要土色的，但就是这样要求的，快要到年底了，就会经常有县领导来村里检查情况，李生亮家是自己今年才做起来的新房子，也是上级经常来说的，今天就只好请人粉墙了。

过几天说是我们红河州州庆的日子，上级说可能会有领导来村里检查工作，我们箐口村管委会又得组织修理路面，打扫村里的路面卫生，以及清除道路两边的塑料垃圾等。他们收入少，拿的工资不多，每次上级领导来检查工作都要好好打扫卫生，也是很辛苦的。

这两天天气好，今天犁田的人家有卢朝生家、卢小和家、张文和家等，就是都希望赶在冷天到来之前把田里的事情做完。

2007年11月14日，星期三，农历十月初五，属鼠，晴

不知道什么时候就传下来的，村里安葬老人还是要讲究一点风水术的。今天李志和家放干了寨子脚他家大田的一侧,就是准备安葬他老人的,叫了几个来帮忙的亲戚把需要的这一侧的淤泥清理好,以及准备好需要的石头和沙子等。

根据上级的通知,今天上午村民小组收取村民的合作医疗费,今天收了一千四百五十元。到现在还没有收齐,还得收一段时间才行。

2007 年 11 月 15 日,星期四,农历十月初六,属牛,晴

今天的天气还是不错,犁田的村民有卢小和家等,都急着赶在冷天来临之前把田里的事情做完。

上午,中国科学院和云南省农科院的人到村里收集谷种和蔬菜种,村民小组配合他们收了几种村民多年来栽种的水稻品种和其他地方少有的几个蔬菜样品。

2007 年 11 月 16 日,星期五,农历十月初七,属虎,晴

或许是箐口村有点名声了,有些电视工作者都知道这么一个地方了,今天有一个电视台的人来村里拍村民捉鱼的镜头,参加的人多少还是会给一点费用的。

对于村里来说,今天主办李才生母亲和李志和母亲的丧事,村民都很忙了,李才生家属于大李家,他们忙他们的;李志和家是二李家,也是忙着自己家的事,好在两家一家在寨子的上头,一家在寨子的下头,村里的人手可以分开来帮忙,要是两家都在一起的话,村民也有点忙不过来了。

2007 年 11 月 17 日,星期六,农历十月初八,属兔,晴

今天送葬李志和母亲和李才生母亲,由于寨子里不允许同时有两个老人去世,要是有这样的情况就认为是不吉利,就得买鸡鸭做祭祀。这个祭祀由村里的摩批李正林主持,两家一家出一点物资,在出殡的这一天早上做，今天也不例外。而下午，要出殡的时候请了寡妇李门脚、李以略、李鲁略、张小明母亲四个人来，让她们象征性地起动一下棺材，然后再由年轻人送出，这也是我以前不知道的风俗。

2007年11月18日，星期日，农历十月初九，属龙，晴

新街镇通知村民小组明天有州里领导来，要管委会整治村里的卫生。就是这样，村里开发旅游事业后，元阳县旅游局在村里组织一个管理委员会，负责收门票，管理村里的卫生。每次上面来人都会通知他们搞卫生，只是村民的意识低，设施又差，卫生就是搞不好，每次都要被上级批评。有时还得请工人打扫，有时是新街镇工作人员来亲自打扫，搞得他们都有意见：说是村里的卫生还要他们亲自打扫，箐口村民的意识太差了。

或许是星期日休息的日子，今天来村里的游客有点多。

按照村里送葬老人的程序，昨天出殡的两家人都请客吃饭。现在生活条件好了，他们两家的伙食都不错，每家都有八九个菜，比我们小时候好多了。

2007年11月19日，星期一，农历十月初十，属蛇，晴

今天说是有三位省里的领导来，管委会进行了演出，村民小组还搭了秋千和磨秋，新街镇答应要做磨秋秋千的祭祀就给四百四十元补贴。要不是他们的到来，村里的磨秋和秋千是过苦扎扎节的时候才能搭起来的，平时都不准搭，这样做认为违背了民俗的习惯，村民要求做祭祀的。文化因人而起，也因人而变。我认为他们这样做是不对的，应该尊重村民的意志，按照民俗的习惯发展，他们临时要求这样做恰恰是变化了一种文化。能在村民过节的时候参与那是另外一回事。

管委会为了保证今天来去的路上卫生好，就请了三个小工维护主要路面的卫生，特别是要求他们重视塑料垃圾，看见了要及时清理。

你看看，村里的丧事就是多，前几天才送走了两个老人，今天又听

说李学的妻子那边有人过世，今天又请他们李氏家族的人去丧祭了，又得费人力物力的，哈尼族人也不轻松。

2007年11月20日，星期二，农历十月十一，属马，晴

又是因为有领导来，他们要观看农耕表演，还得请一些村民去，不是多此一举吗？插秧和前一段时间收割正是表演的季节，是村民实实在在与自然抗争的时候，用不着他们付一分一厘钱就可以观察，甚至有兴趣体验的话可以同苦同乐地参与，用不着半点伪装，而现在付钱来表演——到底是图什么？

根据上级领导的意思，在李正林家的林地里做昂玛突的假祭祀，全村杀了一头猪，再买了一些菜来做，全村村民都可以来吃喝的，包括妇女在内。我的观点还是一样：我不赞同他们做这样的假祭祀。昂玛突节中，村里的成年女人一般是不到寨神林中的，而这样的假祭祀中就完全可以了。在真正的昂玛突节中，村民是要求不能在寨神林喝多喝醉的，出现什么意外的事情，都是很严肃的事情，来回的路上都要保证安全的。而这样的假祭祀中就没有这些了，你喝酒大可喝醉，妇女们都可以举着杯子吃喝了。是不是曲解了一种文化？我这样说可能会让一些官员觉得刺耳。但我真的是这么认为。

这个月村里的丧事我觉得是多了一点，只是生老病死是自然规律，人们只有预防只有去顺应。前几天就连续有几家，昨天又有张志文家到全福庄丧祭，今天回来，说是明天还要准备请客。

2007年11月21日，星期三，农历十月十二，属羊，多云间晴

正如昨天说到的，今天张志文家请客，可能是好长时间没有办这样的大事了，很多村民还照例去做客。村民议论这个月吃猪肉牛肉都有点怕了，有时连做客的钱都找不到。

今天，卢志明家病死了一头猪，还是和一般村民处理的办法一样，

舍不得丢，还是解剖了煮吃，吃不完的卖给其他的村民。村民卫生意识差，基本上不考虑什么病因，只要解剖后的肉质不要太异样，都会解剖了煮吃的，还要请上一些亲戚和朋友来吃喝。我有时也会参加的，只是后来看过一些书以后，心里还是有点麻。

村民小组李树华领回来昨天做假祭祀补贴的440元，交给了李正林摩批，要他找时间尽快组织人手做祭祀。

村里的水源点工程做得的确有点糟糕，有点粗糙，每到一段时间就会被堵塞，没有水喝了就得麻烦村民小组去查看，有时还得三五个人才能做好。前几天没有水了，今天又得去检查，做好了才会有水用。

2007年11月22日，星期四，农历十月十三，属猴，晴

天气晴朗，整治田埂的村民就多，因为前一段时间村民都帮忙老人去世的家里，没有来得及顾家庭的事情。现在处理好了，村民又忙着去干田里的活计。

我是箐口村的党支部书记，张春华是土锅寨的党总支书记，在没有多大意见的情况下我俩被选举为土锅寨党代表，参加新街镇党代表会议，今天我两个到新街镇报到参加会议。

2007年11月23日，星期五，农历十月十四，属鸡，晴

李有福家死了一头猪，有点大了，扔了或者埋了觉得很可惜的，村民的卫生意识还是差，不管它是得了什么病，都会找人来解剖了煮熟吃喝的，还会请亲戚和朋友们来。亲戚朋友也不管是什么病死的，认为人家给自己面子，也会来吃喝的，要是男的要喝酒的话，作为朋友的也会带一两包烟或者一两斤酒，有时还会喝晕的。

庄稼是需要肥料的，水稻也如此。村民给田里施肥有一种传统的做法叫作"水冲肥"。就是用水把肥料稀释后顺着水沟冲到自己家田里，既省力也省事。今天看见李江西家水冲肥，他们家早上把平时堆积起来

的牛粪挑到水沟旁边，中午赶水来以后冲到田里，估计他家今年的粮食产量要稳定一些了。

听村里的老人说：麻雀是人类的朋友，肉质好吃，可以治一种病，老人是不许孩子们打麻雀的。记得小时候，村里麻雀很多，我也生过一次病，二哥特意打了两只回来给我吃，不知是我到了恢复的时候还是麻雀肉起了作用好了。特别是每年到了收割的时候，只要到下午四五点，寨子脚五眼果树上到处挂满了休息的麻雀，村里特别的热闹，当时有铜炮枪，不听老人话的村民只要随便往树上打一枪都能打掉十多只。平时，它们就是休息在村民家的屋檐下，不知道什么原因消失了二十多年了。很偶然的，今天下午我发现我家的田边有七八只麻雀在叫鸣，我也很怀疑是不是麻雀？——已经这么多年没有见过麻雀了，在怀疑的情况下，我确实相信我们的朋友麻雀离开这么多年以后回来了，寨子里又多一份热闹了。

正如昨天说到的，我和张春华于今天正式参加新街镇党代表会议。

我们箐口村的哈尼族是不许茅草房通洞漏雨的，认为要是通洞漏雨就不吉利。所以，要是谁家的房子通洞漏雨的就要修补。而这个时候是最好的选择，今天上午就有张红明家拆换茅草房，也是因为眼看到了该换的时候，不能让来年的雨水淋进屋里，减少不必要的麻烦。

2007年11月24日，星期六，农历十月十五，属狗，晴

我和张春华参加新街镇党代表会议结束了回来，这次的会议事情少，时间有点短，昨天去参加会议，今天就回来了。

犁田的有李爱生家、卢永贵家等，犁翻了田的人家只要平时管管水就行了，等来年三四月份春播时再去种田。

为了与李永福之间的纠纷问题，李树华到南沙找委托律师，发现原来的新街镇镇长和李永福之间还有每年5000元的一笔护林款，这是一件村民不知道的事情。

2007年11月25日,星期日,农历十月十六,属猪,晴

张春华是土锅寨党总支书记,也是村委会人民代表。根据通知,今天要参加新街镇人民代表大会。

听说前几年的草果市场价很不错,我是带着实验的心态栽种了一些,有两三年了,听有经验的人说有的可以分开来栽种,今天我去试种了。

只要天气好,每天都有村民到田里劳动的,今天搭田埂的有李国忠家、李永得家等。张明家是犁田。做农民的,要是自己放松一点,或者是根据生活的需要去挣一点补贴的话,一年四季田里都好像有事情做。

应该在前面的日记里说到了,村民家建盖房子的茅草寿命很短,每到三五年就得更换一次,今天卢迁家拆换茅草房。这样拆换茅草到现在是不用付工钱的,只要自己家准备一些伙食,请几个亲戚朋友来,而看见的事情不多的村民一般也会来帮忙,用不了一个上午的时间就可以建好,吃过中午饭,当然,男的是可以喝一点酒的,下午还可以去做自己家的事情。

2007年11月26日,星期一,农历十月十七,属鼠,晴

村民给田里施肥有一种办法叫作水冲肥,就是把平时堆放在家里的肥料背到水沟边,水放下来把肥料随水冲到田里,以保证田里的肥料。养牛的人家平时注意保存,到了这个时候就冲到田里,可以保证粮食的产量。今天就有张保祥家水冲肥。

箐口村的水源点建设看来是有点问题,每到一段时间就会被堵塞,村里又没有专门的看管人员,只有村民小组的人去检查并且负责修理了。去检查的结果是被堵塞了,只要随便拿开堵塞的杂物就行了。

就在本月的19日,因为有上级领导来村里,村里只有过苦扎扎节时才用的磨秋、秋千都架起来运作。可能那些领导认为很好玩而想目睹那种场合并实践之,而村民则认为不是时候动了这些,有冒犯规矩之意,有必要做祭祀。双方协商是补助村民一点祭祀费用,于今天下午来做,

摩批就是负责村里公共祭祀的李正林，参加的人主要是咪古和一些中年人。

这样的做法村民有那么几种观点：一种是认为不会碍多少事情，只要他们给适当的补助做一些祭祀来弥补，可以增添旅游景观；一种是人家政府官员要来，他们说做就做，担心要是不做的话可能会影响他们的情绪，影响以后村里项目投入，断了发展经济的路；一种是我们这样的想法，认为既然是村民在特定的日子做祭祀的时候才能做的事情，那就由村民决定：平时就不要做，无论什么样的大人物来，也无论是什么样的要求都不要做，就由村民按照自己本村的程序规矩来做，由不得其他人和事务牵动，这就是文化。能由其他的人和事务所牵动的，那是对一种文化的变解和污蔑。文化不应该是一个人或者几个人创造和解读，它应该是一群人甚至更多人在特定的环境和社会中产生和发展起来的，应该受环境和社会的制约，不应该由个别的少数的人去解读和变解。我这样说可能有人不满了，但是，我的确是这样想的。

2007年11月27日，星期二，农历十月十八，属牛，晴

村里没有养种猪（公猪），养着老母猪的农户就只有在母猪发情的时候到其他村寨养种猪的地方配种，今天上午看见卢学贵的父亲赶着他家的母猪回来，应该是从其他地方配种回来的。新街镇兽医站是有的，附近村寨听说是水卜龙村和全福庄村有，其他的就没有听说。到其他村寨去配母猪种是有点麻烦，为什么村里就没有人家养种猪呢？有兴趣时再转过来做调查。

养牛的人家，平时把牛粪存起来，到了现在这段时间，把自己的田犁翻以后，可以利用水沟的水源把家里的肥料冲到田间，保证每年的水稻所需肥料。老父亲是一个一生务农的老实人，把毕生的精力都付给了梯田和养育子女，我感谢他。他每年都要把存着的牛粪用水冲到田里，只是他一个憨厚的农民，插秧播种，人家算日子，他也学着来了，甚至

这样用水冲肥料都要算一下日子，很让我哭笑不得。今天叫兄弟张明福水冲肥料也是他说过的，很好玩。

前几天，土锅寨村党总支书记张春华参加新街镇人民代表大会，今天可能是结束了就回来了。

2007年11月28日，星期三，农历十月十九，属虎，晴

上午，元阳县林业局的人来村里调查村民集体与李永福之间的林业纠纷一事，他们认为都是一个寨子的村民，希望村民小组与群众做一些工作，退让一些，把一年的退耕还林款给李永福，后两年的就由村民分配。事情已经到了这种地步，村民小组是不可能让步的，想当初他这样多退一步的话可能还行，他那时的言行已经把村民小组逼到了头，村民小组是不可能同意现在的这些方案了，只有走到底见分晓。

下午，村委会召开两委班子会议，主要精神是水卜龙村党总支书记杨林和土锅寨党总支书记张春华调换任职，希望村支部书记及各自然村村民组长配合他们工作，把各方面的事情都做好。

2007年11月29日，星期四，农历十月二十，属兔，晴

原来我是不知道的，有的村民家把存在家里的肥料用水冲到田里都讲究日子，说是不要与家人生辰相冲，很好玩的，这样的事情我是听就觉得好笑。只是没有办法，有的东西得由时间和历史去改变。今天的李绍新家水冲肥，他算是年轻一点的人，不知道选过日子没有？我试想，多少还是考虑过的。

或者是姻亲关系，或者是生产中经常遇到，也可能二者都存在结下的感情，今天张保祥、李正学各拿一只鸡到土锅寨村去世老人的家里，去的村民不算多，估计就是那么几个，要是大鱼塘村或者黄草岭村民小组，去的村民肯定要多一些。

在村里做事情就是麻烦，特别是收取费用之类的事情，刚出台的农

村合作医疗费用得我们村民小组收取了上交的。上午，村民小组收取农村合作医疗费用五百多元，每年都要村民小组反复与他们做工作。

2007年11月30日，星期五，农历十月二十一，属龙，晴

今天犁田的有李和明家、李上嘎家等，主要是这几天都天气晴朗，田里的水还不是那么的冷，要是田里的水再冷些都不愿意到田里劳作，就尽量赶在天气变冷、田里的水更冷之前把田整治好，到时就可以清闲些了。

今天上午村里来了买猪的人，卢宽亮家卖了一头，卢正祥家卖了一头，李和明家卖了一头，都是1000元以上的。村民还是在贫困之中，养猪主要是利用田间的杂草以及家人的剩菜剩饭来喂养，很少用饲料，养出来的猪肉比较细嫩好吃，养大后卖了补贴家里的经济，很少自己消费的，特别是前些年，能养大一两头猪的人家生活算差不多了。只是这些年村民都可以外出务工，人们的生活水平提高了，过年过节特别是过春节的时候，有很多村民家都可以自己消费一头猪了，以前是不可能的。

2007年12月1日，星期六，农历十月二十二，属蛇，晴

上午，卢朝生来向村民小组的人反映说，村里有不上学的孩子到别人家的田里捉鱼，还砍死了很多芋菜（一种野生植物，叶片宽大，茎粗质软，可以食用，味美，多栽在有水或者潮湿的地方，有几个品种，有的只能喂猪，人不能食用）。他反映说的是可以食用而栽在田埂上的一种，要求村民小组的人向村民宣传一下，叫他们的家长或者监护人管教好，不要再出现类似的事情，否则，会出现不必要的纠纷。当村民小组的人问他是谁的小孩时，他不愿意直接地说出，只是告诉说是几个村里还没有读完小学就辍学的儿童。由于他们年纪小，又不会像大人一样出门打工，就会在村里做一些偷鸡摸狗的事情，不希望他们从小就养成了这样的习惯而将来长大了就成了社会中众人唾弃的人。他们的年纪还只

有十一二岁，真是惋惜，像这样的年纪就放弃了学习的机会，将来能适应什么样的职业呢？

上午，有一个做牛生意的人来村里买牛，购买了村民张明福家的一头牛和卢正清家的一头牛。张明福家是一头大公牛，他家早在夏天中牛还特别膘肥时就想出卖，只是考虑到自己家的田还多，不可能借用人家的牛来犁自己家那么多的田，秋天收割后就要接着犁田，就只有等到现在把他自己家的田犁好之后出卖，价钱是3380元，原来讲价是3400元，最后以让20元达成生意。还有一头是卢正清家的母牛，具体是以多少钱出卖就没有打听清楚，要是按照正常的价格可能会是1560元左右。

还是在上午的时候，村民小组的李树华、张明华、马秀芬三人都参加村委会会议，开会讨论关于农村最低生活保障资金发放问题。会议要求确保发放中不能出现事情，会中提到在其他村委会发放农村最低生活保障资金的时候出现了很多的事情。例如，村委会或者村民小组的人被村民打伤，或者办公室被砸坏，有的已经达到违法的程度，已经遭送到公安机关。希望在土锅寨村委会发放中要确保五保户、残疾人、孤儿这三类人员，多征求群众的意见，确保事情的顺利进行。他们会议上宣布箐口村能领取到的农村生活最低保障费是48125元，当时是根据调查的情况上报的有39户。五个自然村的干部都决定要给原来上报的低保户补助40元的照片费和来往的车费等，其他的就按照人口或者户口来平均分配。这样或许事情会好办理些。这是今天上午村委会的主要精神，至于具体怎样操作还要根据各个自然村的情况来定。

2007年12月2日，星期日，农历十月二十三，属马，晴

上午，村民小组根据昨天上午参加的村委会农村最低生活保障费发放问题的会议精神召开群众大会，地点还是和以前召开群众大会时一样，选择在陈列室广场凉亭，要求每家每户都要有人参加。从来参加大会的情况来看，百分之九十五以上的人家来了，包括所说的黄土坡。说个题外话，黄土坡现在村民都习惯了叫箐口小寨，因为居住在那里的只有八户人家了，离大寨子七八百米。听说，大寨子的很多人家都是从那里迁移下来的，很多年前还是那里的户数多，人口多，多的时候达到过七十多户，还不时会诞生一些有本领的能人，比如，现在很多中青年都听说过的李阿黑就是一个。按照所谓的风水师的说法是现在不应该挖通寨子背后的这条省道公路，从那以后这个寨子的风水就起了变化，人家也就逐渐少了，都逐渐迁移到箐口村，或者大鱼塘村等，现在黄土坡行政上属于箐口村，平时做什么大事情都要依靠大寨子的人家啦。全村近两百户的人家来了一百七八十户的代表，由于很多人家的男人出去打工，差不多有一半是妇女，她们都在会中发表了各自的意见。从总的来看，他们都同意除了孤儿李江，孤寡老人李才贵、张有福、上有老母亲下有上学的女儿、残疾的卢建华，杨学（待调查户口是否在箐口村，父亲去世，母亲已经嫁出，只有六七岁）外，以户籍人口或者以户数来平均享受农村最低生活保障资金。有的举出例子来说，自己虽然建了一幢看起来算好的房子，但是那也是贷款来建的，还欠着银行很多钱；有的又说，自己虽然买车也是借钱买的，欠着人家的钱，属于贫困保障对象；而有的人虽然家里的房子不是很好，但是他们还有多少的存款；谁都可以申请得到农村最低生活保障资金。看来，他们提出的建议是最符合分配方案的，也就给每一户发放了由村委会统一制作的申请表，要求他们在两天之内上交申请书。这是今天上午群众大会的主要结果，都说要是按人口或者户口来分配的话就没有多少意见。

今天水冲肥的人家是卢宽荣家，要说的是，今天他们家冲肥料到田里的是原来李正学家承包的田，由于李正学夫妻和女儿不和睦，家庭各有其说，去年的时候李正学家里的田就以6000元给卢宽荣一家承包了，听说的期限是100年，操作的主要是他们夫妻和小女儿，大女儿当时是在广州打工，对这一事情不是很了解，有一次回来知道后感到不满，想采取打官司的路子把自己家的房子和田地都争取回来。现在由卢宽荣家承包之后，可能是考虑到原来多年没有施肥的原因吧。

李树华家砍伐树木，主要是今年他家建盖房子，到目前他的经济已经不够了，原来说好了借钱给他的人家又发生了特殊的情况就没有再帮助他。与他家一起建盖房子的人家都做好了，就他家的房子还没有做好，连第二层的屋顶都没有打好，想着连房子都没有建好住处都没有，只好出卖一些自己家的木材解决经济上的困难，把自己家的房子也尽快做好。

2007年12月3日，星期一，农历十月二十四，属羊，晴

从这几天的情况来看，村里每天都有人家用水冲肥，今天有张志光家。利用水把自己家里的牲畜粪便冲到田里来充实土壤的肥力，来年的粮食产量就会相应地提高。在箐口等绝大多数哈尼族地方，由于地势的因素，人们都按照从高到低的地势把肥料用水冲到自己家的田里，很省劳动力，是一种人们在生产中实践出来的科学的施肥方法，至少从现在这一带人们的生产能力来说。

下午，马志文家死了一头30公斤左右的猪。今年的猪价上涨得特别的高，到现在要想买一只小猪都要三四百元了，他家说这头猪也是四百多元买回来的，自己一家人吃了觉得消费多了，就拿到路口来卖一部分，是1公斤以13元卖的，也可能是因为城镇市场上肉价特别的高，来买吃的也多，一会儿就卖完了。这几天，村里有几户人家的猪死了，也没有听说是有什么病，只是发现不吃食几天就不行了。有人的说法是，因为前一段时间村里同时死了2个人，出现这样的情况就可能会给村里带来一定的灾难，死这样的几头猪是很正常的事情，只要不给村里带来更大的灾难就阿弥陀佛了，从某种角度来说有破财消灾的观念。他们的这种观念是否能用科学的方法解释呢？这就无从说起了。

上午，应受箐口村民委托的李万明律师的通知，村民组长李树华和张明华到县林业局，一起与林业局谈判关于村民集体与李永福之间的纠纷。从林业局代表人何副局长的谈话中了解到，他们的意见是想双方在林业局达成协议，并不一定要在法庭上见面，建议双方都做一些让步，他的建议是 2007 年的退耕还林款拿出一半给李永福，至于以后就归箐口村民集体，林权经营证书也变更给箐口村集体。而村民小组的意见是他已经隐瞒了五年的退耕还林政策，享受政策已经够多了，以后不能再让他享受这片林地的所有政策性补助，要是还要给他享受一部分的话，还要回到村里召开群众大会才能决定，之后我们就返回了。村民小组与林业局没有达成什么协议，答复是等村民小组回到村里召开了群众大会听取了村民的意见后转告。

2007 年 12 月 4 日，星期二，农历十月二十五，属猴，多云转晴

今天张明生家水冲肥，就像前面说到的一样，这一段时间村里每天都好像有人家利用水冲肥料，就趁着现在已经把田犁翻过来，而且还有水源的情况把自己准备的肥料冲到田里，村民主要还是考虑到要是到了春天出现干旱，到了那个时候，要是没有了水就不能冲了。再说，要是把家里的肥料现在处理了就给家里留出一定的空间，现在又不是农忙时候，要是到了春天就农忙了。所以，准备要把肥料冲到田里的人家绝大多数是选择这一段时间。由于水源及水沟上的不便，每天只能冲一两家人的，所以，这一段时间几乎每一天都有，要是要冲的人家多了还得排队。

上午，县林业局、法院、律师又通知村民小组的人，还通知了李永福，要求双方到林业局办公室做调解。原来是计划在上午就进行调解，可是因为路途问题，只有等到了下午再进行。

今天下午在林业局调解集体与李永福纠纷的基本情况是这样的，箐口村民小组除了村民组长李树华，副组长张明华，妇女会计马秀芬之外，还邀请了群众代表李小生、李平真、李才生、李正学、一共 7 人，包括律师就八个人。李永福一方没有请村里的人，请了几个其他村寨的亲戚或是朋友；主持这次庭外调解的人是林业局局长、书记、办公室主任，法院的一个副院长、民事庭厅长等。从调解的总的意思来看，法院和林业局的人都要求双方做一定的让步，村民小组也不要追究过去五年的事情，而李永福也不要追究护林房被砸毁的事情，双方主要就今年以后的事情进行商量达成一致的意见。可是，村民小组的意见是今年后一切由村民集体来管理，一切能享受的政策也由村民集体来分享；而李永福认为他所签的协议有效，要求履行协议，后三年的政策还是要由他来享受，其他的就不提；双方僵持达不成协议后由法院定于下个星期一下午在法院开庭。

在部队服役了五年的士官李庆宝今天退役回来，听他们说，现在部队的生活和各方面的待遇都比以前有所提高了，他今年退役回来也能拿到几万元的安置费。

2007年12月5日，星期三，农历十月二十六，属鸡，早上有雨，下午转晴

李文贵家从山上运回来一些石头，准备在前一段时间买来的菜地上为以后建盖房子打基础了，他家以前没有建盖房子。他的大儿子从外地打工回来以后买了一辆车跑客运，而且他的小儿子已有了自己的儿女，准备趁年轻给他的大儿子建盖房子了。这些石头是从山上自己亲戚家张明德家的地里取来的，其他人家的石头也很少，要是到其他寨子卖石头的地方去买，就要花很多的钱了。

李树华叫了一些朋友到树林里砍伐树木，主要是已经与做木材生意的人取得联系，以一个立方330元卖给他们一些，之后用所卖得的钱来建盖他家的房子。由于他家的林地到能进车的路还有一段路，今天就叫了几个朋友从林地里抬到公路上，为以后装车做准备。

2007年12月6日，星期四，农历十月二十七，属狗，晴

早上，卢正学叫了一辆黄草岭熟人的车到个旧市医院看他母亲的病情，他的母亲生病已经很长一段时间了，多次在元阳县人民医院查看并住院治疗，听说已经花费了好多钱，幸好在今年实施的医疗合作中得到一些减免，可以减少生活上的一部分困难。

从现在开始，基本上已经进入农闲了，可是村民们不是没有事做。从近一段时间来看，村里很多妇女开始着手去挖地了，她们现在就把地挖好之后，到春天来临开始要播种的时候就只要把地里的草除去就可以栽种了，今天就看见张春华的妻子等十几个妇女扛着农具出去。

2007年12月7日，星期五，农历十月二十八，属猪，多云间晴

上午，张明福家买回来一头牛，价钱是1506元，是从一个叫昌寨的村子买回来的，离箐口村有十公里左右的路程。在前面几天的日志里我说到过，他家的大公牛以3000多元卖给了做生意的人，主要是考虑到大公牛已经养了很多年，正是比较值钱的时候，要是过了今年的这个冬季就会瘦一些，就趁现在结实的时候卖了，而家里的田又多一些，在不可能用机器来操作田的情况下必须养一头公牛，今天买回来的这一头牛要是到了春耕的时候就可以耙田了。所以他家卖了大公牛又接着买回来小公牛饲养，作为家庭的生产工具。目的是保持家庭正常的生产秩序。

下午，杨正明到村民小组处告状，说是他家的萝卜等蔬菜被李平发的妻子、李平贵的妻子、李平珍的妻子等挖死，要求村民小组尽快找时间调解。他说他家栽种管理那一块地已经有30多年了，是生产队调整的时候就分配给他家的自留地。或许是素质问题，或许是其他的什么因素，村里两家或者几家之间有什么纠纷，他们往往就会首先动手破坏谁家的财产，之后再由某家上告到村民小组来，所以，村民小组的人经常告诫村民说即使谁家与谁家有什么纠纷都不要先动手破坏财产，要求首先把情况告诉村民小组，由村民小组调解了再进行管理，要是村民小组调解不成也可以到上一级政府，或者到法院去等判决。但是，从现在这几年来的情况看，还是会出现类似破坏庄稼的现象。村民小组认为被破

坏的庄稼确实有所无辜。至于今天杨正明来上告的情况，因为村民小组要在下星期一到法院处理与李永福之间的事情，就说明只有到星期一过后来调解。

2007年12月8日，星期六，农历十月二十九，属鼠，多云间晴

上午，杨正明又来告状，要求村民小组在今天早上到李平发家问明一下情况。无奈，村民小组的人到李平发家去，当村民小组的人到李平发家调查时，了解到李平发的妻子她们都已经出去街上赶集了，因为今天是新街镇的赶集日，准备到镇上赶集的人出去得早。没有办法，只好等当事人回来后再进行调解。

李正国的儿子叫了几个朋友到树林里伐薪，因为自从前些年李正国的妻子去世后，家里就只剩下他一个人在家，他的大儿子又已经分家多年，只有照顾自己家的能力。他的两个小儿子尚未娶妻又经常在外地打工，他一个人平时只有照顾耕牛的时间，家里的劳动力根本不够，近一段时间来他得了重病，来看望他的亲戚很多，所要烧的木柴相对要比平时多，就只好叫了几个朋友到林里砍伐。

李树华家的树上午卖掉，装车的时候被林业局的人看见，从箐口村这几年的情况来说，政府为了保护哈尼梯田这一独特的景色，也出台了一些相关的政策性文件制止砍伐一些特别的树木，在此之前也阻止过个别人家砍伐树木，村里来的官员比较多，村民准备砍伐一些树木都比较谨慎，特别是大假日（所谓的黄金周一般都不敢去砍伐）。不过，这次有些特别，他作为一名村民小组长，下个星期一就要受人民的委托到法院打官司了，而别有用心的人自然就上告到林业局，让林业局的人为难他，这一点应该不用怀疑。按照他的说法，他今天的确不走运，他与来买木材的老板们到了南沙后，老板们趁他去吃饭时还把他的树隐藏了一些，他还与他们吵架，之后是这一车全部以1800元达成协议，收了款才回来。

2007年12月9日，星期日，农历十月三十，属牛，多云间晴

早上，李克福用箩筐背着一头小猪回来，原来是一头小母猪，他家不打算养母猪，就从现在这么小的时候就阉了，因为村里能做那种手术的人少，即使有个别的人能做一些也不是那么的专业，有可能会把小猪弄死，村民要是有人家需要做这样的手术一般都是到离村里有三公里的原来的罐头厂，那里有一家专业的医院。今天早上李克福就是从那里回来的。

村里自来水水源点水池可能是设计上的问题，或者是其他的什么原因，村里的水源经常出现中断的现象，这两天又是如此，村里的5个水池又没有水了，村民小组就得经常去观察情况，今天又是一次，考虑到明天是村民集体与李永福林地纠纷一事的开庭日，就只是由本人叫了李开亮一人一起去查看，结果是发现两个分水池的水管断了，分水池的水源不能流到大水池里，水源就不够，两个人就把中断的水管接了一下，水源还是基本上能够出来了。不过，可能是常年泥沙进到水池里的缘故，几个水池里都已经积满了泥沙，估计还是要出人力清一下水池里的泥沙。

到了这个时候，绝大多数村民的田都已经犁过了，田里的事情就相对少了，只要经常给田里灌溉水就行了。不过，还是会有村民利用这样的相对农闲时间去修理自己家的田埂，或者倒墙之类的。比如，今天就有李正祥约了李小明和张金荣去修理他家的秧田埂子，前一段时间雨水多的时候，他家的田埂被冲垮，他就利用今天的时间叫了朋友一起去修理。

2007年12月10日，星期一，农历十一月初一，属虎，晴

今天下午是村民集体与李永福林地纠纷一事开庭，为了集中精力应付这个事情，上午就忙着通知部分村民，以便让部分村民都知道法庭上的答辩词。

开庭时间是下午2点30分，参加这次开庭的村民有李树华、张明华、马秀芬、李文光、李正祥、李才生、李爱生、张保祥、李平真、李四文、

李开亮、卢四文、卢新、卢忠后、卢明芬，一共15人，包括村民所请的律师李万明就16人；李永福没有请村里的亲戚和朋友，他只是叫了其他寨子的几个朋友一同到法院，他所请的律师是李刚。

从庭上双方发言的情况来看，主要争执的是协议的维持与否。原告李永福方认为此协议是通过新街镇政府工作人员及当时的村民小组的人签订的，认为此协议有效，要求坚持此协议，并要求赔偿被村民所砸毁的护林房（价值是17904元），还要村民小组承担诉讼费用；被告村民小组认为此协议是在绝大多数村民都不知道的情况下签订的，对于这样一个箐口村民祖祖辈辈捐谷物安排护林员管理下来的共同财产，在没有三分之二以上村民代表都知道和所认可的情况下签订的协议，认为部分人隐瞒了政策，是一份违法和无效的协议，要求中止此协议。部分国家工作人员严重失职，违背了最广大人民的利益。应该变更协议，让所有的国家优惠政策都让最广大人民享受，特别是在减轻农民负担、增加农民收入的今天，要为多数人民着想。要是他还要坚持此协议，要求赔偿护林房的损失的话，村民要求对前五年都要做一半经济的赔偿。村民认为，每年折成人民币六万多元的经济损失确实过大，人民以田地为命，每年国家所发包给人民的有限土地无论肥瘦都精心耕种和管理，有了这样的好政策谁都会去管理，何况这五年他根本没有给村里一分钱的承包费，协议上的所有好处都是他的，村民根本没有什么权利和义务之说，就仅在土锅寨村委会五个自然村来说，其他四个寨子当时就一次性发包给每一户村民，为什么箐口村就不能？这的确冤枉了箐口人民。回想一下国家的历史，共产党是斗地主打土豪分田地，让人民当家做主过好日子，走共同富裕的道路，而试想一下这个例子，是部分人培养了一个地主，四百多亩的林地就让一个人占有（林业局颁发的林权经营证书，李永福拥有五十年经营权）。有的人似乎不把箐口人民当作中国的公民。

不过，今天庭上发言的原告只有李永福和他的委托律师，被告也只有李树华和代理律师，其他列席的村民都没有给任何的发言机会，到了下午四点多就休庭了，双方就要等判决书的下达。

今天是农历的十一月一日，如果是按照一些哈尼族地方的习俗，今天对于哈尼族来说是一个比较隆重的节日，即过"十月年"了，正如中国的春节一样，一些地方的哈尼族比较重视过十月年。他们认为过了十月年就等于一年过去了，从农历的十一月初一开始就是新的一年了。也许是受其他多数哈尼族地方习俗影响，也听说附近全福庄寨子等也有了一定的变化，他们也实行杀猪，显得节日气氛很隆重。就箐口村来说，还是和前些年一样，村民们只是在上午做糯米汤圆吃罢了，相互传言吃了一个汤圆就长了一岁。

2007年12月11日，星期二，农历十一月初二，属兔，晴

前几天就说过，李树华砍伐自己家的树木时被林业局的人知道了，当时是没有怎样为难他，就通知他于今天到新街镇林业站去。这听来有点无聊，村民在自己家的自留地里栽种了自己所要的树木，长大了自己家砍来用一些有什么错？纯属无聊！要是遇到本人，可能出现争理，甚至吵架的事情了。很自然地，人是自私的多，承包责任到户后田里的庄稼为什么那么好？地里的树木增多了，长大了，无非就是责任心强了，用心用力管理的时间就多了，自己家的田地里适合栽种什么？政府怎么要求？自己需要什么？考虑得就多了。现在砍伐了一些，以后要栽种什么？发展什么？自然是他考虑的事情了，现在砍了一些，以后肯定还要栽种的。李永福以前是村里的干部，后来又做了一些工程上的事情，出门多一些，多认识了一些朋友，包括现在的林业站的人，也就是因为公事，李树华方被他告上了法庭。没有办法，嘴长在人家身上，让别人去说吧，只有自己把握自己。

2007年12月12日，星期三，农历十一月初三，属龙，晴

上午，村民小组按照前几天的约定，约了杨正明到李平发家里调查

并调解两家之间菜地的纠纷。从调查的情况来看，杨正明家管理已经多年了，是承包到户的时候就落实了的，而李平发家说是原来是他们家的地，那是很久时候的事情了。杨正明家的理由要充分些，只是，在农村里，村民小组的权利很多时候是过小了，有的村民他无理取闹也没有什么办法。

上午，村民小组根据上级的要求做农村最低生活保障资金申请的报表，每一户都得认真统计，要求不能有统计错误或者漏统计的情况出现。

也是在今天，李才生家死了一头小牛，就村民来说，这么大的一个牲口是不可能丢了或者埋了。村民的处理方法是要么低价卖给镇里做牛肉生意的人，要么是自己组织人手在寨子里卖。当然，也会煮一些请亲戚朋友们来吃喝的，认为这么大一个牲口丢了或者埋了都是可惜和浪费的事情。这是村里目前处理这种大牲口的办法。

2007年12月13日，星期四，农历十一月初四，属蛇，晴

上午，今天打工外出的年轻人有张李学。要补充说明一点是张李学实际是姓李，是与张姓结盟的一个家族人员，村民叫他张李学是因为听说他的名字是一个张姓的人给取的，之后，村民就一直叫他张李学。他与多数村里的年轻人比较，性格有些内向，从小多与女孩子相处，不知道是读书的时候，还是在以后的工作中学到了一些知识，他现在从事的工作不同于村里多数男青年所从事的建筑业等，他从管委会离开后到了昆明一带从事宾馆服务的行业，今天也是要到昆明去了。

李文贵家运回来石头，可能是因为在外地打工的工时价钱提高了。这一带根据旅游事业的开发，不允许村民在附近挖沙取石，村民要是准备建盖房子或者砌墙需要石头的话只有从其他的村寨购买了运回来，他家就是这样。

至于箐口村，元阳县政府要求保留传统的茅草房式样，而茅草经不住风吹雨打，过三五年就得更换一次，这一段时间是更换茅草房的最佳时间，今天李志和家和杨志宽家两家拆换茅草房都是自己家出钱出力做的。

　　下午，不知道是什么地方的公安系统的人员来村里，也不知道是来旅游还是来调查工作，村里的停车场摆了六辆公安系统的车。其实也很正常，但是在一个小小的村里同时摆了六辆公安系统的车，村民自然地会联想到是否有什么事情了？

2007 年 12 月 14 日，星期五，农历十一月初五，属马，晴

　　从红河学院来村里做调查的李春燕老师返回学校，她原来是打算调查箐口村民的旅游收入在农户家庭经济中所占比例，只是现在现实的箐口村有点不像她所想象的那样，旅游收入对于一个村里甚至在一个家庭里暂时都算不了什么，达不到她想象的那样，她就改变计划返回学校了。

　　下午，卢偰应家死了一头猪，解开了，一公斤以 18 元卖给了村民，而有的村民也认为价钱便宜而愿意购买，根本不考虑什么病因导致猪死亡的卫生问题，只考虑人情的问题：认为他们家死了这样大的一头猪是一种经济上的损失，是家庭的一种不幸，作为邻居或者亲戚朋友适当购买一点可以多少弥补一点他家的损失。当然，说他们一点也不考虑什么病因死亡可能严重了一点，要是解剖的时候发现猪身上的肉确实有问题的话我估计他们也不敢去吃的。

2007 年 12 月 15 日，星期六，农历十一月初六，属羊，晴

　　卢荣在个旧市建筑工作，说是工程量大，工钱也好拿到手，今天他请了两辆面的车回来叫人，希望多叫几个人多做一点事情多赚一点钱。

　　今天的天气好，看见李建国去犁李四辉家的田。李四辉家庭有点特殊，他本人残疾，父亲因身体问题退休在家，不能劳动，哥哥在外地务工，家里的田只有出钱请人来种了。听说现在犁田一天的工钱是 80 元。

　　张宽一家人在外地已经很多年了，可能是赚了一些钱，准备重新装修房子，今天请了几个人去新街镇木器厂解木板。

2007年12月16日，星期日，农历十一月初七，属猴，晴

　　这几天天气连续晴好，到了这一段时间，从旅游者的眼光来说，就是到了看梯田和云海的时候了。今天早上就是一个很好的景色，雪白的云海铺在芭蕉岭山和麻栗寨山的河谷，很迷人。我们从小在村里长大也很难见到这样的美景，也许这样的景色就这一次了，每天每一年的天气都不同，梯田的景色也会有不同的。

　　早上，80多岁的张有福老人去世，张氏家族的人知道后又得过来帮忙张有福老人的丧事了。

　　今天外出打工的人有李国忠等，出去挣过年的钱了，要是不出门打工，家里确实入不敷出，百分之九十以上是这样。村里没有什么工厂，也没有什么种植养殖的就业机会，开发的旅游业给村里带来的经济收入对整个村里来说也是微乎其微。我估计，村民的主要收入除了粮食以外，还得靠打工。家里有年轻人外出的，家里的生活条件适当好一些，要是没有人外出就差一些了。

　　今天李志学家拆换茅草房。对于拆换茅草房的情况，村民有一种意见，说是有钱建盖了水泥砖房的人家拆换茅草房旅游局给予补助，而原来的旧房子拆换则分文不补助，好像有点不合道理。

　　可能村民的自来水管又堵塞了，村里的水源不够用，有些村民反映到村民小组来，村民小组只好叫了李明沙、李世文等去检查维修。

　　下午，李庆贵的妻子从医院住院回来，晚上发现病情突然发重，就请摩批李树华去念经，之后稍微好一些了。

2007年12月17日，星期一，农历十一月初八，属鸡，晴

　　昨天去世的张有福老人只生养了一个女儿，早在很多年前就出嫁了，他的妻子离世也有很多年了。他丧失劳动力以后，由他的堂弟张正和赡养，这样，他的丧事也就由张正和家来办理了，根据一般办理丧事的程序，今天张家通知了所有与他家有亲戚关系的人来。

2007 年 12 月 18 日，星期二，农历十一月初九，属狗，晴

在前面的日志里说到过，这一带的哈尼族送葬死人是要选择日子的，根据他们的推算，办理张有福老人丧事定在这个月 20 日和 21 日，这两天就按照一般的程序搁置着，准备所需要的物资，包括牲畜。今天是牛角寨乡的集日，他们认为在集日里好买所需要的物资，就安排人到牛角寨乡集市上去购买。

村民小组到县法院，向法院的人员咨询关于箐口村村民与李永福之间林地承包纠纷的事情。可以肯定地说，为了这一桩事情能够得到圆满而及时的解决，大家付出了很大的精力。今天到县法院咨询从某种意义上说也带有一定的目的性。

2007 年 12 月 19 日，星期三，农历十一月初十，属猪，晴

上午，云南农业大学的师生来村里做问卷调查，他们主要是对农业方面传统老品种水稻的来源、保留、换种、施肥等问题进行调查。

上午，村里收集大咪古的谷子，现在是每年每户两升，作为他一年的报酬，箐口村有 200 户左右，全部收集起来也还是有一点收入的。

2007 年 12 月 20 日，星期四，农历十一月十一，属鼠，晴

按照我们张氏家族的做法，今天主办张有福老人的丧事了。他情况还是有点特殊，亲生的只有一个身体不是很正常的女儿，已经嫁到其他村寨去，老人在世时由我们张氏家族的张正和家照料。现在他去世了，还是由张正和家操办。我们张氏家族的人都放下自己手里的事情来帮忙。我也不例外，今天就没有去观察其他的事情了。

2007 年 12 月 21 日，星期五，农历十一月十二，属牛，晴

按照一般送葬老人的程序，村里今天是送葬张有福老人，我们张氏家族的人都要来帮忙的，除非有什么特殊的事情。

李得贵家浇灌屋顶，多数村民都到张正和家帮忙了，去他家帮忙的主要是他家的亲戚。因为两家就在一起，去他家帮忙的自然就少一些了。

2007年12月22日，星期六，农历十一月十三，属虎，晴

今天是冬至，附近的彝族有过冬至节的习惯，包括离箐口村五六百米的土锅寨村，他们还会到箐口村请各自的亲戚和朋友过去过节。而哈尼族就没有过冬至节的习惯，从我目前理解的情况是，哈尼族的十月年大体上与冬至的意思相近。

虽然，张有福老人并不是张正和的亲哥哥，但是，今天他家还是按照处理丧事的一般程序，邀请接待村民来做客。

上午，李志学家买回来一个太阳能，是更换原来小的一个。到现在的话，村里有太阳能的还不算多，只是少数村民家有，但是，随着生活水平的提高，知道了太阳能的好处以后，每年都有几户甚至几十户购买，用不了几年就会普及的。

2007年12月23日，星期日，农历十一月十四，属兔，晴

上午，村民小组上交村民参加合作医疗保险的花名册，原来村委会是要求村民小组把农村合作医疗的工作在本月20日之前完成，可是前一段时间村民忙着处理与李永福纠纷的事情，再者发现花名册中有很多错误，需要进行纠正，中间又花去了一些时间，今天才算基本做好。

李光明家砍掉停车场后面的树枝，一是考虑到树木成长期的因素，二是这一段时间村民进入农闲的时候了，村民修剪挡住了田地阳光的树木一般就在这个时候。

下午，打工回来的人有李明、李剑等几个，了解村里出去打工的青年人的情况后知道，他们主要是从事建筑、采矿等，至于其他的很少，村里百分之八九十打工都是从事建筑。

2007年12月24日，星期一，农历十一月十五，属龙，多云间晴

哈尼族的祭祀礼仪比较多，新房迁居就是一个，那是必须要做的。黄草岭村民小组李克明与堂叔张正和的关系很好，每次李家要做什么祭祀都会请张正和去，今天就是一个，李克明的三儿子家做新房子迁居仪式，也请了张正和前去。他也是本人的外甥，本人也随着一起去了。

七八月间是村里雨水最多的时候，村民的很多田埂会被冲倒，今年张文和家被冲倒的就大了，现在收割完了田也基本翻好了，今天开始修复他家倒塌的田埂，需要两三天才会做好。

2007年12月25日，星期二，农历十一月十六，属蛇，晴

村里的自来水又停了，要么是水管堵了，要么是水管断了。为此，村民小组的人今天又到水源头调查，结果是发现水管断了，主要原因是他们连接的时候水管的齿牙太少了，时间长了，被路过的牛踩到就会脱节或者自然地脱节了。

用茅草做屋顶，其寿命是很短的，三五年后就得更换，今天李建福家换茅草房。

2007年12月26日，星期三，农历十一月十七，属马，多云间晴

上午，村民小组把通知张贴在村里中心的李宏家的墙上，通知要求申请农村最低生活保障的农户，在三天之内即在本月29日之前上交本人的书面申请书。

以前，村民建盖房子拉直钢筋是用人或者拖拉机等，这两年又可以用电用机器拉直的了，今天的张宽家建房子的师傅们就是用机器拉直的，很省力，也很经济，拉直这么一小个房子的钢筋一两个小时就好了。

2007年12月27日，星期四，农历十一月十八，属羊，晴

上午，红河州旅游局的人来村里检查工作，因为箐口村是县里的一个重点旅游开发村，所以，县里和州里都比较重视，每次有什么样的领导来都会到村里来走走看看。

快要过年了，过年应该是需要一笔钱的，在家里能有什么钱，还是得出去挣一点。今天外出打工的人有李庆林。

今天，红河州世界文化遗产申报办的张红开答应给村里二十吨水泥，希望用来修复寨神林旁边的水沟，因为寨神林是村民每年都要祭祀的地方，传统的村民都很重视，迷信地认为既然是自己祭祀的地方就不容许倒塌的，他们都愿意出工出劳的。

2007年12月28日，星期五，农历十一月十九，属猴，多云转晴

今天又是一个新街镇的集日，上街的村民有点多，中老年人一般都会选择集日上街，相对地，集日里人要多一些，要交易的农副产品也会多一些。

上午，箐口村的农村最低生活保障金分配工作已经结束，根据村民的意见，村里除了特别困难的少数几户一年补助360元，补助已经上交照片的人家误工费40元外，其他的村民按照每户180元来分配。

2007年12月29日，星期六，农历十一月二十，属鸡，多云间晴

今天，张宽家浇灌第一层屋顶，因为他们一家人已经在外地多年了，除了过年过节回来，很少参加帮助村民的事情，估计认为自己家做一点事情就请村民帮忙有为难之意，今天就全部请了小工付他们工资做的。

红河州哈尼梯田世界文化遗产申报办公室张红开答应给村里的二十吨水泥今天已经运到村里，准备村民投工投劳砌寨神林的水沟倒墙。

哈尼族有句俗话："树大分枝，人大分家。"要分家了，没有房子就得建盖，今天张正明家请了亲戚背石头，准备以后建盖房子时用。由于公路不通，地形陡，不如平原地方方便，建盖一个房子还是比较费劲的。

2007年12月30日，星期日，农历十一月二十一，属狗，多云转晴

根据村民群众大会的意见，今天开始全村每户出一个劳动力，修补寨神林塌方的地方，由于这是村里每年都要祭祀的地方，村民都很重视，来的人也比较多。估计维修一两天就差不多了。

2007年12月31日，星期一，农历十一月二十二，属猪，阴

今天的天气不是很好，可是既然村里已经拿到红河州哈尼梯田世界文化遗产申报办资助的二十吨水泥，村民小组今天还是组织每户一个劳动力，和昨天一样到寨神林修补塌方的地方。从这两天的情况来看，或许是全村祭祀的地方，来参加的村民还是比较积极的，有的背沙，有的背石头，有的砌墙，对保护寨神林还是有一定的效果。

我是村里负责人之一，这两天都忙着招呼村民们做事情，没有来得及观察村民的其他事情。